JN437627

동아시아지역법

외법아시아지역법총서 01

國際地域法

동아시아지역법

이훈동 외 지음

HU:iNE

외법아시아지역법총서 제1권 발간사

동남아시아 국가연합(Association of South-East Nation: ASEAN)은 인도네시아, 말레이시아, 필리핀, 싱가포르, 태국, 브루나이, 베트남, 라오스, 미얀마, 캄보디아로 구성된 총 10개 회원국에 6억의 인구를 지닌 거대시장으로 한국에게는 미국, 중국, 일본, EU와 더불어 5대 교역시장 중 하나이며, 한류와 인적교류 등을 통하여 문화적으로도 밀접한 연결 관계를 형성하고 있다. 중국이 글로벌 경제의 G2로 부상하고, 미국, 일본, 서유럽 등 전통적 선진경제권에 비하여 신흥경제권의 잠재력이 현실화 되는 가운데, 우리나라는 중국, 일본을 중심으로 한 동북아 시장과 동남아시장을 연결하는 중심축으로서 동아시아 지역경제 통합의 선도자로 도약할 수 있는 가능성을 모색하고 있다.

동남아 각국과 경제, 사회, 문화 등 다양한 영역에서의 교류가 확대되는 가운데 이들 국가에 대한 법제와 법문화적 환경에 대한 체계적 연구를 통한 동남아 국가 법제도에 대한 이해의 제고는 보다 내실 있고 지속가능한 상호 협력 관계의 형성을 위한 기초를 제공한다.

한국외국어대학교가 보유한 국내 최고 수준의 외국어교육 및 지역학 연구 역량과 40여년 법학교육의 전통을 결합하여 한국외국어대학교 법학전문대학원은 국제지역전문법조인의 양성을 특성화 목표로 지향하고 있다. 특히 한국외대 법학연구소는 국제지역법연구센터를 설립하여 다양한 국가의 법제연구를 수행하고 국제적 식견을 가진 법률가를 양성하기 위한 기반을 형성하기 위해 노력하고 있다.

아시아지역법총서는 한국외대 법학연구소 국제지역법연구센터가 추구하는 다변화된 지역법 연구의 저변확대를 위한 활동의 일환으로서 기획되었다. 이번에 발간하게 된 아시아지역법총서 제1권은 ASEAN국가의 부상과 법체계, 베트남, 라오스, 인도네시아, 말레이시아, 태국, 필리핀을 대상으로 그 동안 다양한 시각에서 연구되어온 주제에 대하여 발표된 논문들을 모아 발간하게 되었다. 정치, 사회, 문화적으로 고유한 배경을 갖고 있는 동남아 각국은 역사적 연원에 따라 대륙법계와 영미법계의 법제가 교차하는 다양한 양상을 보이고 있으며, 과거 공산국가이었다가 개혁개방을 이룬 베트남, 캄보디아, 라오스 등은 체제변화를 반영한 또 다른 형태의 법제를 형성하고 있다.

이러한 다양한 법제와 법문화를 갖고 있는 동남아 국가의 연구에 있어서 본 지역법 총서 시리즈가 향후 이루어질 많은 연구에 대한 기초를 제공하길 기대하며, 귀한 연구 성과를 담은 논문을 총서 시리즈에 실을 수 있도록 허락해주신 교수님과 연구진 여러분께 깊은 경의와 감사의 말씀을 전한다.

한국외국어대학교 법학연구소장
문재완

국제지역법연구센터장
최 철

차 례

제1장
아세안 국가의 부상과 법 체제

- 한-ASEAN 사이의 FTA 활용과 경제협력 강화를 위한 규범적 제안
- 동남아시아 체제전환국가의 법체계 및 기업입법 동향
- 한국의 성문화와 민사법 -가족관계와 사회적 관계에서의 한국과 동남아 여성의 법적 지위를 중심으로-

한-ASEAN 사이의 FTA 활용과 경제협력 강화를 위한 규범적 제안

김 봉 철*

I. 서 설

ASEAN 지역이 다양한 정치적 변화와 경제성장을 동시에 보여주고 있다. 한국 기업들도 ASEAN 시장을 개척하여 많은 이익을 창출하였다. 우리 정부도 이들 국가와의 교류를 다양한 방식으로 확대하고 있다. 베트남과 한국은 2015년까지 양국간 교역액 200억 달러 달성이라는 목표를 설정하면서, 양자간 FTA를 통한 경제협력과 함께 정치와 안보 분야까지 협력의 범위를 확대하는 '전략적 협력동반자' 관계를 약속하였다. 한-캄보디아 정상회담에서는 한국 기업들의 투자환경 개선과 건설참여 확대를 협의하였다. 미얀마의 개방과 정치적 변화 역시 협력가능성을 높이고 있다. 이들 국가들과는 경제협력과 함께 문화교류도 활발해지는 상황이다.

한-ASEAN 교류는 중국과 일본 등 인접국가들과의 경쟁 및 한반도 평화에도 영향을 주는 사항이 되었다. 따라서 한-ASEAN FTA 등 현재 구축되어 있는 국제규범을 보다 효율적으로 활용하거나 관리하면서,

* 한국외국어대학교 국제학부 조교수, 법학박사

과거보다 입체적인 교류와 경제협력체계를 구축하기 위한 새로운 방법을 찾아야 한다. 이와 관련된 국내적 상황을 고려하면서, 관련 규범의 개선을 고민할 필요도 있다.

ASEAN 국가들에 대한 경제적 의미와 발전가능성에 관한 자료는 어렵지 않게 찾을 수 있으나, 규범적 분석과 개선에 관한 연구는 여전히 부족한 상황이다. 특히 한-ASEAN 경제협력에서 발생할 수 있는 법리적 문제들을 처리하기 위한 연구는 현실적으로 유용한 사안이다. 무역 이외의 경제협력분야인 투자와 개발원조활동 등에 관한 고려도 포함되어야 한다.

이 글에서는 한-ASEAN 경제관계를 분석하고 FTA를 중심으로 국제경제법인 조약을 국내법화 하는 과정에서 나타날 수 있는 여러 가지 법 현상을 살펴본다. 이를 바탕으로 한국과 ASEAN 국가들과의 협력을 강화하기 위한 몇 가지 규범적인 제안을 시도한다.

II. 한국과 ASEAN 사이의 FTA 관계

1. 한국의 FTA와 국내규범에 대한 영향

현대적인 의미에서 FTA(자유무역협정, Free Trade Agreement)를 포함한 지역무역협정(Regional Trade Agreement)의 역사는 세계대전 직후에서 시작된다. 그러나 WTO의 출발부터 급증한 FTA는, '지역주의'(Regionalism)라는 용어를 국제경제/무역질서의 중심으로 옮겼다. 최근까지 WTO와 FTA 및 지역무역협정의 법적관계에 관한 논의는 계속되었다.[1)]

1) Isabelle Van Damme, (2006), "What Role is there for Regional International Law in the Intepretation of the WTO Agreement?" in Lorand Bartels and Federico Ortino(eds), *Regional Trade Agreements and the WTO Legal System,* Oxford

국가가 FTA를 체결하기 위해서는 국제법적 근거를 필요로 한다. WTO는 회원국들이 FTA를 체결하는 경우에 상품무역에 관하여 GATT 제5조,[2] 서비스무역에 관하여 GATS 제5조, 개발도상국에 관하여 1979년 도쿄라운드에서 합의된 허용조항(Enabling Clause) 등의 요건을 충족하도록 요구하고 있다. 즉 FTA 체결당사국은 제3국과의 역외무역에 적용되는 관세 등의 수준을 이전보다 높일 수 없으며, 당사국 사이의 관세 및 기타 규제가 실질적으로 모든 분야에 걸쳐 철폐되어야 한다. 또한 WTO 회원국인 FTA 체결국들은 체결된 FTA의 내용을 즉시 WTO에 통보해야 한다.[3]

한국은 WTO의 회원국으로 다자적 국제경제 및 무역규범을 존중해 왔으나, 다양한 국가들과 FTA를 체결하면서 지역적/양자적 무역규범 창조에 적극적인 정책을 취하고 있다.[4] FTA 추진의 기본원칙은, 동시다발적인 FTA 추진, 거대 · 선진 경제권 및 신흥유망시장과의 FTA 추진, 상품분야를 포함한 서비스 · 투자 · 정부조달 · 지적재산권 · 기술표준 등을 포함하는 포괄적이고 WTO plus적인 FTA 지향, 국민적 공감대를 바탕으로 한 FTA 추진 등이다.[5] 한국의 FTA 진행상황은 다음과 같다.[6]

한국에서 조약이 국내법적 효력을 가지려면 별도의 입법없이 체결된

University Press, pp.553-575.

2) WTO 설립협정 부속서 1A 중 GATT 제24조의 해석에 관한 양해사항(Understanding)이 그 내용을 구체화하고 있다.

3) WTO 다자간 규범 내에서 FTA를 포함한 자유무역협정의 규제와 GATT 제 5조 등에 관한 논의가 진행되고 있으며, 이러한 규정들에 관한 문제점도 다양하게 지적되고 있다. James H. Mathis, (2002), *Regional Trade Agreement in the GATT/WTO*, TMC Asser Press, pp.193-226; 특히 이 문제는 도하 개발아젠다 협상(DDA)의 주요 주제로 선정되어 논의되기도 하였다. Bongchul Kim, (2011), *Trade Remedy Regulations in Regional Trade Agreements*, Lambert Academic Publishing, 2011, pp.62-64.

4) 정부는 1999년부터 국제사회의 전반적인 흐름인 FTA와 관련된 전략을 수립하였고, FTA 추진의 투명성을 높이고 정책의 기반을 마련하기 위하여 2003년 FTA 추진 로드맵과 2004년 자유무역협정체결절차규정을 제정하였다.

5) 정인교 · 노재봉, (2005), 『글로벌시대의 FTA전략』, 해남, 165-180면.

6) 외교통상부 FTA 공식 홈페이지, http://www.fta.go.kr, (검색일: 2012.6.10.).

〈표 1〉 한국의 FTA

1. 발효 또는 체결된 FTA
한-칠레 FTA, 한-싱가포르 FTA, 한-EFTA FTA, 한-ASEAN FTA, 한-미 FTA, 한-EU FTA, 한-인도 CEPA, 한-페루 FTA, 한-콜롬비아 FTA, 한-터키 FTA
2. 협상중인 FTA
한-베트남 FTA, 한-인도네시아 CEPA, 한-중-일 FTA, 한-중 FTA, 역내 포괄적동반자협정
3. 협상재개 여건조성 FTA
한-캐나다 FTA, 한-일본 FTA, 한-GCC FTA, 한-멕시코 FTA, 한-호주 FTA, 한-뉴질랜드 FTA
4. 협상준비공동연구 FTA
한-MERCOSUR FTA, 한-이스라엘 FTA, 한-중미 FTA, 한-말레이시아 FTA

자료 : FTA 종합지원포탈 <http://www.ftahub.go.kr/kr>

조약에 대한 비준과 의회의 동의라는 절차만이 요구된다.[7] 결국 기존 국내법과 이후 체결된 FTA가 서로 다를 경우, 후법 우선원칙에 따라 후법인 FTA가 선택될 수도 있다.[8] 그러나 미국/EU처럼 조약의 국내적 효력을 위해서 별도의 입법이 필요한 경우에는 FTA가 직접 국내법적 효력이 없고, 의회에 대한 국내입법을 촉구하는 압력수단이 될 것이다.

직접적용이 아니더라도 FTA는 간접적으로도 여러 가지 국내외 규범체계에 영향을 준다.[9] 예를 들어 공정거래, 환경과 노동 등의 분야에서 FTA를 통한 시장개방과 함께 관련 당사국들의 규범이 조화/통일되어 국내법질서에 적용되며, 동시에 국제사회의 규범으로 작용할 수도 있다.[10] 또한 FTA 규범은 다른 요소와 얼마든지 융합되어 규범으로서

7) 전광석, (2011), 『한국헌법론』, 집현재, 144-154면.
8) 대법원 1992.7.14. 선고 91누10763 판결, 대법원 1998. 8. 21. 선고 97누13115 판결 참고.
9) 김봉철, (2007), 『자유무역협정의 법적 이해』, 한국기업법무협회, 119-123면.
10) 박노형, (2011), 「조약에 의한 국내법의 강제 집행: 한미FTA의 노동 관련 규정을 중심으로」, 『법학평론』, 제2권, 179면.

큰 효과를 낳는다. 우리 정부가 최근 관심을 기울이는 공적개발원조(Official Development Assistant, ODA)도 FTA와 연결될 가능성이 있다.[11] 이 경우에 한국의 대외무역규범과 대외원조 관련 규범이 함께 변동될 수 있다.

2. 한-싱가포르 FTA

한-싱가포르 FTA 논의는 1999년 APEC 정상회담에서 출발하였다. 이후 2002년 시드니 WTO 소규모 각료회의통상회담에서 FTA 체결을 위한 '산관학 공동연구회'를 발족하기로 합의하였고, 2003년 공동연구회의가 개최되었다.[12] 공식협상은 2003년부터 2004년까지 진행되었고, 2005년 공식서명이 이루어졌다.[13] 이 협정은 2005년 12월에 국회의 비준으로 2006년 3월에 발효되었다.

한-싱가포르 FTA는 한국의 두 번째 FTA이며, 다양한 의미를 가진다. 싱가포르는 동아시아의 무역센터이자 물류/금융 및 비즈니스의 중심지이다. 한국은 FTA 체결을 통해서 싱가포르와의 전략적 연계를 강화하여 한국의 경제체계를 선진화시키고 서비스 부문의 경쟁력을 강화하면서 투자유치를 확대할 수 있을 것으로 기대하였다. 동북아와 동남아 허브인 한국과 싱가포르가 FTA를 체결하여 한국기업의 동남아 진출을 강화하는 기반이 되면서, 한-ASEAN FTA를 위한 디딤돌 역할을 하였다.

한-싱가포르 FTA는 대상범위와 내용이 매우 포괄적이어서 이후 한

---

11) FTA가 무역을 확대하고 경제적 이익을 추구하는 근본적인 성격이 있다는 점을 고려하면, 국제사회의 구성원으로 책임을 다하는 공적개발과 원조사업에서도 FTA를 연결하여 장기적으로는 우리 기업의 이익을 도모할 수도 있다.

12) Korea Institute for International Economic Policy, (2003), 「Korea- Singapore Free Trade Agreement」, 『Korea-Singapore Joint Study Group Report』.

13) 외교통상부 통상교섭본부, (2005), 「한-싱가포르 FTA 홍보자료」, 1면.

국의 FTA에 많은 영향을 주었다. 즉, 한-싱가포르 FTA는 상품무역의 관세철폐뿐만 아니라, 서비스 / 투자 / 정부조달 / 지적재산권 등 기타 분야에서 다양한 무역 및 투자의 확대방안이 포함되었다. 또한 금융서비스 / 전자상거래 / 기술표준적합성에 대한 상호인정(Mutual Recognition Agreement, MRA)도 규정의 내용이 되었다.

개성공업지구에서 생산된 제품이 남한을 거쳐 싱가포르로 수입되면 한국산으로 인정받아 FTA의 특혜관세를 누리게 되었다는 점도 주목할 부분이다.[14] 한-싱가포르 FTA에서 개성공단 제품에 대한 특별취급의 선례를 만들어낸 것이다. 이 부분은 한국의 'WTO 이행법'(세계무역기구 협정의 이행에 관한 특별법) 제5조의 취지와 부합한다.[15] 이 조항이 특별한 의미를 가지는 이유는, 1991년 남북한이 쌀과 시멘트를 교환하기로 합의한 것을 미국이 남북한 사이의 거래가 국제거래라고 하여 GATT 규정에 위반된다고 주장한 바 있기 때문이다.[16] FTA라는 국제규범에서 남북경제협력의 특수성을 인정받았다는 점은 특별한 의미를 가진다.

3. 한-ASEAN FTA

우리 정부는 FTA 정책을 추진하면서 ASEAN 및 동남아시아 국가와의 경제협력을 위하여 FTA 체결을 고민하였다. 한-싱가포르 FTA와 체결 이후 동남아시아와의 FTA 추진의 대상은 ASEAN이었다. 아시아 금융위기의 극복과 범아시아 경제협력의 구체적 실천이라는 공동의 목적으로 FTA라는 방법이 제시되었다. 한국의 입장에서는 FTA를 통하여 투자대상과 시장확대를 목적으로 설정하였다. ASEAN 입장에서는 FTA를 통하여 투자유치 등을 통한 경제발전을 기대하였다.

14) 한-싱가포르 FTA제4장 원산지 규칙에 대한 부속서 제4.3조.

15) 이 법 제5조는 남북한 사이의 거래가 민족내부거래로서 WTO 협정에 의한 일반적인 국가 사이의 거래가 아니라는 점을 명시하였다.

16) 서헌제, (1996),『대외통상환경의 변화와 법제개편』, 집문당, 30면 참조.

한-ASEAN FTA는 2003년 인도네시아 발리에서 개최된 정상회의에서 제안되었다. 타당성 조사와 검토단계를 거치면서 2005년부터 본격적인 협상이 진행되었고, 2007년에 상품무역분야의 FTA가 마련되었다.[17] 한-ASEAN FTA는 서비스와 투자 등의 분야로 확대되어, 2009년부터는 상품, 서비스, 투자 등의 분야를 포괄하는 진정한 의미의 '포괄적/다면적 FTA'가 규범으로써 적용되었다.

한-ASEAN FTA의 규범적 의미 역시 크다. 한국과 ASEAN은 국제사회의 구성원으로서 서로가 보다 자유롭고 장벽이 없는 무역과 경제교류를 실시하자는 국제법적 효력을 가지는 '국제적 약속'을 한 것이다. 한국과 ASEAN 국가들은 대부분은 WTO 회원국이므로 다자간 규범을 따라야 한다. 그러나 FTA는 WTO가 규율하지 못하는 부분까지 규율하고 당사국 사이에 WTO 기준보다 더 자유로운 무역환경을 제공한다. 또한 FTA의 규범력은 WTO 보다 직접적이고 구체적일 것이다.

FTA가 다자간 규범인 WTO 차원에서도 문제가 되지만, 체결 당사국 사이에 우선적으로 적용되기 위하여 특별히 체결된 것이다. 따라서 당사국 사이에 무역문제가 발생하면 WTO 규범보다는 FTA 규범이 먼저 고려된다. 일반법인 WTO 협정에 비해서 FTA는 특별법이므로 문제발생시 우선하는 것이다. 예를 들어 한국과 인도네시아 사이에 무역분쟁이 발생한다면, 당사국들은 WTO 규범보다 FTA 규정을 우선 적용한다.

한-ASEAN FTA는 한-싱가포르 FTA와 유사한 면을 가지고 있으면서도, 다른 면도 있다. 예를 들면, 개성공업지구에 대한 특례규정을 두었다는 점에서 싱가포르 FTA와 맥을 같이 하지만, 구체적인 규정내용은 달리하고 있다. 한-ASEAN FTA와 한-싱가포르 FTA는 이후 ASEAN 국가들과의 양자간 FTA체결을 위한 협상에서 기준을 제공해

17) 그 사이 2006년에 한-싱가포르 양자간 FTA도 체결되었다.

줄 것이다.

4. 한-베트남/인도네시아/말레이시아 FTA

한-ASEAN FTA 체결 이후 한-ASEAN 경제협력관계는 더욱 강화되었다. 그러나 ASEAN 국가들이 다른 경제상황에 있다는 점을 고려하였을 때, 모든 ASEAN 회원국과의 교류에 일괄적으로 적용되는 한-ASEAN FTA는 ASEAN 각 회원국의 특수성을 반영하기에 한계가 있다. 정부는 이러한 한계를 극복하기 위하여 ASEAN과의 FTA 관계를 보다 개별적으로 발전시키기 위한 양자간 FTA 추진을 진행중이다. 한-싱가포르 FTA가 이미 체결된 상황에서, 현재 한국은 베트남과 인도네시아, 말레이시아를 양자간 FTA 추진의 우선 협상 상대방으로 보고 있다.

한국과 베트남은 FTA를 추진하고 ODA 지원을 확대하는 등 경제협력을 강화하고 있다. 한국 정부는 미래 성장 동력을 확보하기 위해 이미 체결된 FTA를 활용하고 원활하게 이행되도록 국내외 조치를 마무리하면서도, 새로운 FTA를 추진한다고 밝혔다.[18] ASEAN 진출의 전진기지로 활용하기 위하여 한-베트남 양자간 FTA를 진행하려는 것이다. 정부는 FTA를 통하여 베트남과의 에너지, 자원 협력 및 녹색성장 외교를 강화하고, 해외진출 맞춤형 지원 서비스, 무역규제 해소, 신규공관 설치를 통한 우리기업 지원 등으로 신흥시장 진출 지원을 강화할 예정이다.

한-베트남 FTA는 현재 타당성 및 연구조사를 거쳐 협상단계에 있다. 2010년 시작된 공동작업반 회의는 양국을 오가면서 진행되었고, 2011년이 되어서 그 결과인 공동보고서를 도출할 수 있었다. 정부는

18) 기획재정부 보고서, (2012), 「한·베트남 수교 20주년 성과 및 향후 협력방향」.

한국기업의 베트남 시장진출을 확대하기 위해서는 한-베트남의 양자간 FTA가 필요하다고 보았고,[19] 2012년 한-베트남 FTA 추진 공청회와 함께 협상을 진행중이다. 한국은 ASEAN 국가로서는 싱가포르와 인도네시아 다음으로 3위 교역국인 베트남과 FTA 체결 추진을 위해 FTA 논의의 범위를 상품과 서비스 및 투자 외에 지적재산권 등의 범위까지 확대하였다. 특히 양국 사이의 경제협력 분야에 에너지/광물자원 등을 포함하고 추가적인 분야를 지속적으로 발굴할 계획이다.[20]

베트남은 ASEAN의 회원국이며 ASEAN 10개국은 물론, 중국과 일본 등 우리의 주요 경쟁국들과도 FTA를 체결하고 있다. 특히 일본과는 양자간 EPA(Economic Partnership Agreement, 경제동반자협정)까지 체결하고 있기 때문에 한-ASEAN FTA 효과가 상쇄될 우려가 있다. 따라서 우리 기업이 갈수록 심화되는 베트남 시장선점 경쟁에서 주요국 기업들보다 유리한 환경을 조성하기 위해서는 한-베트남 FTA를 체결하는 등 정부의 노력이 필요하다.

한편 인도네시아와의 FTA[21]는 베트남과의 FTA 보다 빠른 속도로 진행되고 있다. 자원수급의 필요성이 큰 인도네시아와의 교역은 한국정부의 FTA체결 필요성을 더욱 강하게 하였기 때문이다. 한-인도네시아 FTA는 2011년 공동연구를 진행하여 결과를 얻을 수 있었고, 이를 근거로 공청회를 거쳤다. 2012년 3월부터 공식적인 협상이 시작된 한-인도네시아 양자간 FTA는 협상자체도 빠르게 진행 중이다. 반면에 말레이시아와의 FTA는 최근에서야 타당성 조사가 시작된 상황이다.

---

19) 이경태, (2010), 「최근 베트남의 시장진입장벽 현황과 대응전략」, 한국무역협회 국제무역연구원.

20) 기획재정부 보도자료, (2012), 「수교 20주년 베트남과 FTA 등 경협 강화」

21) 한-인도네시아 FTA는 공식적으로 CEPA(Comprehensive Economic Partnership Agreement)라는 명칭을 부여하고 있으나, 법적인 성격은 대체적으로 가장 낮은 단계의 지역무역협정으로서 FTA와 유사하다. 우리 정부도 CEPA를 별도로 취급하지 않고 FTA의 범주에 포함시키고 있다. 여기서도 FTA와 같은 법적성질을 가지는 것으로 본다.

III. 한-ASEAN 경제협력

1. 상품교역분야

한국과 ASEAN의 상품교역은 1990년대 말 동아시아 외환위기와 2001년을 전후로 한 전세계 IT제품 수요 감소기를 제외하고 지속적으로 증가하였다. 특히 2002년 이후 ASEAN 경제의 성장에 따른 수요 확대와 활발한 외국인 투자를 바탕으로 한국과의 상품교역이 빠르게 증가하였다. 2001년 5.4억 달러에 불과하였던 한국의 무역흑자규모는 큰 폭으로 증가하여, 2011년에는 187억 달러에 이르렀다.

2008년 글로벌 금융위기로 인한 경기침체에도 불구하고, 한-ASEAN 교역은 2007년 대비 약 20%를 초과하는 증가율을 보였는데, 2007년 6월에 발효된 FTA를 통한 수입관세인하의 영향이라고 평가할 수 있다. 나아가 ASEAN 회원국 중에서도 베트남, 싱가포르, 인도네시아 등 한-ASEAN FTA 상품무역협정을 2007년 6월에 동시에 발효한 나라들의 수출증가율이 한국의 전체 세계수출의 증가율보다 높게 나타났다. 이러한 분석을 통해서 FTA가 양국의 상품교역에 긍정적으로 작용했음을 알 수 있다.[22)]

한-ASEAN 국가들과의 교역에서 오랫동안 한국이 계속해서 흑자를 유지하고 있다. 특히 한국의 베트남 교역은 2011년 기준 수출은 약 134억 달러, 수입은 약 51억 달러로 약 83억 달러의 흑자를 한국이 얻고 있다. 이는 한국 기업들의 베트남 투자진출이 활발해짐에 따라 자본재와 중간재 수출 증가의 영향을 받은 것으로 분석된다. 2011년 베트남은 한국의 15위 교역대상국이자 8위 수출국이 되었다. 2006~2011년 기간 동안 한국은 베트남과의 무역에서 꾸준한 흑자를 기록하

---

22) 김한성 · 조미진 · 정재완 · 김민성, (2009), 「한 · ASEAN FTA 효율적 이행을 위한 연구: 상품 무역을 중심으로」, 대외경제정책연구원, 84-89면.

〈표 2〉 한-ASEAN 지역의 수출입 현황

(단위 : 천 달러, %)

년도	수 출		수 입		수 지
	금액	증가율	금액	증가율	
2000	20,133,786	13.7	18,173,436	48.4	1,960,350
2001	16,458,982	-18.2	15,915,658	-12.4	543,324
2002	18,400,241	11.8	16,756,588	5.3	1,643,653
2003	20,253,388	10.1	18,458,465	10.2	1,794,923
2004	24,024,265	18.6	22,383,147	21.3	1,641,118
2005	27,432,172	14.2	26,063,792	16.4	1,368,380
2006	32,066,273	16.9	29,742,807	14.1	2,323,466
2007	38,748,818	20.8	33,109,638	11.3	5,639,180
2008	49,282,849	27.2	40,917,467	23.6	8,365,382
2009	40,979,192	-16.8	34,053,303	-16.8	6,925,889
2010	53,195,307	29.8	44,098,915	29.5	9,096,392
2011	71,801,446	35.0	53,120,667	20.5	18,680,779

자료 : 한국무역협회 <http://kita.net>

였고, 지난 10년간 수출액은 8배정도 증가하였다.

2011년 기준으로 한-ASEAN의 교역에서, 싱가포르가 약 300억 달러규모의 교역량으로 비중이 가장 높다. 인도네시아, 베트남, 말레이시아 순서로 교역규모를 보이고 있다. 한국의 ASEAN 국가들에 대한 주요 수출 품목은 전자전기제품, 기계류, 광산물 순이며, 수입 품목은 광산물, 전자전기제품, 화학공업제품 순이다.[23)]

2. 직접투자분야

한국의 ASEAN 국가들에 대한 투자는 1968년 인도네시아 진출로

23) 권율 · 이재호, (2010), 「한 · ASEAN 개발협력 현황과 성과」, 『아세안의 경제발전과 한 · 아세안 개발협력』, 대외경제정책연구원, 69-73면.

시작하였다. 1990년대부터 투자가 증가하기 시작하였으나, 1997년 동아시아 외환위기와 2001년 IT 버블 붕괴로 감소하였다. 2004년 이후 한국의 투자는 다시 증가하여, 2012년 현재 신고기준으로는 한국의 투자가 18,136건으로 456억 달러 규모를 넘었다.

한국의 ASEAN에 대한 투자는 1990년까지만 하더라도 신고비중의 30%를 넘을 정도로 전체 해외투자에서 상당한 비중을 차지하였다. 그러나 이후 중국에 대한 투자가 늘면서 상대적으로 투자비용이 감소하였다. 최근 중국의 임금인상과 인플레이션으로 인해 투자 매력이 감소하면서, 베트남, 캄보디아, 인도네시아 등에 대한 투자가 다시 확대되는 상황이다. 특히 베트남으로 투자진출이 급증하면서 베트남이 한국의 최대 투자처가 되었다.[24] 또한 북한과 함께 아시아에서 가장 폐쇄적 군사

〈표 3〉 한국의 ASEAN에 대한 직접투자 변화

(단위 : 천 달러, %)

연도	신고기준			투자기준		
	신고건수	신고금액	비중	송금횟수	투자금액	비중
2000	405	719,598	11.6	635	499,115	9.6
2001	438	510,843	7.9	744	415,824	7.9
2002	515	766,796	11.5	963	412,410	10.4
2003	496	1,338,319	20.7	1,022	628,438	13.4
2004	779	744,440	8.3	1,380	547,934	8.5
2005	980	941,809	9.7	1,926	709,068	10.0
2006	1,477	3,760,040	19.2	3,220	1,361,361	11.7
2007	2,285	6,375,044	21.4	4,792	3,135,439	14.6
2008	2,498	5,869,862	16.0	5,212	3,644,851	15.9
2009	1,735	6,100,309	20.1	3,632	1,819,890	9.4
2010	921	2,435,284	21.2	1,892	965,581	14.0
2011	2,048	6,050,835	13.6	4,237	4,607,996	18.0

비중은 전세계 투자에 대한 비율임
자료 : 한국수출입은행 <http://www.exim.go.kr>2,048

24) 권율 · 이재호, 위의 논문, 74-75면.

독재국가였던 미얀마는 2011년 초 정권을 민간에 이양한 이후 시장을 개방하고 있기 때문에 ASEAN 소속국가들 중에서 새로운 투자처로 급부상하고 있다.[25)]

한국의 ASEAN 투자에서 가장 큰 부분을 차지하는 분야는 투자비중의 약 44%를 차지하는 제조업 분야이다. 그 다음으로는 자원분야인 광업, 부동산, 건설, 도·소매업 등도 많은 투자를 유도하고 있는데, 이는 최근 한국기업들의 대규모 자원탐사, 광산개발, 신도시 개발사업 진출 등과 관련이 있는 것으로 보인다. 제조업에서는 전자부품부문이 가장 높으며, 1차 금속과 노동집약산업인 섬유, 가방, 신발, 그리고 식음료가 그 뒤를 따른다. 이는 ASEAN 지역이 천연자원부터 노동집약,

〈표 4〉 ASEAN의 한국에 대한 직접투자 변화

(단위 : 천 달러, %)

연도	신고건수	신고금액
2000	241	1,712,850
2001	194	975,036
2002	139	359,049
2003	101	579,608
2004	145	625,056
2005	177	641,395
2006	163	702,543
2007	159	594,712
2008	197	985,032
2009	196	575,680
2010	222	1,635,575
2011	222	741,763
총계	2,156	10,128,298

자료 : 지식경제부 <http://mke.go.kr>

25) 최명해, (2012) “글로벌 자본의 관심이 집중되고 있는 미얀마”, 『SERI 경제 포커스』, 삼성경제연구소, 제379호, 1-4면.

기술과 자본집약 산업까지 폭넓은 투자처를 보유하고 있는 것으로 해석할 수 있다.[26]

ASEAN 국가들의 한국에 대한 투자는 동아시아 외환위기 이후 대폭 증가했으며, 2003년 이후 연평균 6억 달러 규모를 유지해왔다. 2008년 약 10억달러 규모까지 급증했으나, 글로벌 경제위기의 영향으로 인해 2009년에는 5억 7천만 달러 수준까지 급감했다. 그러나 2010년 16억 4천만 달러로 3배 이상 증가했다가 다시 2011년 7억 4천만 달러로 감소하는 등 변동이 심한 상황이다. 한국에 대한 ASEAN의 주요 투자국은 2009년까지 싱가포르와 말레이시아로, 전체 투자금액에 약 97%를 차지하였다. 그러나 2010년 인도네시아의 투자금액이 7억 5천만 달러에 이르면서, 말레이시아를 앞지르게 되었다. 업종별로는 서비스업이 59%로 가장 많은 투자를 유치했으며, 제조업 35%, 전기가스수도 5% 등이 뒤를 따른다.[27]

3. ODA 및 개발협력분야

ASEAN은 회원국 간에 큰 개발격차를 보이는 경제협력체이다. 따라서 통합적인 분석보다는 먼저 경제개발단계에 대한 분류가 필요하다. OECD 개발원조위원회(Development Assistance Committee, DAC)의 대상국인 수원국 리스트에 따르면, 1인당 국민소득을 기준으로 ASEAN 회원국들을 크게 4가지로 분류할 수 있다. ASEAN 회원국의 경우, DAC 분류기준에 따라 다음과 같이 분류된다.

최빈개도국(Least Developed Country, LDC)은 캄보디아, 라오스, 미얀마이고, 기타 저소득국(Other Low-Income Country) 집단에 해당하는 나라는 없다. 하위 중소득국에는 베트남, 필리핀, 인도네시아가 포함되며, 이들

26) 권율·이재호, 앞의 논문. 76-78면.
27) 권율·이재호, 위의 논문, 79면.

〈표 5〉 OECD/DAC의 수원국 기준과 ASEAN 역내국가의 분류

구 분	최빈개도국	기타 저소득국	하위 중소득국	상위 중소득국
명칭	Least Developed Countries (LDCs)	Other Low-Income Countries	Lower Middle Income Countries	Upper Middle Income Countries
분류 기준	UN 지정	1인당 GNI ⇐ 1,005 달러	1인당 GNI 1,006-3,975 달러	1인당 GNI 3,976-12,275 달러
국가 분류	캄보디아, 라오스, 미얀마	-	베트남, 필리핀, 인도네시아	말레이시아, 태국

수원국 분류기준 GDP는 2010년 기준임

국가들은 원조대상이 된다. 그러나 말레이시아와 태국은 상위 중소득국으로 분류되고, 일반적으로 브루나이 및 싱가포르와 함께 OECD의 수원국에 해당하지 않는다.28)

2011년 한국의 전체 공적개발원조(ODA) 공여액은 13억2천1백만 달러이고, 국제협력단(KOICA)을 중심으로 하는 무상원조는 2007년 3억5천8백만 달러에서 2011년 5억5천8백만 달러로 약 56% 증가했으며, 수출입은행을 중심으로 하는 유상원조도 2007년 1억3천2백만 달러에서 2011년 4억1천2백만 달러로 약 212% 증가했다.

한국의 ODA는 동남아시아 또는 ASEAN 지역에 집중하고 있으며, 특히 2007년 한-ASEAN FTA 체결 이후부터 그 규모가 급격히 늘었다. 예를 들어, 한-베트남 경제교류 활성화로 베트남에 대한 무상원조는 2007년 약 110억원에 불과했던 규모가 2010년에는 약 323억원, 2011년에는 약 270억원 수준이 되었다. 이는 베트남이 한국의 최대 투자처이자 주요 교역국으로 부상한 것과 유관한 것으로 분석된다. 또한

28) 개도국 분류는 주로 세계은행에서 하고 있다. 현재 모든 개도국이 ODA 수원국이 되는 것은 아니며, 정기적으로 발표되고 있는 DAC List에 포함된 개도국에 대한 지원만이 ODA로 인정되고 있다.

인도네시아는 베트남에 이어 두 번째 수혜국으로 2007년 약 108억원에서 2010년 176억, 2011년에는 약 152억원으로 규모의 무상원조를 받았다.

ASEAN 중에서 상위 중소득국으로 분류된 말레이시아와 태국에 대한 지원은 거의 없거나 미비한 편이다. 이것은 한국의 개발원조가 주로 상위중소득국에 대한 지원보다는 하위 중소득국을 비롯한 저소득국, 또는 최빈개도국에 대한 지원을 더 많이 하려는 노력에서 기인한다.

ASEAN 지역에 대한 원조 및 개발협력에 보다 중점을 두어야 할 부분은 ASEAN 국가들 사이에 존재하는 개발격차의 완화이다. 한국은 저개발국에 대한 지원을 통해 이 문제의 해결에 직접적으로 기여할 수 있을 것이며, 이 지역에 대한 리더십과 파트너십을 제고하는데 중요한 토대가 될 수 있다. 이를 바탕으로 지역통합정책을 연계하기 위한 노력 또한 필요하다. 한국은 2003년 발리에서 개최된 한-ASEAN 정상회의를 시작으로 2005년부터 한-ASEAN 경제협력사업 지원규모를 확대하기로 하고, 매년 정상회의에서 다양한 협력사업을 추진하고 있다. 특히, 한국이 비교우위를 가지는 인적자원개발, IT 협력, 개발경험지원 등에

〈표 6〉 한국의 ASEAN 무상원조의 지역별 현황

(단위 : 백만 원)

기준년도 / 수원국	2007년	2008년	2009년	2010년	2011년
	43,442	62,269	75,471	104,138	102,129
미얀마	1,489	6,800	4,439	4,734	5,513
라오스	6,567	9,393	9,735	11,104	11,293
베트남	11,060	11,061	23,273	32,306	27,048
인도네시아	10,893	10,518	16,890	17,640	15,222
캄보디아	8,075	14,558	8,614	17,706	18,900
필리핀	5,358	9,939	12,520	20,648	24,153

자료 : 2011 KOICA 대외무상원조실적 통계 <http://www.koica.go.kr>

중점을 둠으로써 지원효과를 극대화할 수 있다.[29)]

그러나 ASEAN+3 정상회의, ASEAN+3 관계부처 장관회의, 동아시아 정상회의 등 협력채널이 중첩되면서, 120여개에 해당하는 각종 제안사업 사이에 중복이 발생하는 등 효율성이 떨어지는 문제도 나타나고 있다. 따라서 ASEAN 국가들의 협력요구에 기초하면서도 종합적이고 체계적인 형태의 협력사업 추진이 필요하며, 다양한 협력사업을 효율적으로 연계할 수 있는 방안 확보가 시급하다.[30)]

IV. 한-ASEAN의 FTA 활용과 협력을 위한 규범적 제언

1. FTA의 법적 기반성 활용

FTA의 기능을 여러 가지 경제적 의미로 해석할 수 있으나, 그 중에서도 경제발전을 촉진하는 산업기반시설과 유사한 것으로 이해할 수 있다. FTA로 규범체계를 공유하는 것이 무역확대와 이익창출을 낳는 환경을 제공한다면, FTA를 체결한 국가는 산업기반시설(Infrastructure)을 구축하는 것과 유사한 경제적 효과를 얻는다. FTA로 얻어진 이러한 '법적 기반'(Legal Infrastructure)이 경제발전을 촉진하여 산업기반시설과 같은 역할을 하는 것이다.

FTA 체결을 통하여 무역증대와 경제교류 활성화를 위한 규범적 기반이 마련되면, 기업들은 실제 경제활동의 주체로 생산품과 서비스, 재화의 교환을 통해서 국제계약을 체결하고 실행한다. 무역이나 국제투자는 FTA가 제공한 환경에서 기업 활동으로 실현되는 것이다. 기업들은 FTA에 따른 환경변화에 따라 영업방향을 설정한다. 따라서 기업은 일

29) 권율 · 이재호, 위의 논문, 87-90면.
30) 권율 · 이재호, 위의 논문, 90면.

반적인 FTA 정책과 함께 특정 FTA가 낳은 환경변화를 예측하거나 인지하여 경영에 반영하여야 경쟁에서 우위를 점할 수 있다. FTA의 체결로 약속된 무관세화 및 정부의 국내시장에 대한 규제의 변화가 이루어지면 기업이 고려하는 수출입품목과 투자대상의 변화가 불가피하다.

어느 FTA에 따라서 양 당사국이 약속한 수준의 기업 활동을 보장하기로 하였고, 그러한 FTA 체결국 기업이 국내시장에서의 안정적 활동을 하도록 우선적으로 보장하기 위하여 국내기업과 FTA 체결국 기업 사이에 정부지원의 평등을 약속하였다면, 정부는 그러한 약속을 이행하기 위하여 내외국 기업이라는 차별이나 구별을 없애야 할 것이다. 제3국의 기업에 대해서 여전히 같은 차별이 존재할 수 있을 수는 있겠으나, 적어도 그러한 약속을 한 대상국 기업에 대해서는 그러하다. 따라서 국내시장에서 정부의 개입에 의한 지원이라든지 차별 등은 비교적 줄어들게 된다. 또한 국내사법의 제정과 개정이 해당국의 고유한 주권의 문제이기는 하지만, FTA 체결로 인하여 정부 사이에 약속한 바에 따라서 그러한 국내법 제/개정의 권한이 발목을 잡힐 수도 있다.

기업 활동에 직접적으로 적용되는 것은 위와 같은 공법적 요소뿐만 아니라 사법적 요소들도 많다. 국제계약법이나 기업 활동의 무대가 되는 국가 등의 국내사법도 FTA 체결과 함께 고려되어야 한다. FTA 체결에 따라서 기업의 설립이나 사적계약에 관한 법규의 일부 변동이 불가피할 것이고, 국내사법의 변화는 기업 활동에도 자연스럽게 큰 영향을 줄 것이다. 특히 ASEAN 지역은 한국기업의 투자가 많은 곳이므로, 투자와 관련된 공법적 정부규제가 아닌 계약법의 변화도 기업이 주시해야 할 부분이다. 또한 FTA 체결에 따라서 관련기관의 정보공유나 협력이 강화될 것이므로, FTA 그 자체는 아니더라도 경쟁력 있는 기업은 이러한 변화를 이해하고 활용할 수 있어야 한다.

2. 한-싱가포르/ASEAN FTA의 개성공업지구 특례규정

한국이 체결한 FTA의 개성공업지구[31] 특별규정은 대부분 원산지 규정(rules of origin)[32]과 관련이 깊다. 일반적으로 FTA의 원산지 규정은 우회수입방지와 같은 목적을 포함하여 FTA가 체결당사국에게 대한 특혜관세를 부여하기 위한 것이다. 따라서 한국의 FTA 원산지 규정과 개성공업지구에 관련된 내용은, 한국의 FTA가 제공하는 특혜관세 등을 개성공업지구에서 생산된 제품에도 적용할 수 있도록 하기 위하여 마련되었다.

한-싱가포르 FTA와 한-ASEAN FTA 등은 개성공업지구의 제품을 한국산(남한생산품)으로 처리하여 무관세 또는 특혜관세 혜택을 부여하고자 하였다. 이어지는 한-미/한-EU FTA 협상 등에서도 개성공업지구 특례규정을 마련하려는 정부의 노력은 계속되었다. 그러나 각 FTA의 관련 규정은 협상결과에 따라서 다른 모습이 되었다.

한-싱가포르 FTA는 제4.3조에서 '협정 부속서 4B에 열거된 상품이 대한민국의 영역에서 싱가포르의 영역으로 수입될 때 그 상품은 원산지 상품이 된다'고 명시하여, 선적지를 기준으로 원산지를 인정하는 Integrated Sourcing Initiative(ISI)을 채택하였다.[33] 제4.3조와 부속서 4B 등의 규정으로 한국의 원산지 인정을 받기 위해서는, 부속서 4B

31) '개성공업지구' 또는 '개성공단'은 남북경제협력사업의 일환으로 남한의 기술과 자본 그리고 북한의 토지와 인력이 결합되어 남북경협 합의서를 근거로 개성인근에 특별조성된 공업지역을 의미한다. 김봉철, (2012), 「한국 FTA의 개성공단 관련 규정의 내용과 기업의 활용 가능성」, 『기업과 법무』 제 4호, 한국기업법무협회, 30면.

32) 원산지 규정(rules of origin)이란, 상품무역에 대한 관세와 같은 WTO와 같은 다자간 또는 FTA와 같은 양자·지역간 국제무역규정을 적용하기 위하여 필요한 '원산지 판정을 위한 여러 가지 규정'을 말한다. 원산지 규정은 비 특혜원산지규정(non-preferential rules of origin)과 특혜원산지규정(preferential rules of origin)으로 구별되고, 특혜원산지규정은 FTA와 같은 지역무역협정이 부여하는 특혜관세나 개발도상국에 대한 특혜관세 등을 부과하기 위하여 원산지 확정을 위해 규정되는 것을 의미한다.

33) ISI 방식은 적용대상 제품의 실제 역내원산지 여부와 상관없이 비교적 손쉽게 FTA 상대방 제품에 원산지 지위를 부여할 수 있다.

에서 열거된 제품이 '싱가포르가 한국으로부터 수입하는 제품일 것' 그리고 '한국에서 선적한 제품일 것'이라는 요건을 충족해야 한다. 원칙적으로 제품의 역외가공정도를 판단할 필요가 없으므로, 특별규정을 비교적 손쉽게 활용할 수 있다.[34] 이러한 특별취급 대상제품은 추가될 수도 있고(부속서 4B 제2절 1항), 개성공업지구와 유사한 한반도의 다른 지역에서 생산된 제품에도 특별규정을 적용할 수 있다(부속서 4B 제2절 2항).

한-싱가포르 FTA 제4.4조에서는 역외가공(outward processing, OP)에 따른 원산지 인정방법도 규정하였다. FTA의 당사국에서 생산된 원자재나 부품을 역외지역으로 수출하여 가공이나 조립과정을 통해서 생산된 제품을 재수입하여 FTA 상대국에 수출하여도 FTA 관세특혜를 부여하자는 것이다. 부속서 4C에 열거된 상품[35]이 가공정도에 대한 기준(완제품 관세가격의 일정비율 등) 등을 충족해야 당사국의 원산지 인정이 가능하다. 한-싱가포르 FTA에서 역외가공제품에 대한 관세특혜가 인정된 이유는, 싱가포르도 개성공업지구와 유사한 역외가공지역을 가지고 있기 때문이다.

한-ASEAN FTA도 개성공업지구에서 생산된 제품에 대하여 FTA 관세특혜를 부여하는 규정들을 마련하였다. 그러나 한-ASEAN FTA는 한-싱가포르 FTA와 달리 역외가공에 관한 특혜부여 기준만을 규정하였다. 한-ASEAN FTA 부속서 3 제6조는 역외가공에 대한 특례규정을 통하여 원산지 인정을 위한 원칙을 규정하였다. 구체적인 요건은, 비원산지 상품의 총 가격이 최종상품가격의 40% 미만일 것과 반출된 원산지 재료의 가격이 최종상품 사용재료 총가격의 60% 이상일 것이다.[36] 한-ASEAN FTA에서는 대상 품목의 민감성을 고려하여 상대국

34) 고준성, (2009), 「개성공단 활성화를 위한 FTA 원산지 특례규정 활용방안」, 『안암법학』, 제28권, 안암법학회, 521면.

35) 이러한 규정의 대상이 되는 제품은 플라스틱류, 기계류, 전기·전자, 선박, 정밀측정 및 의료기기 등 134개 품목으로 제한되어 있다.

36) 이러한 내용은 산업피해를 우려한 ASEAN 각국이 한국과의 양해서한을 통해서 HS Code

이 특별수입제한조치를 부과할 가능성도 인정하였다. 또한 특례규정 적용대상 지역이 개성공업지구에 한정되어 향후 새로운 남북경제협력사업에 따른 적용지역 확대는 현실적으로 어렵다.

참고로, 한-미 FTA와 한-EU FTA는 특례인정에 관하여 한반도 역외가공지역위원회를 구성하여 결정하도록 유보하면서 결정을 위한 판단기준까지 명시하였다. 따라서 한국의 다른 FTA의 경우처럼 개성공업지구 제품에 대한 한국산 인정을 즉시 받을 수는 없다. 역외가공지역위원회를 구성해야 하고, 구성하더라도 특혜관세혜택을 부여하기 위해서는 FTA상의 까다로운 조건을 충족해야 하는 과제도 있다.[37)]

향후 한국의 FTA 협상과정에서도 어느 방식으로 개성공업지구 제품에 대한 원산지 특례규정을 만들 수 있을 것인지 예측해볼 수 있다. 한국에게는 이론적으로 ISI가 가장 유리한 방식이라 할 수 있으나, 한국은 많은 FTA 협상에서 싱가포르를 제외하고는 ISI 방식을 관철시키지 못하였다. 한-미 FTA와 한-EU FTA를 제외한 FTA에서는 주로 역외가공방식이 활용되었는데, 그 이유는 상대국이 명시적 요건을 통하여 개성공업지구의 제품에 원산지 특혜를 부여하면서 위원회 구성과 같은 부담을 줄일 수 있다고 판단하였기 때문이다.

한-싱가포르 FTA와 한-ASEAN FTA의 경험에 비추어, 향후 한국이 ASEAN 국가들과 개별적인 FTA를 체결하는 경우에 역외가공방식이 채택될 가능성이 높다. 특히 상대국의 입장에서는 긴급수입제한조치

6단위를 기준으로 100개 품목에 한정하여 원산지 인정을 하기로 합의하였다.

37) 실제로 미국 의회의 입법조사국(Congressional Research Service, CRS)는 이점에 관하여 보고서를 작성하였으며, 여러 조건의 검토결과 개성공업지구 제품이 한-미 FTA를 통하여 한국산으로 간주되어 미국의 대북규제를 피하면서 자유롭게 미국으로 수출될 가능성이 현실적으로 적다는 결론을 도출하였다. Mark E. Manyin, Jeanne J. Grimmett, Vivian C. Jones, Dick K. Nanto, Michaela D. Platzer and Dianne E. Rennack, (2011), "Imports from North Korea: Existing Rules, Implications of the KORUS FTA, and the Kaesong Industrial Complex", *Congressional Research Service*.; Mark E. Manyin and Dick K. Nanto, (2011), "The Kaesong North-South Korean Industrial Complex", *Congressional Research Service.*

의 발동가능성을 인정하자는 제안도 할 수 있을 것이다. 별도의 위원회를 설치하여 위원회에서 논의하자는 방식은 한국의 입장에서 개성공업지구의 원산지 특혜인정을 위해서 바람직하지 않다. 한-ASEAN 사이의 무역과 경제협력을 강화하기 위해서는, 기존에 체결된 관련 FTA의 개성공업지구 규정을 활용하려는 방법도 바람직하지만, 개별 FTA 체결 등을 준비하는 과정에서 이러한 유의점을 고려하는 것도 필요하다.[38]

3. 현지 기업 활동을 위한 ASEAN 국가들의 기업법제 특성 파악

무역 및 국제투자와 관련된 기업 활동이 FTA 등의 조약에만 영향을 받는 것은 아니다. 예를 들어, 한국기업이 라오스에 투자를 하려고 하는 경우에, FTA의 투자규정을 고려할 수도 있으며 라오스 정부의 규제 변화도 이해해야 할 것이다. 그러나 한국기업이 투자를 위해서는 그러한 요소 이외에도, 해당국가의 문화와 언어, 해당국과 한국이 아닌 다른 국가와의 정치외교관계, 정부정책의 핵심사항, 글로벌 트렌드, 자연환경, 사회문제 등을 파악해야 한다.

규범내용이 실제로 작동하지 못하는 많은 ASEAN 국가들의 기업풍토도 중요한 고려사항이다. 많은 ASEAN 국가들은 국내규범이 존재하지만 실제로는 규범력이 약한 경우가 많다. 다양한 자연/역사적 환경, 언어, 민족 등으로 구성되어 있는 ASEAN 국가들의 법제도 또한 다양하다. 따라서 기업이 활동하려는 대상국 또는 특정 지역의 법규에 대한 이해가 필요하다. 어느 국가에 발전가능성과 성공사례가 있다고 하여, 해당 국가들이 기업 활동에 유리한 조건만을 가지는 것은 아니다.

---

38) 현재 한-ASEAN FTA의 규정이 개성공업지구 제품에 대한 것으로 한정되어있음을 감안하면, ASEAN 국가들과 개별적으로 추진하는 FTA에 있어서는 새로운 남북경제협력사업의 특별지구 제품에 대한 특례인정까지 협상의 대상으로 포함시켜야 한다.

FTA는 분명 기업 활동의 범위를 넓히거나 시장진출 가능성을 높이는 좋은 도구로 작용할 수 있다. 그러나 FTA의 활용에 있어서 여러 과제도 있다. 한국 기업은 현지국의 관련 국내규범을 체계적으로 이해할 필요가 있으며, 이를 위해서 국가의 정보서비스나 지원이 필요하다.[39] 그러나 ASEAN 각국의 법제에 관한 국내 연구는 부족하고, 체계적이지도 못하다. 우리 기업의 투자진출과 경영상 문제를 해결하도록 관련 법제에 대한 체계적 정리와 빠른 정보 등이 제공되어야 한다.

법 분야의 서비스도 보다 국제적이어야 할 것이다. 법원의 관할권도 보다 적극적으로 넓히면서 국제적인 문제에 소극적으로 대처하지 않는 태도가 필요하고, 기업법무의 실무자들도 이를 적극적으로 활용하고 요구하는 자세가 있어야 할 것이다. 이를 위해서는 FTA뿐만 아니라 해당 지역 법률전문가 양성을 지역 언어전문가 양성과 함께 정부에서 지원하고, 기업에서 찾아야 한다. 또한 정부 입장에서 적극적으로 우리 기업 법제의 수출을 진행하여 한국과 상대방 국가 사이에 이른바 글로벌 스탠다드가 형성되면, 우리기업의 활동에 이로울 것이다.[40]

4. FTA와 ODA 개념의 조화

국제개발협력 또는 공적개발원조(ODA)는 한국이 국제사회에서 책임을 부담한 외교분야의 중요과제이다. ODA 정책을 통해서 국제사회에서 수원국에서 공여국으로 바뀐 우리의 위상을 높이고 발전시켜나가야 한다. 그러한 노력이 궁극적으로 인류의 평화와 안녕을 위한 것임에는 변함없으나, 한편으로는 한국과 한반도의 평화와 이익을 위한 것임을

---

39) 예를 들어, 입헌군주국으로 재출범하여 시장경제를 선언한 캄보디아는 빠른 경제발전을 이루고 있는데, 사회적 인프라 문제를 적극적인 시장개방으로 극복하려고 한다. 그러나 사유기업을 규정하는 회사법은 2005년이 되어서야 제정되었다.

40) 김봉철, (2011), 「FTA와 기업법무2 - 우리나라 기업의 동남아시아 활동과 FTA의 활용가능성」, 『기업과 법무』, 제2호, 한국기업법무협회, 37면.

인식하여야 한다. 향후 ODA 정책의 진행과 관련하여, 국제규범을 벗어나거나 비난을 받지 않는 범위 내에서 한반도의 평화와 국익을 고려하는 정책은 필요한 것이다.

이러한 점을 고려하면, ODA가 FTA를 바탕으로 이루어지는 국가와 기업 등의 경제·무역행위와 충분히 연관될 수 있다. FTA라는 법적기반을 활용하여 ODA 활동과정에서 경제적 이익을 얻을 수 있으나, 효과적인 ODA 또는 협력활동을 위하여 FTA를 활용할 수도 있다. 앞서 살펴본 바와 같이, 한-ASEAN의 협력이 상당부분에서 ODA 분야와 연관되어 있다는 점을 참고하면, 이러한 전략은 협력강화와 경제적 효과를 동시에 기대할 수 있는 장점을 가진다.

따라서 ASEAN 지역과의 경제협력을 위해서는 ODA와 FTA 규범을 연관시키는 노력이 필요하다. 비록 국제사회에서 순수한 의미에서 지원을 약속하는 ODA 추진이라고 할지라도, ASEAN의 많은 국가들에 한국의 ODA 사업이 집중되어 있다는 점을 감안하면 FTA의 활용으로 서로 상승효과를 기대할 수 있다. 구체적으로 FTA의 목표인 한국에 유리한(Korean friendly) 시장의 확대나 투자의 증대라는 면이 적극적으로 반영되어야 한다.[41] 장기적으로는 FTA를 통해서 이윤을 창출하는 기업들이 ODA의 정책에 참여하도록 유도하는 규범을 제안하는 것도 가능하다.

ODA와 FTA라는 두 가지 Legal Infrastructure를 조화하거나 관련성이 있는 부분에서는 통일성을 부여하여, 효과를 높이도록 노력해야 한다. 정부 간 협조체계를 보다 유연성을 가지면서 유지하고, 경제·법 전문가 등을 활용한 방안을 마련해야 할 것이다. 최근 건설과 같은 일

41) 이미 WTO 보조금협정 등과 같은 국제규범에서는 정부의 직간접적 보조금제공이나 지원이 상당히 제한적이라는 점을 고려하면, 순수성을 잃지 않는 범위 내에서 ODA를 통한 경제지원이야말로 국제규범의 규제와 제한을 피하면서 우리기업에게 실질적인 도움을 제공하는 것이라고 본다.

부 산업분야에서는 ODA를 국익과 관련 업계에 실질적인 이익이 되도록 하려는 노력이 진행되고 있는데,[42] 여기에 FTA라는 요소도 고려한다면 보다 효율적인 방안을 제공할 수 있을 것이다.

ODA와 FTA 자체는 공적인 것이지만, 이를 활용한 기업의 이윤추구는 사적인 것이다. 그러나 원조활동은 개인이나 법인이 실천하고 있으며, 이와 관련하여 다양한 법률적 문제가 나타난다. 만약 ODA의 대상국이 FTA의 체결대상국이라면, 이러한 문제들은 융합적인 성격을 가진다.

한국의 ODA는 한국국제협력단법 및 대외경제협력기금법 등 개별 ODA 시행에 관한 법령에 의거하여 시행되었으나, 2009년 국제개발협력기본법이 마련되어 다원화된 ODA를 종합적·체계적인 관점에서 조율하고 ODA의 방향을 보다 중장기적인 관점에서 제시할 수 있는 법적기반이 마련되었다. FTA와 관련된 국내규범에도 ODA 개념을 접목하고, 그 밖의 분야에서도 정책에 합당한 법령개선이 이루어져야 한다. 한국이 ODA와 FTA의 역량을 집중하고 있는 ASEAN에 대한 노력은 효용성이 매우 높다고 본다.

5. 국제분쟁에 대비한 규범개선

앞서 살펴본 바와 같이, ASEAN 국가와의 교역은 향후 FTA 체결과 함께 더욱 활발해질 것으로 예상할 수 있다. 이러한 상황이라면 자연스럽게 국제분쟁의 가능성도 늘어날 것이다. 국제분쟁은 여러 분야에서 나타날 것이지만, 여기서는 투자분야를 중심으로 논의한다. 투자분야는 한-ASEAN 경제협력의 기초이자 장기적인 의미에서 중요한 이익

---

42) 예를 들어, 권율 외, (2009)「ODA를 활용한 해외건설 진출 활성화 전략 연구」,『국토해양부 연구용역보고서』 2009-01, 대외경제정책연구원/해외건설협회의 연구에서는, ODA 사업에 국내 건설기업들의 적극적인 참여가 필요하다는 목적을 위한 다양한 전략들이 제시되었다.

창출원이 될 수 있다.

국제투자의 문제는 영업활동과 관련하여 투자를 실시하는 기업의 문제로 연결되고, 국제거래의 일종으로 파악할 수 있다. 따라서 국제투자 문제 역시 기업의 국제적 활동과 국제거래에서 발생하는 것이며, 자연스럽게 국제투자분쟁도 많아질 것이다. 국제투자에서 투자자는 최대한 자신의 재산권이 두텁게 보호받기를 원할 것이며, 그러한 보호방법으로는 여러 가지가 제시될 수 있다. 기업의 활동이 점차 국제화되면서 국제투자활동과 국제투자분쟁은 다양한 모습으로 전개되며, 해결책도 복잡하다.

국제투자분쟁은 여러 기준을 통해서 유형을 구분할 수 있다. 예를 들어 분쟁의 주체를 기준으로 국가-국가 그리고 국가-투자자의 분쟁으로 나눌 수 있으며, 분쟁의 해결방법에 따라 재판과 중재 등으로 나눌 수 있다. 또한 판정이 이루어지는 관할권을 기준으로 국내분쟁과 국제분쟁으로 구분할 수도 있다. 국제투자분쟁은 기준들이 중복되면서 여러 가지로 조합된다.

이러한 구분 중에서, 이른바 '투자자-국가소송제'(Investor-State Dispute, ISD)란 투자유치국이 투자조약상 규정된 투자자 보호의무를 위반하여 손해가 발생했다고 판단한 투자자가 국내분쟁절차 또는 국제분쟁절차 중에서 선택하여 분쟁을 해결하는 분쟁해결절차이다.[43] 이 경우 투자자가 국내법원과 국제중재절차 중 하나를 선택할 수 있도록 하였기 때문에 국내법원을 선택하는 경우가 없지는 않겠지만, 대다수의 투자자는 보다 중립적이라고 신뢰하는 세계은행 산하의 국제투자분쟁해결센터(International Centre for Settlement of Investment Disputes, ICSID)와 같은 국제중재절차를 선호할 것이다.[44]

---

43) 전통적인 국제법 체계의 원칙은 국가 간에 체결되는 조약이나 협정의 위반은 당사자인 국가가 상대방 국가를 상대로 하는 국가간 분쟁해결제도를 통해서만 해결하고, 체결국에 속한 개인은 상대방 국가를 상대로 직접 분쟁을 제기하지 못하는 것이 일반적이다.

최근 들어 국제투자의 규모가 커지고 조직적인 상황으로 변하면서, 투자의 주체인 투자자들은 대규모 기업인 경우가 많아졌다. 또한 이들은 국제투자에 관하여 많은 경험과 지식을 확보하고 있기 때문에, 투자분쟁에 있어서 자신들이 직접 국제사회에서 해결하려는 의지와 목적이 뚜렷해지고 있다. 결국 투자자는 자신의 능력이 허락하는 범위 내에서 직접 투자유치국을 상대로 국제분쟁을 제기하고자 한다는 것이다. 이것이 바로 원론적 의미에서 투자자-국가간 국제분쟁이다.[45)]

만약 국제투자문제가 국내법원의 절차를 따르는 경우에는 민사소송법의 직접적인 적용대상의 범주에 포함될 것이다. 그러나 그렇지 않은 경우 ICSID 등 국제 투자 중재의 방식을 통해서 나온 결론이 당사자의 자발적인 이행으로 마무리되지 못하는 경우에는 중재판정의 집행의 문제로 이어지므로, 승인과 집행이라는 관점에서 민사소송법과 연결이 가능하다.

민사소송과 관련된 투자중재를 포함한 중재의 기본원리는, 중재의 판정결과를 법원에서 승인하여 집행하도록 도와주는 것이다. 즉, 중재법상 중재판정 그 자체는 특별한 사유 없이 법원에서 다시 검토할 수 없으나, 판정결과를 당사자가 수용하고 자발적으로 이행하지 않는 경우에는 결국 법원이 판정내용을 집행으로 이어지도록 도와주어야 하는 것이다. 이러한 상황에서 법원의 역할과 집행의 문제가 나타난다. 만약 이러한 판정이 국내중재절차에서 이루어진 것이 아니라면 국제중재판정의 승인과 집행이라는 문제가 되며, 이에 관한 소송법적 논의가 필요

44) 김봉철, (2012), 「FTA의 ISD 관련 국제투자분쟁 문제와 기업의 대처」, 『기업과 법무』, 제3호, 한국기업법무협회, 73-74면.

45) 투자자가 국내 또는 국제분쟁해결방법 중 하나를 선택할 수 있다는 점이 투자자-국가 간 직접분쟁의 요소이기는 하지만, 국내법원 등을 선택하는 경우는 많지 않을 것이다. 따라서 투자자-국가 간 국제분쟁해결방법에 관한 논의의 핵심은 바로 국제중재에 있다. 국가 간 중재방법이 아닌 사인이 당사자가 되는 국제상사분쟁의 방법에서 정부가 국가의 이름으로 참여할 수 있는가 등의 문제가 이론적인 측면에서 논의될 수 있다. 그러나 현실적으로는 과연 국제중재절차가 대규모 투자기업과 약소국 투자유치국을 상대로 중재절차를 진행하는 경우에도 공정성을 담보할 수 있는가 하는 문제가 논의될 수 있다.

하다. 정당한 중재합의가 존재하였는가의 문제에서부터 외국중재판정의 국내승인과 집행이 공서양속의 위반이 될 수도 있는가의 문제 등이 그것이다. 이와 관련하여 중재법 제8조 중재합의 규정이나 제37조 중재판정의 승인과 집행 등에 관한 조항들이 법원에서 검토될 것이다. 이와 관련하여 우리 법원도 해석기준을 제시한 예가 있다.[46][47]

국내에서의 외국중재판정 승인과 집행이 용이하도록 여러 국가들이 합의한 뉴욕협약[48]이 있다. 한국과 많은 ASEAN 국가들도 이 협약의 가입국이므로 뉴욕협약에 가입한 국가에서 중재판정을 받아 국내에서 승인과 집행하는 것이 국제법상 가능하고, 국내법 차원에서는 기본적으로 중재법의 규정을 기반으로 민사소송과 집행에 관한 국내기준에 따르면 되는 것이다. ASEAN과의 투자확대와 기업활동 강화에 수반되어야 할 국제소송과 중재에 관한 법원의 적극적인 노력은 법률시장 확대에도 도움을 줄 것이다.[49]

V. 결 어

한-ASEAN 경제협력은 단순한 상품교역의 수준이 아니라 복잡하고

46) 대법원이 2004년 12월 10일에 선고한 2004다20180판결이 대표적이다.

47) 우리 법원은 외국중재판정의 집행거부사유를 아주 제한적으로 해석하여 되도록 외국중재판정의 승인 또는 집행을 인정하려는 입장이다. 이 부분에 관한 판례들은 국제적 거래질서의 안정이라는 측면을 고려하여 국제공서의 위반, 즉 국내법질서를 혼란시킬 정도로 정의 관념에 반하는 심각한 공서의 위반의 경우만으로 한정하여 판단하는 경향을 보이고 있다. 박종돈,(2006), 「외국중재판정의 승인거부 상에 관한 연구 - 공서양속에 관한 논의를 중심으로-」, 『통상정보연구』, 제8권, 제1호, 한국통상정보학회, 11면.

48) 뉴욕협약은 중재판정의 승인 및 집행을 요청하는 당사자가 판정의 유효성에 대한 구체적 입증없이도 집행을 원하는 국가의 집행법원에 승인과 집행을 요청하고, 이를 거부할 수 있는 요건을 한정적으로 열거하여 중재판정의 당사자가 승인과 집행을 보다 쉽고 확실하게 받도록 하였다. 유시창,(2008), 「외국중재판정의 승인과 집행」, 『국제법무연구』, 제12권, 2호, 경희대학교 국제법무대학원, 108면.

49) 특히 ASEAN 지역과 관련된 국제분쟁의 해결이 한국의 법률시장에서 처리되는 것은 국내기업과 법률시장의 국제경쟁력 강화라는 면에서도 유리하다.

입체적인 수준으로 발전하였다. 서비스/투자분야 등을 포괄하며, 정부/민간분야의 활동과 사회/문화적 활동은 경제협력에도 영향을 주고 있다. 투자방향도 일방적인 상황에서 탈피하였다. 이러한 한-ASEAN의 경제협력은 한-ASEAN FTA와 한-싱가포르 FTA 등 FTA에 의하여 탄력을 받고 있다. 더 나아가 FTA가 단순한 무역자유화뿐만 아니라, ODA나 남북경제협력의 문제에도 영향을 주는 상황이다. 따라서 FTA의 본질을 이해하면서 그 효과를 긍정적으로 유도하기 위한 전략수립과 실천이 필요하다.

규범적 의미에서, FTA는 국가사이에 경제협력 환경을 제공하는 조약이다. 따라서 국내외 규범과 FTA의 영향의 분석은 필수적이며, FTA의 상대방에 따라서 그 영향도 다르게 나타난다. ASEAN과의 FTA는 기존의 경제협력관계를 바탕으로 체결되었으나, 향후 그 활용방향에 따라서 효과는 달라질 것이다. 'FTA의 법적기반성'을 충분히 활용하는 ASEAN과의 경제협력전략이 요구된다.

한편, ASEAN 회원국들 사이의 정치/경제적 환경이 다르다는 점에서 한국과 회원국사이의 양자간 FTA가 체결되어야 하고, 그에 따른 개별적인 접근방식이 필요하다. 또한 기업 활동조건과 규범이 매우 다르다는 현실적인 모습도 고려해야 한다. 많은 ASEAN 국가에서 국내법의 규범력이 높지 못한 분야가 많다는 사실도 특징이다.

한국의 FTA에는 개성공업지구의 활동을 지원하기 위한 특별규정이 다수 존재하고, 한-싱가포르 FTA와 한-ASEAN FTA 역시 그러한 규정을 두고 있다. 이러한 점은 한-ASEAN 교역 및 투자 등에 직간접적인 영향을 준다. 또한 ASEAN과의 FTA 관계는 ODA 등 한국의 다른 외교정책과 연관성을 가지고 있으므로, 이 분야의 국내외 규범개선이 시급하다. 국제투자분야 역시 새로운 분쟁가능성을 고려한 법적인 대책과 개선이 필요하다.

이러한 경제협력은 양자 사이의 논의에서 벗어나, 동남-동북아시아

관계 및 국제질서변화까지도 연관된다. 이미 한국뿐만 아니라 중국과 일본 역시 ASEAN과 FTA 관계를 형성하고 있다는 점, 동북아시아 3국이 ASEAN 시장에서 경쟁관계에 있다는 점, ASEAN 각국의 상황이 국제정치 / 경제변동과 밀접하게 연결되어 다양하게 변하고 있다는 점, 동북아시아 상황이 한반도 및 북한과의 관계에도 영향을 받는다는 점 등이 향후 경제협력의 전략수립에 있어서 중요한 요소가 된다. 또한 이와 관련된 규범적 고찰과 연구도 지속되어야 한다.

참고문헌

고준성, (2009),「개성공단 활성화를 위한 FTA 원산지 특례규정 활용방안」, 『안암법학』 제28권, 안암법학회

권율 · 이재호, (2010),「한 · ASEAN 개발협력 현황과 성과」,『아세안의 경제발전과 한 · 아세안 개발협력』, 대외경제정책연구원

기획재정부 보고서, (2012),「한 · 베트남 수교 20주년 성과 및 향후 협력방향」.

기획재정부 보도자료, (2012),「수교 20주년 베트남과 FTA 등 경협 강화」

김봉철, (2007),『자유무역협정의 법적 이해』, 한국기업법무협회

______, (2011),「FTA와 기업법무2 - 우리나라 기업의 동남아시아 활동과 FTA의 활용가능성」,『기업과 법무』, 제2호, 한국기업법무협회

______, (2012),「FTA의 ISD 관련 국제투자분쟁 문제와 기업의 대처」,『기업과 법무』, 제3호, 한국기업법무협회

______, (2012),「한국 FTA의 개성공단 관련 규정의 내용과 기업의 활용가능성」,『기업과 법무』 제4호, 한국기업법무협회

김한성 · 조미진 · 정재완 · 김민성, (2009),「한 · ASEAN FTA 효율적 이행을 위한 연구: 상품 무역을 중심으로」, 대외경제정책연구원

박노형, (2011)「조약에 의한 국내법의 강제 집행: 한미FTA의 노동 관련 규정을 중심으로」,『법학평론』, 제2권

서헌제, (1996),『대외통상환경의 변화와 법제개편』, 집문당

외교통상부 통상교섭본부, (2005),「한-싱가포르 FTA 홍보자료」

이경태, (2010),「최근 베트남의 시장진입장벽 현황과 대응전략」, 한국무역협회 국제무역연구원

전광석, (2011),『한국헌법론』, 집현재

정인교 · 노재봉, (2005),『글로벌시대의 FTA전략』, 해남

최명해, (2012),「글로벌 자본의 관심이 집중되고 있는 미얀마」,『SERI 경제 포커스』, 제379호, 삼성경제연구소

Bongchul Kim, (2011), *Trade Remedy Regulations in Regional Trade Agreements*, Lambert Academic Publishing

Isabelle Van Damme, (2006), "What Role is there for Regional International Law in the Interpretation of the WTO Agreement?" in Lorand Bartels and Federico Ortino(eds), *Regional Trade Agreements and the WTO Legal System*, Oxford University Press

Korea Institute for International Economic Policy, (2003), "Korea-Singapore Free Trade Agreement", *Korea-Singapore Joint Study Group Report*.

James H. Mathis, (2002), *Regional Trade Agreement in the GATT/WTO*, TMC Asser Press

Mark E. Manyin, Jeanne J. Grimmett, Vivian C. Jones, Dick K. Nanto, Michaela D. Platzer and Dianne E. Rennack, (2011), "Imports from North Korea: Existing Rules, Implications of the KORUS FTA, and the Kaesong Industrial Complex", *Congressional Research Service*

Mark E. Manyin and Dick K. Nanto, (2011), "The Kaesong North-South Korean Industrial Complex", *Congressional Research Service*

지식경제부 홈페이지, http://mke.go.kr.

외교통상부 FTA 공식 홈페이지, http://www.fta.go.kr.

한국대외경제협력기금 홈페이지, http://www.edcfkorea.go.kr.

한국무역협회 홈페이지, http://kita.net.

한국국제협력단 홈페이지, http://www.koica.go.kr

FTA 종합지원포탈, http://www.ftahub.go.kr/kr

OECD DAC List, http://www.oecd.org/dac.

ABSTRACT

A Proposal for the future of the FTA relation between Korea and ASEAN members

Kim, Bongchul
(Division of International Studies, Hankuk University of Foreign Studies)

ASEAN is one of the main markets in the world economy. Many companies from all over the world are competing each other to take more market share in the stage. Furthermore, the governments of countries are also trying to make better legal infrastructures to improve their trade relations with ASEAN members. The region is also becoming more attractive target for the international investment companies.

FTA can be the main legal infrastructure for the purpose. This international legal tool may provide freer trade and business environment than normal multinational international (WTO) laws. Recently, many countries are making FTAs to build more favourable trade and business environment. The infrastructure is useful for the improvement of the economic cooperations between members.

The Korea-ASEAN FTA provides the framework for the economic or trade relations among the members. Furthermore, Korea also has and will have more bilateral FTAs with ASEAN members. They are expecting that the FTAs can be the legal infrastructures for the closer cooperations between the partners.

This study analyses the development of the economic relations of Korea and ASEAN members considering FTA environment. Then, it proposes some ideas in the field of law for the future of the FTA relations of them. The bilateral FTAs between Korea and ASEAN members will be the better legal infrastructures than the Korea-ASEAN FTA. Korea must consider the special provisions on the Kaesung Industrial Complex in North Korea. The companies should know about the practice of the national business laws in the ASEAN countries. The 'ODA-FTA' concept can be considerable for the closer cooperation between them.

동남아시아 체제전환국가의 법체계 및 기업입법 동향

이 준 표*

I. 서 언

동남아시아 국가들 중 베트남, 캄보디아, 라오스, 미얀마 등은 사회주의 경제체제를 탈피하고 시장경제제도를 도입한 소위 체제전환국가들이다. 이들 국가들은 시장경제에 필요한 새로운 하부구조의 구축에 부심하며 독자적인 기업법을 제정하여 왔다. 아직은 후진적인 사회구조에 머물러 있지만, 경제적으로 무한한 성장 가능성을 가지고 있는 이들 국가에는 향후 외국의 기업 투자 및 진출이 더욱 확대될 것으로 예상된다. 따라서 이 지역의 기업법제도에 대한 체계적인 분석 및 물론 해당 법률의 실효성 여부에 대한 조사가 절실히 요구되고 있다.

본 논문에서는 동남아시아 체제전환국가들의 법체계 및 기업경영 전반을 규율하고 있는 기업법을 그 입법배경과 구조를 중심으로 고찰해 본다. 본 논문의 연구결과는 다음과 같은 점에서 활용될 수 있을 것으로 기대한다. 먼저, 동남아시아 체제전환국가들의 법체계 및 기업법 규정들이 체계적으로 정리됨으로써 우리나라의 학계, 법제 관련 기관이

* 한국외국어대학교 강사, 법학박사

이 지역 내 기업법제도의 전반을 이해할 수 있는 토대를 제공해 줄 것이다. 또한 이 지역으로 진출했거나 진출하고자 하는 한국기업들이 기업법의 내용을 올바르게 파악하여, 관련 법률상의 문제를 예방하고 해결함으로써 기업운영상의 도움을 받을 수 있을 것이다. 나아가 현재 활성화되고 있는 우리나라의 동남아 법제연구에도 기여할 수 있을 것이다.

II. 동남아시아 체제전환국가의 법체계

1. 법체계의 전개

동일한 계통에 속하는 법질서를 가리켜 법체계(legal system)라고 한다.[1)] 친족법처럼 일정한 지역의 특수성을 보여주는 법분야도 존재하지만, 기술적·이론적으로 만들어진 많은 법들은 유사한 특성들을 가지게 된다. 한 나라에서 발달된 법규범은 유사성을 토대로 다른 나라에 계수되기도 쉽다. 이러한 계수의 과정에서 법체계가 형성되며, 이는 법의 해석에 있어서 비교법적 고찰을 하는데 중요한 역할을 하게 된다.

각국의 다양한 법체계를 일정한 질서에 따라 분류하기 위하여는 분류의 기준을 세우는 일이 선행되어야 한다. 독일 함부르크대학의 콘라드 쯔바이게르트(Konrad Zweigert) 교수와 쾨츠(Hein Kötz) 교수는 법체계 분류의 결정적 기준을 법의 양식에 두고 있다. 두 학자 모두 이러한 법의 양식으로서 ① 법질서의 역사적인 유래와 발전, ② 그 법질서에 있어서의 지배적인 특수한 법학적 사고방식, ③ 특징적인 법 제도들, ④ 법원의 성질과 그 해석, ⑤ 이데올로기적 요인 등 다섯 가지를 들고 있다. 각국의 법질서를 어느 법체계에 넣을 것인가는 당해 기준의 식별력

---

1) 이를 법계, 법권 또는 법문화라고도 한다. 법체계에 대한 보다 자세한 내용은, 최종고, “아시아법의 법체계와 체계”, 『아시아법제연구』 창간호, 한국법제연구원, 2004. 3, 35~57면 참조.

의 상대적 비중에 따라 결정한다. 그리하여 쯔바이게르트와 쾨츠는 세계의 법체계를 라틴법체계, 독일법체계, 북유럽법체계, 영미법체계, 사회주의법체계, 극동법체계, 이슬람법체계 및 힌두법체계의 8개 법체계로 구분하고 있다. 이는 현대 비교법학에서 가장 세련된 법체계론으로 인정받고 있다.

일반적으로 법체계는 크게 대륙법체계와 영미법체계로 구분하는데, 대륙법체계는 로마법을 계수한 유럽 대륙법의 계통이며 개인주의와 성문법주의 등이 특징이다. 이 법체계는 다시 프랑스법체계·독일법체계 등으로 구분된다. 반면, 영미법체계는 영국법이 미국에 계수된 법체계이며 판례법주의를 취하는 것이 특징이다. 최근에는 어느 국가 또는 지역의 법체계 및 법 내용에 있어서 다양한 모습으로 혼합되는 추세이다.[2] 예를 들어 대륙법체계 국가이지만 개별법에서는 영미법체계의 체계나 내용을 계수한 경우도 있고, 영미법체계 국가이면서도 대륙법체계의 체계와 내용을 계수한 경우가 있다. 결국 어떤 국가 내지 지역의 법체계가 어느 법체계에 해당하는지 여부는 해당 국가 내지 지역이 주로 어떤 법체계를 계수하고 있는지, 어떤 법의 영향을 가장 크게 받았는지에 따라 대륙법체계와 영미법체계로 구분하여 정의할 수 있다.

2. 동남아 체제전환국가의 법체계 형성

베트남을 비롯한 캄보디아, 라오스 등 동남아시아 체제전환국가들은 대부분 프랑스법을 모델로 하여 법률의 근대화를 추진하였다. 반면, 미

---

2) 통상 영미의 보통법과 대륙의 시민법 전통을 통시에 수용하여 두 법체계를 혼합적으로 발전시킨 국가들의 법률체계를 혼합법체계라고 하며, 스코틀랜드와 남아프리카공화국, 필리핀 등이 대륙법적 요소와 보통법적 요소를 동시에 가지는 혼합법체계 국가로 인정받고 있다. 혼합법체계에 관한 보다 자세한 내용은, 박희호, "혼합법체계의 발견과 주요 혼합법체계 국가의 법체계", 『외법논집』 제29집, 한국외국어대학교 법학연구소, 2008. 2, 93~20면; 박희호, "혼합법체계로서의 필리핀법체계", 『비교사법』 제15권 2호(통권 제41호), 한국비교사법학회, 2008. 6, 51~81면 참조.

얀마의 경우에는 영미법체계를 근간으로 하는 법체계를 가지고 있다. 베트남, 캄보디아, 라오스, 미얀마 등은 프랑스 내지 영국의 식민통치를 받으면서 자연스럽게 대륙법체계의 프랑스법 또는 영미법체계의 법체계를 전수받은 경향이 크다고 할 것이다.

베트남, 라오스, 캄보디아, 미얀마의 경우에는 오랜 사회주의국가로서 사회주의법이라는 공통적인 특성도 가지고 있다.3) 또한 이 국가들은 사회주의 법률의 기반위에서 시장경제체제를 받아들이면서 새로운 자본주의 법체계를 도입한 체제전환국이기도 하다. 1980년대 후반부터 이들 국가들은 경제개방정책을 추진하기 시작하였고, 1990년대에 이르러 사회주의 계획경제에서 자본주의 시장경제로의 체제전환4)이 본격적으로 이루어졌다. 이러한 경제개혁의 시도 및 경제체제의 변화는 많은 법률에 있어서 선진국가들의 법체계 및 내용을 계수하는 결과를 가져왔다.

시장경제로의 전환 이전에 베트남, 캄보디아, 라오스 및 미얀마의 법체계는 관습법과 식민지법 및 사회주의 법체계를 기반으로 하고 있었

---

3) 사회주의체제 하에서는 일반적으로 '법의 지배' 내지 '법치주의'라는 개념이 부정적으로 인식되며, 법을 단순히 국가통제의 수단에 불과한 것으로 여기는 경향이 있다. 2000년까지 세계은행은 캄보디아, 라오스, 베트남, 미얀마에 '법의 지배'가 이루어지지 않았다고 평가했다. 캄보디아, 라오스, 베트남, 미얀마는 '법의 지배'에 있어서 동남아시아의 평균 아래에 있었으며, 미얀마는 전체 국가 중 가장 낮은 순위를 차지하였다[Michael John Byrne, "Foreign Direct Investment and related Legal Development in Cambodia, Laos, Vietnam and Myanmar", Thesis(Ph. D.), City University of Hong Kong, May 2005, p. 156]. 이로 인하여 서구의 법체계가 수용되었음에도 서구법체계의 영향은 사실상 미미하였다. 또한 서구경제와의 무역이 단절됨에 따라 무역이나 투자를 위한 자본주의식 법률에 대한 수요가 많지 않았으며, 법제 개혁의 필요성도 깊이 인식하지 못하였다. 그러나 경제개방 및 시장경제의 도입을 계기로 법제 개혁에 대한 필요가 증가되고 있다. 특히 선진 국가 및 국제기구들은 시장 경제의 기초가 법률개혁에 있다고 보고, 이를 위한 노력을 강하게 요구하고 있다. 시장지향적 개혁을 추진함에 있어서 '법의 지배'는 개혁의 기초라고 할 만큼 중요하다고 본 것이다[*Ibid.*, p. 92].

4) 사회주의시장경제로의 체제전환국은 경제적 침체에 따른 체제 위기를 극복하기 위하여 계획경제체제를 점진적으로 시장경제체제로 전환하면서, 부분적인 범위 내에서 정치·경제개혁에 대한 요구도 수용하였다. 그러나 사회주의국가로서 가지는 기본적인 원칙 특히, 공산당의 지도적 역할은 견지하였다. 중국과 베트남이 그 전형이라 할 것인데, 그들의 법제는 시장경제의 활성화를 통한 경제건설을 위해 채택한 대내개혁과 대외개방의 정책을 수행하는 데에 초점이 맞추어져 있다[권오승·김유환·구대환·Eric G. Enlow, 『체제전환국 법제정비지원』, 서울대학교출판부, 2006, 118면].

다. 그러나 시장경제체제를 도입함으로써 이들 국가들은 공통적으로 외국인직접투자에 대한 인센티브를 제공하는 정책을 도입하고, 사업하기 좋은 환경을 위한 제도적 변화를 모색하는 한편, 새로운 기업법제의 도입을 통하여 외국인 투자를 규율하기 위한 절차규정들을 제시하였다.5) 이와 함께 서양식 모델에 따라 회사의 설립 및 운영 등을 규율하는 새로운 법규 마련을 위한 연구가 꾸준하게 진행되어 왔다.6) 물론 정치체제상 사회주의를 표방하고 있는 베트남, 라오스의 경우에는 법 내용상 국가 개입 내지 국가 통제가 강화되어 있다. 이는 사회주의체제의 유지 및 강화를 위한 것으로서 사회주의 법체계의 특징이라고 할 수 있다.

위에서 언급한 국가들의 기업법 역시 매우 다양한 특징을 지니고 있는데 이는 주로 역사적인 이유에 기인한다. 아시아 각국 대부분은 구미열강에 의한 식민지 경험을 가지고 있으며,7) 그 식민통치국가의 법제

5) 소규모기업의 사유화는 IMF와 세계은행(World Bank)에 의해 요구되어 온 경제개혁의 주요 요소 중 하나였다. 이전 사회주의체제에서는 생산수단이 국가에 의한 통제였기 때문에, 소규모기업의 수가 매우 많았다. 정통 내지 서양의 관점은 국가 자산의 신속한 사유화를 좋아한다. 그러나 사회주의국가들은 실업상승을 피하기 위하여 손실을 일으키는 국가기업을 묵인하였다[Marie Lavigne, *The Economics of Transition: From Socialist Economy to Market Economy*(2nd ed), New York: St. Martin's Press, 1999, pp. 118∼119]. 예를 들어 중국은 점진적인 접근법을 채택하여 1980년과 1990년을 거쳐 국유기업을 천천히 사유화 해 왔다. 이는 급진적인 진보가 중국공산당에게 일당체제의 개혁에 대한 압력으로 전달될 수 있음을 고려한 것이었다. 1990년대 말까지, 중국의 국유기업의 국가경제에 미치는 영향은 계속해서 감소하고 있었다[Gregory Chow, *China's Economic Transfomation*, Massachusetts: Blackwell Publishers Inc, 2002, pp. 263∼266]. 캄보디아와 라오스는 빠른 사유화를 선택하였고, 베트남은 점진적인 접근법을 채택하였다. 반면에 미얀마는 소규모 기업의 개혁을 위한 시도를 거의 하지 않았다. 이처럼 캄보디아, 라오스, 베트남, 미얀마는 1980년대 말 경제를 개방하고 법적·경제적 개혁을 시작하도록 압력이 가해졌을 때, 그들의 개혁과정은 일반적으로 중국과 소비에트 지역 국가들의 본을 따랐다. 소규모 기업의 사유화 비율 등의 개혁방식은 국가별로 달랐다.

6) ADB, "Enhancing the business environment of the Greater Mekong Subregion" (Technical Assistance Consultant's Reports), August, 2007, p. 6.

7) 아시아법을 이해하는 데에 가장 어려운 점의 하나가 식민주의의 문제이다. 17세기부터 19세기까지 유럽제국주의의 세력이 아시아 태평양지역에 침략하였다. 프랑스, 포르투갈, 영국, 네덜란드, 독일, 스페인, 그리고 미국이 이 지역에 식민지배를 하면서 도로와 철도, 관세와 행정을 변화시켰다. 전통적 권위의 부정은 독립 이후의 헌법과 법질서의 형성에도 영향을 주었다. 전통법과 서구법의 혼합이 이루어졌고, 식민주의가 끝날 무렵에는 동남아시아의 40개국이 10개국으로 압축되었다[Graham Hassall · Cheryl Saunders, *Asia-Pacific Constitutional*

도를 주로 모법으로 하여 기업법을 제정·발전시켜 오게 된 것이다. 아시아 각국의 기업법 제정 초기에는 크게 대륙법체계 기업법과 영미법체계 기업법으로 구분할 수 있었다. 전자에 속하는 것으로는 한국, 일본, 대만, 태국, 인도네시아가 있었고, 후자의 경우는 미국의 영향을 받은 필리핀과 영국의 영향을 받은 인도, 오스트레일리아, 말레이시아, 싱가포르 등이 있었다.

그런데 이 두 가지 유형과 구별되는 제3의 국가들의 기업법도 있었다. 이는 과거 사회주의국가이면서도 개혁·개방을 통해 일부 시장경제질서를 받아들임으로써 독특한 색채를 지니게 된 것이다. 중국, 베트남, 캄보디아, 라오스, 미얀마 등의 기업법이 그것이다. 중국, 베트남, 캄보디아 라오스, 미얀마의 경우에는 사회주의법질서가 법체계형성에 많은 영향을 주었다. 이들 국가의 기업법은 체계 및 내용상 위의 대륙법체계 및 영미법체계 기업법들과 별개의 모습을 보이고 있었다. 기존의 영미법체계나 대륙법체계 이외에 또 하나의 독자적인 사회주의법체계를 인정할 필요가 있느냐의 문제와 관련하여는, 그것이 형식상 대륙법체계에 속한다 하더라도 그 내용과 역할에 비추어 볼 때 독자성을 인정할 필요가 있다고 생각한다. 한편, 냉전체제 이후 이데올로기의 역할이 줄어드는 시대적 상황 속에서, 베트남, 라오스, 캄보디아, 미얀마 등의 동남아시아 국가들은 시장경제로의 체제전환에 따른 새로운 기업법의 제정 및 개정작업을 활발하게 진행하고 있다.

Systems, Cambridge University Press, 2002, p. 19].

III. 국가별 기업입법 동향

1. 베트남기업법

1) 입법배경

베트남의 법체계는 프랑스의 영향을 강하게 받아 대륙법체계를 따르고 있으나, 사회주의 법이론에도 큰 영향을 받았다. 베트남은 중국에 국경을 접하고 있을 뿐 아니라, 진한시대 이후 지금까지도 중국의 영향을 받고 있기 때문에[8] 중국법의 특성도 간혹 찾을 수 있다.[9]

1858년부터 시작된 프랑스의 식민통치[10]로 베트남은 프랑스법체계를 수용하게 되었다. 그러나 프랑스 식민통치가 마무리되면서 1955년 반공산주의 정권이 미국의 지지를 받아 베트남 남부에 들어서게 되자 베트남공화국 설립을 위한 헌법이 마련되었다.

베트남전쟁을 통해 1976년 베트남 사회주의공화국이 설립되었고, 새롭게 구성된 국회는 사회주의에 입각한 새로운 헌법을 제정하였다. 이 과정에서 베트남은 사회주의 법률체계를 확립하였다.[11] 1980년대 초반 베트남 정부는 700개에 가까운 법률을 승인하였다. 여기에는 민법, 민사소송법, 노동법 기타 경제, 정치, 사회, 문화와 관련된 법들이 포함되어 있었다. 1980년 제정된 베트남 헌법은 프롤레타리아 독재와 당의 지도적 지위 등을 규정함으로써 사회주의의 법원리를 명확히 수용한 사회주의 헌법이었다.

---

8) 972년 베트남이 중국으로부터 독립을 쟁취하기까지 약 1,000년간의 중국지배가 이어졌다. 중국이 10세기에 들어서면서 국력이 쇠약해지고 베트남의 고쭈엔 장군이 바익강 전투에서 중국 대군을 격파하고 새로운 왕조를 수립함으로써 중국의 지배에서 벗어나기 시작하였다.

9) 島田正郞(저)-임대희(역), 전게서, 194면.

10) 1858년, 선교사 처형사건을 빌미로 프랑스는 베트남을 무력침공하여 남부지방으로부터 하노이(Hanoi)와 후에(huê) 등을 제압한 뒤, 1883년 베트남을 식민통치하기 시작하였다.

11) 대한상공회의소, 『베트남의 투자환경분석과 기업진출(경제연구논업 297)』, 1997, 54면.

이후, 베트남은 사회주의 계획경제체제의 실패로 인한 국가 경제의 파탄 상태를 극복하기 위하여 1986년부터 '도이 모이(Đổi mới)' 정책에 따른 시장경제질서를 수용하였다. 베트남의 사회주의지향의 시장경제체제의 개념은 중국의 실사구시로 대변되는 실용주의 노선보다는 적어도 이론적인 정교함에서 앞선다고 평가받고 있다.[12] 사회주의지향의 시장경제체제의 도입과정에서 이념조화가 필요했고, 그러한 의지가 1992년, 2001년 헌법 개정을 통해 나타났다.[13]

일본은 체제전환국 법제정비지원사업의 일환으로 1990년대 중반 베트남에 대한 지원을 시작하였다. 베트남에 대한 법제정비지원사업은 일본 법무성과 JICA가 공조하여 시행하였다. JICA는 1996년 말부터 베트남 사법부를 상대로 본격적인 법제정비지원사업을 개시하였다. 일본은 자신의 서구법체계수의 경험에 입각하여 단순히 시장경제법의 기술적인 정보를 전해줄 뿐만 아니라, 각각의 법제도가 서구사회의 어떠한 사회적 필요에 근거해서 생겨났는지, 그것이 베트남 사회에도 존재하는지 또는 장래의 베트남 사회에 유용할 것인지 등의 문제에 대하여 베트남의 법률가들과 논의하였다. 즉 법제도의 단순한 이식이 아니라 베트남 사회에 수용가능한 법제도가 도입될 수 있도록 노력한 것이었다. 이러한 베트남 사회와 베트남 법률가의 주체성을 중시하는 일본의 접근법은 베트남 측의 큰 신뢰를 얻었다.[14]

---

12) 권오승 외3, 전게서 192면.

13) 1992년 개정 헌법 제2조에서 베트남을 사회주의국가로 규정하면서도, 제4조에서 공산당의 모든 조직은 헌법과 법률의 범위 내에서 활동한다고 규정함으로써 법치주의 정신을 헌법에 도입하였다. 나아가 2001년 헌법개정을 통해 국가체제를 사회주의 법치국가로 명확히 규정하면서 법치주의 원리가 헌법적 표현에서 더욱 진일보 했다고 할 수 있다. 그러나 공산당의 지도적 지위에 의해 당이 헌법 및 법률의 제·개정을 자신의 정치적 목표에 따라 주도할 수 있기 때문에 자유민주주의 국가체제에서의 법치국가 원칙과는 본질에 있어 확연하게 구별될 수 밖에 없다는 점은 중국과 다를 바 없다(류길재·민경배, "체제전환국 법제의 기본원칙 변화", 『사회주의 체제전환에 대한 법제도적 비교연구』 경남대학교 극동문제연구소 북한연구 시리즈 26, 한울아카데미, 2008, 124면).

14) 권오승 외3, 전게서, 64면.

기업법제와 관련하여 프랑스의 식민통치 기간 동안 베트남의 일부 지역에서는 프랑스 상법이 제한적으로 적용되었으나 대부분의 지역에서는 관습법이 적용되었다. 그러던 중 베트남 최초의 근대 민법이 1930년 제정되어 베트남 북부지방에서 시행되었다. 이 법에는 당시 프랑스 민법과 유사한 부분이 많았으나 베트남 관습법도 어느 정도 수용되었다.

남북분단국가시대에 들어 북부에서는 자본과 토지 등의 생산수단에 대한 국유화가 이루어졌으며, 경제주체로서 국영기업과 협동조합만이 인정되었다. 반면, 남부에서는 1973년 상법이 제정되었으며, 상법 제2편에서 회사에 관하여 규정하고 있었다.

베트남의 남·북이 북부 주도로 통일되자 남부의 많은 회사들이 정부의 국유화정책에 따라 국영기업으로 변경되었으며, 협동조합은 국가경제주체로서 제한적인 기능을 수행하였다. 1990년 회사법이 제정되기 이전에도 회사라는 용어는 베트남에서 사용되었으나, 시장경제에서의 회사의 개념과는 큰 차이를 갖는 것이었다. 당시 회사는 주로 국영기업 내지는 소유자가 다양한 경제주체인 공사혼합 기업을 지칭하였다. 시장경제가 사회주의에 영향을 주기 시작한 이후 대도시를 중심으로 공사혼합기업이 설립되었지만 그 실제 역할은 미미했으며 무엇보다도 회사의 활동에 관한 법제가 존재하지 않았다고 한다.

베트남은 1980년대 후반에 중국과 마찬가지로 사회주의 시장경제체제를 도입한 이후 개방적 경제운용을 통한 해외자본의 유치, 국영기업의 회사제도화 등을 통하여 많은 발전을 이루어내고 있다.[15] 베트남은

15) 1986년 제6차 공산당대회에서 채택된 도이모이 정책 이후 베트남 경제는 사회주의지향의 시장경제제로 빠르게 진행하게 된다. 베트남의 도이 모이 정책의 기본 방향은 시장경제체제의 도입을 통한 국민경제구조 및 투자구조의 조정, 소유제도의 다양화, 경제관리 메카니즘의 개혁, 국가행정조직의 재구축, 대외경제관계의 다변화 등을 들 수 있다. 도이모이 정책은 경제체제의 전환을 의미하는 것으로 과거에 추진했던 경제개혁과는 근본적으로 차이가 있다. 즉 과거의 경제개혁은 사회주의 노선의 부분적인 궤도수정인데 비하여 이 쇄신정책은 경제운영체계의 근본적인 전환을 의미한다는 점에서 대폭적인 개혁이라 할 수 있는

'도이 모이' 정책의 시행에 따라 시장경제체제로 이행하기 위하여 헌법을 시작으로 관련 법령을 정하고 정부조직과 제도를 개편하였다.[16] 현실적으로도 시장경제로의 이행에 의해 개인의 경영자유권을 보호하기 위하여 새로운 기업형태가 필요하였다. 실제로 다수의 개인이 공동으로 소유 및 출자하는 기업형태가 출현하였거나, 대외경제개방으로 합작기업도 다수 설립되었다. 이처럼 기업의 소유형태가 다양하게 되고 새로운 형태의 기업이 만들어짐에 따라 기업의 원활한 활동을 뒷받침하기 위한 법제도정비의 필요성이 제기되었다. 특히 1986년 '도이모이' 시장개혁정책에 따라 베트남 정부는 빠르게 떠오르는 사기업부문을 규율할 수 있는 상사법이 긴급히 필요하게 되었다.[17] 입법자들은 계약 및 재산법과 함께 기업법이야말로 시장경제의 기초가 되는 법적 하부구조에서 핵심이 되는 법이라고 생각하게 되었다.[18]

베트남 국회는 1987년 12월 외국인투자법을 제정하여 1988년 9월부터 시행에 들어간 후, 경제관련 법령의 정비에 착수하여 1990년 베트남 최초의 현대 기업법을 채택하였다.[19] 이로써 시장경제에서의 회사 개념과 같은 회사가 베트남 법제상 등장하게 되었다.[20]

것이다[Melanie Beresford, Doimoi in review: The challenges of building market socialism in Vietnam, *Journal of contemporary Asia*, Vol. 38, No. 2, May 2008, p. 223].

16) 구성열·손정식·안희완·이두원, 『베트남의 법제도와 시장개혁(동아시아 연구논총 제7집)』, 연세대학교 동서문제연구원, 2002. 4, 5면.

17) 베트남 상사법 개정의 주요내용은, Nguyễn Đình Thiêm, Tìm hiểu Luật Thương mại năm 2005, NXB Lao động-xã hội, pp. 5~6(Nguyen Dinh Thiem, Understanding Commercial Law in 2005, Labour and Social Publishing House) 참조.

18) John Gillespie, Transplanted Company law: An Ideological and Cultural analysis of Market-entry in Vietnam, *International and Comparative Law Quarterly,* Vol. 51, Cambridge Journal, July 2002, p. 641.

19) Ibid.

20) 1990년 베트남회사법은 1990년 12월 21일 국회를 통과하여 1991년 4월 15일부터 시행되었다. 이 법은 총6장 45개 조문으로 이루어졌다(Quốc hội, Luật Công ty, 1990. 12. 21(Congress, Corporate Law); Quốc hội, Luật sửa đổi bổ sung Luật Công ty, 1994. 6. 22(Congress, Law Amending and Supplementing the Law on Companies)).

1990년 회사법의 입법은 당시 베트남이 시장경제로의 전환기에 처해 있었으며, 시장경제체제에 부합하는 법제 정비에 대한 요구가 거셌다는 점에서 볼 때, 매우 신속한 법적 대응조치였다고 평가된다. 이 법을 통하여 다양한 경제영역에 속하는 기업의 법적 설립근거가 마련되었으며, 유한회사 및 주식회사의 등장으로 경제주체가 다양화되었다. 그러나 동시에 많은 문제점을 내포하고 있었다. 입법자는 개인·조직에 대한 경영자유권의 보호보다는 오히려 회사에 대한 행정관리를 강조하였다. 많은 행정기관이 회사의 설립에 관여하였다. 실제 회사 설립에 각급 지방인민위원회, 사법기관, 공안당국, 세무당국, 금융기관 등이 관여하게 되었는데 이들 기관의 권한이 상호 중복·모순되었다. 그러나 정작 회사가 설립된 후에는 회사활동을 감시하는 기관은 존재하지 않는다.

1990년 당시 베트남국회는 회사법뿐만 아니라 개인기업법[21])도 제정하여 개인기업을 별도로 규율하였다. 또한 개방정책이후 많은 외국인기업이 등장했는데, 이들 외국인기업에 대한 법적 규율 역시 회사법이나 개인기업법과는 별개의 입법으로 이루어졌다. 즉 1987년 베트남내 외국인투자장려법과 그 이후 1996년 베트남내 외국인투자법에 의해 규율되었다. 반면, 국영기업에 대해서는 1995년 국영기업법에 의해 규율되었다. 이처럼 기업의 종류별로 별개의 입법이 이루어졌으며, 이들 입법 사이에 모순과 불합리가 존재하였다. 이를 극복하기 위하여 베트남은 2000년 1월, 기존의 회사법과 개인기업법을 통합하여 기업생활관계에 관한 기본법으로서의 단행법인 기업법[22])을 시행하였다.[23]) 기업법 시행

21) 1990년 베트남 개인기업법은 총27개조로 구성되어 있으며, 회사법과 마찬가지로 1990년 12월 21일 국회에서 통과되고, 1991년 4월 15일부터 시행되었다. 이 법은 1994년 6월 22일에는 개정되었다. 개인기업법은 제1장 총칙, 제2장 기업설립, 영업등록, 영업폐지, 해산, 제3장 개인기업의 조직과 활동, 제4장 벌칙, 제5장 부칙으로 구성되어 있다. 개인기업법은 다부문상품경제의 발전을 위한 기본원리를 이행하고, 투자와 거래를 격려하며, 개인기업들의 합법적인 이익들을 보호하고, 모든 기업 활동에 관한 국가 관리의 효율성을 강화시키기 위하여, 베트남 사회주의공화국 헌법 제 83조에 근거하여 개인기업에 관하여 규정한 것이다[Quốc hội, Luật Doanh nghiệp tư nhân, 1990. 12. 21(Congress, Law on Private Business)].

이후 국제경제의 통합움직임, 현행 기업법의 한계를 극복하기 위하여 새로운 기업법이 필요하게 되었고, 이에 따라 모든 종류의 기업과 투자 자금 성격에 적용되는 새로운 형태의 기업법과 투자 촉진·보호법 제정을 위한 준비 작업에 착수하게 되었다. 2004년 말 국회에 제출된 베트남기업법 초안은 2005년 중순 국회에서 의결되어 2006년 초 발효·시행되었다. 2005년 베트남기업법은 기존에 기업을 규율하고 있던 1999년 기업법, 2003년 국영기업법 및 외국인투자법 중 외국인기업 관련부분을 대체한 바 있다.

현행 베트남기업법은 베트남이 시장경제법질서를 유지하고 현대적 기업제도를 도입·운영하는데 있어서의 표준적 기능을 담당하고 있다. 즉 베트남기업법은 시장경제원리와 현대기업제도의 요구에 부응하면서 국유기업을 회사제도로 전환하고, 국제화·세계화 시대의 일원으로서 선진 입법에서의 국제공통의 법 개념을 수용함은 물론 기업생활관계를 규율하는 법의 국제통일법적 모습으로 나타남으로써 국제시장에서의 조화를 도모하고 있다. 특히 베트남기업법은 사회주의경제체제를 먼저 도입하여 성공을 거둔 바 있는 중국의 기업법을 상당부분 계수한 것으로 평가할 수 있다.[24] 베트남기업법의 입법목적은 개혁·개방을 통하여 사회주의계획경제체제를 사회주의시장경제체제로 전환하는 과정에서

22) 1999년 베트남기업법은 1999년 국회에 의하여 공포되어 2001년 1월 1일 발효되었다. 1999년 기업법의 공포에 의해 회사형태의 발전은 새로운 단계로 나아갔다. 이는 1990년의 회사법과 개인기업법 시행을 통한 경험을 입법에 반영한 것으로 위 두 법을 통합하였다. 1999년 기업법은 그 적용범위가 확대되었기 때문에 종래의 회사법이라는 법명을 기업법이라고 변경하였다. 이 명칭은, 가까운 장래 기업법이 여러 종류의 기업의 활동을 통일적으로 규율하도록 하려는 입법기관의 의도를 나타낸다고 한다.

23) 2000년 베트남기업법은 공기업과 사기업의 모든 부문에서 경제력을 회복하는데 획기적인 돌파구를 제공했다. 이 법 시행이후 지난 4년 동안 모두 95억 달러의 내국인 투자가 이루어졌으며, 등록된 약 80,000개의 민간 기업은 성장률과 비중 측면에서 모두 베트남 경제 성장의 주역이자 투자 주체로 등장하였다. 경제 주체별로 볼 때 민간 기업은 18.7%, 외국인 투자부문은 18.3%, 국영기업부문은 12.4%가 각각 증가하였다. 특히 민간 기업은 GDP 비중이 13%로 확대되었다.

24) 정용상, "한·베트남 주식회사의 기관구조에 관한 비교법적 검토", 『비교법학』 제13집, 부산외국어대학교 비교법연구소, 2002, 64면.

기존의 국유기업을 회사로 전환하기 위한 것이기 때문에 선진자본주의 국가들에서의 회사법과는 다른 내용과 속성을 보이고 있다.

2) 구성

2005년 베트남기업법은 총10장 172개조로 구성되어 있는데, 이를 개관하면 다음과 같다. 제1장에서는 일반규정으로 적용범위, 적용대상, 법원, 기업의 권리의무, 금지행위 등을 규정하고 있다. 제2장은 기업설립 및 경영권, 설립등기절차, 정관, 설립등기증명서, 기업재산관련규정, 상호규정 등으로 구성되어 있다. 그리고 제3장에서는 유한회사를 그 사원의 수에 따라 2인 이상의 유한회사와 1인 유한회사로 구분하여 규정하고 있으며, 제4장에서는 주식에 관한 사항과 주식회사의 운영기구에 관하여 규정한다. 또한 제5장에서는 회사의 재산과 무한책임사원의 권리, 의무, 사원총회의 운영에 관하여, 제6장에서는 기업주의 자본, 기업관리, 운영, 기업임대 및 매각에 관한 사항을, 제7장에서는 모회사의 권리와 책임을 중심으로 규정하고 있다. 한편, 제8장에서는 기업의 합병, 분할, 분리, 전환, 경영의 일시정지, 해산에 관하여 정하고 있으며, 제9장에서는 기업에 대한 국가관리책임, 설립등기소의 조직구조, 임무 및 권한, 위반처리 등에 관하여 정하고 있다. 마지막으로 제10장에서는 국영기업과 관련된 사항과 개정법의 효력에 관한 사항을 정하고 있다.

2. 캄보디아기업법

1) 입법배경

캄보디아의 법체계는 다양한 배경을 가지고 있다. 구체적으로 아시아 관습법과 프랑스 보호정치 기간 동안 소개되었던 프랑스 시민법 전통, 1980년대 베트남 등으로부터 전래된 공산주의 체제, 1990년대 초반 '유엔캄보디아과도행정기구'(United Nations Transitional Authority in Cambodia; UNTAC)의 활동, 그리고 1993년에 채택된 새로운 캄보디아 헌법[25] 등의 영향을 받았다.

캄보디아는 1863년부터 1953년까지 프랑스의 식민지였기 때문에, 기본적으로 프랑스 대륙법체계의 영향을 많이 받았다. 그러나 1954년 캄보디아가 독립한 이후, 크메르루지(Khmer Rouge)[26] 혁명군이 집권함에 따라, 그 집권기간(1975-1979) 동안 프랑스 법에 기초한 법률시스템이 파괴되었다.[27] 1979년에서 1989년까지 베트남과의 친선관계기간 동안에는 캄보디아 헹 쌈린(Heng Samrin)[28] 정권이 베트남식 사회주의 행정부와 법체계를 확립하려고 노력하였다. 이 시기 베트남은 캄보디아의 법률을 기안하는 데에 많은 영향과 도움을 주었다. 1989년부터 캄보디아는 개방적 사회주의와 UNTAC의 중재 그리고 1993년 자유민주선거를 진행하였다. 선거를 통해서 연립정부가 구성되었고 헌법이 제정되었다. 이 시기부터 캄보디아는 자유민주주의와 시장경제체제를 채택하였으며, 민주주의의 정착, 지역적 통합, 중소기업의 사유화, 법제 정비, 외국인직접투자 장려 등을 주요 목표로 하여 개혁을 진행하였다.

캄보디아는 주로 UNTAC로부터 대륙법체계 프랑스법을 계수하였다. 그러나 구체적인 내용면에서는 많은 부분이 영미법체계를 따르고 있다. 민법과 민사소송법의 기초를 의뢰받은 일본은 JICA가 중심이 되어 3년간 크메르어로 된 법안을 준비하였다. 즉 일본의 법률가와 캄보

---

25) រដ្ឋធម្មនុញ្ញឆ្នាំ ១៩៩៣ និង វិសោធនកម្មថ្មីៗ(Constitution of the kingdom of Cambodia). This Constitution was adopted by the Constitutional Assembly in Phnom Penh on September 21, 1993 at its 2nd Plenary Session. Amendments passed 4th March 1999.

26) 1975년부터 1979년까지 캄보디아를 통치하고 대량 학살한 급진 공산주의 혁명 단체를 말한다.

27) ADB, *Law and Poilcy Reform 2003 Edition*, March 2004, pp. 58~62.

28) 캄보디아 정치가이며, 폴포트 정권에 반대하는 동부의 반중앙정권 세력에 가담, 캄보디아구국민족통일전선을 조직해 수도 프놈펜을 함락시킨 후 캄보디아인민공화국을 선포하고, 인민혁명평의회 의장에 취임하였다.

디아 정부가 함께 검토하는 회의기관을 캄보디아 사법부 내에 설치하여, 그 운영비용에 대해서도 일본이 지원하기로 캄보디아 사법부와의 사이에서 합의하였다.[29)]

캄보디아는 1993년 새로운 헌법[30)]의 공포와 함께 '캄보디아 왕국'을 수립하고 입헌군주국으로 복귀했다. 캄보디아는 1990년대 초부터 이웃국가인 라오스, 베트남과 함께 오랫동안 유지해 오던 계획경제체제를 포기하고, 사적부문에 대한 정부의 개입을 줄이면서 법적 기반을 구축하기 시작하였다.[31)] 캄보디아헌법 제56조[32)]는 캄보디아가 시장경제를 채택한다고 선언하고 있다. 시장경제체제로의 전환과 함께 외국인투자법을 비롯한 경제발전을 위한 규범이 마련되었다.[33)] 또한 캄보디아는 2004년 WTO 가입을 계기로 46개에 달하는 국내법을 WTO 규범 및 시장경제 유지에 적합한 법규정으로 개정하는 작업을 지속적으로 추진하면서, 새로운 법 제정을 위해서도 노력하고 있다.[34)]

기업법제와 관련하여, 캄보디아 국회는 2005년 4월 「캄보디아 상사기업법(Law on Commercial Enterprises)[35)]」을 마련하여 같은 해 9월에 시행

29) 권오승 외3, 전게서, 66면.

30) 총14장 140개 조항으로 구성된 1993년 캄보디아 헌법은 자유민주주의, 다당제, 삼권분립, 민족적·종교적 평등, 영세중립, 비동맹, 내정불간섭, 자유시장경제, 18세 이상 전국민의 참정권 부여, 성차별금지, 사형제 폐지 등을 주된 내용으로 하고 있다[김성주, "인도차이나반도 사회주의국가의 체제전환과 개혁·개방정책", 『한국정치외교사논업』 제25집 1호, 한국정치외교사학회, 2003, 315면.].

31) 캄보디아정부는 경제성정의 핵심 엔진을 사기업부문이라고 보고 전략적으로 이 부문에 집중해오고 있다. 캄보디아정부는 투자환경과 무역 활성화 및 사부문 발전을 개선하기 위한 조치를 제안 및 이행하기 위하여 2000년에 Government-Private Sector Forum을 구성하기도 하였다[ADB, "Enhancing the Business Environment of the Greater Mekong Subregion", p. 5.].

32) Article 56. The Kingdom of Cambodia shall adopt the market economy system. The preparation and process of this economic system shall be determined by the law.

33) 김성주, 상게논문, 319면.

34) ADB, "Strategy and Action Plan for the Greater Mekong Subregion Southern Economic Corridor", 2010, p. 21.

35) 원문으로 'ច្បាប់ស្តីពីសហគ្រាសពាណិជ្ជកម្ម(Law on commercial Enterprises)'이다. 이하에서는 '캄보디아기업법'이라고 한다.

하였다. 캄보디아기업법은 이미 1995년에 제정된 「상업규칙 및 상업등기에 관한 법률(Law on Commercial Rules and Register)」에 기초를 두고 있다. 캄보디아기업법은 기업활동 및 캄보디아 내에서의 사업을 실행하는 기업가들을 규율하는 법으로써,[36] 부분적으로는 대륙법과 영미법 전통을 모두 가지고 있는 캐나다기업법 모델에 기초를 두고 있지만 전체적으로는 미국, 영국, 싱가포르, 호주, 홍콩 등과 같은 영어권 국가들의 기업법과 유사한 부분이 많다고 평가된다.[37]

2) 구성

캄보디아기업법은 총8장 304조로 구성되어 있다. 제1장에서는 범위, 정의 등기대리인과 등기사무소 등에 관하여 정하고 있으며, 제2장에서는 일반조합에 관하여 규정하면서, 조합원간의 관계, 조합과 제3자간의 관계, 조합원의 책임, 조합의 해산과 청산에 관하여 정하고 있다. 또한 제3장에서는 비공개회사와 공개회사의 설립과 지배구조, 해산과 청산에 관하여, 제4장에서는 외국기업에 관하여 규정하고 있다. 그리고 제5장에서는 대표소송, 제6장에서는 위법행위, 벌칙, 구제수단에 관하여 정하고 있다. 그 밖에 제7장에서는 과도기적 규정을, 제8장에서는 최종규정을 두고 있다.[38]

---

36) 현재 캄보디아 기업관계법에는 2005년 캄보디아기업법(Law on Commercial Enterprises) 이외에도 Commercial Code (1950), Law on Commercial Rules and Registers (1995&1999), Law on Management of Quality and Safety of Products and Services (2000), Law concerning Marks, Trade Name and Acts of Unfair Competition (2002), Law on Commercial Arbitration (2006), Law on Insolvency (2007), Law on Secured Transactions (2007) 등이 있다[ADB, "Economic trend and prospects in developing Asia", *Asian Development Outlook 2010 Update*, 2010, p. 200].

37) United States Agency for International Development, *Southeast Asia Commercial Law & Institutional Reform and Trade Diagnostics -Cambodia*, 2007, p. 10.

38) 캄보디아기업법에 관한 자세한 내용은, 김봉철·이준표, "캄보디아 기업법상 회사지배구조의 특징", 「동남아연구」 제21권 2호, 동남아연구소, 2011, 107~136면 참조.

3. 라오스기업법

1) 입법배경

라오스의 법체계는 라오스전통관습, 대륙법체계, 중국법체계, 소비에트법체계로부터 복합적인 영향을 받았다. 1880년대에 라오스는 프랑스의 지배하에 있었다. 이 시기에 프랑스는 자신들의 법전을 기초로 한 법체계를 라오스에 이식하였다. 다만 이 때, 지역적 관습이나 전통도 어느 정도 고려되었다.

1922년에 이르러 법률은 완전히 성문화되었으며, 법학 학교도 설립되었다. 그러나 1975년 공산정권이 들어서면서 그 때까지 시행되고 있던 프랑스 법률들은 폐지되었고, 대신 소비에트 모델에 입각한 사회주의 법원리가 프랑스 법을 대체하였다. 1975년부터 1980년대를 거치면서 라오스의 법체계는 대통령령 내지 라오스인민혁명당 명령에 기초하여 규율되었다. 프랑스 법은 사회주의 이전의 법체계와 프랑스 법제 하에서 훈련받았던 법관들에 의해 가끔 반영되곤 하였다.[39)]

라오스는 1986년에 신경제제도(New Economic Mechanism; NEM)를 채택하여 경제개혁을 도모하기 시작하였다. 신경제제도는 거시경제의 안정성, 사적 부문의 확대, 공적 부문의 재편이라는 3가지 주된 축을 중심으로 하고 있었다. 이것은 국유기업의 사유화와 무역자유화 및 이에 필요한 법적·제도적 하부구조의 제정 등을 포함하여 국가주요정책의 전반적인 부분에서 수정을 요구하는 등 라오스의 변화와 개혁에 많은 영향을 미치게 되었다.

공산정권 수립이후 15년 만에 개최된 1991년 8월의 라오스 최고인민회의는 라오스인민민주공화국 최초의 헌법을 제정하였다. 이 헌법은

39) Michael John Byrne, Foreign Direct Investment and related Legal Development in Cambodia, Laos, Vietnam and Myanmar, Thesis (Ph.D.), City University of Hong Kong, May 2005, p. 93.

경제부문에서 사회주의에 관한 내용을 전혀 포함하지 않고 자유경제개혁의 추세에 맞추어 시장경제의 도입하였다. 이는 당시에 직면하고 있던 경제적 어려움을 극복하기 위하여 라오스 정부도 개혁·개방이 필요함을 의식하고 있음을 의미하였다.[40] 중국과 베트남 등 공산권 국가들이 증시를 통해 유입된 풍부한 외국자본을 바탕으로 경제발전을 이루어 냈듯이, 라오스 역시 빠른 경제성장을 위해 시장개방을 결정한 것이었다. 새 헌법은 라오스 내에서 모든 유형의 내·외국인 투자에 대한 국가의 보호 및 개인과 기관의 재산권을 보장해 줄 뿐 아니라, 모든 경제부문이 공정하게 경쟁하며 생산 및 사업활동에서 서로 협력할 것을 권장하였다. 1991년 헌법을 제정한 후, 라오스는 사기업과 외국인직접투자를 장려하고 중소기업의 사유화와 법제정비 및 지역적 통합 등을 목표로 나아갔다.

이러한 움직임은 1994년 회사법(Business Law) 제정으로 이어졌다. 이 법은 "모든 경제 부문에서 기업에 의해 이루어지는 모든 형태의 사업활동은 이 법 앞에 동등한 입장에서 경쟁한다."(1994년 라오스회사법 제5조)는 것을 원칙으로 하고 있었다.[41] 1994년 라오스회사법에 의해 인정되는 법인체들은 전통적인 서양 체제를 기초로 하였다. 라오스회사법은 총4장 97조로 구성되었으며, 시장의 힘을 따라 모든 경제부문의 촉진과 라오스 경제의 개혁을 목표로 하였다. 대부분 국가들의 기업법에서 기업설립절차는 간단한 반면, 기업지배구조에 관한 규정들은 매우 구체적으로 명시되어 있다. 그러나 1994년 라오스회사법에서의 기업설립절차는 그 규정이 길고 예측이 불가능했다. 또한 이 회사법은 외부에 의한 투자를 이끌어 내고 국제적 관행을 충족시키는데 필요한 투자자 통제 및

---

40) 김성주, "라오스의 정치·경제체제와 개방정책", 『국제정치논총』 제36집 1호, 한국국제정치학회, 1996, 214면.

41) CUTS international, *Promoting Competition Policy & Law in Lao PDR*, 2006, pp. 10~11.

보호에 관한 기본적인 규정들이 상당부분 결여되어 있었다.[42)43)]

이에 따라 라오스는 시장경제의 요소를 가미한 새로운 기업법을 제정하여 기존의 회사법(1994)을 대체하고자 하였다. 구체적인 입법경위를 살펴보면 다음과 같다. 2004년 3월, 라오스 정부는 산업통상부 산하에 기업법초안위원회(A drafting committee)를 설립하였다. 인접국가인 베트남의 통일기업법과 일반투자법의 기안에 기술적 도움을 주었던 국제금융공사(International Finance Corporation; IFC)와 메콩민간분야개발기구(The Mekong Private Sector Development Facility; MPDF)의 경험을 기반으로 하여, 기업법초안위원회와 IFC, 그리고 MPDF는 공동으로 기업법의 기준을 정하고 여러 차례의 워크샵을 진행하였다.[44)] 이후 2005년 라오스 국회는 새로운 기업법(Enterprise Law)의 형식으로 회사법에 대한 개정을 의결하였다. 라오스기업법은 2005년 11월 9일 법률 채택에 관한 국회의 결의와 2005년 11월 18일 국회상임위원회의의 제안에 따라 2005년 12월 9일 공포되어, 2006년 3월에 발효되었다.[45)] 이후 라오스기업법은 많은 시행 규칙들에 의해 보충되었다. 이러한 규칙들에는 기업법의 이행에 관한 명령, 기업상호의 예약과 승인에 관한 규칙, 기업등기를 위

---

42) United States Agency for International Development, *Southeast Asia Commercial Law & Institutional Reform and Trade Diagnostics-Laos*, 2006, p. 5.

43) 1997년 유엔개발계획(United Nations Development Program; UNDP)보고서에 따르면, 라오스 법률시스템은 이웃국가들인 중국과 베트남의 초기 법적·경제적 개혁에 의해 영향을 받아왔다. 그리고 그 영향으로부터 온 요소들이 남아 있다. 동시에 라오스 정부는 다른 시장경제국가들로 부터의 다양한 법률을 고려하였다. 외국인투자유치의 시발점이 된 것은 1998년 4월 제정된 외국인 투자법이었다. 이 법은 1994년 외국인투자촉진과 운영에 관한 법으로 대체되었고, 새로운 법에서는 투자조건에 대한 제한을 제거하였다. 현재 라오스정부는 국가 내 무역 및 외국인직접투자를 장려하기 위해 투자무역 관련 법률을 개정할 방향으로 나아가고 있다. 또한 라오스는 세계 각처의 시장중심체제의 다양성을 보여주는 법률을 경험하고 있다[International Journal of Business and Management, “An Overview of Foreign Investment Laws and Regulations of Lao PDR”, 2008. 5, p. 31].

44) Sengxay Phousinghoa, Trang Nguyen, Lan Vam Nguyen, “Technical assistance to support the business environment reform process in Lao PDR: A case study on the new Enterprise Law”, IFC-MPDF, 2006. 11, pp. 6~10(www.businessenvironment.org/dyn/.../Session1.1Paper1.1.2Phousinghoa.pdf).

45) 기업법의 이행에 관한 세부명령은 2006년 10월 24일에 공포되었다.

한 이행선언에 관한 지시 등이 있다.

2) 구성[46)]

2005년 라오스기업법은 총10장 245개 조문으로 구성되어 있으며, 회사의 조직과 운영에 관한 전반적인 사항을 규정하고 있다. 제1장에서는 총칙, 제2장에서는 기업, 제3장에서는 개인기업, 제4장에서는 조합기업, 제5장에서는 회사, 제6장에서는 국유회사, 제7장에서는 합작회사, 제8장에서는 기업의 행정과 검사, 제9장에서는 정책과 제재, 제10장에서는 최종규정의 순서로 구성되어 있다. 라오스기업법의 기본적인 구조는 다음과 같다.

4. 미얀마기업법

1) 입법배경

미얀마의 법체계는 영미법체계에 뿌리를 두고 있다. 그러나 다른 요소들이 가미되어 현재 미얀마의 법체계는 관습법, 성문화된 영국보통법, 최근의 미얀마 법령들이 결합된 독특한 모습을 취하고 있다. 이에 대해 영미법체계와 대륙법체계의 혼합형태로써 영미보통법의 원칙들이 성문법이라는 매개체 속에 심겨져 있다고 보는 견해도 있다.[47)] 영국 보통법의 기초 위에 제정된 미얀마 법률에는 계약법, 신탁법, 자산양도법, 물품매매법, 기업법, 민사소송법 등이 있다.

19세기 후반 미얀마 꼰바웅 왕조의 세력 확장은 당시 인도 내에 있던 영국 세력과 충돌하게 되는 결과를 초래하였고, 3차에 걸친 전쟁을

46) 김동훈·이준표, “라오스기업법에 관한 고찰”, 『외법논집』 제35권 제1호, 한국외국어대학교 법학연구소, 2011. 2, 25~26면.

47) Tun Shin, “Commercial Laws of Myanmar”, A Seminar in International Business Center, Yangon. 1999.

통해 미얀마는 결국 1886년 영국령 인도에 편입되었다. 1937년 영국의회가 개정 미얀마통치법을 통과시킴에 따라 미얀마는 인도로부터 분리되어 직할식민지와 자치령의 중간적 인 지위가 되었다.48)

미얀마는 1948년 1월 4일 영국으로부터 독립하였고, 영연방으로부터도 탈퇴하였다. 우누의 반파시스트 인민자유연맹(Anti-Fascist People's Freedom League; AFPFL)이 집권함에 따라 대내적으로는 사회주의를, 대외적으로는 엄정중립주의 표방하게 되었다.49) 1962년 군사 쿠데타로 집권한 네윈은 마르크스주의와 불교적 정신가치를 접목시킨 이론인 "인간과 환경의 상호관계"를 발표하고 '버마식 사회주의(Burmese Way to Socialism)' 체제의 기본 이념을 정립하였다. 버마식 사회주의 개혁작업의 핵심은 국유화추진이었으나, 생산 서비스 등 전 경제분야에 걸친 국유화 추진은 기업운영의 효율성 저하 및 민간부문의 활력 감소를 초래하여 침체가 심각했으며, 마이너스 성장을 기록하였다.

버마식 사회주의경제의 실패로 인하여 대규모 반정부 시위가 계속되어 무정부상태를 초래하기도 하였다. 1988년 네윈의 막후 조종에 의한 쿠데타의 발생으로 국가법질서회복위원회(State Peace and Development Council; SLORC)를 중심으로 한 군사정부가 등장하게 되었다. SLORC는 기존의 모든 통치기구를 해체하고, 입법, 사법, 행정 등 모든 국가권력을 장악하였으며, 1988년 신경제정책의 도입으로 '버마식 사회주의' 경제체제를 탈피하고 자유시장경제체제로 전환하여 대외개방과 민간경제의 활성화, 공기업 민영화, 무역과 외환 자유화 등을 실시하고자 하였다.

---

48) 미얀마의 식민지 시대의 구체적 상황에 대하여는, 박장식·김민아, "미얀마의 식민지 시대의 재평가-식민주의의 정치적 유산과 청산", 『동남아시아연구』 제18권 제1호, 한국동남아학회, 2008, 73~107면 참조.

49) 우누 수상은 1962년 네윈 총 사령관의 쿠데타에 의해 물러날 때까지 10여 년간 재임하면서 신생국의 기반을 닦기 위해 노력했으나, 공산당과 소수민족의 반란에 따른 내전 등으로 집권기간 중 많은 어려움에 봉착하였다.

1990년 다당제 총선 결과, 야당인 민주국민연맹(Anti-Fascist People's Freedom League ; NLD)이 압승하였으나 이를 부정하고 반정부세력 탄압을 강화하였다. 당시 SLORC 의장[50])이었던 소뭉은 NLD에 정권 이양 의사가 없음을 표명하고 외세 간섭 배격 강조, 신헌법 제안, 동 헌법에 따라 등장하는 신정부에 권력을 이양하기로 약속하였다. 1993년 1월 9일 신헌법 제정을 위한 제1차 국민회의를 개최하여 1994년 헌법을 제정하였고, 1997년 11월 15일 SLORC를 해체하고 국가평화발전위원회(State Peace and Development Council; SPDC)를 출범시키는 한편 대규모 개각을 감행하였다. 2008년 2월에 군사정부는 민주화 일정을 발표하고, 동년 5월 국민투표로 신헌법을 채택하였다. 미얀마 헌법은 다당제 민주주의를 추구하며, 군부[51])의 국가의 정치적 참여를 규정하고 있다.

미얀마정부는 2010년 10월 21일부터 기존 미얀마연방(Union of Myanmar)에서 미얀마연방공화국(Republic of Union of Myanmar)으로 국명을 새롭게 제정하였다. 현재 군부통치하 행정부의 권한은 SPDC에 있다.

법률개혁은 1988년 SLORC의 주도로 이루어졌는데, 네윈 정권 당시 공포되어 존재하던 사회주의 법률을 폐지하고 그 전에 존재했던 보통법 체제를 회복하였다. 미얀마는 네윈의 사회주의 규칙이 지배하던 시절 폐지되었던 영미법체계 회사법을 복원하였으며, SLORC는 1988년 11월 외국인투자법을 공포하고 동년 12월에 외국인투자법 시행령을 공포하였다. 초기 이행기에 제정된 새로운 법들에는 국유경제기업법(1989), 사적산업기업법(1990), 미얀마시민투자법(1994) 등이 있다. 캄보디아, 라오스, 베트남은 주변 동남아시아 국가들과 비교하여, 외국인 투자

50) 당시 SLORC 의장은 군사, 국가, 정부의 수장이었다.

51) 미얀마에서의 군부(Tatmadaw)의 최고 지휘관은 군 총사령관(Defence Services Commander-in Chief)으로 부통령급에 해당한다. 미얀마에서는 군통수권을 대통령이 아닌 군총사령관이 보유하고 있다. 다만, 군 총사령관은 대통령이 국방안보위원회(NDSC)의 제안과 승인을 얻어 임명한다. 미얀마에서 군부는 군행정 및 사법 관련 사항을 독자적으로 결정할 수 있다.

법 적용이 강제되지는 않았다는 점이 특징이다. 이는 외국인 투자자들이 미얀마기업법(1913)과 미얀마 기업규정(1957)을 통해서도 충분히 회사를 설립하고 지점 내지 대표사무소를 설립할 수 있도록 하였기 때문이다.

미얀마기업법(The Myanmar Companies Act)은 1913년 인도 회사법을 기초로 만들어져 1914년 공포되었다. 그동안 개정이 이뤄지지 않아 대부분 규정이 현실과 동떨어져 있는 실정이다. 1991년에 한 차례 개정이 있었지만, SLORC 의장의 권한에 관한 1개 항의 추가에 그쳤다. 그 밖에 미얀마 기업규칙(Companies Rules, 1940), 특별기업법(the Special Company Act, 1950), 미얀마기업규정(The Myanmar Companies Regulations, 1957)[52]등 이 존재 하여 기업법을 보충하고 있다.

미얀마기업법을 비롯하여 상법, 경제법 등 과거에 존재해 왔던 보통법 체계의 법률은 전체적으로 현대화할 필요성이 있다. 1988년 채택한 시장경제체제 하에서, 이러한 법들이 살아있는 법으로 적용될 수 있도록 적극적으로 노력해야 할 것이다.

2) 구성

미얀마기업법은 미얀마 내에 있는 기업들을 규율하는 기본적인 법이다. 미얀마기업법은 총11장 287개의 항으로 구성되어 있으며 내외국인 회사의 설립 및 등기에 관한 절차를 규정하고 있으며, 기본정관, 부속정관, 자본금, 주주, 주식양도, 지배구조, 이사 및 이사의 의무, 감사 등에 관하여 규정하고 있다.

52) 기업법과 관련된 특수문제들을 규율하고 있다.

Ⅳ. 결 어

지금까지 동남아시아 체제전환국가의 법체계 및 기업입법의 배경과 구조에 관하여 개관하여 보았다. 이들 국가의 법체계는 각국의 역사적 흐름을 따라, 전통시대를 시작으로 식민통치시기, 사회주의시기, 체제전환시기 등을 거치면서 다양한 법체계를 계수함으로써 복합적인 성격을 지니게 되었다고 평가된다. 이들 국가의 기업법의 입법경위와 체계구성 및 특징 등을 고려해 볼 때, 기존의 법체계구분과 동일한 기준으로 각 국의 기업법 체계를 정의하기에는 어려움이 있다. 또한 사회주의 계획경제에서 자본주의 시장경제로 전환한 많은 동남아시아의 이른바 '체제전환국가들'의 기업법도 대륙법체계 또는 영미법체계의 법을 모델로 하여 체제전환을 도모하거나, 대륙법체계와 동시에 영미법체계의 법을 모델로 하여 체제전환을 추진하는 경우도 있다. 베트남, 라오스의 기업법은 대륙법체계의 영향을 받아 왔으며, 미얀마의 경우에는 영미법체계의 영향을 많이 받아 기업법 체계상 유사한 면이 많다. 한편 캄보디아기업법의 경우에는 대륙법체계와 영미법체계가 혼합된 모습을 가지고 있음을 발견할 수 있다. 즉 이들 국가들의 기업법은 대륙법체계와 영미법체계가 혼합된 캄보디아기업법을 중심으로 베트남, 라오스의 기업법은 대륙법체계의 영향을, 미얀마기업법은 상대적으로 영미법체계의 영향을 많이 받은 것으로 볼 수 있다.

한국의 경우, 회사법이 별도의 단행법으로 존재하는 것이 아니라 상법전 안에 포함되어 있다. 반면, 동남아시아 체제전환국가들은 모두 독립적인 기업법을 단행법으로 가지고 있다. 상사 입법과 관련하여 단행입법의 형식을 취하는 것은 세계적 추세이다. 일본도 지난 2005년, 상법전 가운데 제2편인 회사편을 단행법화하였다.[53)] 단행입법 형식은 사

53) 권종호, "일본상사법의 개별입법화 동향", 『기업법연구』 제23권 제4호(통권 제39호), 한국기업법학회, 2009. 12, 170면.

회, 경제적 변화에 따른 개정의 필요성에 보다 유연하게 대응할 수 있다는 장점이 있다. 특히 회사법의 경우 급변하는 기업환경에 대처해야 한다는 점에서, 개정의 폭이 크고 연쇄적으로 일어날 수 밖에 없다. 또한 한국상법상 그 규모의 방대함과 회사법의 위상 등을 고려하면, 회사법을 상법의 한 편으로 구성하는 것 보다는 독립된 단행법으로 존재시키는 것이 더욱 바람직하다고 보는 입장도 있다.54)

캄보디아, 라오스, 미얀마기업법의 경우, 유한회사 내지 비공개회사에 대한 규정은 매우 구체적으로 정해져 있지만, 이와 비교하여 주식회사 내지 공개회사에 대한 규정은 매우 미흡하며 대부분 유한회사 내지 비공개회사의 내용들을 준용하도록 하고 있다. 이는 아직 이들 국가에서 공개회사가 활발하게 운영되지 않기 때문인 것으로 보인다. 최근 캄보디아, 라오스에서의 증권거래소 개장을 통해 공개회사의 설립 및 운영이 활발해 질 것으로 기대된다. 따라서 이에 대처하기 위한 기업법 개정이 필요하다고 본다. 특히, 기업법상 공개회사에 대한 규정은 투자자 보호 및 활발한 투자환경 조성을 위하여 보완될 필요성이 있다. 이 때 한국상법상의 상장회사에 대한 특례나 태국의 공개주식회사법 등은 많은 도움을 줄 수 있을 것이다.

현재 사회주의 국가들인 베트남, 라오스의 경우에는 기업법상 국가의 개입에 관련된 조항들을 두고 있다. 특히 베트남기업법은 기업에 대한 국가관리라는 제목의 장을 두고 있으며, 라오스기업법은 기업의 행정과 검사라는 제목의 장을 두어 규율하고 있다. 표면적으로는 기업의 건전한 발전을 위하여 지도하고 지원하기 위한 규정들이라고 볼 수도 있지만, 사회주의 국가로서 국가의 역할을 분명히 함을 통해 기업활동을 제한하고 통제할 수 있는 여지를 두고 있는 것이다. 이러한 국가의 개입과 권한을 보장해 주는 법규들은 활발한 회사 운영은 물론이고 기

54) 최준선, "한국 회사법의 개정 방향", 『상장협연구』 제54집, 한국상장회사협의회, 2006, 26면.

업투자자들의 투자를 머뭇거리게 하는 요소가 된다. 따라서 회사에 대한 활발한 투자유치를 위하여 좀 더 과감한 법제개혁이 요구된다. 한편, 중국의 경우 베트남, 라오스와 같은 사회주의국가이면서도 2005년 기업법 개정을 통해 국가개입에 대한 규정들을 최소화하였다. 또한 국유독자기업의 특별규정을 마련하여 국유기업의 개혁의지를 확실히 보여주고 있는데, 베트남과 라오스기업법상 적극 검토해 볼 필요가 있다. 나아가 한국 기업 투자가들도 이러한 사회주의 시장경제체제 국가로의 진출 및 투자를 할 경우에는 이러한 국가간섭에 관한 규정들을 특별히 염두에 두어야 할 것이다.

참고문헌

구성열·손정식·안희완·이두원, 『베트남의 법제도와 시장개혁(동아시아 연구논총 제7집)』, 연세대학교 동서문제연구원, 2002. 4.

권오승·김유환·구대환·Eric G. Enlow, 『체제전환국 법제정비지원』, 서울대학교출판부, 2006.

권종호, "일본상사법의 개별입법화 동향", 『기업법연구』 제23권 제4호(통권 제39호), 한국기업법학회, 2009. 12.

김동훈·이준표, "라오스기업법에 관한 고찰", 『외법논집』 제35권 제1호, 한국외국어대학교 법학연구소, 2011. 2.

김봉철·이준표, " 캄보디아 기업법상 회사지배구조의 특징", 『동남아연구』 제21권 2호, 동남아연구소, 2011.

김성주, "라오스의 정치·경제체제와 개방정책", 『국제정치논총』 제36집 1호, 한국국제정치학회, 1996.

김성주, "인도차이나반도 사회주의국가의 체제전환과 개혁·개방정책", 『한국정치외교사논업』 제25집 1호, 한국정치외교사학회, 2003.

대한상공회의소, 『베트남의 투자환경분석과 기업진출(경제연구논업 297)』, 1997.

류길재·민경배, "체제전환국 법제의 기본 원칙 변화", 『사회주의 체제전환에 대한 법제도적 비교연구』 경남대학교 극동문제연구소 북한연구 시리즈 26, 한울아카데미, 2008.

박희호, "혼합법체계의 발견과 주요 혼합법체계 국가의 법체계", 『외법논집』 제29집, 한국외국어대학교 법학연구소, 2008. 2.

박희호, "혼합법체계로서의 필리핀법체계", 『비교사법』 제15권 2호(통권 제41호), 한국비교사법학회, 2008. 6.

정용상, "한·베트남 주식회사의 기관구조에 관한 비교법적 검토", 『비교법학』 제13집, 부산외국어대학교 비교법연구소, 2002.

최종고, “아시아법의 법체계와 체계”, 『아시아법제연구』 창간호, 한국법제연구원, 2004. 3.

최준선, “한국 회사법의 개정 방향”, 『상장협연구』 제54집, 한국상장회사협의회, 2006, 2.

ADB, “Economic trend and prospects in developing Asia”, Asian Development Outlook 2010 Update, 2010.

ADB, “Enhancing the business environment of the Greater Mekong Subregion”(Technical Assistance Consultant’s Reports), August, 2007.

ADB, Law and Poilcy Reform 2003 Edition, March 2004.

ADB, “Strategy and Action Plan for the Greater Mekong Subregion Southern Economic Corridor”, 2010.

CUTS international, Promoting Competition Policy & Law in Lao PDR, 2006,

Graham Hassall · Cheryl Saunders, Asia-Pacific Constitutional Systems, Cambridge University Press, 2002.

Gregory Chow, China’s Economic Transfomation, Massachusetts: Blackwell Publishers Inc, 2002.

International Journal of Business and Management, “An Overview of Foreign Investment Laws and Regulations of Lao PDR”, 2008. 5.

John Gillespie, Transplanted Company law: An Ideological and Cultural analysis of Market-entry in Vietnam, International and Comparative Law Quarterly, Vol. 51, Cambridge Journal, July 2002.

Marie Lavigne, The Economics of Transition: From Socialist Economy to Market Economy(2nd ed), New York: St. Martin’s Press,

1999.

Melanie Beresford, Doimoi in review: The challenges of building market socialism in Vietnam, Journal of contemporary Asia, Vol. 38, No. 2, May 2008.

Michael John Byrne, "Foreign Direct Investment and related Legal Development in Cambodia, Laos, Vietnam and Myanmar", Thesis(Ph. D.), City University of Hong Kong, May 2005.

Sengxay Phousinghoa, Trang Nguyen, Lan Vam Nguyen, "Technical assistance to support the business environment reform process in Lao PDR: A case study on the new Enterprise Law", IFC-MPDF, 2006. 11.

United States Agency for International Development, Southeast Asia Commercial Law & Institutional Reform and Trade Diagnostics –Cambodia, 2007.

United States Agency for International Development, Southeast Asia Commercial Law & Institutional Reform and Trade Diagnostics-Laos, 2006.

Nguyễn Đình Thiêm, Tìm hiểu Luật Thương mại năm 2005, NXB Lao đọng-xã hội.

Quốc hội, Luật Công ty, 1990. 12. 21.

Quốc hội, Luật sửa đổi bổ sung Luật Công ty, 1994. 6. 22.

Quốc hội, Luật Doanh nghiệp tư nhân, 1990. 12. 21.

ABSTRACT

Legal system of transition countries in the Southeast Asia and Trends in the Enterprise Law

Lee, Jun-Pyo

(Lecturer of Hankuk University of Foreign Studies, Ph.D. in Law)

Vietnam, Cambodia, Laos and Myanmar are the so-called transition countries in the Southeast Asia. In the late 1980s, Vietnam, Cambodia, Laos and Myanmar abandoned their centrally-planned, socialist models and began the transition to more open and market-oriented capitalist economies.

This paper introduces the legal systems of the so-called transition countries and examines each country's Enterprise law with respect to legislative background, structure and characteristics.

These countries have continuously legislated and revised Enterprise Law toward a progressive direction. But it is still uncertain to make sure the effectiveness of Enterprise Law because of each country's political and social issues. In fact, there are not much of lawsuits or precedents which are based on their enterprise Law. Therefore, the most important task for Enterprise Law of these countries is to increase the effectiveness of Enterprise Law and help these countries establish and manage forms. As I mention earlier, regulations of Korea Enterprise Law could be good examples to modify Enterprise Law of these countries.

한국의 성문화와 민사법

- 가족관계와 사회적 관계에서의 한국과 동남아 여성의 법적 지위를 중심으로 -

류 창 호*

I. 여성에 대한 이중적 법감정

한국에서는 다른 사람에 대하여 자신의 아내를 겸손하게 지칭할 때 '집사람'이라는 용어를 종종 사용한다. '집사람'이라는 말은 단순히 주부를 뜻하는 house wife의 의미가 아니라, 여성이 담당하는 출산을 비롯한 그 밖의 모성적 노동이 어떠한 가치부여도 받지 못한다는 의미를 내포하고 있는 용어라고 할 수 있다. 한국에서는 그동안 여성의 법적 지위향상을 위하여 많은 노력을 기울였고 그에 따른 결과물이 속속 산출되고 있지만, 전업주부이건 또는 전문직 여성이건간에 남편들에 의해 '집사람'이라는 표현이 통용되고 있고, 여성들도 별 거부감이 없이 받아들이고 있다는 점에서의 여성에 대한 한국사회의 이중적 법감정을 알 수 있다.

한국의 법체계에서 정점에 있는 헌법은 제11조 제1항에서 성별에 의한 차별금지를 규정하고 있고, 이러한 헌법규정에 근거하여 각 법률들의 입법과 적용이 이루어지고 있다. 한편, 한국의 민법에서는 권리행사

* 아주대학교 법학전문대학원 교수, 법학박사

와 의무이행의 주체가 될 수 있는 자격인 권리능력에 관한 규정을 두면서 어떠한 성별에 따른 구별을 하고 있지 않다. 다만, 민법의 일부분인 가족법에서는 남성과 여성의 구별로서 부(夫)와 처(妻) 및 부(父)와 모(母)의 구별에 따른 규정을 두고 있다. 따라서, 가족관계에서 부부(夫婦)관계에서의 남편과 처, 자(子)를 대상으로 한 부모간의 관계에 있어서 부(父)와 모(母)의 법적 지위의 균형성을 확보하는 것이 가족법의 중요한 쟁점이라고 할 수 있다.

또한, 사회적 관계에 있어서는 그간 한국사회의 헤게모니를 주도하고 있는 남성중심의 역학관계에서 소외되어 왔던 여성의 법적 이익을 보호하고, 남성에 비해 상대적으로 열악한 사회적·경제적 지위의 향상을 위한 다수의 법률들이 제정 또는 개정되었다. 이러한 입법들은 남성중심의 전통적 가치관을 기저에 두고 있는 가족법에 비해 사회적·경제적 측면에서 남성과 동등한 지위의 확보를 목적으로 한 것으로 평가될 수 있다.

한국에서는 가족법 및 각종 특별법에 있어서 양성평등에 관한 논의가 오랫동안 지속되었고 그 결과는 수차례의 가족법의 개정과 특별법의 제·개정에 반영되었고, 현재에도 가족법 개정작업이 진행 중이다. 따라서, 본고에서는 동남아시아 주요국 가족법에서의 여성의 지위 및 한국 가족법의 개정에 따른 가족관계에서의 여성지위의 변천과정을 비교·정리하고, 한국의 사회적 관계에서의 남성과 여성의 성구별과 성차별에 관한 법령에 관하여 소개 및 평가와 추가적으로 개별적인 몇 가지의 쟁점에 대해 필자의 단견을 제시하고자 한다.

II. 동남아시아 주요국의 가족법과 여성의 지위

1. 인도네시아

인도네시아에서 이슬람법 이전부터 전해지는 관습법이 있는데, 이를 아다트(adat)라고 한다. 이슬람교가 세계 각지에 퍼지자 이슬람법도 동시에 전파가 되었는데, 인도네시아에서는 이 법 외에 이슬람법 이전의 관습이 존재하고 있었다.

혼인의 경우 이슬람법과 아다트의 차이는 이슬람법은 신청과 승낙으로 계약이 이루어지며 이슬람교도간의 결혼은 모하메드 혼관(婚官, penghulu) 앞에서 거행된다. 또한, 재산상속에 대해서는 남성이 유리하고, 부부의 재산은 별산제(別産制)로 되어 있다. 반면, 아다트는 혼인의식이 행해지지 않으면 무효가 되며 유산상속도 여계(女系)에 의해 이루어지는 지방이 많고, 부부재산은 공유제(共有制)인 경우가 많다. 아다트에 의한 혼인도 공동체의 수장들 앞에서 거행하도록 하여 공적인 명확성(terang)을 부여하고 있다.

이슬람법은 일부다처체를 인정하고 있어 인도네시아 여성들의 비판의 대상이 되고 있다. 따라서, 이에 대한 해결책이 모색되고 있고, 일정한 한계 내에서 일부다체제를 허용하고 있는 경향을 보이고 있다. 또한, 남편에 의한 혼인관계의 일방적 단절(talak)도 제한되고 있는 경향을 보이고 있다. 이러한, 이슬람범의 새로운 해석은 인도네시아 여성들의 해방이라는 새로운 사조를 반영하고 있는 것으로 볼 수 있다.

상속에 관해서는 인도네시아 민법 제2권에 규정을 두고 있는데, 이는 네델란드법의 영향을 받은 것으로 평가된다. 그러나, 아다트의 경우에는 이와 상이한 내용을 담고 있다. 상속에 대해서도 아다트와 이슬람법이 대립하고 있으나, 현재에는 아다트법이 이슬람법에 우선하는 경향을 보이고 있다. 특히, 최근의 아다트법의 발전은 개별적인 가족의 결속을 강화하고 쌍방 상속제도(자녀들이 그 부 및 모의 양자로부터 상속을 받는 제도)를 채택하였으나, 문중과 부족의 결속을 약화시켰다는 비판도 있다.

2. 말레이지아

말레이시아의 가족법은 공동체의 수만큼이나 다양하다. 친족법상의 몇몇 규정들은 종교적인 율법에 근거를 두고 있는 것이 있으나 대부분은 종족에 기초를 두고 있다. 말레이시아에서 남성은 한명의 아내와 결혼하거나, 종족에 따라서 수명의 아내와 결혼하기도 한다. 일처제의 경우에는 시민혼(civil marriage),[1] 기독교혼(Christian marriage),[2] 보통법상의 혼인(common law marriage)[3]이 있다.

말레이시아에서 결혼의 실질적 효력은 이슬람법에 의하고, 의식은 관습법(adat)에 의한다. 말레이시아에서의 결혼은 관습법적인 요소들이 많은데, mas kawin이라고 하는 미망인의 상속분(dower)은 즉시 지급되거나 후불인데, 관습상 22.50 말레이시아 달러로 정해져 있다. 남편이 육지에서 12개월 동안 또는 바다에서 6개월 동안 연락이 없이 행방불명이 된 경우, 다른 여자와 결혼한 경우에는 자동으로 이혼을 하는 것으로 약정을 하는 경우가 많다.

말레이시아에서는 결혼한 여성이 동산이나 부동산을 개별재산으로 취득, 보유 또는 처분할 수 있다. 또한, 다처혼의 아내들은 특별법이나 이슬람법 또는 관습법에 의하여 규율되는 경우를 제외하고는 동등한 권리를 갖는다. 이혼한 여성은 그 취득시기에 관계없이 별산제에 따른 재

1) 시민혼은 1952년 말레이시아연방 시민혼령에 의한 것으로, 이슬람교도를 제외한 기타의 종족이나 종교에 속하는 사람들에 의해 거행된다.

2) 기독교혼은 1956년 말레이시아연방 기독교혼령에 의한 것으로, 기독교 신자들 간의 결혼 또는 일방이 기독교신자인 경우의 결혼은 그 유효성을 확보하기 위하여 기독교혼령 또는 시민혼령의 규정에 따라 거행된다.

3) 영국 보통법에 의한 혼인으로 계약의 유효성을 위하여 당사자들이 증인 앞에서 명시적인 동의를 하도록 요구되는 것으로, 말레이시아에서도 그 효력이 인정된다고 한다.

산을 모두 보유할 권리가 있다.

관습법에 의하면 주택은 대체로 여성에게 속하는 것으로 인정되고, 혼인 중에 공동으로 취득한 재산에 대해서는 기여도[4]에 따라 여성에게 일정한 지분이 인정된다. 이혼시 법원은 남편에게 이혼위자료의 지급, 미성년인 자(子)의 부양과 교육을 명할 수 있다. 이혼을 하는 경우 자녀들은 주로 여성이 양육하는 경우가 많다.

말레이시아에서의 상속은 남편이 처와 자식을 두고 사망한 경우, 그 재산의 1/3이 처의 몫이 되고,[5] 무자녀인 경우에는 1/2이 처의 상속분이 된다. 처가 남편을 남겨두고 유언없이 사망한 경우, 처의 전재산은 남편에게 상속된다. 관습법에 의하면 당해 재산이 공동으로 취득된 것이거나 미망인이 재산증식에 조력하였다면, 미망인에게 1/2을 상속하도록 하고 있다. 또한, 문중에 속하는 토지의 소유권은 최연장자인 여자인 가족에게 귀속된다.

말레이시아의 가족법은 이슬람법, 관습법적인 요소들이 혼합되어 있으나, 성문법은 주로 영국의 법제를 수용한 경우가 많은 편이고, 관습법의 경우에도 비교적 여성의 지위를 대등하게 규율하고 있는 경향을 보이고 있다.

3. 태국

태국 민법 제5권의 가족법규정들은 전통법과 각 지방의 관습을 기초로 하면서, 유럽의 제도들을 가미하고 있다. 태국의 가족법은 양성의 평등을 보장하고 있다는 특징이 있다.

혼인을 위해서는 남자는 17세, 여자는 15세 이상이어야 하고 남자나

4) 예를 들면, 여성이 농사에 조력한 경우에는 수확량의 반에 대해 기여도를 인정받고, 조력하지 않은 경우에도 1/3정도에 대해 기여도를 인정받는다. 또한, 당해 재산이 남편의 월급 등 남편의 수입에 의한 경우에도 1/3을 기여도로 인정받는다.

5) 처가 여러 명인 경우에는 이를 균분한다.

여자가 성년(20세)이 아닌 때에는 부모의 동의를 받아야 한다. 결혼을 한 경우에는 미성년자도 성년으로 인정되고, 부모로부터 독립한다. 남편은 부부관계의 주인이며, 부부는 서로를 부양할 책임이 있다. 다만, 처는 가사를 독립적으로 수행할 수 있는 절대권을 갖는다.

처의 재산은 동산(Sin Suan Tua)과 혼인 전부터 소유한 재산인 원래재산(Sin Derm)의 2가지로 구분되는데, 처는 자신의 동산에 대해서는 단독으로 소유권을 행사할 수 있으나, 원래재산은 혼인 전에 반대의 약정이 없는 한 남편이 관리한다. 혼인 중에 취득한 재산은 결혼재산(Sin Somros)이라고 하는데, 부부공유로서 배우자의 일방이 사망하거나 혼인관계가 해소되기 전에는 분할할 수 없다.[6)]

민법 제6권에 규정된 태국의 상속법에서는 잔존 배우자를 법정상속인으로 규정하고 있으며 그 자녀들과 같은 상속분을 받을 자격이 있다.

4. 필리핀

필리핀 가족법은 1987년 7월 제정되어 1988년 8월에 시행되었다. 필리핀은 16세기 중반부터 300여년 동안 스페인의 지배를 받은 후, 1902년부터 1946년까지 미국의 식민지이었던 관계로, 교회법의 색채가 강한 남성우위의 스페인법과 미국법의 민주주의적 영향을 받았다. 이러한 점에서 현행 필리핀 가족법은 다음과 같은 특색을 갖는다.[7)] 첫째, 혼인을 모든 것의 기본으로 하고 있다. 헌법에 있어서도 사회의 가장 기본적 제도로서 인정하고 있다.[8)] 따라서, 혼인의 성립을 위한 실질

6) 법무부, 「동남아법제(I)」, 법무자료 제64집, 1985, 342면.

7) アジア研究所アジア法研究プロジェクト編, 「現代フィリピン法の諸相」, 創西大學アジア法研究所, 1999, 123頁.

8) 필리핀에서의 혼인은 부부가족생활을 위하여 법률에 따라 맺어지는 남녀간의 영구적 결합의 특수한 계약으로, 단순한 계약이 아니라 침해할 수 없는 사회제도로서 그 계약성 및 지위, 특히 그 사회적 존재의 중요성을 법으로 명시하고 있다(필리핀 가족법 제1조).

적·형식적 요건[9]을 엄격하게 규정하고 있다. 둘째, 혼인 전 계승적 부동산처분(marriage settlement)을 인정한다. 당사자는 혼인 전에 혼인 중의 부부재산관계를 정할 수 있는 상세한 규정이 마련되어 있다. 셋째, 혼인비해소주의(婚姻非解消主義)를 채택하고 있다. 스페인법에서는 법적 이혼제도가 도입되어 있지만, 필리핀에서는 법정별거제도만 인정된다. 따라서, 혼인의 해소는 사망에 의해서만 인정된다.

필리핀 가족법에서는 부부간의 권리와 의무, 부부간의 재산관계에 관한 규정을 두고 있다. 부부간의 권리와 의무로는 동거의 의무, 상호 존경과 정절의 의무, 상호 원조 및 부양의무 등이 있다.[10] 동거의 의무에 관해서 보면, 부부는 동거할 의무와 권리가 있고, 이에는 동거와 성교가 포함된다. 법정별거의 경우에는 성교의 권리·의무관계는 존재하지 않는다. 남편은 법정별거 이후 강제적으로 처에 대하여 성교를 하지 않는 한, 강간죄는 성립되지는 않는다. 부부는 가족의 거주지를 정하여야 하지만, 첫째 남편이 처를 학대하거나 모욕하는 경우, 둘째 남편이 처를 부양할 것을 거부하는 경우, 셋째 남편의 처에 대한 성교요구가 절도가 없이 야만적인 경우, 넷째 남편이 처를 쫓아낸 경우, 다섯째 남편이 계속적으로 다른 여자와 불법적인 관계에서 욕망을 만족하는 경우 등의 경우에 처는 별거를 할 수 있다. 상호 존경과 정절의무에 관해서는 부정행위를 하여 정절의무를 위반한 경우에는 법정별거소송을 제기할 수 있고, 부양받을 권리 및 재산상속자격을 박탈할 수 있다. 상호 원조 및 부양의무위반의 경우에는 부양소송을 제기할 수 있고, 처를 유기한 경우 처는 재산수취·분할 또는 관리를 위한 소송을 제기할 수 있다

9) 혼인의 실질적 요건으로는 첫째, 혼인연령(남녀 모두 18세) 등 당사자의 법률상의 자격, 둘째 자유의사에 의한 동의가 없는 경우 무효라는 점을 들 수 있고(동법 제2조), 형식적 요건으로는 첫째, 혼인의 의식, 둘째 예식을 관장하는 자의 권한, 셋째 혼인허가증이 있다(동법 제3조).

10) 이러한 부부간의 권리와 의무에 대해서는 당사자가 확인해야만 하는 혼인의 기본적 서약이다(동법 제68조).

부부간의 재산관계로는 혼인 전 계승적 부동산처분제도, 혼인에 의한 기증제도가 있다. 부부간의 재산관계에 대해서는 혼인 전 작성된 계약(혼인 전 계승적 부동산처분), 민법규정, 관습의 순으로 적용된다. 혼인 전 계승적 부동산처분은 장래 배우자로 되는 당사자는 현재와 미래의 재산에 관하여 조건을 고정하기 위하여 혼인 전 계승적 부동산처분이라는 약정을 할 수 있다. 현재, 필리핀에서 인정되고 있는 부부재산제도로는 절대적 공유제도, 수익에 대한 부부공동관리제도, 완전분할제도,[11] DOTAL제도[12] 등이 있다. 혼인 전 계승적 부동산처분약정은 혼인의식 전에 당사자에 의해 서명되고 서면으로 작성되어야 하고, 공공등기소에 등록된 경우에 한하여 제3자를 침해하지 않는다(제77조).[13] 혼인 전 계승적 부동산처분약정은 쌍방이 재산의 절대적 공유, 이익에 대한 부부의 공동관리, 완전한 재산분할 또는 그 외의 방식에 관하여 합의가 가능하다. 이러한 합의가 없는 경우 또는 합의가 무효인 경우에는 가족법에 규정되어 있는 절대적 공유제도가 적용된다(동법 제75조).

혼인에 의한 기증제도는 혼인의식 전에 행해지는 것으로 상호 등가의 보수로 장래 배우자로 되는 일방 또는 쌍방의 이익으로 되는 것을 말한다(동법 제82조). 단, 재산의 5분의 1을 초과하여 기증하는 것은 허용되지 않는다(동법 제84조).

---

11) 완전분할제도는 현재 및 장래의 재산은 그 소유자에 의해 소유되고, 과실도 이를 산출한 자에 의해 소유되는 것으로, 혼인 중의 모든 비용은 조건에 따르거나 각자의 수입의 비율에 의하는 제도를 말한다.

12) 처의 재산은 혼인 중의 남편에 의해 관리되어 과실은 남편의 소유로 되고, 혼인 중의 모든 비용도 남편에 의해 지급되는 한편, 공동생활의 중지에 의해 재산은 처에게 반환되는 제도를 말한다.

13) 이러한 점에서 필리핀의 혼인 전 계승적부동산처분약정은 우리 민법상의 부부재산계약과 매우 유사한 형태를 띠고 있는 것으로 보여진다.

III. 가족관계에서의 여성의 법적 지위

1. 가족법에서의 여성지위의 변천

가족법은 1958년 제정 당시부터 과거의 전통을 중시한 현대의 민주적이고 양성평등에 반하는 남성중심의 제도들을 포함하고 있었다. 당시 제정된 가족법은 남성중심의 가부장적 가족제도를 기본으로 하고 있어, 헌법의 이념인 양성평등원칙에 반하는 제도들을 상당수 규정하고 있었다. 따라서, 이러한 점을 개선하고, 가족법이 제정된 1950년대 말의 사회적·경제적 상황에 조화를 맞추기 위하여 1962년 제1차 개정, 1977년 제2차 개정, 1990년 제3차 개정, 2002년 제4차 개정, 2005년 제5차 개정 등 5차례의 개정이 있었다. 그 중 특히 여성의 지위와 관련된 대표적인 개정내용은 다음과 같다.

제2차 개정에서는 ① 소유가 불분명한 부부의 재산에 대한 부부공유추정제도를 도입하였다. 구법에서는 소유가 불분명한 부부재산에 대해서는 부(夫)의 특유재산으로 추정하였으나, 개정법에서는 부부의 공유로 추정하였다. 소유불명인 부부재산에 대하여 부부의 공유로 추정하는 것은 부부평등이념을 구현한 현대 부부재산관계의 측면에서 당연한 것으로 볼 수 있다. ② 부모의 친권공동행사를 인정하였다. 현대법상 친권은 과거와 같이 자녀를 지배하기 위한 지배권이 아니라, 자녀의 최선의 복리증진에 목표를 두고 있으며 또한 부부평등의 원칙상 부모의 친권공동행사가 원칙이다. 구법에서 친권자는 부(父)가 제1차 친권자로 되고, 부가 없거나 친권을 행사할 수 없는 경우에 비로소 모(母)가 친권자로 인정하여 부(父)와 모(母) 사이에 차별을 두고 있었다. 이는 부부평등의 정신에 위반될 뿐 아니라 전근대적인 남존여비사상에서 비롯된 것으로 평가된다.[14] 따라서, 제2차 개정에서는 부모의 친권공동행사를 도입하였다. 그러나, 이 경우에도 부모의 의견이 일치하지 않을 때에는 부(父)

가 친권을 행사하도록 하였다는 점에서 남성우위의 친권제도가 부분적으로 유지되었다. ③ 제2차 개정에서는 남녀간 상속분을 균등화하였다. 즉, 개정조문은 구법과 비교하여 상속분의 차등을 현저히 감소시켜 균분상속주의에 접근하였다.

제3차 개정은 단순히 개정의 정도를 넘어 가족제도의 혁명이라고 볼 수 있을 정도로 혁신적인 내용을 담고 있었다. 주요 내용으로는 호주권의 대폭적인 축소, 강제적 호주상속의 호주승계로 전환, 친족개념에 있어서 부계혈족주의로부터 부모양계친족개념으로의 전환, 재산분할청구권의 신설, 완전 친권공동행사주의의 실현과 이혼 후 모(母)의 친권승인, 균분상속제의 확립, 기여분제도의 신설 등이 있다.

제5차 개정은 부계위주의 가족개념을 폐지하여 호주와 가족에 관한 규정을 삭제하였고, 부계혈통주의를 완화하여 자녀의 성(姓)과 본(本)에 관한 규정을 개정하여 원칙적으로 부계혈통주의를 유지하되, 예외적으로 모(母)의 성과 본을 따를 수 있도록 하였다. 또한, 자녀의 복리를 위하여 필요한 경우 법원의 심판을 통하여 자녀의 성(姓)이 변경될 수 있도록 하였다.

또한, 2006년 발표된 가족법 개정안에는 조금 더 혁신적인 내용이 포함되어 있다. 첫째, 부부재산제도를 보완하여 주거용 건물에 대한 부부 일방의 임의처분을 제한하였다. 현행 부부 별산제는 부부 일방이 자신의 명의로 소유한 재산을 자유롭게 처분할 수 있도록 하고 있으나, 이로 인하여 타방 배우자의 권리가 보호받지 못하고 있고, 특히 주거용 건물을 임의로 처분할 경우 타방 배우자의 거주권이 침해된다는 문제점을 고려하여, 일방 배우자가 타방 배우자의 주소지에 소재하는 주거용 건물과 대지를 처분하는 경우에는 타방 배우자의 동의를 받도록 하고 있다.

---

14) 한봉희, 「가족법」, 푸른세상, 2005, 24면.

또한, 재산분할제도에 대해서도 대폭적인 개정내용을 담고 있다. ① 혼인 중의 재산분할을 인정하고 있다. 현재에는 이혼시에만 재산분할이 인정되어 이혼을 원하지 않는 경우에도 가족의 생계를 위한 기본재산확보를 위하여 부득이 이혼을 하여야 하는 문제가 있으나, 개정안에서는 장래의 재산분할청구권이 위태롭게 될 우려가 있는 때 등의 일정한 사유가 있으면 혼인 중에도 재산분할청구를 허용하고 있다. ② 이혼시 부부재산의 균등분할제도를 도입하여, 이혼시 재산분할의 부부평등원칙을 적용하여 부부가 쌍방의 협력으로 형성한 재산에 대해서는 원칙적으로 균등분할하도록 하였다. ③ 재산분할청구권 보전을 위한 사해행위취소권을 신설하고 있다. 부부의 일방이 타방 배우자의 재산분할청구권 행사를 방해하기 위하여 미리 자신 명의의 재산을 처분하는 등의 사해행위를 한 때에는 타방 배우자가 그 처분행위의 취소 및 원상회복을 법원에 청구할 수 있도록 하고 있다.

둘째, 상속제도에 대해서는 배우자의 상속분을 조정하고 있다. 개정안에서는 혼인 중 재산분할제도를 도입함에 따라 혼인 중 재산분할을 받은 경우와 혼인 중 재산분할을 받지 않고 상속만 받은 경우와의 불균형을 고려하여, 혼인 중 재산분할을 받은 피상속인의 배우자 상속분은 공동상속인과 균분(均分)으로 하고, 혼인 중 재산분할을 받지 않은 피상속인의 배우자 상속분은 일률적으로 50%로 정함으로써 상속에 있어서 구체적 타당성을 제고하고 있다.

이와 같이, 한국의 가족법은 비록 그 제정 당시에는 남성중심의 가부장적 사상에 기초하였으나, 사회현실을 반영하여 양성평등과 여성의 지위향상을 위하여 지속적으로 개선에 노력한 결과, 세계적으로 공통된 보편적 인권의식이 법률 속에서 점차 실현되어 가고 있는 것으로 평가된다.

2. 개별적 쟁점들

1) 부부재산제도

부부재산제도는 혼인으로 인해 발생한 부부공동생활 비용의 부담이나 재산의 귀속, 관리 등 부부간의 재산관계를 정하는 제도를 말한다.[15] 부부는 결혼으로 가정생활과 자녀양육을 위한 경제공동체를 이루게 되는데, 혼인공동체에서는 재산의 귀속·관리·비용부담 등에 관하여 여러 가지의 재산적 법률문제가 발생한다. 한국의 가족법에서는 부부의 재산귀속에 관해 계약재산제(matrimonial property agreement)와 법정재산제(statutory property system)를 병행하여 규정하고 있으므로, 부부는 계약에 의해 자유롭게 자신들의 재산적 법률관계를 형성할 수 있으며, 계약이 없는 부분에 대해서는 법률규정에 따라 법정재산제가 적용된다.

자본주의사회에서의 경제력의 보유는 헤게모니의 장악수단으로서의 권력을 의미하는 것이라고 할 수 있다. 이러한 점에서 부부재산제도는 부부관계에 있어서 경제력의 편중에 의한 부부 일방의 권력행사를 제한하고, 부부 쌍방의 자유로운 합의 및 법률의 규정에 의한 재산권의 보장을 통하여 부부간 남녀평등의 실현을 보장하는 제도라고 할 수 있다.[16]

이러한 점에서 부부재산제도는 부부관계에서 여성의 지위에 많은 영향을 미친다. 과거의 가족제도에서는 처가 남편의 지배를 받았기 때문에 부부간의 재산관계는 문제가 되지 않았으며, 처의 재산은 모두 남편의 재산으로 흡수되거나 남편이 관리하는 경우가 종종 있었다. 그러나, 현대에 있어서는 여성의 사회적·경제적 지위의 향상으로 자신의 소득을 갖거나 남자와 동등한 상속을 받는다는 점, 여성의 가사노동에 대한 경

---

15) 이은영, 「법여성학강의」, 박영사, 1999, 153면.

16) 류창호, "부부재산계약에 관한 소고", 「이문논총」 제19집, 한국외대 대학원, 1999, 201면.

제적·법적 평가가 이루어짐으로 인해서 전업주부에 대해서도 재산형성에 대한 기여분이 인정된다는 점 등으로 과거와 다른 법리가 요구되고 있다. 그 중 부부재산계약은 그 동안 활용도가 매우 낮은 편이었으나, 신세대 부부들의 남녀평등의식, 기혼여성들의 적극적인 경제활동참여, 이혼과 재혼의 증가 등으로 인해 그 필요성이 점점 높아지고 있다.

부부재산계약은 장래 혼인을 할 당사자가 혼인 후의 재산적 법률관계를 사전에 합의하는 제도를 말한다(민법 제829조). 민법에서는 부부재산계약에 대한 부부의 계약자유를 최대한 인정하고 있으나, 계약의 체결시기를 혼인 전으로 제한하고 있다. 이는 결혼 이후의 부부간의 역학관계의 변화를 고려한 것으로, 결혼 이후에 체결된 부부재산계약의 효력을 인정하지 않고 있다. 그러나, 이러한 계약체결시기에 대한 제한이 현대의 부부관계에 있어서 얼마나 실효성이 있는지의 의문이다.

이는 과거의 남녀관계에 있어서 혼인 전에는 여성이 남성과 대등한 지위를 인정받다가 혼인 이후에는 가부장적 가족제도에서 남편이 모든 경제권을 장악하는 관행을 전제로 한 것으로 보여지나, 현대의 혼인적령기에 있는 남녀간에는 혼인 전후를 불문하고 남성과 여성이 대등하거나 여성이 대체로 우월한 지위를 점하고 있는 경향 및 이러한 계약체결시기의 제한으로 인하여 이 제도의 이용이 위축되고 있다는 점을 고려할 때 부부재산계약의 계약체결시기에 대한 제한은 현대의 부부관계를 적절하게 반영하고 있지 못하므로 개정될 필요가 있다.

2) 이혼에 있어서의 여성의 지위

1990년대 한국의 이혼율은 약 2.0%로 1950년대의 약 0.18%에 비해 11배나 증가하는 등 이혼이 급증하고 있다. 과거 한국의 전통적 가족관계에서는 가부장제의 모순에도 불구하고 이혼으로 인해 주로 여성이 사회적 불이익을 받는다는 점, 경제력이 부족한 여성에게는 사실상

이혼의 자유가 제한되었다는 점 등의 이유로 인해 이혼율이 매우 낮은 편이었으나, 현재에는 아시아 최고의 이혼율을 기록하고 있다.[17]) 이러한 점에서 이혼을 방지하기 위한 근본적 원인제거 및 제도적 보완과 아울러 이혼한 여성에 대한 사회적 및 법적 배려도 필요하다. 다만, 개인적인 측면에서는 혼인관계를 자신의 의사에 반해서 유지하지 않을 자유, 즉 이혼의 자유를 적절하게 보장함과 동시에 사회적인 측면에서는 이혼을 감소시킬 수 있는 제도적 보완이라는 양립되는 두 가치의 조화가 필요하다.

첫째, 이혼의 자유라는 측면에서는 이혼청구의 간이화와 이혼 후 일방배우자, 특히 여성의 경제력 지원이라는 점이 문제된다. 재판상 이혼청구에 대해서는 혼인관계의 파탄에 책임이 없는 배우자만이 이혼을 청구할 수 있는 유책주의(有責主義)와 혼인관계가 회복될 수 없을 정도로 파탄된 경우에는 그 파탄에 책임이 있는 배우자도 이혼청구를 할 수 있는 파탄주의(破綻主義)가 있다. 한국의 가족법에서는 유책주의를 원칙으로 하되, 법원에서는 일정한 경우에 예외적으로 파탄주의를 인정하고 있는 절충적 운영을 하고 있다.[18]) 서구에서는 파탄주의가 대세를 이루고 있으나, 이혼한 부부, 특히 이혼한 여성에 대한 사회적 편견과 불이익이 많은 한국에서는 파탄주의는 제한적으로 운영되는 것이 적절하다. 다만, 파탄주의를 확대하여 적용하는 경우에는 위자료의 산정 등에 있어서 징벌적 손해배상(Punitive Damages)을 도입하여, 유책배우자에게 막대한 손해배상책임을 부과하는 것도 고려할 필요가 있다. 이 경우 새로운 사랑을 찾아 가정을 버리는 남편 또는 아내는 막대한 재산적 손실의 감수와 새로운 사랑의 갈구이라는 선택의 기로에 서게 될 것이다.

17) 한국은 주로 법률혼이 대부분을 차지하고 있다는 점에서 서구와 같이 사실혼이 많은 국가와의 이혼율을 수치로만 비교하는 것은 큰 의미가 없다.

18) 법원이 파탄주의를 인정하는 사유로는 첫째, 쌍방유책인 경우, 둘째 상대방에게도 이혼의사가 명백한 경우 등을 들고 있다.

또한, 이혼 후 경제력이 부족한 배우자의 생계유지를 위하여 이혼부양료, 주거사용권 등을 인정할 필요가 있다. 즉, 이혼시 자립적으로 생계를 유지할 수 없는 이혼배우자의 이혼의 자유 및 보호를 위하여 타방배우자로 하여금 이혼 후 3년 또는 5년 정도의 기간 내에서 매월 정기적으로 부양료를 지급하는 제도의 도입도 검토할 필요가 있다. 그리고, 이혼 후 가장 심각한 문제 중의 하나는 주거의 문제이다. 이는 자녀를 여성이 양육하지만 주택소유자가 남편인 경우에 주로 문제된다. 이 경우 주택소유권과 관계없이 자녀를 양육하는 배우자에게 주거사용권을 인정할 필요가 있다. 이 제도는 이혼배우자 뿐 아니라 자녀의 복리라는 측면에서도 매우 의미가 있을 것이다.

둘째, 이혼감소를 위한 제도적 보완으로서는 최근 서울가정법원에서 시범적으로 운영하고 있는 이혼숙려제도(cooling-off)가 하나의 모델이 될 수 있다. 이혼숙려제도는 협의이혼을 원하는 부부에게 이혼에 대해서 다시 생각할 수 있는 시간(cooling-off period)을 주는 제도로서, 이 제도의 도입 후 이혼율이 감소하고 있다는 보고가 있다.[19] 현행 협의이혼제도는 당사자의 이혼의사의 합치, 가정법원의 확인, 호적법에 의한 신고 등 간편한 절차만으로 이혼의 효력이 발생함으로써 혼인의 보호보다는 이혼의 자유에 치중되어 있다는 비판을 받아왔다. 이러한 비판을 기초로 하여 2006년 민법개정안에는 이혼숙려제도를 법제화하였다. 즉, 무책임하고 감정적인 이혼결정에 대하여 신중하게 판단할 수 있도록 협의이혼 당사자는 일정기간(미성년자녀가 있는 경우는 3개월, 자녀가 없는 경우는 1개월)이 경과한 후 가정법원의 이혼의사 확인을 받아 이혼할 수 있는 것을 주요 내용으로 하고 있다. 그러나, 이 제도에 대해서 이혼 당사자들이

19) 서울가정법원의 조사결과, 이혼숙려 및 상담 제도를 도입한 2005년 3월부터 12월말까지 협의이혼을 신청한 사건 5,958건 가운데 이혼을 취하한 건이 1,027건에 달해 17.2%의 취하율을 기록했다고 한다. 이런 수치는 이혼 숙려 및 상담 제도의 시범실시 이전인 2004년도의 취하율 9.99%에 비해 배로 늘어난 것으로 충동적인 이혼을 방지하는데 기여한 것으로 볼 수 있다고 설명하고 있다.

장기간의 이혼소송이나 협의이혼과정 동안 법의 보호를 받지 못하는 상태에서 지내야 되기 때문에 열등한 지위에 있는 사람들에게는 이 기간 동안 오히려 고통이 가중될 가능성이 크다는 비판을 제기되고 있다.

전술한 바와 같이 최근 한국에서의 이혼율을 급증하고 있었으나, 다행히 2000년대 한국에서의 호주제 폐지를 필두로 하여 가족법의 개정 등으로 인하여 여성의 지위가 향상됨에 따라, 2000년대에 들어서는 이혼율이 소폭 감소하고 있다는 점에서 전통적 가부장제의 철폐에 따른 이혼율감소의 연관성을 조심스럽게 추정해볼 수 있다. 따라서, 이러한 추정을 전제로 한다면, 가족관계 및 사회적 관계에서의 가부장제의 타파 및 여성차별법령의 개선을 통하여 일정 범위에서는 이혼의 감소를 유도할 수 있을 것으로 생각된다.

3. 가족법의 과제

가족법은 단순히 여성의 지위에 관한 법률이 아니라, 개인의 존엄과 양성평등 및 자녀의 복리를 우선적인 가치로 하는 법률이라고 할 수 있다. 그러나, 한국의 가족법은 남성중심의 왜곡된 유교사상과 구습을 반영하여 입법된 이래, 남성과 여성의 문제가 아니라 가족관계에서의 기본적 인권을 회복하기 위한 여성계와 보수적 유림계층간의 도전과 응전을 반복하여 현재에 이르고 있다. 특히, 헌법재판소가 가족법의 대표적인 가부장적 제도라고 할 수 있는 호주제도에 대하여 헌법불합치결정[20]을 함으로써, 수백년 동안 계속된 한국의 가족제도에 혁신을 예고한 바 있다. 이러한 점에서, 한국의 가족법은 전근대적 봉건성과 현대적 민주성이라는 이중의 옷을 입고 있는 것으로도 비유된다.[21] 따라서, 향후에도 지속적인 개정을 통하여 부분적으로 잔재하는 전근대적 봉건

20) 헌결 2005. 2. 3, 2001헌가9-15, 2004헌가5.

21) 한봉희, 「가족법」, 42면.

성을 탈피하고 헌법질서에 부합하는 동시에 국제적 기준에 부합됨으로써[22] 고유한 관습이나 특정시대의 이념에 함몰되지 않는 보편성을 갖춘 규범으로 거듭날 것으로 기대된다.

IV. 사회적 관계에서의 여성의 법적 지위

1. 한국의 여성관련 법제 개관

한국에서는 1948년 헌법이 제정되면서 성차별금지가 법적으로 보장되었고, 그 후 남성과 여성의 평등을 위한 입법적 노력들이 이루어져 왔다. 헌법 중 여성에 관한 조문으로는 전술한 헌법 제11조 외에도 여성의 근로에 관해 제32조 제4항에서는 '여자의 근로는 특별한 보호를 받으며, 고용·임금 및 근로조건에 있어서 부당한 차별을 받지 아니한다'라고 규정하고 있고, 제34조 제3항에서는 '국가는 여자의 복지와 권익의 향상을 위하여 노력하여야 한다'라는 규정, 제36조 제1항에서는 혼인과 가족생활에 관하여 '혼인과 가족생활은 개인의 존엄과 양성의 평등을 기초로 성립되고 유지되어야 하며, 국가는 이를 보장한다'라는 규정, 제36조 제2항에서는 모성보호에 관하여 '국가는 모성(母性)의 보호를 위하여 노력하여야 한다'라는 규정을 두고 있다는 점에서 헌법에서도 여성에 대한 특별한 보호를 하고 있음을 알 수 있다.

또한, 1980년대에는 국가발전에의 여성참여를 촉진하기 위하여 남

22) 가족법 규범 중 국제기준의 하나로 들 수 있는 것은 1979년의 여성차별철폐조약(The Convention on the Elimination of all forms of Discrimination against Women)을 들 수 있다. 이 조약의 특징은 첫째, 남녀의 차이는 임신, 출산에만 인정하고 전통적·고전적인 역할분담을 폐지하는 것이 남녀평등의 확립에 불가결적 요소라는 점, 둘째 차별을 둔 법률뿐만 아니라 규칙, 관습, 관행의 폐지을 요구하고 있다는 점, 셋째 이 조약을 비준한 국가에 대하여 차별철폐에 대한 의무를 명기하고 그 결과에 대한 보고를 하여야 한다는 점, 넷째 남녀의 사실상 평등을 촉진함을 목적으로 하는 잠정적 조치를 인정한다는 점을 들 수 있다.

녀평등을 실현하려는 정책이 수립되기 시작하였고, 여성의 사회참여와 인권의식, 정치적 영향력의 증대와 함께 여성계 자체적으로 입법안을 마련하고 이를 관철시키려는 노력 등으로 인하여 여성관계법령은 양적인 측면과 함께 질적으로 발전되었다.

이러한 경향에 의해 법령상 남성과 여성에 대한 차이를 두는 법령들이 점차 증가하고 있고, 구체적으로는 남녀에 대해 차별적 규정을 두고 있는 여성차별법령, 모성보호를 위한 법률, 여성보호 및 우대법령 등으로 구분할 수 있다.

2. 여성차별법령

여성차별법령은 여성에 대하여 남성보다 기회와 대우를 제한하거나 배제하여 그 결과 불이익을 주거나 줄 우려가 있는 규정을 두고 있는 법령을 말한다.[23] 한국에서의 여성차별법령은 주로 부계(父系)혈통주의, 남성중심의 가부정작 가족관계 기초하여 여성의 기회나 대우를 남성보다 상대적으로 제한하거나 배제하는 형태로 입법되고 있는 특징이 있다.

이러한 법령은 주로 사회보장이나 세제분야에서 다수 존재하였다. 과거 호주제로 대표되는 남성중심의 가부장적 가치관은 결혼한 여자는 출가외인이라는 인식과 여자는 남편에 대한 생계의존자라는 지위를 전제로 연금 등의 수혜자로서의 권리를 배제하거나 후순위에 두는 등의 형태로 표현되어 남자는 생계능력자, 여자는 무급가사노동자라는 인식을 전제로 하고 있는 법령들이 다수 있었으나, 대부분 양성평등의 이념에 따라 개정되거나 헌법재판소에 의해 위헌판결을 받아 효력이 정지된 경우가 많다.

---

23) 김엘림 외, 「현행 남녀차별법령의 개정방향」, 한국여성개발원, 1995, 11면.

이러한 예로는 국민연금법상 남성피보험자가 사망하면 그 처는 아무런 제한없이 유족연금을 받을 수 있으나, 여성피보험자가 사망하면 그 남편은 60세 이상이거나 2급 이상의 신체장해자가 되어야 유족연금을 받을 수 있도록 한 경우, 근로기준법과 산업재해보상보험법에서 재해보상의 기준이 되는 신체장해등급을 정함에 있어서, 구법에서는 남녀가 동일한 정도로 생식기에 부상을 입은 경우 남성에 대해 더 높은 등급을 책정하고 있는 반면, 여성에 대해서는 외모의 부상을 더 중시함으로써 남성의 성기능과 여성의 외모를 중시하는 사회통념을 반영하는 경우도 있었다.[24]

3. 모성보호법령

모성보호법령은 임신, 출산, 수유, 생리와 같이 남성에게 없는 여성의 고유한 모성기능을 특별히 보호함으로써, 임산부여성의 건강 뿐 아니라 태아와 출생아의 건강보호 등을 위하여 남녀간의 생물학적 차이를 기초로 하여 남녀를 달리 대우하는 법령을 말한다. 법률에서의 모성보호는 남성에 대한 역차별이 아니라 실질적 남녀평등의 이념과 합치되는 것으로 파악된다.[25]

이에 해당하는 법률로는 「모자보건법」,[26] 「남녀고용평등법)」[27] 등이 있다. 이 법률들은 모성보호가 건강한 국민이나 노동력의 보전과 양

24) 근로기준법 시행령(Enforcement Decree of the Labor Standards Act) 별표 4 참조. 그러나, 생식기에 부상을 입은 경우는 생식기에 뚜렷한 장해가 남은 "사람"으로 개정하였다.

25) UN여성차별철폐협약 제4조 제2항이나 ILO의 '고용과 직업의 차별금지에 관한 협약' 제5조 제1항 및 「남녀고용평등법」 제2조 제1호에서는 모성보호가 성차별이 아님을 명시적으로 규정하고 있다.

26) 이 법은 모성의 생명과 건강을 보호하고 건전한 자녀의 출산과 양육을 도모함으로써 국민보건향상에 이바지함을 목적으로 하고 있다(제1조).

27) 이 법은 헌법의 평등이념에 따라 고용에 있어서 남녀의 평등한 기회 및 대우를 보장하는 한편 모성을 보호하고 직장과 가정생활의 양립과 여성의 직업능력개발 및 고용촉진을 지원함으로써 남녀고용평등 실현을 목적으로 하고 있다(제1조).

성을 도모할 수 있는 사회적 기능을 가지고 있음을 인정하고 사회보장 차원에서 접근하고 있다.

「남녀고용평등법」에서는 차별에 관해 사업주가 근로자에게 성별, 혼인, 가족 안에서의 지위, 임신 또는 출산 등의 사유로 합리적인 이유없이 채용 또는 근로의 조건을 달리하거나 그 밖의 불이익한 조치를 취하는 경우라고 정의하면서, 다만 직무의 성격에 비추어 특정 성(性)이 불가피하게 요구되거나 근로여성의 임신·출산·수유 등 모성보호를 위한 조치를 취하는 경우는 차별에서 제외하고 있다(제2조 제1호). 또한, 동법은 고용에 있어서 남녀의 평등한 기회보장 및 대우,[28] 직장내 성희롱의 금지 및 예방,[29] 여성의 직업능력개발 및 고용촉진, 모성보호 및 직장과 가정생활의 양립지원[30] 등에 관한 규정을 두고 있다.

「모자보건법」은 모성과 영유아의 건강에 대한 국가의 책임, 임산부·영유아 등에 대한 건강관리 등에 관한 규정을 두고 있다. 그러나, 동법은 주로 임의규정의 성격이 강하여 구체적인 정책내용의 실현보다는 선언적 의미에 그치고 있다.[31]

4. 여성우대법령

여성보호 또는 우대법령은 남녀평등의 관점에서 가장 문제가 되는

28) 이를 위하여 모집과 채용, 임금, 교육과 승진, 정년퇴직 및 해고 등에 있어서 남녀를 평등하게 대우할 것을 규정하고 있다.

29) 이에 관하여는 직장내 성희롱예방교육, 직장내에서 성희롱이 발생한 경우 가해자에 대한 징계 등을 규정하고 있다.

30) 이에 관하여는 유급출산휴가, 육아휴직, 직장내 보육시실의 설치 등에 관한 규정을 두고 있다. 이러한 규정들은 대부분 강행규정으로서 위반시 징역 또는 벌금이 부과되고, 행위자뿐 아니라 대표자도 처벌하는 양벌규정을 두고 있다.

31) 이러한 예로는 국가와 지방자치단체는 모성과 영유아의 건강을 유지, 증진하기 위하여 '필요한 조치'를 한다는 규정(제3조), 매년 10월 10일을 임산부의 날로 지정하는 규정(제3조의2) 등이 있다. 또한, 약 30개의 전체 조문 중 14개가 산후조리업에 관한 규정이어서, 사실상 산후조리업을 관리하는 법률로서의 성격이 짙다.

것은 모성보호가 아니라는 점을 근거로 하여, 여성을 남성에 비해 더 보호하거나 우대하는 형태의 법령을 말한다.

이 형태에 속하는 법령은 다시 주로 여성을 주부, 어머니, 자녀의 출산, 양육과 가사노동의 담당자, 남성에 의한 생계의존자, 경제능력이나 육체적, 정신적으로 남성에 비해 열등한 자로 규정하는 전통적 여성관이나 성별역할분담에 기초하여 여성을 보호·우대하는 경우와 현격한 남녀차별현상을 해소하여 남녀간의 사실상의 평등을 촉진할 목적으로 잠정적 또는 적극적으로 여성을 우대하는 경우로 구분된다.

이에 해당하는 법률로는 「여성발전기본법」,「여성과학기술인육성 및 지원에 관한 법률」, 「여성기업지원에 관한 법률」, 「여성농어민 육성법」 등이 있다.

「여성발전기본법」헌법의 남녀평등이념을 구현하고 정치·사회·문화의 모든 영역에서 남녀평등을 촉진하고 여성의 발전을 도모하기 위한 법률로, 한국에서는 전통적 가치관과 결부되어 모든 부문에서 남녀차별의 관행의 잔재가 남아 있었고, 이러한 상황을 개선하기 위하여 각 분야별로 특별법을 지속적으로 제·개정하였지만, 특별법은 그 적용범위가 한정되어 있으므로 종합적인 법률이 필요하다는 의견에 따라 제정된 법률이다. 이 법은 여성정책, 여성발전기금, 여성단체의 지원 등에 관한 상세한 규정을 두고 있다. 특히, 2002년 개정을 통하여 여성에 대한 '잠정적 우대조치(preferential treatment)'를 '적극적 조치(affirmative action)'로 개정하였다. 즉, 잠정적 우대조치는 오랜 성차별적 관행으로 고착화된 구조적 차별을 적극적으로 개선하기 위한 제도의 명칭으로는 적절하지 않으며, 여성에게 특별대우를 해 줌으로써 남성에게 역차별을 준다는 인상을 줄 가능성이 있다는 지적을 받아 왔다.[32] 따라서, UN 등 세계적 추세를 반영하여 이를 적극적 조치로 개정하여 실질적인 남녀평등을

32) 국회여성위원회, 「여성관련 법률의 입법과정 및 향후과제(제16대 국회)」, 2004, 37면.

도모하고자 하였다.

「여성과학기술인육성 및 지원에 관한 법률」, 「여성기업지원에 관한 법률」, 「여성농어민 육성법」은 특정분야에 종사하는 여성에 대한 지원을 위한 법률로, 과학기술, 기업, 농어업 등 전통적으로 남성이 주도를 하고 있는 분야에 대한 여성의 진출지원, 권익보호 및 전문화 등을 지원하기 위하여 제정되었다. 이러한 법률의 제정은 한국사회에서의 여성에 대한 법적 보호가 보편적인 분야 뿐 아니라, 여성이 소수이거나 열세인 분야에까지 확대되고 있음을 보여주는 것이라고 할 수 있다. 다만, 이러한 법률이 얼마나 실효성있게 집행되는가에 대해서는 지속적으로 관찰할 필요가 있다.

V. 결론: 성중립적인 법제로의 전환

ILO의 '고용과 직업의 차별금지에 관한 협약'(제111호)은 차별대우의 구성요건으로서 성(性)을 이유로 한 '구별, 배제 또는 우대'를 규정하고 있었으나, 'UN여성차별철폐협약'은 '우대'를 삭제하는 대신 '제한'을 추가하고 있다. 이는 UN협약의 제정과정에서 남성에 비해 여성이 처해있는 불리한 상황을 우선적으로 제거하는 것이 필요하고, 여성이 어렵게 획득하여 온 보호와 특권을 당시의 실정상 아직 발탁해서는 안된다는 배려에 의한 것이라고 한다.[33] 따라서, 이 협약도 모성보호 이외의 여성보호를 성차별로 규정하는 것은 아니라고 한다.[34] 이에 따라, 영국, 미국, 독일, 일본 등에서는 남녀고용평등법과 모성보호법이 개정, 강화되고 남녀에게 공통으로 적용되는 근로조건이 향상됨과 함께 근로여성만에 대한 특별한 보호를 규정하는 법률이 완화 또는 폐기되었다.

---

33) 廣瀨和子, "女性差別の定意", 「女子差別撤廢協約註解」, 國際女性の地位協會, 44頁.
34) 김엘림 외, 「현행 남녀차별법령의 개정방향」, 17면.

1991년 유럽공동체법원은 프랑스에서 여성의 야간근로금지규정을 남녀평등에 위반한 것으로 결정한데 이어, 독일 연방헌법재판소도 생산직 여성에 대해서만 야간근로를 금지한 법령(근로시간령 제19조)이 헌법의 평등권규정에 불일치한다는 결정을 내리면서, 입법자에게 성중립적인 새로운 야간근로의 보호에 관한 규정을 마련할 것을 요청하였다. 그 후, 독일에서는 1994년 종전보다 남녀근로자의 근로조건보호수준을 향상시키면서 여성의 근로조건특별보호법은 여성의 갱내근로금지규정을 제외하고는 모두 폐기하는 전면적인 개정을 하였다. 이러한 경향은 여성보호법령이 여성차별의 가치관과 사회구조를 고착화시킬 수 있다는 점을 전제로 한 것으로서, 단지 여성을 위한 법의 한계를 넘어서 보편적 인권을 위한 법으로서의 발상의 전환이 필요한 시기가 도래한 것으로 생각된다.

또한, 한국의 여성보호법령은 한국여성만을 위한 법령이 아니라, 취업 또는 결혼 등의 이유로 한국에 이주하여 생활하고 있는 여성, 특히 그 중 많은 수를 차지하고 있는 동남아의 이주여성노동자[35)]와 한국 남성과 결혼한 동남아 여성 및 그 자녀들에 대한 배려가 절실한 것으로 생각된다.[36)]

35) 한국에서는 이주노동자가 증가함에 따라, 이주노동자에 대한 차별 뿐 아니라 외국인 여성노동자들에 대한 차별문제도 심각한 사회문제로 대두되고 있다. 한국의 공장에서 일하는 외국인 여성노동자들은 국적차별에다 성차별까지 이중의 고통에 시달려야 하며, 성희롱이나 성폭력의 위험에 노출되어 있다. 급여에 있어서도 같은 시간을 일해도 예를 들어 남자 외국인이 90만원을 받는다면 여자 외국인은 70만원 정도를 받는 경우가 많다. 따라서, 우선적으로 외국인 여성노동자에 대한 불법행위에 대한 법적 보호도 시급히 마련될 필요가 있다.

36) 특히, 한국남성과 결혼한 외국 여성 및 이주노동자 부부의 자녀 중 한국에서 출생한 경우에는 대부분 한국국적을 취득하였음에도 불구하고 한국사회로부터 소외되어 있고 한국법의 보호를 받지 못한 경우가 많다.

ABSTRACT

Sexual Culture and Civil Law in Korea

Ryu, Chang-Ho
(Ajou Univ, Law School)

In Korea, many husbands often call their wife not 'wife' but 'house wife'(if it is translated in Korean, “jip(house) saram(person)”, and it means full time house wife), because they think it's modest expression to indicate their wife to others. But, the word “jip saram” implies that motherhood labors including delivery are not recognized as valuable labor.

In korea, though it have conducted efforts to improve and actually there was many improvement of legal position of women, the word “jip saram” is universally used regardless of a full time house wife or a career woman. And contradictly, korean woman accepts the word “jip saram” without hesitation. In this point, we can know that there is duplex value about women in Korea.

Korean Constitutional law articles 11 prescribes that there shall be no discrimination in political, economic, social or culture life on account of sex, and each acts are legislated and in force. Korean civil law also prescribes no discrimination on account of sex in legal capacity articles. Merely, there are some distinctions husband and wife, father and mother, etc. So, it is important issue in korean family law to secure equality in legal position between husband and wife, father and mother.

In social relationships, many acts were legislated or revised to protect motherhood and to improve women's legal position. And, these acts are evaluated to try to ensure equal position to men in social and economic sides, though korean society is still based on traditional male-oriented value in part.

But, acts on preferential treatment to women are anxious to fix social structure and traditional values of sexual discrimination. So, I think modern law is needed to be converted law for women to law for universal human right.

제2장
베트남

- 베트남의 법제의 연혁과 구조적 특징
- 베트남의 헌법상 권력구조의 특징과 정부형태개관
- 베트남 리왕조의 法 一考

베트남의 법제의 연혁과 구조적 특징

계 경 문*

I. 베트남 법제 연구의 현황과 필요성

베트남은 동남아시아에서 상당한 시장규모와 무한한 발전 잠재력을 지닌 나라이다. 베트남은 1986년 '도이 머이(Doi Moi)' 정책을 채택하면서 매년 7%이상의 고속성장을 달성하였고, 특히 미국이 2006. 12. 베트남과의 항구적 정상무역관계(PNTR) 지위 결정과 WTO 공식회원국 가입(2007. 1), UN 안보리 비상임 이사국 진출(2008-2009) 등 국제적 위상이 증대됨으로서 베트남에 대한 국제적인 관심이 높아져가고 있는 것이 현실이다. 우리나라와는 1992. 12. 22. 수교 이후 양국 간 2008년 교역이 98.41억 달러(수출 78.04억 달러, 수입 20.37억 달러)로 베트남은 우리의 10위 수출국이며, 2008년 6대 무역흑자국에 해당하고, 베트남에 약 1,500여개의 우리기업이 투자하는 등 제4위의 투자국(투자건수로는 1위)으로써, 경제·통상 분야에서 비약적인 관계발전을 이룩하고 있다.[1] 그러나 나날이 발전하는 한국과 베트남의 협력관계를 뒷받침할만한 연구 업

* 한국외국어대학교 법학전문대학원 교수, 법학박사

1) 외교통상부, (2009), 『베트남 개황』, 페이지. 93-96 참조; 박동욱·이아영, (2008), 「베트남 경제분석과 향후 전망」, KOTRA, 페이지. 3-15 참조.

적 및 관련 정보는 충분하지 못한 실정이다. 베트남은 21세기에 한국의 동남아시아 지역 진출을 위한 중요한 교두보로써 중요성이 날로 증가하는 반면에 양국의 협력관계를 뒷받침할 일반적인 기초 자료가 충분하지 않음에 따라 이에 대한 보완 작업이 시급한 실정이다. 베트남 정치, 경제, 사회, 문화 영역에서 현지 사정에 대한 부족한 이해로 말미암아 노사분규, 인권분쟁, 재산권분쟁, 혼인소송 등 한국인과 베트남인간의 많은 사회적 모순과 갈등이 빚어지고 있으나 이를 해결할만한 자료나 연구 업적이 부족한 실정이다. 한국과 베트남의 협력관계는 날로 규모와 내용면에서 호혜적으로 발전해 가고 있는 반면에 최근 수시로 개정되는 외국인투자법에 대한 체계적인 분석과 정보와 같이 현지 경제 환경에 대한 변화와 추이를 이해할 만한 자료가 절실한 실정이다.

양국이 교류를 활성화한 이후에 이를 담보할 만한 노력이 각계각층에서 이루어졌다. 우선 양국간 교류를 발전시키기 위한 정부 간의 협정 체결이 있었다. 1993년 2월의 경제·기술협력협정을 시작으로 지금까지 양국은 무역협정, 항공협정, 투자 보장협정, 상사중재협정, 이중과세방지협정, 문화협정, 과학기술협정 및 해운협정 등을 체결하는 등의 시도가 있었다. 다른 한편으로 베트남을 총체적·개략적으로 이해하려는 시도가 있었다. 각 연구단체, 정부기관, 대학 등이 정치, 경제, 사회, 문화, 역사 등의 주제에 대해 다양한 형태의 연구를 수행하여 왔다. 그러나 이 연구 업적의 대부분은 사안별로 필요성에 의하여 단편적으로 이루어져 근본적이고 체계적인 정보체계의 기능은 수행하지 못한 실정이다. 본 논문은 1986년 이후 베트남의 개방정책으로 형성된 한국의 베트남 투자 진출과 관련하여 발생하는 양국의 민사·형사상의 문제를 해결하는 데에 기여할 베트남 법제 전반의 연혁과 베트남의 법률제도에 대한 이해를 위해, 베트남 법제의 연혁과 구조적 특징을 살펴보는 것을 목적으로 한다. 이를 위해 1945년 베트남 민주공화국(Democratic Republic of Vietnam)이 출범한 이후 현재까지 제반 법제가 어떻게 형성

발전되어 왔는지를 역사적으로 고찰한다. 구체적으로는 전체를 3단계로 구분하여 제1기(1945년~1954년)는 프랑스 식민주의로부터 독립할 당시 내세운 베트남의 자주적인 법률구조를 연구하며, 제2기(1954년~1975년)는 미국과 전쟁을 치루는 동안 전시체제하에서의 법제 변화와 적용에 대해 고찰하고, 제3기(1975년~1986년)는 남북 베트남이 통합된 이후 새로이 적용한 사회주의식 법률제도의 적용과 부작용에 대해 살펴보고, 마지막으로 제4기(1986년~현재)는 도이 머이 개방 정책을 채택한 이후 새로 만들어진 베트남 법제의 본질을 전통적·역사적·사회주의적 측면과 대외 개방이후의 외국의 원조 하에 이루어진 법제의 특징에 대하여 각각 고찰한다.

II. 베트남 법제의 발전과정

1. 전통시대의 법률

1) 선사시대의 법률

베트남 최초의 부족국가인 반 랑(Van Lang, 기원전 10세기~기원전 3세기)과 어우 락(Au Lac, 기원전 208년~기원전 179년) 시대에 초기 베트남인은 민족 고유의 문명을 창조하였다. 그러나 현재까지 고고학계는 문자 기록을 찾아내지 못하고 있으며 어떤 형태의 성문법 역시 찾아볼 수 없는 상태이다. 다만 이 시기에 초기 베트남인은 상당한 수준으로 발전한 농업경제와 부계제도, 소가족제도에 기초한 혈통사회를 이루었고 귀족계층과 노예계층을 바탕으로 한 신분 계급사회를 형성하였다. 이는 당시 베트남에 비록 성문법은 없었으나 국가와 사회조직을 위한 초보적인 형태의 법이 존재하였을 것으로 추정토록 한다. 실제로 기원전 베트남을 지배한 한나라의 관리 마 비엔(Ma Vien)이 "베트남 법이 한나라 법에 비해 십 개조 이상 다르다"라고 광무제에게 보고한 사실이 알려졌다.[2] 그러나 당시 법률의 의미는 결코 오늘날의 법률이라기보다는 일종의 공동체 내 내규 또는 향약에 해당하는 수준으로 지역별로도 달랐던 것으로 여겨진다. 동시에 관혼상제 및 세시풍속에 관한 당시의 법규는 베트남이 중국뿐만 아니라 동남아시아를 통해 인도 또는 해양 문화의 영향을 입음에 따라 관혼상제 및 세시풍속에 관한 법규가 평등 정신과 민주 정신이 상당히 베여 있었을 것으로 추측한다. 특히 왕과 지방 귀족인 락 뜨엉(Lac Tuong)의 지시가 곧 법률로써 기능하였으나 이는 지방마다 서로 다른 내용과 성격이었다.[3]

2) 중국지배하의 법제

기원전 179년 남중국에서 남 비엣(Nam Viet, 南越 BC 258~BC111)이란 국가를 세워 중원에 저항하던 찌에우 다(Trieu Da)는 전력의 열세로 남쪽으로 떠밀려 내려오다 어우 락 국을 침공하였고 베트남은 이후 1,000년 이상의 중국 지배를 받게 되었다. 이들은 베트남에 쟈오 찌(Giao Chi)와 끄우 쩐(Cuu Chan)이란 2개의 현을 비롯하여 9개의 현을 설치하고 관리와 군대를 파견하여 통치하였으나 대부분은 과거 어우 락 국의 행정제도를 그대로 사용하였다. 기원전 111년에는 서한의 한무제는 남 비엣을 공략하기 위해 출정하여 베트남까지 점령하였다. 이후 중국의 양, 수, 당나라 등은 베트남이 938년 바익 당(Bach Dang) 강에서 중국군을 물리치면서 독립을 쟁취할 때까지 도호 정치를 통해 지배하였다. 이 기간 중 베트남의 법률은 중국 도호 정권에 의해 만들어지고 적용되었

2) Vien su hoc, (1976), *Thoi Dai Hung Vuong (훙왕시대)*, Ha Noi: Nha Xuat ban Khoa hoc Xa hoi, p.164.

3) 유인선, (2002), 『베트남의 역사』, 서울: 도서출판 이산, 페이지 26-34 참조; 송정남, (2000), 『베트남의 역사』, 부산: 부산대학교 출판부, 페이지 43-60 참조.

다. 그러나 중국인 지배층의 목적이 베트남 사회의 근원적인 발전보다는 경제적 자원의 수탈과 노동력 착취에 있었으므로 각 시기별로 서로 다른 정권에 의한 서로 다른 성격의 법률이 도입되었다. 남 비엣 부터 서기 1세기 한나라가 지배할 때까지는 주로 베트남인의 저항을 진압할 목적으로 각종의 형벌에 관한 규정이 만들어졌고 그 근거는 한나라의 법률이었다(Vu Thi Phung 43). 1세기 초 태수 또 딘(To Dinh)과 마 비엔(Ma Vien)은 중국의 법을 들여다 적용하는 과정에서 그 법을 베트남인에 맞게 수정 적용하였다. 행정, 경제, 사회 문화에 관한 각종 규정은 베트남인을 중국의 법제에 동화시키는 데 근본적인 목적이 있었다. 그럼에도 도호관들은 "베트남인의 토지를 점탈하지 말고, 주민들을 죽이지 말고, 재산을 약탈하지 말라"는 등 6개 규정을 두어 중국 관리들의 부조리를 경계하였다. 7세기말 8세기 초에는 당나라의 법률(唐律)을 들여와 행정법, 형법, 가족법, 가정의례 등의 토대를 만들었다. 이 시기의 베트남 법률은 관련 자료가 남아 있지 않음에 따라 보다 정확한 연구는 불가능한 실정이다. 그럼에도 일부 중국 자료와 지방 자료 등을 살펴보면 아직 정교한 법제가 마련되지 않았으나 중국 한나라 및 당나라의 법률이 수입되어 점차 행정, 형벌, 가정의례에 관한 규정들이 자리 잡고 있었음을 알 수 있다.4)

3) 자주독립 왕조하의 법제

응오 꾸옌(Ngo Quyen)이 응오 왕조(Nha Ngo, 939년~968년)를 세웠으나 여전히 지방 토호세력들의 저항으로 국가는 혼란에 빠졌고 이후 딘 보 린(Dinh Bo Linh)의 딘 왕조 (Nha Dinh, 968년~980년)와 레 호안(Le Hoan)의 띠엔 레 왕조(Nha Tien Le, 981년~1010년)가 뒤를 이었으나 초기 각 독립 왕조는 오랜 중국의 지배에서 벗어나 민족 국가를 형성하는 과정에서

4) 유인선, 앞의 책, 페이지 34-100 참조; 송정남, 앞의 책, 페이지 61-119 참조.

왕위계승과 관련된 조정 내부의 갈등과 중앙과 지방간에 계속되는 세력 다툼에 휩싸여 법제의 마련과 발전에는 큰 진전을 보지 못했다. 여전히 중국의 법을 사용하는 동안 각 왕조는 왕의 권위에 도전하는 세력을 처벌하고 사회의 윤리와 도덕을 해치는 죄인을 처벌하기 위한 형법을 제정, 적용하였다. 베트남 최초의 역사서인 다이 비엣 쓰 끼 또안 트(Dai Viet Su Ky Toan Thu, 大越史記全書)에 따르면 1002년 레 호안은 루엇 레(luat le, 律例)를 제정했다는 기록으로 보아 이 당시에 성문법이 존재하였을 것으로 추측된다. 그럼에도 베트남 법제 발전과정의 전환점은 리 쩐 시대(Ly Tran, 1010년~1400년)에 이루어졌다.[5]

(1) 리 쩐시대(1010년~1400년)의 법제

리 왕조는 중앙집권 봉건제도의 발전과 경제 발전에 힘입어 베트남의 전통적인 법률의 기초가 마련되었다. 최초로 대월(大越) 법률이 성문화되어 1042년 리 타이 똥(Ly Thai Tong, 李太宗)은 '힝 트(Hinh thu, 刑書)'라는 법률을 공포하였다. 이전까지 일반적 기준이 없이 산만하고 편의에 따른 판결대신에 성문 법률이 만들어졌고 조정은 중서관이란 관리를 두어 조정의 법률을 수정보완토록 하였다. 이는 국가가 각 사회관계에 대한 조정 능력을 갖기 위해 전국에 적용한 최초의 법률이었다는 점에서 베트남 법제사에서 중요한 사건이다.[6] 리 왕조시기의 형법은 단지 형사 사건에 대한 규범이었을 뿐만 아니라 당시 법률을 제정하는 기준이기도 하였다. 당시 왕이 반포하는 법률은 관리 및 백성에게 의무와 금지 사항들을 규정함과 동시에 범죄행위에 대한 처벌 방법도 포함하였다. 이는 국가가 정한 사회관계를 명시할 뿐만 아니라 그 사회관계를 해치는 행위에 대한 제재 및 간섭의 의지를 나타냈다. 이 시기에 형법의 주요 목적은 왕의 의지에 부합하는 사회 질서를 유지하고 공고화하

5) 유인선, 앞의 책, 페이지 101-117 참조; 송정남, 앞의 책, 페이지 121-139 참조.
6) 송정남, (2007), 「베트남 리왕조의 법 일고」, 『외법논집』, 제28집, 페이지 496.

는데 있었기 때문이다.[7]

쩐 왕조에는 조정에 의한 법제 활동이 더욱 발전하였다. 1230년 타이 똥(Thai Tong, 太宗)은 형벌에 관한 율서(律書)를 편찬토록 하였다. 1341년 주 똥 (Du Tong, 裕宗)은 응우옌 쭝 응안(Nguyen Trung Ngan)과 쯔엉 한 씨에우(Truong Han Sieu)로 하여금 힝 트(Hinh thu, 刑書)를 편찬하도록 하였으나 이 역시 리왕조의 형서와 마찬가지로 명나라 침략 때 소실되었다. 각 사서(史書)에 남아있는 기록들을 종합해 보면 이 당시의 형서는 사법기관의 조직과 기능에 대해 상세히 다루고 있음을 알 수 있다. 중앙에는 텀 힝 비엔(Tham hinh vien, 審刑院)과 땀 띠 비엔(Tam ty vien)을 두어 선고절차를 투명하게 하고 사법권의 분권화를 가져왔다.[8]

(2) 호왕조(1400년~1407년)의 법제

호 왕조(1397년~1407년)는 찬란했던 리 쩐시대가 불가피하게 보였던 귀족문화의 잔재와 계급간의 격차를 해소하고 보다 대중적 사회질서를 마련하는데 역점을 두었다. 비록 짧은 통치 기간이었으나 호 왕조 시기에는 군사력의 증대와 함께 한전법, 한노법 등 경제와 사회 문제에 관한 법을 반포하였다. 1401년에는 호 왕조는 다이 응우 꽌 쩨 힌 루엇(Dai Ngu quan che hinh luat, 大隅官制刑律)을 제정하였으나 오늘날 자료가 남아있지 않아 그 내용을 알 수 없다. 비록 법률에 관한 가시적인 업적은 없으나 짧은 통치기간 중 호 왕조는 법률제도에 깊은 관심으로 보였다. 화폐유통을 원활하게 하기 위해 화폐 위조와 동전은닉을 엄벌하기 위한 규정을 만들었다. 그들은 조세제도를 개혁하기 위한 규정, 인재등용에 관한 규정, 국가 행정기구의 개혁 및 강화를 위한 규정 등을 제정하였다. 그 외에도 미신을 직업하는 자와 밀주업자, 도박꾼 들을 엄벌하기

7) 송정남, 앞의 논문, 페이지 476.
8) 송정남, (2006), 「전통시대 베트남의 법 일고찰-쩐조의 법을 중심으로-」, 『아시아법제연구』, 제5호, 페이지 259-263 참조.

위한 규정을 두었다(Vu Thi Phung 81).[9]

(3) 레(Le, 黎 1427년~1789년) 왕조의 법제

명나라의 침략을 물리치고 다시 민족 국가의 독립을 쟁취한 레 타이 조(Le Thai To, 黎太祖)는 민족의 독립의 유지하고 중앙집권 봉건체제를 강화시키기 위해 이전의 어떤 왕조보다도 입법 활동을 활발히 전개하였다. 우선 레 왕조의 법제에서 가장 탁월한 성과는 베트남 최초의 법전인 보 루엇 홍 득(Bo luat Hong Duc, 鴻德律部), 즉 보 꾸옥 찌에우 힝 루엇(Bo Quoc trieu hinh luat, 國朝刑律部)이다. 레 타이 또 시대(1430년)에 착수하여 레 타인 똥(Thanh Tong, 聖宗) 시기(1483)에 완성한 이 법전은 총6권, 13장 722조로 구성되었다. 주요 구성을 살펴보면 제1권은 1장 Danh Le(49개조)와 2장 Cam ve(47개조)로 구성되었고, 제2권은 1장 Vi che(144개조)와 2장 Quan chinh(43개조)로 되었으며, 제3권은 1장 Ho, Hon(58개조), 2장 Dien san(59개조), 3장 Thong gian(10개조)로 이루어졌고, 제4권은 1장 Dao tac(54개조), 2장 Dau tuc(50개조)로 편성되었으며, 제5권은 1장 Tra nguy(38개조)와 2장 Tap luat(92개조)로 되었고, 제6권은 1장 Bo vong(13개조)과 2장 Doan nguc(65개조)로 구성되었다.[10] 타인 똥의 법은 충과 효를 강조하여 군주 권익의 옹호를 궁극의 목표로 하고 있는데, 그 체제와 내용은 당률을 근간으로 하면서 베트남 고유의 관습법과 사회제도 등을 반영했다. 또한 부인도 자신의 재산을 소유할 수 있는 권리가 있었으며, 남편은 부인의 재산에 대하여 아무런 권리가 없었다. 여기서 부인의 재산이란 자기의 부모로부터 상속받은 것으로, 레 왕조시대 베트남 사회에서 딸은 아들과 똑같이 재산상속권을 가지고 있었다.[11] 이외에도 이 시기에 법률체계를 확립하는 과정은 몇 가지 법

---

9) 유인선, 앞의 책, 페이지 159-166 참조.

10) Ban bien tap, (1982), *Quoc trieu hinh luat (국조형률)*, Ha Noi: Nha Xuat ban Phap ly.

11) 유인선, 앞의 책, 페이지 191-192 참조.

전으로 집대성되었다. 이 가운데 대표적인 작품으로는 응우옌 짜이(Nguyen Trai)에 의해 1440년~1442년 기간 중 총 6권으로 편찬된 루엇 트(Luat thu, 律書), 1440년~1442년에 판 푸 띠엔(Phan Phu Tien)에 의해 총 6권으로 편찬된 꾸옥 찌에우 루엇 렝(Quoc trieu luat lenh, 國朝律令), 1471년에 편찬된 레 찌에우 꽌 쩨(Le trieu quan che, 黎朝官制), 1483년에 편찬된 티엔 남 즈 하 떱(Thien Nam du ha tap, 天南輿下集), 1470년~1497년 기간 중 편찬된 홍 득 티엔 찐 트(Hong Duc thien chinh thu, 鴻德善政書) 등을 들 수 있다. 보 루엇 홍 득 또는 꾸옥 찌에우 힝 루엇으로 대표되는 레 왕조의 법제는 주로 형법, 민법, 가정 혼인법, 소송법 등에서 이전에 비해 현저한 발전을 가져왔다. 우선 형법과 관련해서는 범죄의 고의성 여부, 판결 시 장물(贓物)유무 여부, 감형 원칙과 보석금 허가제, 죄명 분류(十惡)에 대해 상세히 규정하였다. 민법의 경우는 당시 농업, 수공업, 상업의 발달을 배경으로 발생하는 각종 경제 사범을 다스리기 위한 규범을 정하는데 치중하였다. 많은 조항이 토지사유제도, 사유재산, 상속 문제를 다루었다. 가정 혼인법과 관련해서는 당시 유교사상을 바탕으로 부권이 존중되는 가족제도를 유지하고 정혼제(定婚制)와 다처제(多妻制)를 수호하기 위한 수단으로 기능하였다. 특히 가정에 관한 법 조항들은 남성, 아버지, 남편, 본처(本妻), 장남 등에 대한 세부 규정을 두었다. 소송법에 관해서는 이전까지 볼 수 없었던 내용으로 이는 당시 레 왕조시기에 베트남 사회가 얼마나 분화되고 지배-피지배 계층 간의 갈등이 다양하고 빈번하였는지를 보여주었다. 구체적으로는 각급 행정기관에서 올라온 소송사건에 대한 규모별 분류작업, 판결의 시한, 증거에 기초한 심의 등을 규정하였다.[12)]

12) 유인선, 앞의 책, 페이지 191-192 참조; 송정남, 앞의 책, 페이지 247-248 참조

(4) 떠이 썬(Tay Son, 西山 1789년~1802년) 왕조의 법제

호 왕조시기와 마찬가지로 떠이 썬 왕조는 베트남 역사상 흔히 반란의 역사로 규정된다. 기존의 중앙집권적 봉건체제를 개혁하여 반(反) 유교적, 반(反) 봉건적 경제, 사회, 행정 제도를 추구하였기 때문이다. 1771년 남부 베트남 떠이 썬 마을에서 응우옌 반 냑(Nguyen Van Nhac), 응우옌 반 후에(Nguyen Van Hue), 응우옌 반 르우(Nguyen Van Luu) 삼 형제에 의해 시작된 떠이 썬 농민운동도 비록 짧은 시기였으나 베트남 사회 전반과 특히 법제 영역에서 커다란 변화를 가져왔다.

16세기 이후 베트남 사회는 막(Mac) 왕조와 레(Le) 왕조(1527년~1592년)의 남북조시기, 찐씨(chua Trinh) 정권과 응우옌씨(chua Nguyen) 정권 간의 찐-응우옌 분쟁기(1592년~1789년)를 겪었고 이 기간 중 법률제도는 지역별, 시기별로 매우 혼란스럽게 적용되었으며 그 근간은 역시 레 왕조의 꾸옥 찌에우 힝 루엇이었다. 오랜 전쟁 끝에 왕위에 오른 응우옌 반 후에는 스스로는 꽝 쭝(Quang Trung, 光中) 제(帝)로 칭하고 찌에우 렌 응오이(Chieu len ngoi, 1789년, 왕위등극칙령), 찌에우 꺼우 히엔(Chieu cau hien), 찌에우 쿠엔 농(Chieu khuyen nong, 농업장려칙령), 찌에우 럽 혹(Chieu lap hoc, 권학칙령) 등을 반포하였다. 비록 이 시기에 꽝 쭝 황제는 경제, 재정, 문화, 국가조직 등에서 많은 입법활동을 전개하였으나 즉위기간이 너무 짧았던 반면에 베트남 봉건왕조하 법제의 마지막 단계는 응우옌 왕조에서 볼 수 있다.13)

(5) 응우옌(Nguyen, 阮 1802년~1945년) 왕조의 법제

1802년 중부베트남 후에(Hue)에서 떠이 썬 군대를 물리치고 권력을 빼앗은 응우옌 푹 아인(Nguyen Phuc Anh, 阮福暎)은 스스로 자 롱(Gia Long, 嘉隆) 제(帝)에 칭하고 국호를 비엣 남(Viet Nam, 越南)으로 정했다. 그는

---

13) 계경문·김종욱, (2004), 『베트남의 법제에 관한 연구:외국인투자법을 중심으로』, 아시아법제연구 3, 서울: 한국법제연구원, 페이지 16-17 참조.

자신의 집권체제를 강화하기 위해 무엇보다도 우선 중앙과 지방행정 조직을 재편하였고 군대 조직을 강화하였으며 법제를 재정비하였다. 자롱 제는 레 왕조에 버금가는 베트남 법률 역사에서 중요한 업적을 남겼는데 이는 1815년에 완성된 흔히 보 루엇 자 롱(Bo luat Gia Long, 嘉隆律部)로 불리는 황 찌에우 루엣 레(Hoang trieu luat le, 皇朝律例)였다. 자 롱의 명에 의건 1811년부터 응우옌 반 타인(Nguyen Van Thanh)이 레 왕조의 꾸옥 찌에우 루엇 레와 중국 청나라의 법전을 참고하여 편찬한 이 법전은 총 22권, 398조로 이루어졌다. 법전의 세부적인 구성을 볼 때 각 조항은 조정내 6부의 업무에 관련된 제 규정을 담고 있는데 구체적으로는 서문에 해당하는 자인 레(Danh le)로 일반 집전 원칙, 범죄 및 형벌을 담고 있고(45조), 라이 루엇(Lai luat, 吏律) 27조, 호 루엇(Ho luat, 戶律) 66조, 레 루엇(Le luat, 禮律) 26조, 빈 루엇(Binh luat, 兵律) 58조, 꽁 루엇(Cong luat, 貢律) 10조, 그리고 마지막으로 각종 범죄에 대한 비교와 형벌을 적용하기 복잡한 각종 사례를 소개한 띠 전 디에우 루엇(Ty dan dieu luat)을 담고 있다.

한편 내용상으로 볼 때 황 찌에우 루엇 레는 역시 레 왕조의 법전과 마찬가지로 형법, 민법, 가정혼인법, 소송법과 관련된 조항을 담고 있다. 형법에 관해서는 범죄 유형, 형벌 체계, 처벌 원칙을 나열하여 꾸옥 찌에우 루엇 레와 유사하였으나 형벌의 체계를 분류하는 방법, 각 범죄 행위에 대한 형벌제도는 더욱 세분화된 결과 형벌을 판결하는 자의 자의적인 법 적용을 줄이게 되었던 반면에 각 조항이 분량 면에서 전반적으로 길어지고 복잡해 진 경향도 있었다(Vu Thi Phung 143). 민법에 관해서 보여지는 특징은 우선 분량 면에서 이전의 꾸옥 찌에우 루엇 레에 비해 많이 줄어들었고 대상도 토지와 재산에 사유제도의 보호로 국한되었다. 상속에 대해서는 이전과 마찬가지로 유언과 법률에 의한 승계를 인정하였으나 상속권은 각 자손과 친척으로 국한하여 여성에 대한 지위를 인정하지 않았다는 점에서 레왕조의 법률과는 차이를 보였다. 가정

혼인법과 관련해서는 앞의 민법 부분에서도 언급되었듯이 중국 유교 사상을 더욱 강조하여 정혼제, 남녀불평등, 가정 내의 존비(尊卑) 질서 등이 많이 언급되었다. 결혼, 이혼, 부부관계에 대해서는 꾸옥 찌에우 루엇 레와 거의 유사하였으나 결혼 금지 사유가운데 세습질서에 해치지 말아야 하는 조항, 노비와 평민간의 결혼 금지 조항이 추가되었고, 이혼사유에는 실출(失出), 의절(儀切), 절정(切情)을 명백하게 규정하였다. 소송법과 관련해서는 황 찌에우 루엇 레는 전제 군주제, 봉건적 소유제도, 계층 간 위계질서, 불평등한 사회관계를 존속시키려는 의지가 반영되었다. 그럼에도 각종 송사(訟事)에 대한 판결은 가능한 한 각급 기관을 거쳐 화해를 통해서 함을 기본 방향으로 삼았으나 화해에 실패할 경우 형부(刑部)를 거쳐 왕이 권한을 행사하였다.14)

2. 프랑스 식민지배하의 법제

프랑스는 인류역사상 가장 정교한 법제를 만들어내고 유지해 온 법치국가임에도 불구하고 베트남에서는 식민지 점탈과 개발, 식민지 정권의 유지를 목적으로 한편으로는 근대적이고 다른 한편으로는 편의적인 법제와 교도체계를 운영하였다.

1) 식민총독체제하의 법제

프랑스 식민당국은 베트남에서 정권 유지를 원활하게 하기 위해 통킹(Tonkin 東京), 안남(Annam 安南), 코친차이나(Cochinchina, 교지) 등 세 지역으로 분할 통치를 실시하였다. 따라서 식민체제하의 법률은 유형 상 베트남 전역에서 통일적으로 적용한 법과 서로 다른 세 개의 지역에서 상이하게 적용한 법으로 나뉘었다. 우선 후자에 대해 살펴보면 다음과

14) 유인선, 앞의 책, 페이지 252; 송정남, 앞의 책, 페이지 363-365.

같다.

(1) 지역별 법제

① 통킹의 법제

통킹 지역은 베트남 전통왕조인 레 왕조의 영향력이 가장 많이 남아 있고 베트남인의 인구 밀도가 가장 높은 곳이었다. 프랑스 식민당국은 저항의 잠재력을 고려하여 이곳을 직할령대신에 보호령으로 두었다. 식민지배 초기에 프랑스는 이 지역에 두 가지 형태의 사법기구를 설치하였다. 우선 프랑스인을 포함한 서양인을 위해 서양 법을 적용, 해석하는 법원과 베트남인을 위해 자 롱(Gia Long) 법에 기초한 법원이었다. 그러나 1897년 프랑스 식민당국이 이 지역에서 과거 응우옌 왕조의 통치권을 완전히 박탈한 이후 이원적인 사법기구는 재조정되었다. 1901년 베트남인을 위한 법원을 재심위원회(Hoi dong tai tham)와 상심위원회(Hoi dong thuong tham)로 이관하였다. 1913년 인도차이나 총독 알베르 싸로는 이전까지 통킹 지역의 구(舊)법률에 대한 개정문제를 제기하였고 1917년 당시 베트남 황제 카이 딘(Khai Dinh)은 법 개정을 위한 칙령을 반포하였다. 그 결과 1921년 12월 2일 당시 총독인 모리스 롱은 통킹에서 적용할 새로운 법을 다음과 같이 반포하였다.

- 각급 법원의 조직, 관할권에 관한 편제(編制)법(37개 조항)
- 소송, 판결 및 집행의 방식에 관한 민사 상사 소송법(373개 조항)
- 각종 형사범죄에 대한 처리 및 판결에 관한 형사소송법(211개 조항)
- 각 죄명과 형벌의 적용 원칙을 규정하는 형법(328개 조항)

1923년 이상의 법은 통킹 지역에서 정식으로 적용되기 시작하였고 이때에 프랑스 당국은 이 지역의 베트남인 법원을 위해서 민법을 제정하기 위한 별도의 위원회를 구성하였다. 1931년 4월 1일 인도차이나 총독은 통킹 지역의 베트남인 민법을 승인하였고 이로써 프랑스 식민체제하에서 북부 베트남의 사법체계는 입법과 적용면에서 전통왕조로부터 완전히 독립하게 되었다.

② 안남의 법제

안남 지역은 응우옌 봉건왕조가 여전히 명목상 존재함에 따라 전통적인 행정관직 뿐만 아니라 법률제도도 그대로 남아있었다. 프랑스가 최소한의 비용으로 베트남을 식민지배하기 위해 간접통치를 택하였기 때문이었다. 그러나 베트남 전통법의 유지가 프랑스 식민통치권의 포기를 결코 의미하지 않았다. 프랑스 식민당국은 베트남 왕에 의한 새로운 법의 제정을 통해 자신들의 목적을 달성하려 하였다. 1918년 안남지역의 인두세제에 관한 타인 타이(Thanh Thai)帝의 법령을 통해 식민당국은 지방 조세권을 자신들의 수중에 넣었다. 1936년 이후 그들은 통킹의 민법을 안남에 맞게 수정하여 지역별로 적용한 후에 1939년부터는 전역으로 확대함으로써 결국 전통 법을 대체한 식민지 법을 마련하였다.

③ 코친차이나의 법제

다른 지역과 달리 코친차이나 지역은 프랑스가 직접 통치한 직할령이었다. 19세기 중반이후 이 지역을 점령하면서 식민당국은 프랑스 군법을 적용하였고 1881년부터는 일반법을 적용하였다. 그러나 새로운 법의 적용 방식은 복잡하였는데 우선 프랑스 국적인에 대해서는 프랑스법을 적용하였고 프랑스 국적인이 아닌 경우는 베트남 전통법과 식민지인을 위한 규정을 병행하여 적용하였다. 1903년 1월 6일 인도차이나 총독은 코친차이나에서 내국인 자격제도를 폐지하는 시행령을 반포함으로써 프랑스 국적인과 비국적인 모두를 프랑스 형법에 적용시켰다. 이 프랑스 형법은 이후에 베트남 현대법의 근간이 되었다.

(2) 공통법제

① 형법

프랑스 식민당국은 초기에 통킹과 안남에서 응우옌 왕조 자롱법의 적용과 코친차이나에서 프랑스 형법의 적용하였던 반면에 식민지배가 본격화된 20세기 초부터는 후에 조정으로 하여금 프랑스 식민정부에 대해 저항하는 행위에 대한 처벌을 규정하는 각종 규정을 입법토록 함으로써 식민지 통치를 위한 형법을 운영하였다. 이외에도 법원, 경찰, 형무소 및 구치소 조직에 관한 각종 법률도 마련하여 1902년부터 1912까지 식민정권의 법원은 24,380명을 징역형, 종신형, 사형에 처했다[15).

② 행정법

프랑스는 베트남을 점령한 이후 거대한 식민지배 체제를 마련하였다. 프랑스 대통령은 정부 내 식민지 부(ministre de colonies)를 두었고 식민지부 장관은 베트남, 라오스, 캄보디아로 구성된 인도차이나 연방을 책임질 총독을 임명하였다. 1887년 인도차이나 연방이 출범된 이후 이 지역의 입법, 사법, 행정법은 총독의 권한에 의해 제정, 운용되었다. 베트남의 경우에 인도차이나 총독(Toan quyen, 全權)은 각 지역에 프랑스인 최고관리를 두었는데 통킹에는 통사(thong su, 統使), 안남에는 검사(kham su, 檢使), 코친차이나에는 통독(thong doc, 統督)을 임명하였고 각 성(tinh, 省)은 프랑스인 공사(cong su, 公使)와 인도차이나 사법국(So Tu phap Dong Duong, 東洋司法所)을 통해 통치하였다.[16) 프랑스 식민체제하의 행정법은 프랑스 대통령, 인도차이나 총독, 통사, 검사, 통독의 식민정권 내 각종 기관의

15) Uy ban Khoa hoc Xa hoi Viet Nam, (1985), *Lich su Viet Nam (베트남 역사) tap II,* Ha Noi: NXB Khoa hoc Xa Hoi, p.91.

16) Vu Thi Phung, (2003), *Lich su Nha nuoc va Phap luat Viet Nam [베트남 국가와 법률의 역사],* Ha Noi: Nha Xuat ban Dai hoc Quoc gia, p.192.

설립, 주요 기능 및 임무 등을 규정하는 칙령(sac lenh), 시행령(nghi dinh)을 포함하였다. 1887년에는 인도차이나 연방의 설립 및 총독제 설치에 관한 법을 제정함으로써 베트남에서 식민정권에 대한 최고의 법적 지위를 마련하였다. 1886년 6월 3일에는 통킹에서 북기경략아(Nha kinh luoc Bac Ky 北圻經略, 衙)의 설립에 관한 법령을 반포하여 응우옌 조정의 관할권으로부터 이 지역을 빼앗았다. 이밖에 식민당국과 후에(Hue) 조정간에 체결된 많은 협약이 베트남에서 프랑스 식민당국의 통치권 장악을 위해 마련되었다.

2) 항전시기 (1946년~1954년)의 법제

1945년 베트남 민주 공화국(Democratic Republic of Vietnam)이 출범한 이후 호 찌 민 정부는 국가의 자주와 독립을 지키기 위한 법과 제도를 마련하는데 노력하였다. 무엇보다도 우선 새 정부는 법제사 가운데 최초로 헌법을 제정하였다. 1945년 10월 10일 정부는 독립을 선포한 직후 칙령을 통해 향후 일시적으로 과거의 법을 사용한다고 밝혔다. 1946년 3월 2일에 국회에서 헌법초안위원회(Uy ban du thao Hien phap)를 출범시켰고 같은 해 11월 9일에 국회에 헌법 초안을 제출하였다. 헌법은 서문, 7개장, 70개 조항으로 이루어졌다. 제1장은 국가의 정체, 제2장은 국민의 권리와 의무, 제3장부터 제6장까지는 국가기구의 조직 및 활동, 제7장은 헌법 수정에 대한 내용을 담았다. 그러나 1946년 영국과의 협상을 통해 프랑스가 다시 사이공에 출현하자 북베트남 정권은 프랑스와의 투쟁에 총력을 기울였고 각종 법안의 제정과 시행 또한 이러한 국가 정책을 지원하는 것을 주요 목적으로 삼았다. 당시 국민의 대다수가 농민이었고 이들이 반불항쟁운동에서 주요 세력을 이룸에 따라 농민들의 권익을 보장하기 위한 법안들이 만들어졌다. 1949년 7월 14일 베트남 정부는 칙령 제78호를 통해 1945년 8월 혁명이전의 지대에 비해 25% 수준을 낮추었다. 1949년 7월 1일에는 빈농에게 과거 프랑스 식민세력에 부역한 베트남 매판세력의 토지를 분배하는 칙령을 반포하였다. 1952년 3월 5일 정부는 칙령 제87호를 통해 공전과 공토의 사용 및 분배에 관한 조례를 마련하였다. 1950년 5월 22일자 칙령 제89호는 농촌 지주와 소작인간에 횡행하는 고리대금을 위한 최고 이자율을 정하고, 빚을 변제하고 탕감하는 기준을 마련하였다. 1953년 12월 19일 베트남 정부는 칙령 제197호를 통해 토지개혁법을 공포하였다[17)]

3. 사회주의체제하의 법제

1) 1954년~1960년 시기(베트남 통일전)

1954년 제네바 회담의 타결로 프랑스가 베트남에서 물러나면서 베트남은 새로운 국내외 상황에 접하게 되었다. 사회주의 노선에 따라 새로운 사회를 건설해야하는 과제 속에서 법률 분야도 새로운 변화의 계기를 맞게 되었다. 그러나 이 시기는 10년에 걸친 프랑스와의 전쟁이 남긴 피해를 복구하는 데에 치우쳐 법률의 제도적 정비에는 한계를 나타냈다. 대신에 주로 1946년의 헌법에 기초하여 일부 새로운 영역에서 구체적인 사안에 대한 법률 제정이 진행되었다. 1957년 7월 20일에 정부는 칙령 제004호를 통해 각급 인민위원회 상임 및 비상임 위원의 선출방식을 정하였다. 칙령 제100-SL/002호를 통해서는 언론자유권과 언론인의 의무를 규정하는 언론 출판 제도를 마련하였다. 1957년 11월 5일에는 칙령 제108-SL/L10호를 통해 노동조합법을 공포하였는데 이는 베트남 민주공화국의 입법 활동에서 매우 중요한 의미를 지니는 법안이었다.

---

17) Vu Thi Phung, 앞의 책, 페이지 245.

2) 1960년~1975년 시기

1959년 12월 31일 베트남 민주공화국 국회는 오랜 심의기간을 거쳐 신헌법을 통과시켰고 1960년 1월 1일 호 찌 민 주석은 시행을 위한 공포령에 서명하였다. 제4장부터 제8장까지 신헌법은 국가 각 기관의 조직기구 및 운영 원칙을 다루었는데 이는 과거에 비해 상당히 세분화, 전문화된 것이었다. 1946년 헌법에 비해 신헌법은 국가최고 권력기관을 인민의원대신에 국회로 정하였고 (국회조직법), 국가주석을 정부기구로부터 독립시켜 독자적인 정체(政體)로 규정하였다(정부조직법). 행정부의 체계를 발전시켜 정부에게 보다 더 많은 권한을 주었는데 이는 새로운 국가 건설, 특히 경제 및 사회 분야를 집중적으로 발전시키기 위한 동력을 제공하고자 하였기 때문이었다. 한편 신헌법은 사법 기관과 검찰 기관의 지위를 강화하는 조항을 강화하였다. 1961년 3월 23일 인민법원조직법을 제정하여 과거에 없던 최고인민법원, 각급 지방 인민법원(성과 현), 군사법원 등이 신설되었고, 특히 관할권을 놓고 볼 때 과거와 달리 법원을 정부로부터 독립시켜 개별적인 지위를 부여하였다. 또한 검찰 기관은 1958년의 공소원을 거쳐 1961년 4월 16일에는 인민검찰조직법을 통해 최고인민 검찰원, 각급 지방 인민검찰원, 군사 검찰원 등이 신설되었다(인민검찰조직법). 이처럼 정치 영역에서 정부, 법원, 검찰의 지위를 보장했던 반면에 신헌법은 경제 사회 영역에서도 새로운 제도의 성립과 국민들의 요구를 충족시키기 위한 내용을 담았다. 1959년에는 '소규모 농업합작사 조례'를 만들어 농촌에서 농민들의 공동 생산 및 분배를 위한 관리 지침을 마련하였고 1969년에는 '대규모 농업합작사 조례'로 발전시켰다. 공업부문에서는 1962년 2월 10일에 '사업관리를 위한 최고관리인제도에 관한 규정 조례'를 공포하여 공업 생산 활동 가운데 계획 승인, 검사, 사업 달성, 규율 등을 규정하였다.

3) 1976년~1992년 시기(베트남 통일 후)

1975년 4월 30일 북베트남 군대가 남베트남 정부의 수도 사이공을 점령하면서 20여 년간 분단된 베트남의 국토는 재통일되었다. 같은 해 9월 노동당 중앙집행위원회는 국가의 최고 목표를 국가 통일을 완성하고 사회주의를 재건하는 일에 두었다. 구체적으로는 오랜 분단기간동안에 형성된 남북 간의 차별성을 해소하고 동질성을 발휘하는 것이었다. 1975년 11월 15일 쯔엉 찐(Truong Chinh)은 조국통일정치협상회의에서 "조국통일의 완성은 단지 임시군사분계선을 해체하거나 남북의 국민들이 자유왕래하거나 국가의 형식상 통일만으로 되는 일이 아니라 남북 간의 정치사회제도, 구체적으로는 경제 조직, 생산관계, 사회 성분, 국가조직, 헌법과 법률, 문화 사상 면에서 통일을 이룰 때에 가능한 것"이라고 강조하였다.[18] 1980년 12월 18일 베트남 사회주의 공화국 국회는 새로운 통일 헌법을 검토한 후에 만장일치로 통과시켰고 다음날 국가 주석은 헌법의 공포에 서명하였다. 1980년 통일헌법은 1946년과 1959년의 헌법 정신을 계승하여 "베트남 공산당의 지도아래 노동자 농민 연맹이 골격을 이루는 노동인민의 집단적 주인 권리가 실현되는 것"을 기본정신을 삼고 있다. 새로운 통일 헌법은 서문, 총 12장, 147개 조항으로 이루어졌다. 신헌법은 정치, 경제, 문화, 사회, 국민의 기본 권리 및 의무, 국가 기관의 조직과 활동 원칙 등을 규정하는데 기본적으로는 당이 영도하고, 인민이 주인이 되고, 국가가 베트남 사회를 관리하는 방향을 상정하였다. 구체적으로 신헌법은 국가의 본질과 당의 영도적 역할, 노동 인민의 집단적 주인 권리, 새로운 경제 문화 건설할 노선의 체제화, 국민의 기본 권리와 의무, 국가 조직과 기구 등에 많은 조항을 할애하였다.[19]

---

18) Truong Chinh, (1985), *May van de Nha nuoc cong hoa xa hoi chu nghia Viet Nam [베트남 사회주의 공화국의 몇 가지 문제]*, Ha Noi: Nha xuat ban Su that, p.30.

19) 계경문·김종욱, 앞의 책, 페이지 18-26 참조.

III. 현행 베트남 법제

1. 베트남의 법률체계

베트남은 1953년 이후 현재까지 167여개의 법률이 국회에서 공포되었고 최근에는 투자법, 기업법, 각종 세법 등의 제·개정으로 외국 투자자들에게 보다 좋은 투자 환경을 제공하였으며, 의료보험법, 사회보험법, 성평등법, 가정폭력방지법 등의 법률을 제정함으로써 사회복지에도 많은 관심을 두고 있는 상황이다. 대부분의 베트남 법은 제1조에서 의의를, 제2조 및 제3조에서 적용범위를 규정하고 있으며, 제4조 이하에서는 각 법률상 원칙과 용어에 대해 설명하고 있다. 이러한 베트남 법은 도이 머이 이전을 살펴보면 세 가지 법전통의 영향을 받았다고 볼 수 있다. 첫째는 유교적인 중국전통법의 영향이고, 둘째는 프랑스법의 영향으로 프랑스 민법과 유사한 내용의 민법이 시행된 바 있으며, 셋째 소비에트법의 영향으로 사회주의 국가인 소비에트 스타일의 중앙통제형 법률시스템을 받아들이게 된 것이다. 그러나 도이 머이 이후에는 주로 경제개발을 위한 법률체계 구축에 초점을 맞추었으나, 법을 시장경제발전을 위한 수단으로만 보는 시각에 대한 반성과 함께 정당성과 효율적인 운영을 위해 유엔개발계획(UNDP), 세계은행, 우리나라를 비롯한 주요 국가, 민간단체 등이 베트남에 대한 법률원조를 함으로써 베트남은 사회 내 제관계를 조정하고 혁명의 발전요구에 부응하며 민족역사의 각 단계에 부합하는 각 영역별 법률을 포괄하는 하나의 법률체계를 마련했다.[20]

아래 [그림 1]의 헌법과 법률 및 국회의결은 국회에 의해 제정된 법규문서이다. 법령 및 국회상무위원회의 의결은 국회상무위원회에 의해

---

20) 김대인, (2007), 「베트남을 중심으로 본 '법과 개발'의 현황과 과제」, 『아시아법제 연구』, 제8호, 페이지 153-160 참조.

[그림 1] 법규규범문서의 효력관계

1 헌법
|
2 법률 및 국회 의결
|
3 법령 및 국회상무위원회의 의결
|
4 국가주석의 명령 및 의결
|
5 정부의 의결 및 의정—— 5 최고인민재판소재판관회의 의결 및 최고인민검찰원장의 결정, 지시 및 통자
|
6 정부 수상의 결정 및 지시
|
7 합동문서—————— 7 각부, 부에 상당하는 기관 또는 정부에 속하는 기관의 결정, 지시 및 통자
|
8 인민의회의 의결
|
9 인민위원회의 의결 및 지시

출처 : 계경문·김종욱, 앞의 책, 페이지 27.

제정된 법규문서이다. 국회는 원칙적으로 연 2회만 열리기 때문에 국회 휴정 중에 이를 대신할 기관이 필요한데, 이에 상당하는 기관이 국회상무위원회이다.

베트남의 하위법규는 상위법규에 저촉하지 않는 내용으로 제정하지 않으면 안 되도록 되어 있으며, 또한 하위법규는 상위법규의 위임을 받아 제정되는 경우가 많은데 이는 헌법과 다른 법규범의 관계가 헌법 → 법률 → 명령(대통령령 → 총리령 → 부령) → 지방자치단체의 조례·규칙의

순서(헌법 제40조, 제75조, 제90조, 제117조 등)인 우리나라와 형식상 동일할 것으로 본다.[21] 베트남 법의 경우, 국회에서 채택된 '법률'이 '정부의 議定'에 대해 해당법률의 시행세칙의 제정을 위임하고 '정부의 議定'이 '部의 통지'에 대해 해당시행세칙의 '시행지도규칙'을 위임하는 형태를 많이 볼 수 있다. 그리고 '部의 통지'에는 '위반의 처리' 조항을 갖는 것이 많은 데도 불구하고 베트남의 공보(公報)(Cong bao: 우리나라의 공보에 상당한다)에 모든 것이 게재되지 않으며 또한, 게재되었다 하더라도 시행개시일로부터 상당한 시간이 지난 것이 많다. 참고로 96년 1년 동안 규정된 법, 법령, 議定 및 정부 수상이 결정한 수는 각각 5, 8, 88 및 988이다. 단, 議定 및 정부 수상이 결정한 제정 수는 베트남 공보에 게재된 최종법규 번호에 기초하고 있다. 각 부 등의 통지 종류에 대해서는, 위에서 말했듯이 공보에 공표되는 것이 적기 때문에 정확한 제정 수를 파악할 수 없지만 상당수가 제정되어 있다.

베트남의 국회는 2001년 헌법 제83조의 규정에 의해 '유일한 입법기관'으로 이해되고 있지만 원문을 정확히 번역하면 '유일한 헌법 및 법률의 규정기관'이다. 이 요지는 앞에서 언급한 '법규규범문서 제정법'에도 확정되어 있다. 베트남의 인민이나 기업, 그리고 외국투자기업에게 베트남의 입법기관은 국회만이 아닌 정부, 그리고 각 부로 비쳐질 것이다. 제정된 법규의 수나 제정된 법규의 중요성을 생각하면 베트남 정부나 각 부는 국회를 능가하는 입법기관이 아닌가하는 의견도 일리가 있다. 베트남의 외국투자기업이 불만으로 많이 토로하는 '규칙의 빈번한 변경'은 정부나 각 부가 제정한 법규문서이다. 앞으로 베트남은 법을 정비하는데 있어서 미정비 분야의 법을 제정해 나가야한다.

---

21) 이는 자료상의 표현일 뿐 베트남은 분명 "공산당 우위"의 국가체제이기 때문에 실제 효력에 있어서는 지방 인민위원회의 지시 또는 의결이 상위 법령에 사실상 우선하는 경우가 많음은 부정할 수 없다. 이러한 면이 우리의 사회주의 국가의 법체계 연구에 어려움을 초래하고 있는 것이 사실이다.

2. 베트남 법의 法源

1) 헌법

헌법은 베트남 국가에 있어서 최고의 법규이며, 그 나라의 정치와 문화와 역사를 이해하는 중요한 바탕이요, 키워드라고 할 수 있다. 또한 하위 법률의 연혁과 특징을 이해할 수 있는 가장 중요한 요소이므로 별도로 고찰할 필요가 있다. 베트남의 헌법은 모든 국민이 참여하여 제정하고 개정하는 구조가 아니며, 베트남의 경우 국회가 제정하고, 변경하고, 또한 폐지하는 것이 가능한데, 그를 위해서는, 법률 등의 채택과는 다르게, 의원의 3분의 2이상의 찬성이라는 특별결의가 요구된다. 1992년 4월 15일에 베트남 국회에서 채택된 베트남 헌법에 이어 최근 2001년 국회는 헌법 전문 등 23개 조항에 걸쳐 개정을 하였고, 그 기본이념과 원리는 첫째 마르크스-레닌과 호치민 사상을 기본 이념으로 하고 있고, 둘째로는 민주적 중앙집권제 원칙과 함께 베트남 공산당을 중심으로 한 계급주의·집단주의 원칙을 고수하고 있다. 괄목할 만한 변화 중의 하나는 사회주의 중앙집권적 계획 경제와 개방정책을 표방하고 있는 것이다.[22)]

2) 법률 및 국회의결

법률은 헌법에 다음가는 지위를 가지고, 국회가 제정하는 것이다. 국회는 법전 및 법률 외에 각종 사항에 관한 의결을 하는 것이 가능하고, 규범적 성격을 가진 의결은 법률에 상당하는 지위를 가지게 된다.

---

22) 상세한 것은; 이효원, (2005), 「베트남사회주의공화국 헌법과 정치체제」, 『아시아법제연구』, 제3호 참조.

3) 법령 및 국회 상임위원회 의결

국회 상임위원회가 제정하는 것이며, 법령은 국회의 위임에 기초를 하고 국회 상임위원회가 제정한다. 의결은 국회의 의결과 같이 규범적 성격이며, 법령에 상당하는 지위를 차지하게 된다.

4) 국가주석 명령 및 의결

국가주석이 제정하는 것이며, 국가주석의 임무의 달성 및 권한의 행사를 위해서 제정된다(헌법 제106조).

5) 정부 의정 및 의결

정부가 정하는 것이며 헌법, 법률, 국회의결, 법령, 및 국회 상무위원회의 의결 등에 기초를 두고 제정되기 때문에 헌법이나 법률에 위반하면 안 된다(헌법 제115조).

6) 수상 결정 및 지시

헌법 제115조의 규정에 기초하고, 정부수상이 제정하는 것이다.

7) 중앙 관청 결정, 지시 및 통자

헌법 제116조의 규정에 기초하고, 각부의 부장, 다른 정부 구성원 및 정부소속기관의 수장이 결정하는 것이다. 정부 및 정부 수상이 제정하는 법규와 같이 헌법이나 법령에 위반 되어서는 안 된다.

8) 지방 인민의회 의결

헌법 제120조의 규정에 의하고 각 지방 인민의회가 제정하는 지방성(地方性)의 법규이다.

〈표 1〉 기관별 법률문건 공포권

기관명	공포 가능한 법률 문건	비고
국회	○ 헌법(Hien Phap : 憲法) ○ 법률(Luat : 律, Bo Luat : 律) ○ 법령(Phap Lenh : 法令) ○ 의결(Nghi Quyet : 議決)	국회 상무 위원회
국가주석	○ 영(Lenh : 令) ○ 의결(Nghi Quyet : 議決)	
정부	○ 의정(Nghi Dinh : 議定) ○ 의결(Nghi Quyet : 議決)	시행령
수상	○ 결정(Quyet Dinh : 決定) ○ 지시(Chi Thi : 指示)	
각부장관, 부급기관장, 정부직속기관장	○ 통자(Thong Tu : 通諮) ○ 결정(Quyet Dinh : 決定) ○ 지시(Chi Thi : 指示)	시행세칙
중앙직할시 및 성 등 지방 인민평의회 (지방자치의회)	○ 의결(Nghi Quyet : 議決)	
중앙직할시 및 성 등 지방 인민위원회 (지방자치단체)	○ 의결(Nghi Quyet : 議決) ○ 지시(Chi Thi : 指示)	
최고인민재판소 재판관 회의	○ 의결(Nghi Quyet : 議決)	
최고인민검찰 총장	○ 결정(Quyet Dinh : 決定) ○ 지시(Chi Thi : 指示) ○ 통자(Thong Tu : 通諮)	시행세칙

출처 : 주베트남대사관, (2005), 「베트남의 사법제도와 법령 구성체계」, 페이지 18.

9) 지방 인민위원회의 지시

각 지방 인민 위원회가 헌법 제124조의 규정에 기초해서 제정하는 것이다.

이상이 베트남의 법원(法源)과 효력의 우선순위인데, 주의할 것은, 행정기관이나 지방기관이 제정하는 법규는, 국회 및 국회 상임위원회가 제정하는 헌법이나 법률법령에 위반해서는 안되고, 위반된 경우에는, 국회나 정부가 이것을 무효인 것으로 취소할 수 있다. 더욱이 지적할 것은, 서구 여러 국가가 삼권분립제도에 충실하게 헌법과 법률의 해석은 헌법재판소 또는 최고 법원이나 법관의 재판작용에 의하여 행하여지는 것과는 다르게, 헌법이나 법률의 최종 해석권은, 국회 상무위원회가 가지고 있다는 것이다.

3. 베트남법제의 전통적·역사적 특징

베트남은 전통적으로 유교문화권에 속해 있었던 점을 주목하여야 한다.[23] 베트남은 이미 본 논문 제Ⅱ장 "베트남법제의 발전과정"에서 살핀바와 같이 고대로부터 중국의 영향 하에 있었고, 그 유교적 전통은 사회주의체제하에 있는 현재까지 베트남인들의 생활에 지대한 영향을 끼치고 있다. 또한 19세기에 들어 프랑스의 식민지를 거치면서 중국어의 영향을 강하게 받은 결과 표의문자에 가까운 베트남어를 프랑스인 신부가 표음 문자인 알파벳어로 만들어 현재의 베트남문자가 완성되었음은 주지의 사실이고 이러한 결과 베트남은 프랑스법문화의 영향을 받은 바 있고, 그 후에는 구 소련의 영향력 하에 있었던 시대가 있었다. 그 후 개방정책으로 인하여 시대가 바뀌면서 최근에는 일본 또는 일본학자의 협력을 받아 1995년에 민법을 편찬하였다고 한다.[24] 즉 고대는 동아시아 국가들이 그러하듯 중국법의 영향을 강하게 받지 않을 수 없었고, 프랑스 식민시대 베트남은 프랑스령 인도차이나의 일부였는데, 베트남은 그 지리적 여건에 의하여 전통적이나 문화적으로 북부, 중부, 남부로 구분되는데 각 지역에도 상이한 법체계가 시행되었고, 특히 남

---

23) 이를 토대로 베트남법을 동아시아 법계로 분류하여 연구하고자 하는 시도가 있다; 이은영, (2003), 「동아시아 법계론에 관한 시론」, 『민사법학』, 제24호; 류창호, (2005), 「동아시아의 문화전통과 한국 민법의 발전」, 『아시아법제 연구』, 제3호.

24) 류창호, 앞의 책, 페이지 127.

부는 프랑스의 직할 식민지로 되어 프랑스법이 직접 적용되어 프랑스법의 영향을 강하게 받았음은 이미 살핀바와 같다. 특히 현재의 민법전이 편찬되기 이전에는 프랑스민법과 유사한 내용의 민법이 시행된 바 있으며, 프랑스법 시스템에 의하여 교육을 받은 법률가들이 배출된 바 있다.[25)]

4. 베트남 법제의 사회주의적 특징

1) 베트남 항전시기이후

식민지를 지배한 프랑스는 베트남의 남북 전쟁을 거치면서 축출되고 베트남은 남북 전쟁의 와중에서 도움을 주었던 구소련의 중앙통제형 법률시스템을 받아들이고, 미국과의 통일전쟁에서 베트남이 승리하고 남북이 통일된 이후 이러한 구소련적 요소는 더욱 강화되게 된다. 이런 요소는 현재의 베트남의 지배층의 해외유학파의 주류는 대개 구소련에서 유학을 하고 학위를 취득하여 귀국한 사람들이 대부분인 것에서도 가늠할 수 있다.

앞서 살핀 베트남의 헌법은 공산당 중심의 일당 독재체제를 추구하고 있으며, 대외적 여건의 변화에도 불구하고 경제체제 또한 사회주의적 요소를 충실히 유지하고자 한다. 이러한 기류는 개방정책이후에도 그 정치적 근본은 변화하지 않고 있어서 장차 국제관계의 변화 또는 경제체제 또는 대외적 경제여건을 포함한 경제사정의 변화와 맞물려 베트남정치를 관찰함에 있어 주목하여야 할 요소이다.

2) 도이머이 이후 - 사회주의 법치국가를 표방함

'도이머이'로 지칭되기도 하는 베트남의 개방정책은 정경분리의 원

---

25) 김대인, 앞의 책, 페이지 154.

칙에 기초를 두고 있으나 여전히 정치 분야에 있어서는 일당 중심의 사회주의체제를 유지하면서 경제 분야에 있어서는 대외개방과 기업·개인의 경제적 자유를 확대하는 등 부분적으로는 시장경제질서 요소를 도입하고 있다. 개방정책이후는 이른바 사회주의적 법치국가를 국가의 기본형태로 제시하고는 있으나[26] 여전히 기존의 사회주의체제에 바탕을 둔 공산당 일당지배에 반대를 주장하는 정치개혁에 대해서는 단호하게 대처한다는 자세를 견지하고 있다. 즉, 개방정책이후 베트남법제의 특징은 베트남 정부가 2001년 헌법을 일부 개정하여 '사회주의 지향의 시장경제체제'를 국가의 지도적 경제체제로 규정한 다음 우선 대외 개방정책의 외국인 투자법을 그때그때 외국의 요구를 반영하여 4차에 걸쳐 개정을 하였고, 토지법을 개정하여 토지 소유권을 제외한 사용권, 담보권, 상속권을 인정하고 그 범위를 확대하였으며(1993년, 2004년), 파산법(1994년), 기업법(2000년), 노동법·법인세법·특별소비세법·부가가치세법(2003년)을 제·개정하여 시장 경제적 요소를 확대하였다. 이러한 법제들은 대개 외국인의 투자를 유인하기 위하여 그때그때 제·개정되고 있다는 비판을 받고 있으며 베트남 정부가 사회주의적 일당 독재를 견지하고 있는 한 우선 사법제도에 있어 삼권분립의 원칙보다는 공산당의 지시·명령이 우선하고, 사법권이 독립되어 있지 않고 있어서 과연 이러한 법제적 노력들이[27] 시장경제질서에 부합하는 결실을 맺을 것인가에 대해서는 의구심을 떨쳐버릴 수 없는 바이다.[28] 대외거래에 있어 분쟁을 해결할 시스템인 사법제도가 신분상으로는 독립되고, 고도로 훈련된 법관에 의하여 운용된다면 외국에서는 마음 놓고 무역거래를 할 수 있겠으나 그 법원이 여전히 인민위원회 등의 통제 하에 있다면 자본주의

26) 이효원, 앞의 논문, 페이지 248.
27) 외국의 법률원조에 대하여 상세한 것은; 김대인, 앞의 논문 참조.
28) 이순태, (2007), 「베트남의 사법제도와 소송외 분쟁해결제도」, 『아시아법제연구』, 제7호, 페이지 70-71.

적 시장경제 질서를 바탕으로 한 외국과의 활발하고 정상적인 거래는 어려울 수밖에 없다고 보는 것이다.[29)]

IV. 결 어

이상과 같이 베트남법제의 연혁과 그 특징을 대략 살펴보았다. 베트남은 분명 오랜 빈곤에서 벗어나 선진국과의 외교협력을 통하여 외국자본을 도입하여 국가발전에 과감히 나서고 있다. 이러한 때 우리는 베트남의 피상적 관찰이 아니라 경제적 파트너로서 경제발전에 협력하기 위해서는 우선 그들의 법제도에 대한 이해가 선행되어야 할 것이다. 그래야만 그들과의 무역 거래시 법률적 안전장치를 마련하거나 분쟁시 해결방법을 강구할 수 있다고 본다. 우리는 그동안 이를 등한시하여 무조건 그들의 인맥을 통한 해결방법만을 터득한 듯 보인다. 이는 법률제도가 미비한 사회주의 국가의 특성상 어쩔 수 없는 일로도 보인다. 하지만 베트남 자체가 이러한 점에 의구심을 갖는 서방투자가들을 위하여 각종 법안을 새로이 제정, 시행하고 있는 터에 이러한 변화를 예의주시하지 아니하고 기존의 방법에만 매달린다면 이는 올바른 자세가 아니라고 본다.

한 나라의 법제를 이해하기 위해서는 그 나라 법의 연혁에 대한 연구가 선행되어야 한다. 이는 서방 또는 우리의 눈으로만 베트남의 법을 연구하려는 데서 오는 오류를 인식한 때문이기도 하다. 베트남을 연구하기 위해서는 그들의 법·제도의 연혁에 대한 연구가 선행되어야 하는 바 베트남의 우리의 무시할 수 없는 잠재적 거대 교역상대방이기 때문이다. 무역거래에 있어 상대국의 법을 알고 연구하는 것이 중요함은 더

29) 이러한 의구심은 베트남 정부가 국제중재소나 경제법원을 별도로 설치하는 노력을 하여도 여전히 가시지 않는다고 생각한다.

이상 강조할 필요가 없을 것이다. 이 논문이 이어 베트남의 공·사법 전반의 본격적이고 정치한 체계를 가진 연구의 견인차로 이어 갈 것을 기약하는 바이다.

참고문헌

계경문·김종욱, (2004), 『베트남의 법제에 관한 연구:외국인투자법을 중심으로』, 아시아법제연구 3, 서울: 한국법제연구원.

김대인, (2007), 「베트남을 중심으로 본 '법과 개발'의 현황과 과제」, 『아시아법제 연구』, 제8호.

류창호, (2005), 「동아시아의 문화전통과 법제」, 『아시아법제 연구』, 제3호.

박동욱·이아영, (2008), 「베트남 경제분석과 향후 전망」, KOTRA.

송정남, (2000), 『베트남의 역사』, 부산: 부산대학교 출판부.

______, (2006), 「전통시대 베트남의 법 일고찰-쩐조의 법을 중심으로-」, 『아시아법제연구』, 제5호.

외교통상부, (2009), 『베트남 개황』.

주베트남대사관, (2005), 「베트남의 사법제도와 법령 구성체계」.

______, (2007), 「베트남 리왕조의 법 일고」, 『외법논집』, 제28집.

유인선, (2002), 『베트남의 역사』, 서울: 도서출판 이산.

이순태, (2007), 「베트남의 사법제도와 소송외 분쟁해결제도」, 『아시아법제 연구』, 제7호.

이은영, (2003), 「동아시아 법계론에 관한 시론」, 『민사법학』, 제24호.

이효원, (2005), 「베트남사회주의공화국 헌법과 정치체제」, 『아시아법제연구』, 제3호.

Ban bien tap, (1982), Quoc trieu hinh luat (국조형률), Ha Noi: Nha Xuat ban Phap ly.

Truong Chinh, (1985), May van de Nha nuoc cong hoa xa hoi chu nghia Viet Nam [베트남 사회주의 공화국의 몇 가지 문제], Ha Noi: Nha xuat ban Su that.

Uy ban Khoa hoc Xa hoi Viet Nam, (1985), Lich su Viet Nam (베트남

역사) tap II, Ha Noi: NXB Khoa hoc Xa Hoi, p.91.

Vien su hoc, (1976), Thoi Dai Hung Vuong (훙왕시대), Ha Noi: Nha Xuat ban Khoa hoc Xa hoi.

Vu Thi Phung, (2003), Lich su Nha nuoc va Phap luat Viet Nam [베트남 국가와 법률의 역사], Ha Noi: Nha Xuat ban Dai hoc Quoc gia.

ABSTRACT

The History of Vietnamese Legal System and Its Structural Features

Kye, Kyoung Moon
(Hankook University of Foreign Studies, Law School)

Vietnam is significant market and country with infinite potential for development in Southeast Asia. Korea and Vietnam opened diplomatic relations in 1992 and since then have developed ongoing relationships. But It is not enough that research achievement and pertinent information about Korea and Vietnam could support cooperation. Piecemeal by each case consists of the need for fundamental and systematic features of information systems is not performed. And we cannot understand socialist country's legal system. As a partner in economic cooperation, for economic development in the understanding of their legal systems we will have to be leading.

This work will investigate how to build and develop Vietnam legal system traditionally and historically. Besides, structure of socialist legal system.

Specifically, all three stages (French colonial era, the Vietnam War era, the socialist era, open-policy period) separated and this paper should consider for nature of Vietnam traditional legal system and historical legal system.

베트남의 헌법상 권력구조의 특징과 정부형태개관

계 경 문*

I. 베트남의 헌법상 권력구조 등 연구의 필요성

통일이후인 1976년 7월 2일 수립된 현재의 베트남사회주의공화국(Socialist Republic of Vietnam, CỘNG HOÀ XÃ HỘI CHỦ NGHĨA VIỆT NAM)은 공산당이 유일정당인 사회주의 공화제 국가이다. 현 베트남 사회주의 공화국은 1964년 통킹만 사건으로 촉발된 베트남전쟁을 10여년 넘게 치른 후 1975년 4월 30일 북 베트남공산당이 현재의 호치민(당시는 사이공)을 함락한 뒤 공산화를 이루어 수립된 것이다.

통일 후 베트남은 무조건적인 토지 국유화 및 집산화 정책을 실시하였으나 농민들이 대부분인 남부지역의 사람들은 이에 대하여 저항을 하였다. 그 이유는 통일 전까지 남부 농민들은 시장주의와 자본주의 경제체제에 따라 생활을 하고 있었기 때문이다. 따라서 남부지역의 농업생산성은 급락하였고 이에 따른 극심한 인플레이션 현상으로 인하여 식료품의 가격은 급등하였다. 또한 일부 부패한 공산당 간부들과 결탁한 도시의 상인들은 식료품을 매점매석(買占賣惜)하여 폭리를 취하고 있었다.

* 한국외국어대학교 법학전문대학원 교수, 법학박사.

이러한 인플레이션과 투기현상이 남부지역 농민들의 생계에 큰 타격을 주게 됨으로써 남부지역 사람들은 사회주의 체제에 대해 반감을 갖게 되었다. 결과적으로 남부지역에 대한 사회주의 이식(移植)이 실패하였다는 평가를 받게 되었다.[1] 그리고 베트남은 캄보디아 침공(1978년) 및 중국과의 국경분쟁으로 인한 전쟁(1979년) 등을 치루며 전쟁비용의 과도한 부담과 서방국가들의 원조 중단 등으로 인하여 1980년대 후반까지 베트남의 국민경제는 악화일로를 걸었다. 이러한 경제상태가 계속되자 베트남 정부 및 공산당은 1980년대 초반 신경제정책(1980- 1982)을 추진하였으나 그 성과가 미흡하였다. 이러한 결과는 산업기반 및 하부구조의 미비와 서방국가의 경제제재(Embargo) 조치 그리고 외환 부족으로 인한 경제재건이 실패하였기 때문이었다. 결국 극심한 인플레이션 현상으로 인한 악화된 일반 인민들의 경제상황 및 전쟁으로 황폐화된 국가경제 때문에 인민들의 저항은 나날이 증가하였다.

국제적 고립과 인민경제의 경제난관을 타개하기 위해서는 대외개방 및 개혁정책이 불가피하게 되었고, 이에 따라 1986년 제6차 공산당 전당대회에서 '도이 머이(Doi Moi, 쇄신)' 정책을 채택하여 대외개방을 통한 외국과의 경제협력확대, 시장경제요소의 도입과 외국인투자법 제정 등의 개방정책을 통한 경제개발에 주력하게 되었다. 또한 1989년 캄보디아 주둔 베트남군의 철수를 계기로 대외관계가 호전되기 시작하였으며, 다변화·다양화를 기조로 하는 대외정책을 추진하고 지역 및 국제협력에 동참하는 개방적·적극적 대외정책을 추구한 결과 1990년 미국-베트남의 대화 재개를 기초로 서방과의 관계 개선이 급진전되었다. 이후 베트남은 2000년 6%대 성장률에 진입한 이래 2008년 상반기 경제성장률은 6.5%를 기록하며 아시아에서 중국 다음으로 높은 성장률을 보여주었다.[2]

---

1) 최수홍, (2009), 「베트남의 전통과 탈사회주의 문화변동」, 『KF문화센터 정기강좌시리즈Ⅰ』, 페이지. 4 참조.

〈표 1〉 베트남 경제 현황

구 분	2005년 상반기	2006년 상반기	2007년 상반기	2008년 상반기
경제성장률(GDP,%)	7.63	7.4	7.91	6.5
소비자물가지수(%)	5.2	4	5.2	18.44
산업성장률(%)	15.6	16.1	16.9	16.5
수출(US$ 십억)	14.4	18.7	22.5	29.7
수입(US$ 십억)	18	20.7	27.2	44.5
무역적자	-3.6	-2	-4.7	-14.8
외국인직접투자 (US$ 십억)	2.7	2.85	4.8	30.9

출처 : 베트남 통계청(Tổng cục Thống kê)

급속한 베트남의 경제발전에 따라 국제교역규모는 1995년 100억 달러를 돌파한 이래 2007년 전체 총 교역금액은 1,098억 달러에 달하였다. 베트남의 GDP 대비 수출비중은 1990년 30.8%에서 2000년 46.5%, 2005년 61.3%, 2007년 67%에 이르며 비약적인 증가세를 보이고 있는바, 이 수치는 아시아에서 다섯 번째, 전 세계에서 여덟 번째로 높은 수출비중을 보이고 있는 것이다. 베트남에 대한 외국인투자는 2008년 1,171건 602억 달러의 투자유치로 사상 최대의 실적을 기록하였다. 베트남의 급속한 경제발전에 우리나라와 베트남과의 교역은 수교 이래 지속적으로 증가하여 2008년 대(對) 베트남 투자누계는 165억 달러로 4위를 차지하였다(투자건수로는 2,058건으로 1위).[3]

앞에서 살펴본 바와 같이 베트남은 도이 머이 이후 대내적으로는 급속한 경제성장을 이룩하였고, 대내적으로는 우리나라를 비롯한 세계 여러 국가들과 교역을 하고 있음을 알 수 있다. 그러나 베트남에 진출한

2) 외교통상부, (2009), 『베트남 개황』, 페이지. 34-36 참조.

3) 박동욱·이아영, (2008), 『베트남 경제분석과 향후 전망』, KOTRA, 페이지. 3-15 참조; 외교통상부, 앞의 책, 페이지. 41-42 참조.

〈표 2〉 대 베트남 교역 현황

(단위 : 억 달러, %)

구 분	2003	2004	2005	2006	2007	2008
총 교역액 (증감률)	30.7 (13.3)	39.3 (27.9)	41.2 (5.0)	48.5 (17.6)	71.5 (47.4)	98.4 (37.6)
수출액 (증감률)	25.6 (14.3)	32.6 (27.1)	34.3 (5.4)	39.3 (14.4)	57.6 (46.7)	78.04 (35.5)
수입액 (증감률)	5.1 (8.6)	6.7 (31.8)	6.9 (3.1)	9.3 (5.0)	13.8 (49.7)	20.37 (46.4)
수 지	20.5	25.8	27.4	30	43.7	57.7

출처 : 외교통상부, 앞의 책, 페이지. 94

우리나라의 기업들과 개인사업자들은 공산당이 실질적인 최고 권력기구인 사회주의 공화국의 통치구조 및 정부구조의 특징에 대한 이해의 부족 등으로 인하여 베트남 내에서의 정치적·사회적 갈등과 교역시 현지사무소에 대한 베트남 정부의 관리, 대금결제, 노동관계 문제 발생과 같은 애로사항을 겪고 있는 것이 현실이다. 특히 사회주의 국가의 특성상 비효율성이 존재하는 것을 유의하여야 한다. 최근에는 상황이 나아지고는 있으나, 사회주의 국가로서 모든 것을 국가에서 통제하기 때문에 사업처리가 불투명한 경우가 발생할 수 있다. 이는 베트남 공무원들의 부패와 비효율적 관료체제 등으로 각종 제도 및 규정이 미흡해 공무원의 자의적인 해석에 의존하고 공무원의 권한도 과다한 경우가 많기 때문이다. 또한 베트남 공산당의 정책변화에 의해 정부의 정책도 급변하기 때문에 기업 등은 정부의 정책만을 염두에 두어서는 안되며, 공산당의 정책기조에도 주목해야 한다는 것이다. 그리고 합작회사와 같은 회사를 설립한 후 분쟁이 발생할 때 어떻게 대응해야 할지 모르는 경우가 대부분이므로 현지제도 및 담당부서에 대한 전문적인 지식이 부족한 상황이다.

따라서 이러한 문제를 해결하기 위해서는 사회주의 국가들에 대한 실질적이고 현실적인 권력구조와 정부구조의 정확한 파악이 필요하다고 할 것이다. 다음장 부터는 베트남 헌법상 권력구조 및 정부형태의 특징과 공산당을 중심으로 한 실질적인 베트남의 통치구조에 대해 살펴 보겠다.

II. 베트남의 헌법상 권력구조의 특징

1. 베트남 헌법의 연혁

1945년 호치민을 주석으로 하여 수립된 베트남민주공화국[4])은 1946년 11월 9일 국회의결을 통해 베트남민주공화국 헌법을 제정하였다. 그 후 1959년 12월 3일 사회주의혁명의 과업을 명확하게 한다는 내용으로 헌법을 개정하였으며, 1976년 7월 2일 국명을 베트남사회주의공화국으로 변경하였고, 1980년 12월 8일 통일베트남에 적용되는 새로운 헌법을 개정하였다. 국회는 1992년 4월 15일 사회주의국가들의 체제전환 등의 시대적 변화에 부응하기 위하여 헌법개정을 의결하였는데[5]), 특히 국회와 정부를 국가조직의 중심축으로 구성함으로써 공산당에 집중되어 있던 국가권력을 국회와 정부에 좀 더 배분하도록 규정하였다. 2001년 12월 25일 국회는 개혁개방 정책을 위한 시장경제질서를 대폭 도입하기 위하여 전문, 제12장, 제147조로 구성된 헌법으로 개정하였다.[6])

개정헌법의 기본구조는 다음과 같다. 첫째, 정치 등 분야별 제도보장

---

4) 베트남민주공화국은 1976년 남베트남을 흡수하여 베트남사회주의공화국이 되었다.

5) 베트남 1992년 헌법 부칙 : 이 헌법은 1992년 4월 15일 11시 45분 베트남사회주의공화국 제8대 국회 제11차 회기에서 만장일치로 통과되었다(Bản Hiến pháp này đã được Quốc hội nước Cộng hoà xã hội chủ nghĩa Việt Nan khoá VIII, kỳ họp thứ 11 nhất trí thông qua trong phiên họp ngày 15 tháng 4 năm 1992, hồi 11 giờ 45 phút.).

6) 헌법 제147조 : 베트남헌법의 개정권한은 국회에 있다(Chỉ Quốc hội mới có quyền sửa đổi Hiến pháp).

으로서 국가의 정치권력, 경제·사회·문화제도 등에 대해서는 제1장(정치제도), 제2장(경제제도), 제3장(문화, 교육, 과학, 기술), 제4장(조국방위)에서 규정하고 있다. 둘째, 공민의 기본권과 의무에 대해서는 제5장(공민의 기본권과 의무)에서 규정하고 있다. 셋째, 통치구조에 대해서는 제6장(국회), 제7장(국가주석), 제8장(정부), 제9장(인민회의와 인민위원회), 제10장(인민재판소와 인민검찰청)에서 규정하고 있다. 넷째, 국가의 기본요소와 헌법개정절차 등에 대해서는 제11장(국기, 국장, 수도, 국경일), 제12장(헌법의 효력과 헌법개정절차)에서 각각 규정하고 있다.7)

2. 베트남의 헌법상 통치구조

2001년 개정헌법은 전문에서 '베트남 인민은 마르크스-레닌주의와 호치민 사상으로 사회주의 과도기에서 국가건설 강령을 실천하면서 … 국가를 건설하고 … 헌법을 엄정히 시행하여 …' 라고 규정하여 베트남이 사회주의공화국임을 천명하였고, 또한 '1930년부터 호치민 주석에 의해 창당되고 연마된 베트남 공산당의 영도 하에 우리 인민은 …' 라고 규정하고 있다. 또한 제4조에서 '베트남 공산당은 베트남 노동자의 선봉대이고 노동자, 농민계급 및 전민족의 권리에 충성하는 대표로서 마르크스-레닌주의와 호치민 사상을 신봉하는 국가 및 사회의 영도세력이다'라고 규정하고 있다. 이를 종합하여 보면, 베트남은 베트남 공산당의 영도 하에 마르크스-레닌주의와 호치민 사상을 기반으로 이루어진 국가임을 알 수 있다. 즉, 여타 사회주의공산국가들과 마찬가지로 베트남 또한 공산당의 지시와 통제 하에 국가의 통치가 이루어지고 있다고 할 것이다.

그러나 2001년 개정헌법은 제6장에서 국회, 제8장에서 정부, 제10

7) 이효원, (2005), 「베트남사회주의공화국 헌법과 정치체제」, 『아시아법제연구』, 제3호, 페이지. 246-250 참조; 베트남사회주의공화국 헌법 전문 참조.

장에서 인민재판소에 대해서 규정함으로써 국가의 3권(입법, 사법, 행정)이 존재하고 있음을 표현하였다. 특히 헌법 제83조에서 '국회는 인민의 최고 대표기관이며 베트남 사회주의공화국의 국가최고 권력기관이다. 국회는 유일한 입헌, 입법기관이다'라고 규정하여 국회가 베트남사회주의공화국 내에서 최고의 권력기관임을 밝히고 있다.

하지만 1992년 헌법이 국가기관의 권한을 세분화하고 있으나, 베트남공산당이 권력의 중앙에서 하부까지 국가기구를 실질적으로 장악하고 있으면서 당의 정책을 법률과 결정사항으로 구체화시켜 행정기구에 하달하고 국가기관의 핵심적인 직책에 당원을 임명하여 국가기구의 활동을 감독하고 있으므로 정치체제의 실질적 운영은 베트남공산당이 담당하고 있다고 평가되고 있으며[8], 이는 1992년 헌법뿐만 아니라 현행 2001년 개정헌법에서도 마찬가지라고 할 것이다. 또한 국가 최고 권력기관이 국회이며, 국가권력이 입법, 사법, 행정으로 3권이 헌법상 분립되어 있다고 하더라도 이는 헌법 규정상의 문제일 뿐, 사회주의 국가의 특성상 공산당이 최상위의 국가권력기구라고 할 수 있다. 그 이유는 베트남이 사회주의 국가법이론에 따라 민주적 중앙 집중제 원칙과 계급주의·집단주의 원칙을 기본적인 통치기구 또는 국가권력기관의 조직과 운영의 기본원리로 채택하고 있으므로 모든 권한을 최고주권기관인 국회에 통합시켜 입법권을 직접 행사하고 국가주석과 정부를 비롯한 나머지 국가기관은 국회에서 정한 법률과 정책에 따라 그 감독 하에 집행기능을 수행하는 제한적 수임기관으로 기능하고 있지만, 일당독재의 중심축인 공산당이 헌법상 국가의 최고 권력기관인 국회에 우월한 지위를 가지기 때문이다. 즉 국회는 공산당의 기본노선과 방침에 따라 국가활동에 대한 기본사항을 결정하고, 국가주석, 정부 등의 집행기관은 공산당의 방침을 바탕으로 하여 국회가 결정한 사항들을 구체적으로 실현하

8) 이효원, 앞의 논문, 페이지. 248 각주 2번 참조.

는 것을 기본구조로 하고 있는 것이다.[9] 또한 베트남에서의 통치구조는 통합적인 것이라고 이해하며 국가권력의 분립이라는 관념을 인정하지 않고 있는데, 이는 권력분립 대신에 사무 내지 업무의 분배·분업이라는 관념만이 인정되고 있기 때문이다.[10]

따라서 베트남을 비롯한 사회주의 국가들은 헌법에서 3권의 분립과 국회가 국가최고 기관임을 명시적으로 규정하고 있지만 그 실질은 공산당의 하부조직 또는 고위 공산당원들이 국가 핵심권력에 포진함으로써 국가기관을 지휘·통제하고 있다고 할 것이다. 이하에서는 베트남의 실질적 통치기구인 공산당과 헌법상 통치기구인 입법부(국회)를 비롯하여, 사법부 및 정부구조를 살펴보도록 하겠다.

3. 공산당(Đảng Cộng sản)

1) 연혁

호치민(본명:Nguyen Ai Quoc)은 프랑스 식민주의에 대항하고 베트남을 해방시키고자 마르크스-레닌주의에 대해 연구하면서 베트남 공산당 창당을 위한 기반을 조성하기 위해 1925년 중국의 광동(廣東)으로 건너가 '베트남 청년 혁명동지회'를 설립하였다. 그 당시 베트남 내에는 세 개의 공산세력(인도차이나 공산당, 안남 공산당, 인도차이나 공산주의 연맹)이 존재하였는데, 베트남의 공산주의 조직을 통합하기 위한 필요성과 당위성을 느끼고 1930년 2월 홍콩에서 회의를 갖고 베트남 공산당을 창당하였다. 그 후 10월 홍콩에서 개최된 제1회 당 중앙위 회의에서 코민테른 지령에 의해 당명을 베트남 공산당에서 인도차이나 공산당으로 개명하였고, 그 후 1951년 제2차 당 전당대회에서 베트남 노동당으로 당명을 변경

---

9) 이효원, 앞의 논문, 페이지. 266 참조.

10) 김치환, (2004),「베트남의 사법제도 개관」,『아시아법제연구』, 제2호, 페이지. 182 참조.

하였으나, 베트남 통일 후 1976년 개최된 제4차 전당대회에서 당명을 다시 베트남 공산당으로 변경하여 현재에 이르고 있다.[11)]

2) 조직

공산당의 조직은 당내부의 견해와 행동을 통일하고 당의 규율을 유지하기 위해 민주적 중앙집권주의를 채택하고 있으며, 당내 의사결정은 1인 집권체제를 지양하고 집단지도체제 형식을 취하고 있다. 또한 피라미드식 구조를 이루고 권력의 정점에서부터 조직 하부에 이르기까지 통제력을 확보하고 있다. 공산당의 기본조직은 '치보(chi bộ)'라고 불리는 당 지부인데 이는 생산단위 크기에 따라 3명에서 30명 규모로 구성되어 있다. 당 규약에 의하면 '당 지부는 당과 대중을 연결시키는 기본조

[그림 1] 베트남 공산당의 조직 및 구조

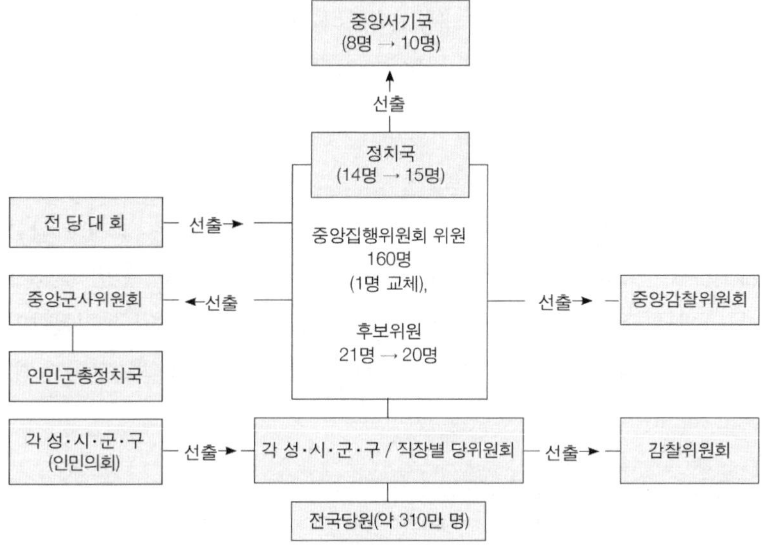

출처 : 외교통상부, 앞의 책, 페이지. 21

11) 베트남 공산당사연구회, (1989), 『베트남 공산당사』, 김종욱 역, 서울: 도서출판 소나무 참조; 외교통상부, 앞의 책, 페이지. 20 참조.

직이며 당 정책을 대중들 사이에서 실행하며 대중들의 여론과 요구 등을 당 지부에 반영한다'라고 규정하고 있다. 중앙조직은 전당대회, 중앙집행위원회, 정치국, 중앙서기국, 중앙군사위원회, 중앙감찰위원회로 구성되고, 지방조직은 각 성·시·군·구 등 지역과 직장별로 당위원회와 감찰위원회로 구성된다.

특히 공산당 전당대회는 베트남 공산당의 최고기관으로서 중앙집행위원회 위원을 선출하며 당의 중요정책을 인준하고 새로운 당 규약을 채택한다. 그러나 전당대회의 규모가 크고(대의원 약 2,000명, 중앙위원 160명 등), 매 5년마다 열리기 때문에 실질적인 토의나 결정이 이루어지지 못하고 중앙집행위원회의 결정사항을 추인하는데 그치고 있다.[12)]

공산당의 대중조직으로는 조국전선, 노동조합총연맹, 청년연맹, 여성연맹이 있으며, 조국전선은 공산당의 전위기구로 청년, 농민, 여성, 문화, 종교 등 모든 사회단체를 관할하고 있다. 노동조합총연맹은 노동자계급에 대한 가장 광범위한 대중조직이며, 청년연맹, 여성연맹 등은 각 계층을 대표하는 대중조직의 역할을 하고 있다.

3) 권한

베트남 공산당의 궁극적인 목표는 마르크스-레닌주의와 호치민 사상에 입각한 사회주의 국가의 건설이라고 할 것이다. 이는 헌법 전문과 제4조에서 규정하고 있다.[13)] 공산당의 기본 정책은 호치민 통치철학인 민족주의적 대중정책을 국가와 사회에 적용하고 대중의 혁명운동과 대

---

12) 외교통상부, 앞의 책, 페이지. 21-22 참조.

13) 베트남헌법 전문 : 베트남 인민은 마르크스-레닌주의와 호치민 사상으로 사회주의 과도기에서 국가건설 강령을 실천하면서 한마음으로 단결하고 자력갱생 정신으로 국가를 건설하고 ….

베트남헌법 제4조 : 베트남 공산당은 베트남 노동자의 선봉대이고 노동자, 농민계급 및 전 민족의 권리에 충성하는 대표로서 마르크스-레닌주의와 호치민 사상을 신봉하는 국가 및 사회의 영도세력이다.

중의 집단주권 확립을 통해서 국가번영과 국민의 복지를 추구하는 것이라고 할 것이다.

공산당의 대중조직의 하나인 조국전선(Mặt trận Tổ quốc)은 헌법 제9조에서 규정된 각 구성조직들이 인민정권의 정치기반으로써 '① 인민정권 건설을 공고히 하며 ② 국가와 더불어 인민의 정당한 이익을 보호하고 ③ 인민으로 하여금 주권을 행사하고 헌법과 법률을 엄정히 시행하도록 하며 ④ 국가 기관과 민선대표 및 간부의 활동을 감시한다'고 규정하고 있다. 또한 ⑤ 국회에 법안을 상정하고 국회의원 등 입후보자를 지명하며 ⑥ 위원장은 국무회의에 참석할 수 있는 등 광범위한 권한을 행사한다.

공산당의 대중조직인 노동조합총연맹(Tổng Liên Đoàn Lao Động)은 노동계급의 정치·사회조직으로서 노동자들의 권리를 보호하며, 국가기관 및 경제조직의 활동을 감독하고, 노동자 및 공무원들의 교육을 담당한다고 헌법 제10조에서 규정하고 있다.14)

4. 입법부(국회, Quốc hội)

1) 조직

베트남 국회는 국회상무(상임)위원회를 비롯한 대외위원회, 민족회의, 법률위원회, 경제위원회, 재정 및 예산위원회, 국방 및 안보위원회, 사회문제 위원회, 사법위원회, 과학·기술 및 환경위원회, 문화·교육·청소년 및 아동위원회로 구성되어 있다.

국회는 5년 임기의 단원제로 운영되며 국회 임기만료 2개월 전에 새로운 국회선거를 완료하여야 한다. 국회의원의 선거 및 국회의원수는 법률로써 정하며, 국회의원 총인원 2/3 이상의 찬성이면 임기를 연장하

14) 이효원, 앞의 논문, 페이지. 266-269 참조; 외교통상부, 앞의 책, 페이지. 20-28 참조.

[그림 2] 베트남 국회 조직도

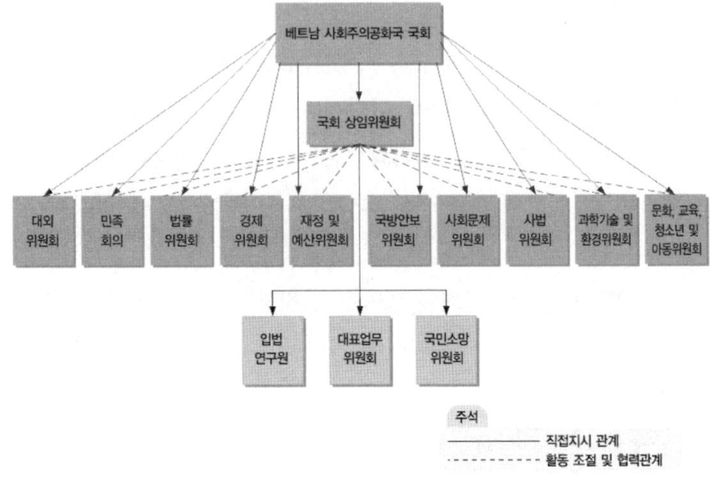

출처 : 베트남 국회 홈페이지(www.na.gov.vn)

거나 단축할 수 있다. 국회는 매년 2회(5월, 10월) 정기국회(약 1개월)가 개최되며, 새로운 국회의 첫 회기는 국회의원 선거일로부터 2개월 내에 소집하고 전 국회의 의장은 새로운 국회의장이 선출될 때까지 국회를 개회하고 회의를 주재한다. 국회상무위원회는 국가주석, 정부수상 또는 국회의원 1/3 이상의 요구가 있을 경우 특별회기 국회를 개최할 수 있다(헌법 제85조 및 제86조).

법률과 국회의 의결은 국회의원 과반수의 찬성표결로 의결한다. 국회의원의 해임, 국회임기의 연장 단축, 헌법의 개정의 경우에는 국회의원 총수의 2/3 이상의 찬성 표결로 의결한다. 법, 국회의 의결은 통과된 날로부터 15일 이내에 공포되어야 한다(헌법 제88조).

18세 이상의 베트남 국민이면 국회의원 선거권이 있으며 21세 이상의 정부기관, 조직이나 사회단체로부터 추천을 받은 자 또는 자기추천 후보자에게 피선거권이 주어지나, 자기추천 후보자는 매우 소수이다. 국회의원 후보자 선발과정은 조국전선이 주도하게 되는데, 조국전선은 후보자 선발과정에서 각 사회단체의 의사가 잘 대표되도록 하는 역할을 수행한다. 즉, 각 단체가 추천한 후보자에 대해 '협상(hiệp thương)'이라고 불리는 과정을 통해 후보자를 확정하게 된다.[15] 따라서 베트남 공산당의 대중조직인 조국전선이 국회의원 입후보 과정에 관여하고 있으므로 국회의원이 되려면 공산당의 사상검증을 받은 자만이 가능하다고 할 것이며, 비록 국회가 국가 최고 권력기관이라고 헌법에 규정되어 있지만 이는 형식적 규정에 불과하고 국회는 공산당에 의해 운영되는 권력기관이라고 할 것이다.

국회상무위원회는 국회의 상임기관으로서 국회의장, 국회 부의장, 위원으로 구성되며 그 외의 구성원 수는 국회가 결정한다. 국회상임위원회의 구성원은 정부의 구성원이 될 수 없다.

2) 권한

국회가 비록 형식상의 국가 최고 권력기관이라고 할지라도, 국회는 헌법이 정한 국가통치기구 중에 하나라고 할 것이다. 즉, 공산당의 통제하에 의하더라도 대외적으로는 국회가 베트남 인민의 최고 대표기관인 것이다. 국회는 헌법의 제정과 개정, 법률의 제정과 개정에 대해 결정하며, 국가의 중요한 계획이나 정책 및 국가주석, 국가부주석, 정부수상, 국회의장, 최고인민재판소장, 최고인민검찰총장 등 주요 통치기구의 수장을 선출하는 권한을 가지고 있다(헌법 제84조). 베트남 국회는 국회상무위원회와 대외위원회, 민족회의, 법률위원회, 경제위원회, 재정 및 예산위원회, 국방 및 안보위원회, 사회문제 위원회, 사법위원회, 과학·기술 및 환경위원회, 문화·교육·청소년 및 아동위원회로 구성되어 있는 바(국회조직법 제22조), 이하에서는 각 위원회의 권한을 살펴본다.

---

15) 이한우, (2006), 「베트남의 선거제도와 국회 구성의 변화」, 『동남아시아연구』, 제16권 제1호, 페이지. 74-79 참조.

(1) 국회상무위원회(Ủy ban Thường vụ Quốc hội)

국회상무위원회의 권한은 헌법 제91조에서 규정하고 있는 바, ① 국회의원 선거를 주재하고, 국회로부터 부여받은 문제에 관한 법령을 공포하는 권한을 갖고 있다. ② 헌법, 법, 국회의결, 국회 상무위원회의 의결사항 시행을 감독하고 정부, 최고인민재판소, 최고인민검찰청의 활동을 감찰하고, 헌법, 법령, 국회의결에 위배된 정부, 정부수상, 최고인민재판소, 최고인민검찰청의 문서 시행을 정지시키고 그 문서의 폐지를 결정한다. ③ 인민의회활동을 감독, 지도하며, 성, 중앙직속시 인민의회의 위배의결사항을 폐지하고 성, 중앙직속시 인민의회가 인민의 이익에 대해 심각한 손해를 끼쳤을 경우에는 해당 인민의회를 해산시킨다. ④ 민족회의와 국회 각위원회의 활동을 지도, 조화, 배합시키고 국회의원의 활동을 지도하고 보장한다. ⑤ 총동원령 또는 국부동원령, 전국 또는 일부지방에 긴급상태 선포를 결정한다. ⑥ 특히 헌법과 법률·법령 등의 유권해석의 권한을 갖고 있는 것이 가장 큰 특징이라고 할 것이다.

(2) 대외위원회(Ủy ban Đối ngoại)

대외위원회는 ① 국가의 대외활동영역에 속한 법안, 법령안 및 국회와 국회상무위원회가 교부한 기타 계획안의 심사와 국회의 비준권에 속한 국제조약 및 국회에 보고된 대외업무에 관한 정부의 보고 심사 권한을 갖고 있으며 ② 해외거주 베트남인에 대한 국가의 정책실시 감찰을 담당하고 있다. ③ 정부, 정부수상, 각 부 장관, 부급 기관장의 법률규범문서 및 중앙에서 관할권을 가진 국가기관 간의 또는 관할권을 가진 국가기관과 정치-사회조직의 중앙기관 간의 법률규범문서 감찰 권한을 갖는다(국회조직법 제33조).

(3) 민족회의(Hội đồng Dân tộc)

민족회의는 ① 소수민족 거주지역 및 산악지역의 경제-사회 발전계획 및 프로그램 실시에 관한 정부 및 각 부, 부급기관의 활동을 감찰하며 ② 국회 및 국회상무위원회에 국가의 민족정책에 관한 문제 건의하는 권한을 갖는다. ③ 소수민족 관련문제에 대해 정부 및 정부수상, 장관, 중앙에 있는 국가의 기타 기관 및 부급 기관의 수장에게 건의 하는 역할을 담당한다(국회조직법 제26조).

(4) 법률위원회(Ủy ban Pháp luật)

법률위원회는 ① 법률·법령 수립에 관한 국회의원 및 기타 기관의 제안, 법률·법령에 관한 국회의원의 건의 심사의 권한을 갖으며 ② 사법기관을 제외한 국가조직에 관한 법률·법안 및 민사·행정에 관한 법률·법령안을 심사한다 ③ 국회 및 국회상무위원회에 보고되어 통과되기 이전의 법안·법령안에 대한 법률시스템의 합헌성, 합법성 및 통일성 보장을 보장하며, 각 부 및 부급 기관의 설립, 해산에 관한 제안 심사를 지휘한다(국회조직법 제27조).

(5) 경제위원회(Ủy ban Kinh tế)

경제위원회는 ① 경제, 통화, 은행, 경영활동영역에 속한 법안·법령안 및 국회와 국회상무위원회가 교부한 기타 계획안을 심사하며 ② 경제-사회발전에 관한 국가계획안 및 프로그램을 심사·지휘한다. ③ 경제, 통화, 은행, 경영활동관리영역에 속한 법률, 국회의결, 법령, 국회상무위원회의 의결 실시를 감찰하는 권한을 갖는다(국회조직법 제28조).

(6) 재정 및 예산위원회(Ủy ban Tài chính - Ngân sách)

재정 및 예산위원회는 ① 재정, 예산영역에 속한 법안·법령안 및 국회와 국회상무위원회가 교부한 기타 계획안을 심사하며 ② 국가예산안 및 중앙의 예산분배방안과 국가예산총결산을 심사·지휘한다. ③ 재정 및 예산영역에서의 법률, 국회의결, 법령, 국회상무위원회의 의결 실시를 감찰하는 권한을 갖는다(국회조직법 제28(a)조).

(7) 국방 및 안보위원회(Ủy ban Quốc phòng và An ninh)

국방 및 안보위원회는 ① 국방 및 안보영역에 속한 법안·법령안 및 국회와 국회상무위원회가 교부한 기타 계획안을 심사하며 ② 국방 및 안보영역에 속한 법률, 국회의결, 법령, 국회상무위원회의 의결 실시를 감찰한다(국회조직법 제29조).

(8) 사회문제위원회(Uỷ ban Các vấn đề xã hội)

사회문제위원회는 ① 노동, 의료, 사회, 종교영역에 속한 법안·법령안 및 국회와 국회상무위원회가 교부한 기타 계획안을 심사하며 ② 사회문제영역에 속한 법률, 국회의결, 법령, 국회상무위원회의 의결 실시를 감찰한다(국회조직법 제31조).

(9) 사법위원회(Uỷ ban Tư pháp)

사법위원회는 ① 형사, 형사재판, 민사재판, 행정재판, 사법보조, 각 사법기관의 조직구조, 법안·법령안 및 국회와 국회상무위원회가 교부한 기타 계획안을 심사하며 ② 위법행위 및 범죄 예방작업, 재판시행에 관한 정부의 보고 심사와 최고인민재판소장 및 최고인민검찰원장의 업무보고 심사, 부패방지업무에 관한 정부의 보고 심사를 지휘하는 권한을 갖는다 ③ 형사, 형사재판, 민사재판, 행정재판, 사법보조, 사법기관 조직에 관한 법률, 국회의결, 법령, 국회상무위원회의 의결 실시를 감찰한다. ④ 특히 부패행위를 감찰하는 권한을 갖는 것이 특징이다(국회조직법 제27(a)조).

(10) 과학기술 및 환경위원회(Ủy ban Khoa học - Công nghệ và Môi trường)

과학기술 및 환경위원회는 ① 과학, 기술, 생태환경보호영역에 속한 법안·법령안 및 국회와 국회상무위원회가 교부한 기타 계획안을 심사하며 ② 과학, 기술, 생태환경보호영역에 속한 법률, 국회의결, 법령, 국회상무위원회의 의결 실시를 감찰한다. ③ 각 유관기관의 조직, 활동과 관련된 각종 문제 및 과학, 기술, 생태환경보호 발전투자정책에 관한 문제를 건의한다(국회조직법 제32조).

(11) 문화, 교육, 청소년 및 아동위원회(Ủy ban Văn hóa - giáo dục - thanh thiếu niên và nhi đồng)

문화, 교육, 청소년 및 아동위원회는 ① 문화, 교육, 정보, 체육, 청소년, 아동영역에 속한 법안·법령안 및 국회와 국회상무위원회가 교부한 기타 계획안을 심사하며 ② 문화, 교육, 정보, 체육, 청소년, 아동영역에 속한 법률, 국회의결, 법령, 국회상무위원회의 의결 실시를 감찰하는 권한을 갖는다. ③ 각 유관기관의 조직, 활동과 관련된 각종 문제 및 국가의 문화, 교육, 정보, 체육에 대한 문제, 청소년 및 아동에 대한 정책을 건의한다(국회조직법 제30조).

5. 사법부

1) 조직

베트남에 있어서 사법(司法)은 입법 및 행정과 함께 3권이라고 표현되고 있으나 이들 3권은 통합된 국가권력의 측면만을 의미할 뿐이고, 권력이라기보다는 단순한 작용이나 임무로 이해되고 있음은 앞서 살펴보았다. 권력분립에 기초한 사법에 대한 관념은 1999년 소련식 법제도를 도입하면서 사라지고, 단지 국가권력의 행사를 분담하는 분업적인 개념

[그림 3] 인민재판소의 조직

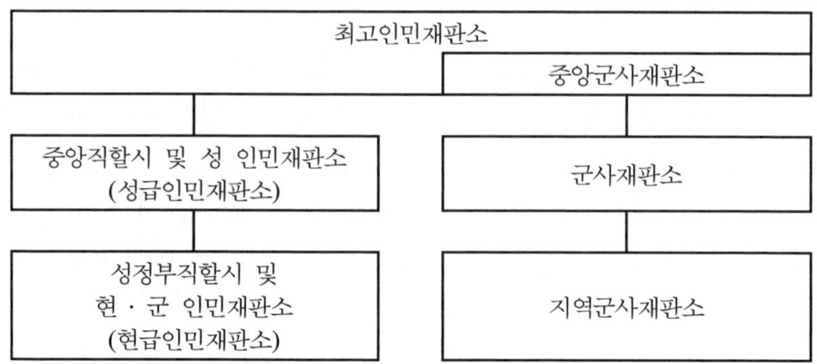

출처 : 주베트남대사관, (2005), 「베트남의 사법제도와 법령 구성체계」, 페이지. 2

으로 전락하게 되었다. 중요한 것은 헌법해석권이 법원을 비롯한 사법부가 아닌 국회상무위원회에 있어 사법부의 국회 및 정부에 대한 견제 기능이 미약하다는 것이다.16)

베트남 헌법상 사법제도에 관해서는 제10장 이하에서 규정하고 있으며, 사회주의 법제보호, 사회주의 제도와 인민의 주권보호, 국가와 조직의 재산보호, 공민의 생명, 재산, 자유, 명예 보호 등의 역할을 수행하고 있다(헌법 제126조). 베트남 사법기구는 최고인민재판소, 지방인민재판소, 군사재판소와 기타 법률이 정한 재판소로 구성되어 있고, 특별한 상황이 있으면 국회가 특별재판소를 설치할 수 있다(헌법 제127조). 최고인민재판소는 베트남 사회주의공화국의 최고 사법기관으로써 지방인민재판소와 군사재판소의 재판업무를 감독하고 있다(헌법 제134조).

2) 권한

최고인민재판소(Tòa án Nhân dân Tối cao)는 최고사법기관으로써 특별히 중대하고 복잡한 사건에 대하여 제1심인 동시에 최종심으로서의 기

16) 외교통상부, 앞의 책, 페이지. 33 참조.

능을 수행하고 성급인민재판소의 항소심으로서의 기능과 법령적용상의 잘못을 시정하는 감독심 및 사실오인을 시정하는 재심의 기능을 수행한다(인민재판소법 제19조).

최고인민재판소장은 국회에 대해 책임을 지며 업무에 대한 보고를 하여야 한다. 국회가 회기중이 아닐 때에는 국회 상무위원회와 국가주석에게 보고할 책임이 있다(헌법 제135조). 최고인민재판소장의 선임, 해임 및 파면은 국가주석의 제청에 따라 국회가 결정한다(인민재판소법 제38조). 최고재판소장의 임기는 국회의 임기와 동일한 5년이나 본회의 2/3 이상의 찬성으로 임기를 단축하거나 연장하는 것이 가능하다(헌법 제128조). 최고인민재판소에는 형사법정, 민사법정, 경제법정, 노동법정, 행정법정 등 5개의 전문법정이 설치되어 있고 형사, 민사, 경제, 노동, 행정 등 전문법정이 담당하고 있는 전문분야 재판의 판결·결정이 절차법에 위배되는지 여부 검토 및 전문분야와 관련된 법률 검토를 각각 수행한다.

재판관회의는 최고인민재판소장, 최고인민재판소 부소장, 최고인민재판소의 각 전문법정 소장 및 부소장, 최고인민재판소장이 추천하고 국회 상무위원회가 승인한 최고인민재판소 소속 재판관들로 구성된다(인민재판소법 제20조). 재판관위원회는 재판관회의 아래에 위치하는 상임조직으로 최고인민재판소장, 최고인민재판소 부소장, 최고인민재판소의 각 전문법정소장으로 구성된다(인민재판소법 제22조). 재판관위원회의 임무는 법률상 효력을 지니는 판결·결정에 대한 항소의 감독심 또는 재심을 관장하며 재판관회의의 결의 시행에 있어서 각급 재판소에 대한 지도를 하고 국회, 국회상무위원회, 국가주석에게 제출하는 심리활동에 관한 최고인민재판소장의 보고를 승인한다.

지방인민재판소에는 성급인민재판소와 현급인민재판소가 있는데, 성급인민재판소는 재판관위원회가 설치되어 있으며 현급인민재판소의 판결 등에 대한 감독심과 재심, 현급인민재판소의 판결 등에 대한 공소심으로서의 기능 수행, 현급인민재판소의 법률의 통일적 적용보장 및 재

[그림 4] 최고인민재판소 조직도

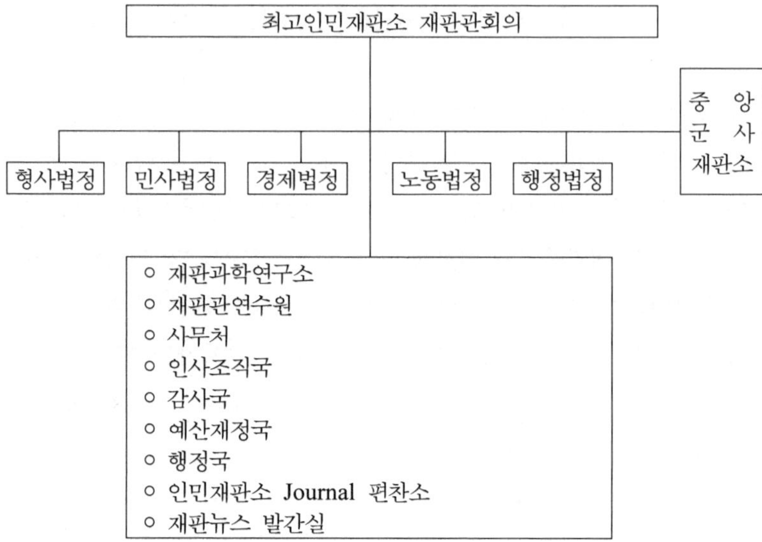

출처 : 주베트남대사관, 앞의 책, 페이지. 3

판의 총괄, 성급인민재판소장의 재판활동에 관한 보고 승인, 성급 인민평의회와 최고인민재판소에 보고 등의 기능을 수행한다. 성급인민재판소에는 민사사건·경제사건·노동사건·행정사건·형사사건 전문법정이 설치되어 있다.

현급인민재판소는 민사사건을 비롯한 모든 분야에 걸쳐서 제1심으로서의 심판권을 행사하는데, 재판관들의 회합기구와 전문법정이 설치되어 있지는 않다.

베트남 사법제도의 특징으로 인민참심원 제도가 있다. 인민참심원은 재판관과 함께 제1심의 재판부를 구성하며, 재판관과 인민참심원은 재판에 있어서 상호 독립적인 지위와 동등한 권리를 가진다(헌법 제129조 및 제130조). 제1심 재판부는 인민참심원 2인과 재판관 1인으로 구성되나, 복잡한 사건이라고 판단되면 3인의 인민참심원과 2인의 재판관으로 재판부를 구성한다. 특히 최고의 형벌로서 사형이 예정되는 사건인 경우 반드시 3인의 인민참심원과 2인의 재판관으로 재판부를 구성한다. 그러나 공소심과 감독심, 재심의 경우 사건법률상 고도의 판단이 요구되므로 전문 직업재판관만으로 재판부를 구성한다. 이는 독일의 참심원제도와 비교하면 정해진 임기동안 재판관과 함께 재판에 참석하는 점은 같지만, 형사재판에만 참여하는 독일과는 달리 형사재판뿐만 아니라 민사재판과 행정재판, 노동사건 재판 등에도 참석한다는 점에서 다르다고 할 수 있다. 인민참심원은 조국전선위원회의 추천을 받아 선출되는데 조국전선은 공산당 및 국가와 사회 사이에서 가교역할을 수행하는 정치조직이라 할 수 있고 공산당, 다양한 대중조직을 비롯한 29개의 단체와 각계의 저명인사가 그 구성원을 이루고 있다. 즉, 인민참심원은 공산당의 영향을 상당히 받는다고 할 것이다. 따라서 헌법상으로는 재판관과 인민참심원은 동등의 권한을 가진다고 규정되어 있다고는 해도, 낮은 수준의 법률전문지식을 가진 인민참심원은 실제의 재판에서 공평한 재판을 저해하고 있다고 할 것이다.[17)]

6. 정부(Chính phủ)

베트남 정부는 국회의 집행기관이며 베트남 사회주의공화국의 최고 국가행정기관이다. 정부는 국가의 정치, 경제, 문화, 사회, 국방, 안녕 그리고 대외임무수행을 통일관리하며 중앙으로부터 지방에까지 국가기구의 효력을 보장하며, 헌법과 법률의 집행을 보장하며 조국건설과 방위사업에서 인민의 주인의식을 발휘케 하며 인민의 물질적 문화적 생활 안정과 향상을 보장한다. 정부는 국회에 대하여 책임을 지며 국회, 국회상임위원회, 국가주석에게 보고한다(헌법 제109조 및 정부조직법 제1조). 정

17) 주베트남대사관, 앞의 책, 페이지. 11 참조; 김치환, 앞의 논문, 페이지. 16 참조; 이순태, (2007), 「베트남의 사법제도와 소송외 분쟁해결제도 -환경분쟁해결을 중심으로-, 『아시아법제연구』, 제7호, 페이지. 71 참조

부는 수상, 부수상 5명, 각료 22명으로 구성되어 있으며, 국가주석이 있는 것이 특징이다. 자세한 국가주석 및 정부형태에 대해서는 항을 바꿔 서술하도록 하겠다.

III. 베트남의 정부형태 개관

1. 국가주석(Chủ tịch nước)

베트남 통치구조의 특징 중의 하나로 국가주석 제도를 들 수 있는데, 국가주석은 공산당서기장 및 정부수상과는 별도의 권력 형태이다. 국가주석은 국가원수로서 대내외적으로 베트남을 대표하며 5년 임기로써 국회의원 중에서 선출한다.[18] 국가주석은 국회상무위원회 회의에 참석할 권한을 가지며, 필요한 경우 정부의 각 회의에 참석할 권한을 가진다(헌법 제105조).

국가주석과 당서기장의 관계는 베트남 공산당 조례 제4장 제41조 제1항부터 제4항까지의 규정을 통해 우회적으로 당, 국가기관, 정치단체라는 간접적인 표현을 통해 나타내고 있다. 즉, 당이 국가기관와 정치단체의 업무 및 정책의 시행을 영도한다고 함으로써 공산당 당서기장이 권력기관으로써 주도적인 역할을 하는 것을 알 수 있다.

국가주석은 헌법 제103조에 의해 ① 헌법과 법률의 공포 ② 베트남 인민군의 통솔과 국방·안전회의 의장 ③ 국가부주석, 정부수상, 최고인민재판소장, 최고인민검찰총장의 임명과 해임 건의 ④ 부수상, 장관, 정부의 기타인사의 임명, 면직, 해임 ⑤ 전쟁선포결정 공포 ⑥ 특사결정 공포 및 베트남 대사의 파견과 외국 대사의 접수 ⑦ 총동원령 또는

18) 외교통상부, 앞의 책, 페이지. 31.

국부동원령 선포 및 국가 긴급사태의 선포 ⑧ 국회상무위원회가 통과시킨 법령의결에 대해 통과일로부터 10일 이내에 재검토 건의 ⑨ 외국국가원수와의 회담진행 및 국가조약 체결 등의 주요 권한을 행사하고 있다.

국가부주석은 국회에서 선출되며, 주석의 업무보좌 및 특정분야 업무를 위임받아 실시한다. 그리고 국가주석이 장기간 업무수행 불가 및 유고시 주석 업무를 대행하게 된다(헌법 제107조 및 제108조).

2. 정부수상(Thủ tướng Chính phủ)

베트남의 정부수상(총리)은 국가주석의 추천으로 국회의원 중에서 선출되며 5년의 임기이다. 수상은 정부의 수반으로서 중앙 정부 및 각급 지방인민위원회를 지도하고 국회 및 국가주석에게 업무를 보고할 의무가 있다.[19] 정부수상은 헌법 제114조에 의해 ① 정부, 정부구성원, 각급 인민위원회의 사업을 영도하고 정부 회의를 주재 ② 부와 부와 동등한 기관수립 또는 해체를 국회의 건의하며 부수상, 장관, 정부의 기타 구성원의 임명·해임을 국회에 제출 및 비준 ③ 차관과 차관급의 임명과 해임, 성, 중앙직속시의 인민위원장, 부위원장 선거비준, 임명·해임 ④ 헌법, 법과 국가 상급기관의 문서에 위배되는 장관의 지시, 통지, 성, 중앙직속시 인민위원회와 인민위원장의 결정, 지시의 시행정지 또는 폐지 ⑤ 헌법, 법과 상급 국가기관의 문서와 위배되는 성, 중앙직속시 인민의회의 의결사항시행의 정지와 동시에 국회상임위원회에 폐지를 건의 ⑥ 정부가 해결해야할 중요문제에 관해 대중통신을 통해 인민에게 직접 보고하는 제도를 실현하는 등의 권한을 갖고 역할을 시행한다. 또한 ⑦ 법, 국회의결, 국회상임위원회의 법령과의 의결, 국가주석

---

19) 외교통상부, 앞의 책, 페이지. 32.

의 영과 결정에 근거하여 정부의 의결, 의정을 발한 그 문서 및 정부에 속하는 중요한 문서의 시행을 결정, 지시하고 감사를 한다.

베트남의 부수상은 현재 5명으로써 각 부수상들은 각자의 업무와 담당 정부부처를 나누어 자신이 관할하는 정부부처의 업무를 총괄하는 역할을 수행하고 있다. 먼저 수석부수상은 경제정책 전반과 수상 부재시 수상 대행의 역할을 하며 재무부와 중앙은행을 총괄하고 있다. 부수상 겸 외교부장관은 외교부를 총괄하며 외교, 대외협력, 국경문제, 인권문제 등을 관할하고 있다. 부총리 겸 교육훈련부 장관은 교육훈련부, 과학기술부, 정보통신부, 문화·스포츠관광부를 총괄하며 교육, 훈련, 과학기술, 문화, 관광, 스포츠, 체육, 정보통신 등을 관할하고 있다. 제1부수상은 법무부, 공안부, 내무부를 총괄하며 부패방지, 감찰, 사면 등을 관할하고 있으며, 제2부수상은 산업무역부, 기획투자부, 농업·농촌개발부, 교통운송부, 건설부, 노동보훈사회부, 자원환경부를 총괄하며 무역투자, 산업단지, 경제구역, 농림수산 등을 관할하고 있다.[20]

3. 정부부처

베트남 정부의 임무와 권한은 헌법 제112조에서 규정하고 있는바, 그 내용은 다음과 같다. 첫째, 각부, 부와 동등한 각 기관과 정부 소속기관, 각급 인민위원회의 사업을 영도하고 중앙으로부터 하부기관까지 국가행정기구를 구축하고 통일체계를 견고히 하며 인민의회와 국가 상급기관 공문서 이행을 지도감사하며 인민의회가 법률에 따라 임무와 권한을 수행할 수 있는 조건을 조성하며 공무원을 양성하여 우수한 국가공무원 집단을 사용한다.

둘째, 국가기관, 경제조직, 사회조직, 군부대와 공민의 헌법, 법률 시

20) 외교통상부, 앞의 책, 페이지. 32-33.

행을 보장하며 인민에게 헌법과 법률 교육, 선전사업을 조직하고 지도한다.

셋째, 법, 법령안과 기타 안을 국회와 국회상임위원회에 제출한다.

넷째, 국민경제 발전을 통일 관리하며 국가재정 금융정책을 실현하며 전인민소유에 속하는 재산을 효과적으로 관리하며 문화, 교육, 보건, 과학과 공업을 발전시켜 국가경제·사회 발전계획을 실현한다.

다섯째, 공민의 합법적인 권리와 이익을 보장하며 공민이 자신의 권리와 의무를 다 할 수 있는 조건을 조성하며 국가와 사회의 재산, 이익을 보호하고 환경을 보호한다.

여섯째, 전 인민의 국방, 인민의 안녕을 공고히 하고 강화시키며 국가안녕과 질서, 사회안전을 보장하며 인민군을 육성하며 국토 방위를 위해 동원령, 긴급사태 선포와 기타 모든 방법을 시행한다.

일곱째, 국가의 통계사업, 국가감사사업을 조직하고 영도하며 국가기구내 관료부패를 배격하며 공민의 고소, 고발을 해결한다.

여덟째, 정부 이름으로 국제조약 체결, 참가 비준 등 국가의 대외사업을 통일관리하며 베트남사회주의공화국이 체결 또는 참가한 국제조약 이행을 지도한다.

아홉째, 사회정책, 민족정책, 종교정책을 실현한다.

열째, 성, 중앙직속시 이하의 행정단위의 경계를 조정한다.

각 정부부처의 자세한 권한은 베트남 정부조직법에 의해 시행령(ND-CP)으로 위임하고 있다.[21] 이하의 내용은 시행령의 내용을 정리한 것으로 각 정부부처의 권한에 대해 살펴보도록 하겠다.[22]

---

21) 정부조직법 제43조 : 정부가 본 법 시행세칙을 정한다(Chính phủ quy định chi tiết thi hành Luật này).

22) 이하 각 정부부처권한의 상세는 계경문 외, (2009),『베트남의 정부조직과 법체계』, 한국법제연구원, 페이지. 73-128 참조.

1) 국방부(Bộ Quốc phòng)

국방부는 국방을 강화하는 공고한 계획 및 국가방위계획, 국방동원 계획을 수립하고 실시하며, 국방교육을 실시하고 국방에 관한 선전, 보급, 법률교육을 실시한다. 전국 범위 내의 국방에 관한 국가관리를 실현하는데 있어서 정부에 대한 책임을 지며 정부가 국방에 관한 법률안, 법령, 의정 및 각종 시행령을 수립하는 것을 보조한다. 각 부 및 부급 기관, 정부기관과 협력하여 국방에 관한 계획을 수립한 후 정부에 보고하여 결정을 받는다. 국방임무를 실현하는 데 있어서 인민군대 및 자위군을 설립, 관리, 지휘한다.[23)]

2) 공안부(Bộ Công an)

인민공안은 베트남사회주의공화국의 국가안전보호 및 질서유지와 사회안전사업에 있어서 인민무장역량의 핵심역량이다. 인민공안은 인민안전역량과 인민경찰역량으로 구성된다. 인민공안은 국가안전보호·질서유지·사회안전에 관해 당 및 국가에 대한 참모기능을 하며, 국가안전보호·질서유지·사회안전에 관한 관리를 통일적으로 실현하고, 국가안전보호·질서유지·사회안전에 관한 각종 경쟁세력의 음모와 활동 및 범죄, 그리고 법률위반행위를 방지하기 위한 활동을 한다. 또한 인민의 자유권·민주권·생명권·재산권을 보호하며 행정위반을 처리하고 법률의 규정에 따른 기타 행정처리방법을 적용한다.

3) 외교부(Bộ Ngoại giao)

외교부는 외교업무, 국경, 해외 베트남인 사회, 국제조약 체결 및 실시, 국제협상, 해외 베트남사회주의공화국 대표기관 관리, 베트남 내 외

23) 각 정부부처의 소관법령에 대하여는 계경문, 앞의 책, 페이지. 139-221 참조.

국대표기관의 활동관리, 법률에 따른 부의 국가관리범위에 속한 영역에서의 공공서비스 관리를 포함한 대외업무에 관한 국가관리기능을 실현하는 정부기관이다.

4) 법무부(Bộ Tư pháp)

법무부는 법률수립 및 시행, 법률규범문서조사, 법률교육 및 홍보, 민사재판시행, 법무행정, 법무 및 전국범위의 법무행위보조, 부의 국가관리범위에 속한 영역에서의 각종 공공서비스관리에 관한 국가관리기능을 실현하는 정부기관이다.

5) 계획투자부(Bộ Kế hoạch và Đầu tư)

계획투자부는 계획 및 투자에 관한 국가관리기능을 실현하는 정부기관으로써 발전투자 및 국가예산분배 관련 업무, 국내·외 투자 및 외국의 투자 관련 업무, 경매(입찰)관리 업무, 각종 경제구역 관리 업무, 기업설립 및 발전 관련 업무, 통계 관련 업무 등을 실현하는 정부기관이다.

6) 재무부(Bộ Tài Chính)

재무부는 재정(국가예산, 세금, 각종 비용, 물가(가격), 국가재산, 국가재정기금, 재정투자, 기업재정, 협동조합 및 경제단체의 재정 포함), 세관, 회계, 독립검산, 증권, 보험, 재정서비스활동 및 기타 부의 관리범위에 속한 서비스활동에 관한 국가관리기능을 실현하는 정부기관이다.

7) 산업무역부(Bộ Công Thương)

산업무역부는 기계, 제철, 전기, 신재생에너지, 석유가스, 화학물질, 공업원료, 광산개발 및 가공업, 소비재공업, 식품공업 및 기타 가공업, 국내 상품유통, 수출입, 시장관리, 무역촉진, 전자무역, 무역서비스, 국제경제-무역조직가입, 경쟁관리, 독과점관리, 각종 자위(自衛)해법 적용, 가격파괴방지, 소비자권리보호, 부의 관리범위 내에의 공공서비스에 대한 국가관리영역을 포함한 공업 및 무역에 관한 국가관리기능을 실현하는 정부기관이다.

8) **농업농촌개발부**(Bộ Nông nghiệp và Phát triển Nông thôn)

농업농촌개발부는 전국범위의 농업, 임업, 제염업, 수산, 수리, 농촌발전과 부의 관리범위에 속한 영역에서의 공공서비스에 관한 국가관리를 실현하는 정부기관이다.

9) **교통운송부**(Bộ Giao thông Vận tải)

교통운송부는 전국범위의 도로, 철도, 해상, 항공교통운송 및 공공서비스, 교통안전 관련 업무, 교통운송활동에 관한 환경보호 관련 업무, 도로, 철도, 내륙수상, 해상 및 항공교통 인프라구조 관련 업무에 관한 국가관리를 실현하는 정부기관이다.

10) **건설부**(Bộ Xây dựng)

건설부는 건설, 건설계획, 도시기술 인프라, 공업구역, 경제구역, 도시발전, 주택 및 관공서, 부동산경영, 건설자재 및 법률규정에 따른 부의 관리범위에 속한 공공서비스관리에 관한 국가관리 기능을 실현하는 정부기관이다.

11) **노동보훈사회부**(Bộ Lao đ ộng Thương binh và Xã hội)

노동보훈사회부는 일자리 문제, 직업교육, 노동, 급여, 수당, 사회보험(강제적 사회보험, 자발적 사회보험, 실업보험), 노동안전, 사회공여자, 아동 보호 및 양육, 성평등, 사회재난방지 영역에서 국가관리기능을 실현하는 정부기관이다.

12) **과학기술부**(Bộ Khoa học-Công nghệ)

과학기술부는 과학기술활동 및 잠재력개발, 상품품질측량표준 개발, 에너지안전 및 개발, 부의 관리범위에 속한 공공서비스관리, 국가자본의 투자를 받은 부 소속 기업에서의 소유주대리권 실시에 관한 국가관리기능을 실현하는 정부기관이다.

13) **문화스포츠관광부**(Bộ Văn hoá, Thể thao và Du lịch)

문화스포츠관광부는 전국범위의 문화, 가정, 체육, 관광에 관한 국가관리기능 및 법률의 규정에 따른 문화, 가정, 체육, 관광영역에 속한 공공서비스의 국가관리을 실현하는 정부기관이다.

14) **보건부**(Bộ Y tế)

보건부는 인민의 건강관리 및 예방의료, 검진, 치료, 의학감정, 법의학, 전통의학, 약품, 화장품, 식품안전, 의료장비, 의료보험, 가족계획, 출산건강 및 관련 공공서비스에 관한 국가관리기능을 실현하는 정부기관이다.

15) **내무부**(Bộ Nội vụ)

내무부는 행정조직, 국가사업, 지방정권, 행정경계, 국가공무원, 비정부조직, 경쟁포상, 종교, 기밀, 문서관리, 법률의 규정에 따른 공공서비스 등에 대한 국가관리기능을 실현하는 정부기관이다.

16) **정보통신부**(Bộ Thông tin và Truyền thông)

정보통신부는 언론, 출판, 우편, 전신, 인터넷, 전파, 무선주파수, 통신기술, 전자기술, 방송국, 국가전통정보시스템, 부의 관리범위에 속한 영역에서의 공공서비스에 관한 국가관리기능을 실현하는 정부기관이다.

17) **자원환경부**(Bộ Tài nguyên và Môi trường)

자원환경부는 토지, 수자원, 광산자원, 지질, 환경, 기상, 수리(水理), 측량, 지도, 통일적이고 종합적인 해양 및 도서지역 관리, 부의 관리범위에 속한 영역에서의 공공서비스관리에 관한 영역에서 국가관리를 실현하는 정부기관이다.

18) **교육훈련부**(Bộ trưởng Bộ Giáo dục và Đào tạo)

교육훈련부는 국민교육시스템 및 기타 교육기관에 속하여 교육훈련에 관한 국가관리를 실현하는 정부기관이다.

IV. 결어 - 베트남 통치구조의 올바른 이해

도이 머이 정책을 바탕으로 한 베트남은 괄목할만한 경제성장을 이룩하였고, 다른 사회주의 공산국가와는 다르게 일찍이 개혁·개방정책으로 현재까지 급속한 경제성장을 지속하고 있다. 베트남이 이러한 고도의 경제성장을 이룩하는 요인으로는 풍부한 인적·천연 자원을 바탕으로 한 정부(실질적으로는 베트남 공산당)가 주도하는 정치적·사회적 안정이 주효하다고 할 것이다. 이러한 베트남의 경제성장으로 우리나라와 베트남의 관계는 베트남 전쟁 이후 새로운 모습을 보이고 있다. 그러나 경제교역과는 달리 베트남에 대한 정치적·법률적 연구는 태동단계에 있다고 하여도 과언이 아니다.[24)]

---

24) 베트남관련 법학연구로는 본 논문에서 인용한 논문 외에 계경문, (2009), 「베트남의 법제의

베트남 헌법에서는 국회가 인민의 최고 대표기관이며 베트남사회주의공화국의 국가최고 권력기관이라고 규정되어 있다. 즉, 국회가 인민을 대표하여 법률을 제정하며 국회가 베트남 최고의 통치기구라는 것이다. 그러나 현실에서는 공산당이 중앙집권적 방식을 통해 피라미드식 구조에 따라 당서기장이 국가통제권을 행사하는 것과 공산당이 실질적으로 국회를 주도하고 구성하며 베트남 국가기관 및 인민의 사상적 기반임을 알 수 있고, 공산당을 중심으로 권력구조가 형성되는 것을 살펴보았다. 따라서 베트남 국회(입법부)와 사법부 및 정부는 베트남 공산당의 정책에 따를 수밖에 없는 형식적 권력에 불과하다고 할 것이다.

이러한 권력구조의 특수성으로 베트남에 진출한 우리나라의 개인 및 기업들은 불투명하고 까다로운 행정절차 및 비효율적 관료체제와 그로 인한 정책변화로 많은 어려움을 겪고 있다. 또한 분쟁발생시 대처방법에 대해 관련 법률과 담당 정부부처 등의 전문지식이 부족하여 막대한 손해를 보는 사례도 발생하였다.

연혁과 구조적 특징」, 『동남아연구』, 제19권 제1호;노 로, (2009), 「베트남의 체포·구속제도 연구:한국제도와 비교」, 『비교형사법연구』, 제11권 제1호 통권20호; 정용상, (2009), 「베트남 기업입법의 배경과 개정기업법의 구조」, 『재산법연구』, 제25권 제3호; 김대인, (2008), 「베트남의 법제협력:현황과 과제」, 『아시아법제연구』. 제9호; 전병서, (2008), 『베트남 투자·금융법제에 관한 연구』, 법제처; 김대인, (2007), 「베트남을 중심으로 본 '법과개발'의 현황과 과제」, 『아시아법제연구』, 제8호; 이재열, (2007), 「베트남 파산법에 대한 개관 -2004년 파산법을 중심으로」, 『아시아법제연구』, 제7호; 송정남, (2006), 「전통시대 베트남의 법 일고찰 -쩐조의 법을 중심으로」, 『아시아법제연구』, 제5호; 이재열, (2006), 「베트남 상사법에 관한 소고 -상법과 기업법의 개정을 중심으로」, 『아시아법제연구』, 제5호; 고동원, (2005), 「베트남 금융관계법제의 최근 동향과 시사점」, 『금융』, 통권 614-615호; 이재열, (2005), 「베트남 민법의 성립과 구조」, 『아시아법제연구』, 제3호; 김치환, (2004), 「베트남의 사법제도 개관」, 『아시아법제연구』, 제2호; 응위엔 당 중, (2004), 「베트남 통신기술부문 발전의 촉진을 위한 법률적인 측명」, 『정보와 법 연구』, 제6호; 배양수, (2002), 「베트남 법치주의의 과제와 전망」, 『비교법학』, 제13집; 정용상, (2002), 「베트남법상 주식회사의 운영기구에 관한 법적 검토」, 『경영법률』, 제13집 제1호; 최철영, (1999), 『북한과 베트남의 환경보호법제 비교연구』, 한국법제연구원; 전외술, (1998), 「베트남의 지적재산권법과 지적재산전략」, 『생산성논집』, 제20권; 전외술, (1996), 「베트남의 지적재산권법에 관한 연구」, 『동북아연구』, 제2권; 최철영, (1993), 『베트남의 외국인투자관련법제』, 한국법제연구원 등이 있다. 그밖에 권오승 교수가 이사장으로 있는 아시아법 연구소(www.lawasia.org)에서 베트남에 관한 연구를 활발히 하고 있다.

이상과 같은 베트남의 권력구조와 정부형태의 특징을 올바르게 이해함으로써 나날이 발전하는 베트남의 정치·법률 문화의 현실을 인식하며, 베트남에 대한 새로운 시각의 정립을 통해 미래지향적인 베트남과의 교역이 되어야 할 것이다. 이러한 문제의식에 더하여 베트남 정부부처와 그 권한을 연구함으로써 우리나라의 정부기관이나 기업이 베트남 진출시 겪게 되는 문제점에 대해 우리나라 정부와 베트남 진출 기업 등이 할 수 있는 근본적인 해결방법은 별로 없어 보인다. 하지만 베트남의 통치구조 및 문제 발생시 담당 소관부처와 그 권한을 파악하지 못하여 겪는 어려움을 해소하고자 하는 계기에서 본 논문을 작성하게 되었다. 따라서 본 논문을 계기로 베트남의 법률적 환경에 대한 정치(精緻)하고 심도 있는 후속연구를 기대하는 바이다.

참고문헌

계경문 외, (2009), 『베트남의 정부조직과 법체계』, 한국법제연구원.
김치환, (2004), 「베트남의 사법제도 개관」, 『아시아법제연구』, 제2호.
박동욱·이아영, (2008), 『베트남 경제분석과 향후 전망』, KOTRA.
베트남 공산당사연구회, (1989), 『베트남 공산당사』, 김종욱 역, 서울: 도서출판 소나무.
주베트남대사관, (2005), 「베트남의 사법제도와 법령 구성체계」.
외교통상부, (2009), 『베트남 개황』.
이순태, (2007), 「베트남의 사법제도와 소송외 분쟁해결제도 -환경분쟁해결을 중심으로-」, 『아시아법제연구』, 제7호.
이한우, (2006), 「베트남의 선거제도와 국회 구성의 변화」, 『동남아시아연구』, 제16권 제1호.
이효원, (2005), 「베트남사회주의공화국 헌법과 정치체제」, 『아시아법제연구』, 제3호.
최수홍, (2009), 「베트남의 전통과 탈사회주의 문화변동」, 『KF문화센터 정기강좌시리즈 I 』.
베트남 공산당 홈페이지(http://www.cpv.org.vn)
베트남 국회 홈페이지(http://www.na.gov.vn)
베트남 정부 홈페이지(http://www.chinhphu.vn)
베트남 통계청 홈페이지(http://www.gso.gov.vn)
주베트남 대사관 홈페이지(http://vnm-hanoi.mofat.go.kr)
외교통상부 홈페이지 (www.mofat.go.kr)
베트남 국회조직법
베트남 인민재판소법
베트남 정부조직법
베트남 헌법

ABSTRACT

Characteristics of the Power Structure in Vietnamese Constitution and Overview of Its Government Forms

Kye, Kyoung Moon
(Hankuk University of Foreign Studies, Law School)

Vietnam based on Doi Moi policy has achieved remarkable economic growth and continues rapid economic growth so far through early reforms and open-door policies unlike any other communist and socialism countries. The main factors that achieved rapid economic growth of Vietnam are political and social stabilities led by government, based on rich human and natural resources. Due to Vietnam's economic growth, relationship between Korea and Vietnam has been changed compared to the one from Vietnam War. However, unlike economic trade, political and legal researches on Vietnam are in it's embryonic stage.

The Vietnam constitutional law prescribes that the national assembly is highest representative body of the people and the nation's top authority of The Socialist Republic of Vietnam. However in reality, from the communist's centralism, the party general-secretary exercises rein according to the pyramid structure. The Communist party actually leads and forms the national assembly so it has been Vietnam's national authority and the ideological foundation of the people. In other words, power structure is formed by the Communists in Vietnam. Therefore the Vietnam's legislative branch, judicial branch and executive branch are formal government power that has to follow the policy of the Vietnam communist party.

Because of the distinct characteristics of the Vietnam's power structure, Korea's enterprises and individuals have had difficulties or troubles with complicated administrative procedures, inefficient bureaucracy and changes of policy. Also some cases occurred and suffered damages due to the lack of regulations to settle disputes and the lack of professional knowledge of government department in charge.

Therefore, by understanding characteristics of Vietnam's power structure and the form of government, Vietnam's political and legal culture growing day by day should be recognized correctly so that we could correct new vision of Vietnam and make future-oriented trade with Vietnam.

베트남 리왕조의 法 一考

송 정 남*

I. 서 론

본고는 『大越史記全書』에 나타난 單行法 詔令을 중심으로 베트남 리왕조(Ly, 李, 1009-1225년)의 법을 살피는 데 있다.

리왕조는 베트남 최초의 장기 독립 왕조였다. 이것이 가능했던 것은 중앙집권화를 통한 정치, 경제, 사회의 발전과 중국 송과의 무력 충돌을 큰 무리 없이 마무리하면서 이후 송과의 원만한 대외관계를 통해 국가의 유지·발전에 제일 불안요소로 작용해 왔던 중국의 침략을 잠재운 외교역량 등에 있다. 여기 논문에서 다루고자 하는 법률 또한 리왕조의 장기화에 기여한 바가 크다. 이는 왕권의 강화가 법으로 뒷받침 되고 정치, 경제, 사회가 법으로 보호된 가운데 중앙집권화가 가능했기 때문이다.[1)]

리왕조는 정부를 세우고 관리하는 방식에서 이전의 왕조들과 비교하여 보다 신속하고 공고함이 있었다. 법률의 경우 내용, 형식, 집행 등에

---

* 한국외국어대학교, 베트남어과 교수

1) Cao Van Lien,『Phap luat cac trieu dai Viet Nam va cac nuoc』, Nxb TN, 2004, p.187 참조; UBKHXHVN,『Lich su Viet Nam』T I, Nxb KHXH, 1976, p.152 참조.

서 분명한 발전이 있었다. 여기에는 무엇보다 법률을 전문적으로 연구하고 편찬하는 中書라는 기구가 있었기 때문이다. 그 결과 이전의 왕조들이 입법은 하였을 지라도 성문화는 시키지 못했던 것을 리왕조는 법전형태의 『刑書』로 성문화시켰다.

베트남 법제사를 살펴보면 왕조마다, 특히 왕조의 초기에 왕들은 왕권강화를 목적으로 법률제정에 심혈을 기울였음을 볼 수 있다. 후술하게 될 충성을 맹서하는 銅鼓山神廟의 맹서의식이나[2] 그 후 맹서의식에 참여하지 않았을 경우 "50대의 杖刑에 처한다"[3]는 令은 왕권강화를 위한 전형이라 하겠다.

새로운 법률제정에서 주목할 점은 과거와의 단절이 아닌 계승의 의미가 강했던 점이다.[4] 리왕조의 『刑書』역시 옛 율례들을 계승, 특히 전통 습속들을 개혁하거나 향상시킨 동시에 중국의 완성된 율례들을 참고하여 완성되었다. 이러한 전통은 "… 律令을 손질하고 현실에 맞게 만들어 …"[5]나 "諸例를 점검하고 과거의 법률을 모방하여 시행할 會典을 만들라"[6]라는 언급 등으로 추론할 수 있다.

리왕조는 베트남 역사상 처음으로 성문법을 만들고 이를 전국에 통일되게 적용하였을 뿐만 아니라 이를 치국의 도구로 삼는 역사를 열었다.[7] 최초의 성문법인 『刑書』의 반포와 관련하여 『大越史記全書』는 "전에 나라 안의 소송은 복잡했으며, 官吏는 법조항 그대로 적용했고 너무나 엄격하여 많은 사람들로부터 원한을 샀다. 불쌍히 여긴 왕은 中書에 명하여 律令을 손 보고 현실에 맞게 만들어 종류별로 나누고 조항을 만들며 사람들이 쉽게 이해하고 편리할 수 있는 왕조의 『刑書』를

---

2) 『Dai Viet su ky toan thu』T I, Nxb KHXH, 1972, p.203.
3) 『Dai Viet su ky toan thu』T I, Nxb KHXH, 1972, p.218.
4) Cao Van Lien,『Phap luat cac trieu dai Viet Nam va cac nuoc』, Nxb TN, 2004, p.188.
5) 『Dai Viet su ky toan thu』T I, Nxb KHXH, 1972, p.219.
6) 『Dai Viet su ky toan thu』T I, Nxb KHXH, 1972, p.243.
7) HDKHXH TP HCM · VKHXH TP HCM,『Lich Su Viet Nam』T 3, Nxb T, 2006, p.45.

만들도록 했다"[8]라고 기록하고 있다. 이는『刑書』의 편찬목적이 현실을 반영하고 백성이 쉽게 이해하며 편하도록 하기 위함이었음을 보여준다.

『刑書』는 1042년에 반포되었다. 『歷朝憲章類誌』는 『刑書』가 3권으로 구성되었다고 하였다. 그러나 『刑書』는 중국 명의 식민지 기간(1406-1428)인 1419년 명이 탈취해간 관계로 아쉽게도 현존하지 않는다.[9] 따라서 리왕조 전후의 응오(Ngo, 吳, 939-968), 딩(Dinh, 丁, 968-980), 전레(Le, 黎, 980-1009), 쩐(Tran, 陳, 1226-1400), 호(Ho, 胡, 1400-1406) 왕조 등의 법을 연구할 때와 마찬가지로 리왕조의 법 연구 또한 詔令에 전적으로 의존하지 않을 수 없다. 그래서 이것이 리왕조 법 연구의 한계가 된다.

詔令은 성문법은 아니라 할지라도 필요에 따라 왕이 공포한 것이기 때문에 법전과 같은 법리적 가치가 있었다. 많은 경우 詔令은 기존 법전의 규정들을 수정, 보완, 구체화하는 형태였다. 사료를 통해볼 때, 詔와 令은 단지 개별적이며 구체적인 문제들을 다루었기 때문에 이들을 통해 구현되지 못한 보다 기본적이고, 총괄적이며, 전면적인 문제들은 그 이전에 나왔던『刑書』속에 통일적으로 규정됐다고 할 수 있다. 이들의 효력 범위와 시한은 대부분 제한적이었지만 장기적이며 총괄적인 경우도 있었다. 쩐왕조 말에 반포된 중요한 많은 詔와 令이 성문법 이상의 효력을 띠고 개혁자 호 꾸이 리(Ho Quy Ly)의 지도하에 시행되었음이 이를 뒷받침하고 있다.[10]

리왕조는 이후에 행정법, 재정법, 형사법, 민사법, 소송법, 토지법, 혼인·가족법이라고 부르는 영역별로 나누어진 초기 전문 법률계통을 세웠다. 이를 바탕으로 각 규정들이 재정법, 형사법, 행정법 등에서 출현

8) 『Dai Viet su ky toan thu』T I, Nxb KHXH, 1972, p.219.

9) Phan Huy Chu,『Lich trieu hien chuong loai chi』T IV, Nxb SH, 1961, pp.41-42; Phan Huy Le, 『Lich su che do phong kien Viet Nam』T II, Nxb GD, 1960, p.25; Vu Van Mau,『Co luat Viet Nam thong khoa va tu phap su』Q 1-T I, TDHLKSG xuat ban, 1974, p.188.

10) 송정남,「전통시대 베트남의 법 고찰」『아시아법제연구』제5호, 한국법제연구원, 2006, pp.260-261.

하기 시작했다. 그 과정에서 민사, 혼인·가정 영역은 비록 성문화된 법률이 있었다 할지라도 주로 이전부터 유전되고 있던 습속들로 조정되었다.[11] 이러한 특징은 『國朝刑律』田產章의 增補香火令 등으로 이어지고 있다.[12] 브이 쒄딩(Bui Xuan Dinh)은『봉건시대 국가와 법률』에서 "봉건국가는 백성이 절대 지키도록 하기 위하여 일부 관계, 도덕, 풍속들을 법률화시켰다"[13]고 하였다. 이러한 특징은 민족독립정신이나 자주를 구현한 것으로 보인다.[14]

리왕조에 반포된 법률 관련 사료들을 분석하면, 법률 규범 구조는 보통 3가지 假定, 規定, 制裁로 구성되었고, 법률 규범마다 제재가 뒤따른 특징을 갖는다. 이는 당시 사람들이 법을 刑과 懲治의 관계로 관련지어 생각했음을 의미한다. 그리고 刑事 성격은 모든 법률규범 속에 결부되어 있었다. 한편 법률 내용은 서로 다른 많은 사회 영역을 조정하지만, 刑事는 당시의 모든 법리모델을 감싸고 있는 외투였다. 따라서 "刑書"라는 명칭은 "형사법"이라는 일반적 의미로써 그 내용은 서로 다른 많은 영역을 포함하지 단순히 治罪규칙들만을 포함하지 않았다.

본고의 연구 범위는 리왕조의 刑事, 民事, 訴訟으로 제한한다. 이를 위해 논문은 1장의 서론에 이어 2장의 형사, 3장의 민사, 4장의 소송, 그리고 마지막 5장의 결론으로 구성된다.

---

11) KL TDHKHXH va NV DHQGHN,『Gia trinh lich su nha nuoc va phap luat Viet Nam』, Nxb DHQGHN, 1997, p.36.
12) Phan Huy Chu,『Lich trieu hien chuong loai chi』T III, Nxb SH, 1961, pp.128-131.
13) Bui Xuan Dinh,『Nha nuoc va phap luat thoi phong kien Viet Nam』, Nxb TP, 2005, p.345.
14) Truong Dai hoc Lat HN,『Gia trinh lich su nha nuoc va phap luat Viet Nam』, Nxb CAND, 2002, p.150.

II. 형 사

1. 범죄

리왕조의 詔令에서 찾아볼 수 있는 범죄가 몇 가지 있다. 그 중에 "70세 이상 80세 이하, 10세 이상 15세 이하, 장애인, 왕족, 9달-1년 이상 喪中에 있는 자가 죄를 범하면 贖錢할 수 있고 十惡의 죄를 범하면 제외한다"[15]라는 1042년 11월의 詔에서 보듯이 먼저 十惡을 들 수 있다.

『刑書』가 현존하지 않기에 위의 詔에서 언급한 十惡에 대한 구체적 명칭과 내용은 알 수 없다. 그러나 『國朝刑律』과 『皇越律例』의 十惡이 謀反, 謀大逆, 謀叛, 惡逆, 不道, 大不敬, 不孝, 不睦, 不義, 內亂 등으로 명칭과 내용에서 수·당의 것을 모방했던 것으로 추론컨대, 리왕조의 十惡 역시 이와 큰 차이는 없었을 것이다.[16]

1000년 이상의 중국 지배 결과 베트남이 중국의 문화영향을 깊이 받았다는 것은 필연적이다. 리왕조가 중국의 법률 영향을 받는 것 역시 마찬가지다. 이러한 경향은 리왕조 이후의 왕조들도 그랬다. 중국의 지배기간 중 수·당의 지배기간은 300년 이상(603-906)이 된다. 수·당은 어느 대보다 법률이 발전했던 시대이면서 중국의 베트남 지배 영향이 가장 많았던 기간이다. 따라서 리왕조의 수·당의 법률 모방은 피할 수 없는 것이었다. 이에 대하여 판휘쭈(Phan Huy Chu)는 『歷朝憲章類誌』에서 "리, 쩐왕조의 형법은 조항별로 자세하게 알 수 없다. 律格을 정하

---

15) 『Dai Viet su ky toan thu』T I, Nxb KHXH, 1972, p.219; Quoc su quan,『Kham dinh Viet su thong giam cuong muc』T III, Nxb VSD, 1957, p.288.

16) Vien khoa hoc xa hoi Viet Nam · Vien nghien cuu Han Nom,『Mot so van ban dien che va phap luat Viet Nam』T I, Nxb KHXH, 2006 참조; Nguyen Q. Thang · Nguyen Van Tai dich,『Hoang Viet luat le』, Nxb VHTT 참조; 장진번 주편 · 한기종 · 김선주 · 임대희 · 한상돈 · 윤진기 옮김, 중국법제사, 소나무, 2006 참조.

던 초창기에 당대와 송대의 제도에 따라 운용했을 것이나 포괄적이며 장기간에 걸쳐 모방했을 것으로 생각 된다"[17]고 했다.

그렇다고 모든 내용을 그대로 모방했다고 할 수는 없다. 후술하겠지만 리왕조는 베트남 역사에서 불교가 가장 발전했던 왕조였던 만큼 법률에 있어 불교의 영향을 받을 수밖에 없었고 법률을 제정하는 과정에서 당시의 경제, 사회 조건을 반영하지 않을 수 없었던 바, 그 때문에 법률이 개별적인 정신과 색채를 띠게 된 것은 당연한 귀결이었다.[18] 아래 "… 살을 찢고 뼈를 자르게 했다"[19]는 것은 㾮대와 宋대에 있었던 형벌로 리왕조에 있었던 五刑의 사형에 속하는 陵遲[20]가 바로 그것이다. 위진남북조시대까지 하나의 형벌이었지만 수·당시대에 잠시 철폐되었다가 宋대에 다시 부활되어 淸대 말까지 유지되었던 신체에 글자를 새기는 刺墨 역시 마찬가지다.[21]

"왕은 天慶殿에 앉아 호(Ho)씨 승려와 응우옌 카잉(Nguyen Khanh)의 무리를 판결하셨다. 모두 시장에서 살을 찢고 뼈를 자르게 했다. 다른 무리는 중형과 경형에 처리했다"[22]와 "不孝하고 不忠하면 신이시여 저를 죽여주시옵소서"[23]라는 내용 역시 리왕조에서 찾아 볼 수 있는 十惡의 일부이다. 전자는 1035년에 아이(Ai)州에서 반란을 일으킨 무리들을 모반죄로 징치한 사례이며, 후자는 리 타이 똥(Ly Thai Tong)이 왕자의 난을 평정하고 즉위한 직후 문무백관들과 함께 銅鼓山神에게 제사를 지내면서 효와 충을 맹서하는 내용이다.

---

17) Phan Huy Chu,『Lich trieu hien chuong loai chi』T III, Nxb SH, 1961, p.94.
18) Phan Dang Thanh · Truong Thi Hoa,『Lich su cac dinh che chinh tri va phap quyen Viet Nam』, T I, Nxb CTQG, 1995, pp.119-122 참조.
19) 『Dai Viet su ky toan thu』, T I, Nxb KHXH, 1972, p.212.
20) 陵遲가 쩐왕조에 시행되었다고 주장하는 국내외 학자도 있다. 유인선, 「베트남 黎朝刑律의 체재와 내용」『法史學研究』第27號, 韓國法史學會, 2003, p.330 참조.
21) 유인선, 「베트남 黎朝刑律의 체재와 내용」, 『法史學研究』, 第27號, 韓國法史學會, 2003, p.332.
22) 『Dai Viet su ky toan thu』T I, Nxb KHXH, 1972, p.212.
23) 『Dai Viet su ky toan thu』T I, Nxb KHXH, 1972, p.203.

"비단을 관리하는 관리가 비단 1尺을 사사로이 받으면 100대의 杖罪에, 1필에서 10필 이상을 받으면 10년의 徒罪에 처한다"24) "세금 징수 자가 세금을 과다하게 징수하면 훔친죄로 처한다. 백성 중 이를 고발하는 자는 3년간 부역을 면한다. 京城에서 백성 중 누가 이를 고발하면 그 징수분을 상으로 받는다. 管甲, 主都, 세금 징수 자가 결탁하여 세금을 규정보다 과다하게 징수했다면 비록 사건발생이 오래되었다할지라도 고발 자가 있을 경우 이들은 다 같이 죄를 진다"25) "獄官이 私務를 위해 죄수를 동원할 수 없다. 이를 범하면 80대의 杖罪과 얼굴에 글자 새김, 그리고 徒罪에 처한다"26)

위의 詔들은 관리가 직무과정에서 범할 수 있는 죄에 대하여 언급한 내용들이다. 이중에 "管甲, 主都, 徵稅人이 결탁하여 세금을 규정보다 과다하게 징수했다면 비록 사건발생이 오래되었다할지라도 고발 자가 있을 경우 이들은 다 같이 죄를 진다"는 내용은 공범죄 적용과 더불어 관리의 직무죄는 공소시효마저 적용되지 않았음을 보여준다. 한편 관리의 범죄는 "군인들 중에 누구든 백성의 돈을 빼앗는 자는 참수하겠다"27) "군인들 중에 占城人(짬빠인)을 죽이는 자는 용서하지 않고 죽이겠다"28) "장교가 탈영하면 100대의 杖罪와 얼굴에 50자의 글자 새김, 그리고 徒罪에 처한다. 士兵이 산이나 들판으로 탈영하여 백성의 것을 훔치면 100대의 杖罪에 처하고 얼굴에 30자의 글자를 새긴다. 鎭寨를 지키는 군인이 탈영하면 같은 죄로 처한다"29) "탈영 군인은 100대의 杖罪에 처하고 얼굴에 50자의 글자를 새긴다"30) "탈영한 군인은 3급의 流罪에 처한다. …"31)라는 詔令 등에서 보듯이 군인의 범죄와 함께

---

24) 『Dai Viet su ky toan thu』T I, Nxb KHXH, 1972, p.224.
25) 『Dai Viet su ky toan thu』T I, Nxb KHXH, 1972, p.219.
26) 『Dai Viet su ky toan thu』T I, Nxb KHXH, 1972, p.225.
27) 『Dai Viet su ky toan thu』T I, Nxb KHXH, 1972, p.204.
28) 『Dai Viet su ky toan thu』T I, Nxb KHXH, 1972, p.223.
29) 『Dai Viet su ky toan thu』T I, Nxb KHXH, 1972, p.218.
30) 『Dai Viet su ky toan thu』T I, Nxb KHXH, 1972, p.222.

중죄로 다스렸다.

背國逃亡 역시 중죄였다. 즉, 1011년 4월 송의 사행으로 파견되었던 다오 카잉 반(Dao Khanh Van)이 송으로 도망쳤다가 붙들려 본국에 압송되었을 때 몽둥이로 맞아죽은 사실이 그것이다.32)

중죄는 궁궐의 안위를 저해하는 범죄자에도 적용되었다. 황제와 황후 등 궁궐에 거주하는 자들의 생명과 안전을 보호하기 위하여 궁궐을 무단출입한 자나 궁궐 보호 업무를 소홀히 한 자를 죄로 다스렸다. "환관은 자의로 입궁할 수 없으며, 누구든 범하면 사형에 처한다. 지키는 자가 조심하지 못하여 다른 사람이 입궁하게 된다면 역시 같은 죄로 처한다. 조정 내 관리는 황후의 처소에 드나들 수 없다. 宮禁에서 3, 5인이 토론을 위해 모임을 가질 수 없다. 이를 범하면 죄로 처벌한다. 누구든 수도를 방위하는 무기가 있는 奉國의 행랑 입구 바깥을 오가는 자는 80대의 杖罪와 徒罪에 처하며, 그 행랑에 들어오는 자는 사형에 처한다. 봉국을 지키는 병사가 詔旨가 없이 무기를 가지고 행랑 밖으로 나간다면 사형에 처한다"33)의 詔가 바로 그것이다. 궁궐 안위 관련 범죄와 전술했던 관리의 범죄, 그리고 군인의 범죄 등은『國朝刑律』에서는 衛禁章, 違制章, 軍政章에 속했다.34)

"사람을 살해한 자는 100대의 杖罪와 徒罪에 처하며, 50자의 글자를 얼굴에 새긴다"35) "...토지와 연못 분쟁에서 예리한 병기를 사용하여 사람을 죽이거나 부상을 입힌 자는 80대의 杖罪와 徒罪에 처하고, 그 토지와 연못은 죽은 자와 상처를 입은 자에게 지급한다"36)

위의 詔들은 살인죄에 대하여 말하고 있다. 후자의 경우는 상해죄까

---

31) 『Dai Viet su ky toan thu』T I, Nxb KHXH, 1972, p.225.
32) 『Dai Viet su ky toan thu』T I, Nxb KHXH, 1972, p.192.
33) 『Dai Viet su ky toan thu』T I, Nxb KHXH, 1972, p.284.
34) Vien su hoc Viet Nam,『Quoc trieu hinh luat』, Nxb PL, 1991.
35) 『Dai Viet su ky toan thu』T I, Nxb KHXH, 1972, p.255; Phan Huy Chu,『Lich trieu hien chuong loai chi』T III, Nxb SH, 1961, p.95.
36) 『Dai Viet su ky toan thu』T I, Nxb KHXH, 1972, p.278.

지도 언급하고 있다. 이와 더불어 "왕후와 관리의 노비가 세를 믿고 官軍과 백성을 때리면 주인은 徒罪에, 해당 노비는 관노에 처한다"37)라는 詔는 폭행죄와 함께 삼자의 권력남용죄를 언급하고 있다. 이는 피의자가 노비라는 특별한 경우이지만, 사노비가 주인의 권세를 믿고 정도를 벗어나 신분사회의 질서를 파괴했던 당시의 사회 환경을 짐작케 하는 단서를 제공한다. 후자에 대하여 응오 시 리엔(Ngo Si Lien)은 "살인자를 사형에 처한 것은 前代의 법이다. 오늘날 살인자를 다른 죄로 처벌하는 것은 죄의 정도를 분별하지 않은 것이며, 輕重의 정도를 상실한 것이다"38)라는 형태로 형벌의 불균형을 비판했다. 여기서 "살인자를 사형한 것이 前代의 법이었다"라는 의미는 후술할 쩐왕조의 경우처럼 리왕조 이전에는 생명에는 생명으로 보상하는 제도가 있었음을 뜻한다.

리왕조에는 사유재산제도가 발전했다. 따라서 이를 보호하기 위하여 물건을 훔치고 빼앗는 죄에 대한 규정을 두었다. "... 士兵이 산이나 들판으로 탈영하여 백성의 것을 훔치면 100대의 杖罪와 얼굴에 30자의 글자를 새긴다. ...누구든 국가의 水牛를 훔친자는 100대의 杖罪에 처하고 1마리는 두 마리로 갚는다" "누구든 백성의 벼와 재물을 훔치는 경우 훔쳤다면 100대의 杖罪에, 훔치지는 못했으나 주인에게 상처를 입혔을 경우 流罪에 처한다"39)

여기서 水牛를 훔친 죄의 경우는 생산력 보호 차원으로 보인다.40) 이러한 예는 "水牛는 중요한 생산력으로 사람에게 적잖게 이익을 준다. 지금부터 이후로는 3戶를 1保로 정하며, 먹기 위하여 소를 도살할 수 없고, 누구든 이를 범하면 법에 따라 治罪한다"41)와 "3戶를 1保로 묶

37) 『Dai Viet su ky toan thu』 T I, Nxb KHXH, 1972, p.266.

38) 『Dai Viet su ky toan thu』 T I, Nxb KHXH, 1972, p.278.

39) 『Dai Viet su ky toan thu』 T I, Nxb KHXH, 1972, p.222.

40) Van Tao, 「Phap luat Viet Nam trong lich su va di san cua no」 『LCLS』256-3, VSH, 1991, p.17.

41) 『Dai Viet su ky toan thu』 T I, Nxb KHXH, 1972, p.253.

어 水牛와 黃牛를 도살하지 못하도록 서로 감시한다. 만약 제사에 소를 도살하고자 할 경우 관에 요청을 하면 허용한다. 이를 따르지 않으면 중죄에 처한다. 이웃이 이를 신고하지 않으면 역시 처벌한다"[42]라는 詔들을 통해서도 입증된다.

백성을 保단위로 편성한 방식은 세금을 과하게 징수하는 자를 신고할 경우 부역 면제 등으로 포상을 하였던 것과 함께 범죄를 예방하고 억제하기 위한 당시 법리 실현의 한 기술이 엿보인다. 이러한 법리 실현의 기술에서 리왕조는 범죄가 법 식견에 대한 부족에서 일어날 수 있다고 판단하고 용서 혹은 감면 등을 적용했다. 이는 1064년 4월 天慶殿에서 소송을 판결하던 왕이 "짐은 백성들을 사랑한다. 짐의 마음은 백성의 부모와 같다. 백성이 알지 못하여 죄를 범하니 짐은 마음이 몹시 아프다. 지금부터 죄의 경중을 불문하고 일률적으로 관용을 베풀기 바란다"[43]라고 했던 언급에서 찾아볼 수 있다. 한편 吏員과 같은 관리 선발 시험에서 법률과목을 포함했던 것 역시 법리 실현의 기술을 높였던 것의 일환이라 하겠다.[44] 위에서 범죄자를 신고하지 않은 경우를 같이 처벌했다는 것은 오늘날 우리 국가보안법의 불고지죄와 같다.

"밤에 가택을 침입하여 본처나 첩과 간음하던 자를 남편이 살해할 경우 무죄이다"[45]라는 1042년의 詔는 간통죄를 다루고 있다. 이처럼 간통죄를 최고의 중형으로 다스렸던 것은 한 가지 이유, 즉 사회질서를 바로세우고 공고히 하기 위함이었다고 보여진다.

"… 관갑, 주도, 세금 징수자가 결탁하여 세금을 과다하게 수취한다면 비록 사건발생이 오래되었다할지라도 고발자가 있다면 관갑, 주도, 세금 징수자는 다 같이 죄를 진다"라는 詔는 공범죄와 그에 대한 형사

42) 『Dai Viet su ky toan thu』 T I, Nxb KHXH, 1972, p.278.
43) 『Dai Viet su ky toan thu』 T I, Nxb KHXH, 1972, p.232.
44) 『Dai Viet su ky toan thu』 T I, Nxb KHXH, 1972, p.239.
45) 『Dai Viet su ky toan thu』 T I, Nxb KHXH, 1972, p.218.

처분을 규정하고 있다. 이 詔를 통해서는 정범과 공범에 대한 구체적 처벌 내용은 알 수 없다. 이 같은 내용은 1117년의 2월의 詔에도 나타나 있다.

"소를 훔쳐 도살한 자는 80대의 杖罪와 군부대에서 일하는 徒罪, 그의 아내는 80대의 杖罪와 누에치는 곳에서 일하는 徒罪에 처하며 소를 보상한다"[46]는 詔는 후술할 연대책임의 원칙에 속하지만 내용상 공범으로 판결하여 정범과 공범 구분 없이 동일하게 형량을 적용했다. 즉 상식적으로 소를 훔치고 도살하는 일을 남편이 주도적으로 했을 것임에도 불구하고 詔에서는 이를 감안하지 않고 다만 여성임을 감안한 徒罪의 장소에만 차이를 둘 뿐 형량에는 전혀 차이를 두지 않았다.[47] 따라서 徒罪 역시 笞罪, 杖罪와 같이 남녀 성 구분 없이 적용된 형벌이다.

2. 형벌

리왕조를 포함한 전통시대 법률의 한 가지 보편적 특징은 위법행위는 모두 형사 제재로써 징치한 점이다. 이는 리·쩐왕조 하의 詔令 가운데 형벌 적용 규정이 있는 27개의 詔令 속에 62%인 17개가 형사에 속했던 점에서도 유추가능하다.[48] 뿐만 아니라, 사형의 유형에서 보듯이 형벌이 매우 엄했다. 물론 여기에는 무엇보다 봉건왕조국가의 권위를 공고히 하려함이 있었다.[49]

형벌은 돈으로 감면할 수 있었다. 그렇다고 이 원칙은 모든 사람이나 모든 형벌에 적용되지는 않았다. "70세 이상 80세 이하, 10세 이상 15

46) 『Dai Viet su ky toan thu』T I, Nxb KHXH, 1972, p.247.

47) 도죄에서 남자의 부역은 고갑(후레왕조에는 이는 고정이라 함), 여성의 부역은 장실부라 했다.

48) Truong Dai hoc luat Ha Noi,『Giao trinh lich su nha nuoc va phat luat Viet Nam』, Nxb CAND, 2002, p.140.

49) Tran Quang Tiep,『Lich su luat to tung hinh su Viet Nam』, Nxb CTQG, 2003, p.17.

세 이하, 장애인, 왕족, 9달-1년 이상 상중에 있는 자가 죄를 범하면 贖錢할 수 있고 十惡의 죄를 범하면 제외한다"라는 詔에서 보듯이 노인, 어린이, 장애인, 왕족 등 일부 특별한 대상과 十惡을 제외한 범죄로 국한했다.

속전의 액수는 "형량에 따른 속전의 액수를 달리 정했다"[50]에서처럼 형량의 높고 낮음에 따라 차이가 있었다. 쩐왕조에서는 "大王과 長公主는 토지소유의 제한이 없다. 서민은 10畝로 제한한다. 토지를 많이 소유한 자가 만약 죄가 있다면 토지로 속죄할 수 있다. 강등 혹은 파면 역시 토지로 속죄할 수 있다. 남은 토지는 국가에 납부해야 한다"[51]라는 경우처럼 속전이 토지로도 가능했다.

돈 등으로 죄를 속할 수 있었다는 것은 여러 가지 상황을 감안해서 만들어진 진보적 제도이기는 하나 有錢無罪 無錢有罪와 같은 불합리성이 뒤따랐던 바, 정의사회구현에는 큰 도움이 되지 않았을 것으로 보인다. 이는 무엇보다 철저한 계급신분사회였고 부와 권력이 소수에게 집중되었던 당시를 감안한다면, 조건을 갖춘 소수가 다수 약자의 인권과 생명을 경시 혹은 해칠 수 있는 특권으로 악용됐을 개연성 때문이다.[52]

특별한 경우 十惡의 범죄에 속할지라도 형벌이 감면되기도 했다. 이는 부친에 이어 반란을 일으킨 토족 눙찌 까오(Nung Tri Cao)를 꾸앙 응우옌(Quang Nguyen)州牧으로 삼는데 이어 太保로 삼았던 예나[53] 리 타이 똥(Ly Thai Tong)이 반란을 일으켰던 왕자들을 형벌을 면하고 구직을 주었던 예[54] 등이 그것이다.

---

50) 『Dai Viet su ky toan thu』 T I, Nxb KHXH, 1972, p.234.
51) 『Dai Viet su ky toan thu』 T II, Nxb KHXH, 1971, p.221.
52) Truong Dai hoc Luat HN, 『Tap bai giang lich su nha va phap luat Viet Nam』, Nxb CTQG, 1996, p.98; Dao Duy Anh, 『Lich su Viet Nam』, QT, Nxb VH, 1958, pp.186-187; 송정남, 『베트남의 역사』, 부대출판부, 2001, p.145.
53) 『Dai Viet su ky toan thu』 T I, Nxb KHXH, 1972, pp.218-221; Quoc su quan,『Kham dinh Viet su thong giam cuong muc』T III, Nxb VSD,1957, pp.68-71.
54) 『Dai Viet su ky toan thu』 T I, Nxb KHXH, 1972, pp.199-203; Quoc su quan,『Kham

눙찌 까오의 赦免에 대하여 레반 흐우(Le Van Huu)는 "…. 타이 똥이 그를 용서하고 몇 개의 주·현을 하사하며 印信을 주고 태보로 책봉한 것은 상벌에 어떤 원칙도 없다는 것을 의미한다. 눙찌 까오가 꾸앙 응우옌에서 화를 일으켰을 때 평정하기 위하여 군대를 동원하고 이웃의 원조를 빌린다면 무서운 호랑이를 풀어놨다가 사람이 물린 다음 천천히 구제하는 것과 무엇이 다르단 말인가? 이는 타이 똥이 佛者라는 적은 인심에 취하여 왕이라는 대의를 망각한 것이다"55)라는 형태로 비판하고 있다.

리왕조 법률의 불교 영향에 대하여 응오 시 리엔(Ngo Si Lien) 역시 "佛者의 자비설에 매혹되어 반역자의 죄를 용서하는 것은 그 인자한 마음이 유약으로 변한 것이니, 바로 그것이 부족한 부분이 아니겠는가"56)라는 형태로 비판하고 있다. 역으로 리 트엉 끼엣(Ly Thuong Kiet)의 경우는 불교 영향을 "딩왕조, 전레왕조의 잔인한 왕들 이후 관용과 도량 있는 통치자가 출현하고 관리들은 탐욕과 배반이 적었음을 볼 수 있다. 리왕조는 베트남 역사에서 가장 順慈한 왕조였다고 할 수 있다. 이는 바로 불교의 영향이다"57)라는 형태로 긍정하였다. 어쨌든 이것들은 리왕조의 법률에 불교 영향이 컸음을 보여주는 단서가 된다.

여기서 赦免은 리왕조의 형벌이 사람의 기본 권리와 자유가 통치권자에 의하여 존중되고 보호되었음을 의미한다. 인도주의적 차원에서 시행되었던 리왕조의 사면은 囚人에게 자유를 부여하고 노역을 면제하며, 정남에게 정세와 지세를 감면하는 등의 여러 형태였다. 사면령은 "… 즉위하시고 연호를 투언 티엔(Thuan Thien,順天)이라 바꾸시고 천하에 대

---

dinh Viet su thong giam cuong muc』 T III, Nxb VSD,1957, p.54; Tran Trong Kim, 『Viet Nam su luoc』, Nxb VHTT, 1999, pp.102-103.

55) 『Dai Viet su ky toan thu』 T I, Nxb KHXH, 1972, p.221.

56) 『Dai Viet su ky toan thu』 T I, Nxb KHXH, 1972, p.228.

57) Hoang Xuan Han, 『Ly Thuong Kiet』, Ban tu thu Dai hoc Van Hanh xuat ban, 1966, p.429.

사령을 내렸다"[58] "1040년 8월 龍墀에서 羅漢會를 열어 대사령을 내리시고, 流刑과 徒刑을 사면하고 천하에 세금을 반감하셨다"[59] "1095년 6월 大旱에 죄수를 사면하고 각종 세금을 감면했다"[60] "太白星이 낮에 떠오르자 黨逆을 제외하고 천하에 대사령을 내렸다"[61]는 내용 등에서 보듯이 失經, 풍년, 전승, 태자 탄생, 큰 사원 건축과 같은 경우에 백성들과 희노애락을 함께 하고자 하는 차원에서 내려졌다. 리왕조 하에 20여 차례의 대사령이 있었다.

리왕조의 형벌에는 집단연대책임의 원칙이 적용되었다. "官吏 3人을 1保로 조직하여 서로 감시케 한다. 만약 3保 내 누군가 大男을 몰래 소유하고 있다면 3인 모두를 징치한다"[62] "소를 훔쳐 도살한 자는 80대의 杖刑과 군부대에서 일하는 徒刑, 아내는 80대의 杖刑과 누에치는 곳에서 일하는 徒刑에 처하며 소를 보상한다. 이웃이 신고하지 않으면 80대의 杖刑에 처한다" "3戶를 1保로 묶어 水牛와 黃牛를 도살하지 못하도록 서로 감시한다. 만약 제사에 소를 도살하고자 할 경우 관에 요청을 하면 허용한다. 이를 따르지 않으면 중죄에 처한다. 이웃이 이를 신고하지 않으면 역시 처벌한다" "水牛는 중요한 생산력으로 사람에게 적잖게 이익을 준다. 지금부터 이후로는 3戶를 1保로 정하며, 먹기 위하여 소를 도살할 수 없고, 누구든 이를 범하면 법에 따라 治罪한다" "京城 안팎의 집은 3戶를 1保로 조직하여 朝班을 돌보는 職都官이 자신의 자식을 양자를 삼도록 다른 사람에게 데리고 가지 못하도록 살펴보라. .... 만약 살피지 아니하면 범죄자와 같은 죄가 된다"[63]

여기서 1保를 3人의 官吏로 제한한 1043년 2월의 詔는 특별한 의미

---

58) 『Dai Viet su ky toan thu』T I, Nxb KHXH, 1972, p.190.
59) 『Dai Viet su ky toan thu』T I, Nxb KHXH, 1972, p.217.
60) 『Dai Viet su ky toan thu』T I, Nxb KHXH, 1972, p.242
61) 『Dai Viet su ky toan thu』T I, Nxb KHXH, 1972, p.245.
62) 『Dai Viet su ky toan thu』T I, Nxb KHXH, 1972, p.220.
63) 『Dai Viet su ky toan thu』T I, Nxb KHXH, 1972, p.273.

를 담고 있다. 담당제의 구성이 모든 백성이었던 것에 비하여 유독 '관리'로 국한했던 것은 당시에 이들이 권력과 부를 바탕으로 국가의 경제와 국방에서 중심이 되는 대남을 사노비로 삼는 사례가 적잖았기에 통치자는 이를 법으로 차단하고자 함이었다.

十惡과 마찬가지로 리왕조는 笞刑, 杖刑, 徒刑, 流刑, 死刑으로 구성된 중국의 수·당에 있었던 五刑을 적용했다. 詔令만으로는 리왕조의 五刑에 대한 구체적인 내용은 알 수 없으나 리왕조의 일부 詔令과 이후 왕조의 五刑에 근거할 때 등급과 형구의 종류, 그리고 형벌 집행 시 준수사항이 분명히 있었을 것이다. 예컨대, "탈영한 군인은 3등급의 流刑에 처한다. …"라는 1044년의 詔는 流刑이 등급으로 구성되었음을 보여주며, 이는 후레왕조『國朝刑律』의 五刑 중 流刑의 등급과 등급이 같았음을 나타낸다. 중국의 笞刑과 杖刑의 형구가 공히 몽둥이였던 것에 비하여 베트남의 笞刑 도구는 채찍이었다. 그러나 리왕조의 詔令에서는 채찍이 나오지 않고 쩐왕조에서부터 나온다.

"장교가 탈영하면 100대의 杖刑과 얼굴에 50자의 글자 새김, 그리고 徒刑에 처한다. 士兵이 산이나 들판으로 탈영하여 백성의 것을 훔치면 100대의 杖刑에 처하고 얼굴에 30자의 글자를 새긴다. 鎭寨를 지키는 군인이 탈영하면 같은 죄로 처한다" "黃男을 노비로 판자는 100대의 杖刑에 처하고 얼굴에 20자를 글자를 새긴다. 황남을 팔지는 않았으나 일을 시키고 있을 경우에도 같은 장형에 처하고 얼굴에 10자의 글자를 새긴다. 이를 알고도 黃男을 구입했을 경우에는 판자 보다 한 단계 낮게 처벌한다"[64] "탈영 군인은 100대의 杖刑에 처하고 얼굴에 50자의 글자를 새긴다" "…. 獄官은 私務를 위해 죄수를 동원할 수 없다. 이를 범하면 80대의 杖刑과 얼굴에 글자 새김, 그리고 徒刑에 처한다"[65]라는 詔令들은 五刑 외에 신체에 문자를 새기는 형벌이 있었음을

64)『Dai Viet su ky toan thu』T I, Nxb KHXH, 1972, p.220.
65)『Dai Viet su ky toan thu』T I, Nxb KHXH, 1972, p.225.

보여준다. 이 형벌은 부수적 형벌이었다.

詔令만으로는 자수자의 정황판단과 자수의 유형을 구체적으로 알 수는 없으나 1043년 12월에 반포된 詔의 "탈영한 군인이 돌아오면 이전의 근무지로 복귀한다"66)는 내용으로 추론컨대, 자수한 자에 대한 감면 원칙이 있었음이 확실하다. 이보다 빠른 1028년에도 자수자에 대한 감면사례가 있었다. "그날에 동찡(Dong Chinh)왕과 즉 타잉(Duc Thanh)왕이 사죄를 청하자 황제는 이들을 용서하고 옛 지위를 유지토록 하는 詔를 내렸다"67)

동찡왕과 즉 타잉 왕은 리왕조를 열었던 父王 리 타이 또(Ly Thai To, 1010-1028)가 서거하던 해에 왕위를 차지하기 위하여 반란을 일으킨 왕자들이다. 반란에서 패하여 도망쳤던 이들은 제위에 오른 리 타이 똥(Ly Thai Tong, 1028-1054)에게 목숨을 구하기 위하여 자수를 하였다. 이들의 범죄는 감면받을 수 없는 十惡에 속했지만 황제는 자수한 왕자들을 사면하고 구직을 유지하도록 했다.68)

쩐왕조의 경우이기는 하지만 "… 마(Ma)는 아내 빙(Vinh)씨를 시켜 먼저 자수했기에 赦罪되었다"69)라는 내용은 다른 사람이 대신 자수해도 본인의 직접 자수하는 것으로 인정했던 사례가 된다.

형벌에서 리왕조는 고의와 과실을 구분했다. "밤에 가택을 침입하여 본처나 첩과 간음하던 자를 남편이 살해할 경우 무죄이다" "黃男을 노비로 판자는 100대의 杖刑과 20자를 글자를 얼굴에 새긴다. 황남을 팔지는 않았으나 일을 시키고 있을 경우에도 같은 장형에 처하고 얼굴에 10자의 글자를 새긴다. 이를 알고도 黃男을 구입했을 경우에는 판자 보다 한 단계 낮게 처벌한다" 이 두 개의 詔를 통해서는 고의와 과실에

66) 『Dai Viet su ky toan thu』 T I, Nxb KHXH, 1972, p.222.
67) 『Dai Viet su ky toan thu』 T I, Nxb KHXH, 1972, p.203.
68) 『Dai Viet su ky toan thu』 T I, Nxb KHXH, 1972, pp.199-203; Tran Trong Kim,『Viet Nam su luoc』, Nxb VHTT, 1999, pp.102-103.
69) 『Dai Viet su ky toan thu』 T II, Nxb KHXH, 1971, p.107.

대한 명확한 규정은 알 수 없다. 그러나 내용상 고의는 무겁게, 과실은 가볍게 처벌했을 보여준다. 전자의 경우는 생명을 경시한 지나친 過剩防禦였다할지도 고의적 행위가 아니었음이 절대 적용된 사례이다. 이러한 사례는 쩐왕조에서도 찾아볼 수 있다. "諫議 쩐티 끼엔(Tran Thi Kien)이 民丁을 숨겼다는 죄로 파직을 당했을 때, 고의로 죄를 짓지 않았다고 생각한 황제는 그를 參知政事로 임명했다"70) 후자의 경우는 黃男을 판자는 아닐지라도 "알고도 황남을 구입했다"는 고의적 행위 때문에 그에 상응한 형벌을 받은 사례이다. 이를 전자의 경우에 비춰보면 면죄가 된다고 본다. 이는 리왕조의 입법 기술에서 범죄의 개념이 "자신의 행동이 그렇게 하면 잘못이고 좋지 않은 결과를 낳을 수 있다"라고 인식하면서도 그 행동을 진행한 것에 두었음을 볼 수 있다. 따라서 리왕조의 법은 잘못이라는 범죄 구성 요소들 중의 하나를 강조하는, 그러면서 고의성 혹은 과실성 범죄이냐를 구별하는 초기 단계에 있었다고 할 수 있다.

쩐왕조의 형벌에는 "사람을 죽인 자는 생명으로 보상한다"71)와 "몽골이 침입했을 때, 많은 왕후와 관리들이 적의 진영에 항복하러 갔다. 적이 패했을 때, 황제는 항복문서다발을 획득했다. 황제는 반역자들의 마음을 안정시키기 위하여 그를 모두 태우도록 했다. 그러나 이전에 항복하여 적의 조정에 있는 자는 궐석 상태로 流刑, 死刑, 가산몰수, 성 사용 금지 등의 형벌을 내렸다"72)라는 詔들에서 보듯이 同害報復, 성 사용 금지 등 특별한 형벌도 있었다.

---

70) 『Dai Viet su ky toan thu』 T II, Nxb KHXH, 1971, p.96.

71) Le Tac,『An Nam chi luoc』, Vien Dai hoc Hue-Uy ban phien dich su lieu Viet Nam, 1961, p.222; Tran Quoc Vuong · Ha Van Tan, 『Lich su che do phong kien Viet Nam』 T I, Nxb GD, 1960, p.362.

72) 『Dai Viet su ky toan thu』 T II, Nxb KHXH, 1971, p.71.

III. 민 사

리왕조의 법률은 형사책임과 민사책임을 구분했다. 토지와 연못 분쟁 시 흉기를 사용하여 살상을 입힌 자를 杖刑과 徒刑에 처하고 그 토지와 연못을 피해자에게 지급하도록 했던 1142년 12월의 詔는 이를 구현한 대표적인 사례가 된다.[73]

1. 소유

리왕조는 소유제도가 발전한 왕조였다. 소유를 보호하는 장치로서의 법률의 출현은 필연적이었고, 반포된 詔令에서 소유관련 내용들이 많은 것은 이를 반영한 것이라 하겠다.

리왕조는 베트남 역사상 소유와 계약을 법률로 규정한 첫 번째 왕조이다. 당시의 토지소유 형식은 국가소유와 개인소유 두 가지가 있었다. 여기서 국가소유는 두 가지, 직접소유와 간접소유를 포함한다.

당시의 토지 종류에서 國庫田, 山陵田, 籍田, 屯田 등은 국가의 직접소유에, 擲刀田, 寺院田,[74] 食邑, 湯沐邑 등은 국가의 간접소유에 속했다. 이것들을 포함하여 국가가 촌락 민에게 분배한 토지 公田은 국가의 간접소유에 속했다. 따라서 私田은 국가의 간섭이 없이 개인 혹은 집단이 자의로 매매, 양도, 교환 등을 할 수 있는 토지가 된다.[75]

전통시대 토지의 소유권은 점유권, 사용권, 처분권의 3가지 권리를 포함했다. 私田은 개인이나 사원과 같은 집단이 이 세 가지를 모두 갖는 경우이다. 이에 비하여 公田을 소유한 자는 점유와 사용 두 가지 권

---

73) 『Dai Viet su ky toan thu』 T I, Nxb KHXH, 1972, p.278.

74) 사원전의 경우도 私人이 보시의 형태로 私田을 기부한 경우는 私田에 속한다.

75) 송정남, 「리·쩐朝의 土地制度 小考」 『國際地域問題硏究』 16-1, 부산대 국제지역문제연구소, 1998, 참조.

한만을 가졌다. 따라서 公田을 소유한 자는 이를 자의로 처분 할 수 없었다.

국가가 토지에 대한 개인의 소유를 인정한 리왕조의 詔들로는 다음과 같은 것들이 있다.

"토지와 연못을 판매한 자는 물리기 위하여 값을 두 배로 올릴 수 없다. 이를 범하면 죄로 처한다"76) "경작지를 저당 잡힌 자는 20년 안에 무를 권한이 있다. 토지분쟁은 5년 혹은 10년 안에 소송을 제기할 수 있다. 황지가 누군가에 의하여 경작되고 있다면 주인은 1년 안에 소송을 제기하여 받을 수 있다. 그러나 1년이 지났다면 불가능하다. 이를 범하면 80대의 杖刑에 처한다. 토지와 연못 분쟁에서 예리한 병기를 사용하여 사람을 죽이거나 부상을 입힌 자는 80대의 杖刑과 徒刑에 처하고, 그 토지와 연못은 죽은 자와 상처를 입은 자에게 지급한다. … 계약서가 있는 황지와 경작지를 판매했다면 무를 수 없다. 이를 어기면 80대의 杖刑에 처한다" "토지, 연못, 재산 분쟁을 하는 자들은 권세가들에 의탁해서는 안 된다. 이를 범하면 80대의 杖刑과 徒刑에 처한다"77)

이처럼 리왕조는 소유주의 합법적인 사적 소유권을 인정하고 법으로 보호했다. 토지 외에도 리왕조는 돈, 소 등 다른 재산에 대한 사적 소유권을 보호했다. "군인들 중에 누구든 백성의 돈을 빼앗는 자는 참수한다"78) "… 士兵이 산이나 들판으로 탈영하여 백성의 것을 훔치면 100대의 杖刑과 얼굴에 30자의 글자를 새긴다. …누구든 국가의 水牛를 훔친자는 100대의 杖刑에 처하고 1마리는 두 마리로 갚는다"79) "누구든 백성의 벼와 재물을 훔치는 경우 훔쳤다면 100대의 杖刑에, 훔치지는 못했으나 주인에게 상처를 입혔을 경우 流罪에 처한다"라는 詔 등

76) 『Dai Viet su ky toan thu』 T I, Nxb KHXH, 1972, p.271.
77) 『Dai Viet su ky toan thu』 T I, Nxb KHXH, 1972, p.279.
78) 『Dai Viet su ky toan thu』 T I, Nxb KHXH, 1972, p.204.
79) 『Dai Viet su ky toan thu』 T I, Nxb KHXH, 1972, p.218.

이 바로 그것이다.

그러나 私田이라 할지라도 실제적 점유와 사용에 따라 소유권이 제한되기도 했다. “…. 황지가 누군가에 의하여 경작되고 있다면 주인은 1년 안에 소송을 제기하여 받을 수 있다. 그러나 1년이 지났다면 불가능하다. 이를 범하면 80대의 杖刑에 처한다. …”라는 1142년의 詔의 사례가 바로 그것이다. 이는 정부가 황지를 줄이고 생산력을 늘리며 국가재정을 높이려는 데 있었다. 동시에 私田도 점유와 사용이 연속선상에 있을 때에 법으로 보호된다는 점을 보여주기 위함이었다. 나아가 리왕조를 포함한 전통시대의 왕은 모든 토지에 대한 최고 소유권자로서 私田에 대한 모든 권한도 행사할 수 있음을 보여준다. 같은 차원에서 왕은 모든 토지에 대한 분배권과 세수권을 가졌다.

“땅에는 소유주가 있다. 토지를 관리하는 관원이 도주하여 바쳤다면 땅을 바쳤다면, 그 땅은 주인의 것을 훔친 물건이 된다. …. 훔치거나 그것을 가지고 있는 것을 법률은 허용하지 않는다. 게다가 이번에 그들은 왕의 田籍을 더럽히기 위하여 훔쳐다가 바쳤다”[80)]

위의 내용은 리왕조 왕뿐 아니라 전통시대 베트남 토지의 최종 소유주는 왕이었음을 보여주는 사례이다. 이는 1084년 大越과 宋 간의 영토 반환을 협의하던 빙빙(Vinh Binh)會議에서 大越측 正使 레반팅(Le Van Thinh)이 宋에 주장했던 내용이다. 리왕조는 리 트엉 끼엣(Ly Thuong Kiet)의 북진으로 야기된 전쟁을 종결하는 협상과정에서 송에 양도했던 영토를 다시 반환요청 할 때, 잃어버렸던 영토 벗악(Vat Ac)과 벗 즈엉(Vat Duong)까지도 포함했으나 송이 소수민족의 추장들이 주었다는 이유를 들어 거부했기에 이 두 지역만은 돌려받지 못했다.[81)]

---

80) Hoang Xuan Han, 『Ly Thuong Kiet』, Ban tu thu Dai hoc Van Hanh xuat ban, 1966, p.351.

81) Tran Quoc Vuong · Ha Van Tan, 『Lich su che do phong kien Viet Nam』 T I, Nxb GD, 1960, p.324; 송정남, 「베트남의 영토와 국토」 『동남아연구』, 한국외대 동남아 연구소, 2007, p.107.

베트남 측의 법리는 송에 토지를 바쳤던 소수민족의 추장은 남쪽의 왕으로부터 그 땅을 점유하고 사용하라는 권한만을 부여받은 자이지 그를 처분할 수 있는 권한을 부여받은 자가 아닌 바, 그 땅을 양도하고자 한다면 실제 그 권한을 갖고 있는 남쪽 왕의 동의가 있어야 한다는 논리이다. 따라서 이 내용은 자의로 처분까지 할 수 있는 토지의 실제 소유주는 왕이며, 이것은 국적을 초월하여 인정되어야 하고, 훔치거나 강탈과 같은 행위로 토지를 소유한 자는 합법적인 소유주가 될 수 없다는 리왕조의 토지소유 개념을 제시했다.

토지를 포함한 여타 재산의 사적 소유권 역시 왕에 의하여 제한되었다. "천수전이 완성되자 이를 경축하기 위하여 왕은 군신들에게 3일간 찬치를 베풀었다. 왕은 재물을 탐하고 관직을 팔았다. 어느 두 사람이 토지와 산물분쟁을 하던 중 한 사람이 뇌물을 받치면 왕은 옳고 그름을 묻지 않고 모두 몰수하였다. 그 때문에 국고에는 재산이 산처럼 쌓였으며, 백성은 탄식과 원한에 사무쳤다. 강도가 벌처럼 일어났다"[82]

전술했던 사적 소유권을 인정하고 보호하려는 차원으로써의 詔令들은 리왕조의 소유제도 법령이 매우 엄격했음을 보여준다. 그 엄격성은 도적의 경우 심지어 손가락과 발가락을 모두 절단하는 형태로도 나타났다.[83]

2. 계약

계약은 自願하여 약속을 지킨다는 토대위에 당사자들 간에 맺어진 타협이다. 이 타협은 종이 위에 일정한 형식을 갖춘 문서로 이루어졌다.

앞에서 리왕조는 私田이 발전했던 왕조라고 했다. 私田의 발전은 필

82) Khuyet Danh, 『Viet su luoc』, Nguyen Gia Tuong dich, Nxb TP HCM, 1993, p.170.
83) Tran Quoc Vuong · Ha Van Tan, 『Lich su che do phong kien Viet Nam』 T I, Nxb GD, 1960, p.272.

연적으로 이의 매매, 교환, 양도를 촉진시켰고, 이것들을 보장하고 보호하며 활성화 시킬 수 있는 제도적 장치로써 계약을 수반하게 되었다.

"다른 누가 아무리 높은 가격을 지불하더라도 팔 수 없다"[84]라는 내용은 리왕조 하의 사람들의 상품 거래가 양측이 가격을 협의하고 결정한 가운데 그것을 계약서로 성사했다면, 그 이후에는 계약을 파기하고 삼자와 또 다른 계약을 할 수 없었다는 의미를 가졌다.

"토지와 연못을 판매한 자는 물리기 위하여 값을 두 배로 올릴 수 없다. 이를 범하면 죄로 처한다"[85]와 "… 계약서가 있는 황지와 경작지를 판매했다면 무를 수 없다. 이를 어기면 80대의 杖刑에 처한다", 그리고 "경작지를 저당 잡힌 자는 20년 안에 무를 권한이 있다. …"라는 詔들은 계약의 의미와 이를 범한 경우에 대한 처벌까지 언급하고 있다.

리왕조의 토지계약은 매매계약과 저당계약 두 가지가 있었다. "… 계약서가 있는 황지와 경작지를 판매했다면 무를 수 없다. 이를 어기면 80대의 杖刑에 처한다"라는 詔는 매매계약을, "경작지를 저당 잡힌 자는 20년 안에 무를 권한이 있다. …"라는 詔는 저당계약을 의미한다.

소유제도가 더욱 발달하면서 이와 관련된 분쟁과 갈등, 그리고 범죄도 늘어났다. 따라서 계약서는 분쟁해결의 보다 확실한 증거물로써 기능하였고, 국가는 이 기능을 높이기 위한 노력과 함께 보호 장치를 강구하기에 이르렀다. 그 결과 쩐왕조 경우 "토지나 차용과 관련한 유서나 계약서를 만든다면 증인은 앞 3줄에, 판매한 자는 뒷 4줄에 지장을 찍는다"[86]와 "토지 매매계약서와 저당 계약서는 똑같이 2부를 만들어 각각 1부씩 소유한다"[87]라는 형태로 계약서를 보다 정교화 시켰다. 뿐만 아니라, 쩐왕조에서는 "… 만약 계약서를 위조하였다면 왼쪽 손가락

---

84) Hoang Xuan Han,『Ly Thuong Kiet』, Ban tu thu Dai hoc Van Hanh xuat ban, 1966, p.122.
85) 『Dai Viet su ky toan thu』T I, Nxb KHXH, 1972, p.271.
86) 『Dai Viet su ky toan thu』T II, Nxb KHXH, 1971, p.15.
87) 『Dai Viet su ky toan thu』T II, Nxb KHXH, 1971, p.75.

한 마디를 절단한다"[88]라는 형태로 계약서 위조자를 사문서 위조범으로 처벌했다.

IV. 소 송

리왕조의 민·형사 소송은 구체적이며 진보적인 소송 원칙들을 적용하기 시작했다. 그러한 원칙들 중의 일부는 오늘날에도 여전히 적용되고 있다.

리왕조는 사회 내 법리 안정을 보장하기 위하여 일단 판결이 난 사건에 대하여 다시 公訴를 제기할 수 없다는 일사부재리의 원칙을 적용했다. "조종(祖宗: 神宗이전의 네 왕)이 판결한 소송은 더 이상 제기될 수 없으며 어기면 죄로 다스린다"[89]는 1128년 5월의 詔와 "決獄司에, 누구든 법률 조항에 합하지 않게 분쟁을 한다면 60대의 杖刑에 처벌한다"[90]는 1146년 6월의 詔가 바로 그것이다. 이는 古律 속에 규정된 訴權에 관한 기본 원칙이지만 오늘날 동서양에서 적용되고 있는 소송의 중요한 원칙이다.

어떤 분쟁을 해결하기 위하여 소송을 제기하는 일은 사람의 권한이지만 소송 제기가 언제나 가능한 것은 아니었다. 리왕조의 입법자들은 "토지분쟁의 경우 5년 혹은 10년 내로 소송을 제기할 권한이 있다. 누군가에 의하여 경작되고 있는 황지 소유자는 경작 1년 안에 되돌려 받기 위하여 소송을 할 수 있다. 그 기간이 넘어가면 더 이상 소송을 제기할 수 없다"라는 형태로 공소시효의 원칙을 적용했다.

그러나 관리의 부정부패를 막기 위한 의도도 함축되었던 1042년 10

88) 『Dai Viet su ky toan thu』T II, Nxb KHXH, 1971, p.121.
89) 『Dai Viet su ky toan thu』T I, Nxb KHXH, 1972, p.263.
90) 『Dai Viet su ky toan thu』T I, Nxb KHXH, 1972, p.280.

월의 詔처럼 공소시효가 적용되지 않는 경우도 있었다. "…. 관갑, 주도, 세금 징수 자가 결탁하여 세금을 규정보다 과다하게 징수했다면 비록 사건발생이 오래되었다할지라도 고발 자가 있을 경우 이들은 다 같이 죄를 진다"는 내용 등이 바로 그것이다.

리왕조는 소송에서 권세가를 의존하지 못하도록 했다. 이를 위해 1145년 "토지, 연못, 재산 분쟁 당사자들은 권세가를 의존해서는 안 된다. 이를 어길 경우에는 80대의 장죄와 도죄에 처한다"는 내용의 詔를 반포했다.

뿐만 아니라, 리왕조의 소송에는 재판심급권의 원칙이 적용되었다. 이전 왕조들보다 중앙집권제가 더욱 확립된 리왕조의 왕들은 법을 만들고 집행하고 판결하는 모든 권한을 가졌었다. 그렇지만 왕들은 이 권한들을 독식하지는 않았다.[91] 무엇보다 국가가 비대해지면서 그럴 수가 없었기 때문이다. 따라서 왕은 知府, 判付, 知州, 州牧과 같은 지방관에게 그 권한을 위임했다. 응오 시 리엔(Ngo Si Lien) 역시 "소송 판결은 책임관의 일이다"[92]라고 하였다. 그리고 판결권을 실현하기 위하여 왕은 都護, 府士師, 審刑院 등의 전문 관리를 두었다.[93] "리풍(Ly Phung)과 20명을 獄吏로 세워 민간의 소송 판결 업무를 살피게 했다"[94]나 "판결국에, 누구든 법률 조항에 어긋나거나 그릇되게 분쟁을 한다면 60대의 杖刑에 처벌한다"라는 내용이 그것이다. 그러나 "지금부터 이후로 백성 중 누구든 소송이 있으면 모두 카이 호앙(Khai Hoang)왕이 처리하도록 위임하며, 카이 호앙은 결과를 올리기 바란다. 카이 호앙 왕은 廣武殿을 취하여 소송 처리 장소로 삼기바란다"[95]에서처럼 소송의 최종

---

91) Tran Quang Tiep, 『Lich su luat to tung hinh su Viet Nam』, Nxb CTQG, 2003, p.18 참조.

92) 『Dai Viet su ky toan thu』 T I, Nxb KHXH, 1972, p.217.

93) Cao Van Lien, 『Phap luat cac trieu dai Viet Nam va cac nuoc』, Nxb TN, 2004, p.202.

94) 『Dai Viet su ky toan thu』 T I, Nxb KHXH, 1972, p.252.

95) 『Dai Viet su ky toan thu』 T I, Nxb KHXH, 1972, p.217.

결정은 왕에게 있었다.

『刑書』가 반포된 목적은 소송 진행을 공명정대하고 편리하게 하기 위한 분명한 법리적 토대를 세우고자 함이었다. 리왕조에 주목할 만한 한 가지 소송원칙은 범법자는 판결을 받아야 하고 형벌을 받기 전에 죄로써 결론이 내려져야 했다. 그렇지만 실제는 그 당시에 판결을 받지 않은 상태로 장기간 구금된 자도 많았는가 하면 판결을 기다리는 동안에 도주와 재발 위험이 있다고 생각되는 자들을 적기에 저지하기 위하여 감금하기도 했다. 이러한 실태는 제위에 올랐던 해에 리 타잉 똥(Ly Thanh Tong)이 "날씨가 몹시 추웠던 10월 겨울, 왕이 좌우관리들에게 말씀하셨다. '따뜻한 시설이 갖추어진 궁에 있어도 이렇게 추운데, 옥에 감금되어 있는 수인들을 생각하면 짐은 마음이 몹시 아프다. 형틀은 힘들고, 옳고 그름은 아직 모르고, 먹으나 배는 부르지 않고, 입었으나 따뜻하지 않고, 바람은 차가워 몸은 힘들고, 혹은 죄에 합당하지 않게 죽는 자도 있다. 왕이 右司는 이불과 돗자리를 지급하고 매일 두 끼의 식사를 제공하라는 令을 내리셨다'"[96]고 했던 말에서 짐작할 수 있다.

전술했듯이 리왕조는 범법자라도 뉘우치거나 자수하면 면죄하거나 심지어 판결을 받고 형을 살고 있는 경우라 할지라도 개과의 정도에 따라 석방 또는 감형하는 大赦를 내렸다. 이와 바로 위의 令, 그리고 의무와 징벌이라는 포괄적 내용의 법률 속에는 백성이 정당한 권리를 누릴 수 있도록 한 인도주의, 즉 인권제고의 조건도 있었음을 보여준다. 따라서 리왕조는 直訴를 통하여 백성이 자신들의 정당한 권리를 누릴 수 있도록 하였다. 왕조 개시 직후에 처음으로 반포했던 "지금부터 누구든지 분쟁이 있으면 조정에 상소하라. 왕이 친히 해결할 것이다"[97]라는 내용의 詔가 바로 그것이다. 여기에는 의무적, 제재적 뉘앙스로의 법률보다는 피지배자가 누릴 수 있는 권한과 국가수반의 의무 조건을 엿볼

96) 『Dai Viet su ky toan thu』 T I, Nxb KHXH, 1972, pp.229-230.
97) 『Dai Viet su ky toan thu』 T I, Nxb KHXH, 1972, p.187.

수 있다.

이외에도 리왕조는 "…. 龍墀 동쪽에 文明殿을, 서쪽에 廣武殿을 세웠다. 롱 찌전 좌우에 징을 설치하여 진정이 있는 백성은 누구든지 치도록 했다"[98] "용지에 큰 종을 주조하여 억울함이 있는 백성은 누구나 이 종을 쳐서 알리게 하라"[99] 등의 내용에서 보듯이 朝鮮의 申聞鼓나 중국 요임금 시대의 敢諫之鼓 형태를 통해서도 백성의 訴冤을 해결하였다.

"直言을 요구하는 詔를 내렸다"[100]와 "1158년 2월 중국 송에 使行으로 갔다가 귀국한 응우옌 꾸옥(Nguyen Quoc)이 왕에게 다음과 같은 상소를 올렸다. '신은 송나라에 갔을 때 사방의 상소를 받기 위하여 銅으로 주조한 통이 궁전에 놓여있는 것을 보았습니다. 왕께서 아래 사람의 마음을 얻기 위하여 그처럼 모방하셨으면 합니다'. 리 아잉 똥(Ly Anh Tong)은 그의 제안에 따라 궁전 중앙에 통을 설치하여 누구든지 할 말이 있으면 글로 써서 함에 넣도록 했다"[101]는 내용에서처럼 언론의 자유를 부여한 형태로도 인권을 제고했다.

그렇지만 이와는 반대로 인권이 전혀 고려되지 않는 경우도 많았다. 죄인을 판자위에 못 박아서(上木馬) 시장에 끌고 간 다음 법정으로 보내어 처형했거나[102] 살가죽을 벗기거나[103] 숨을 거둘 때까지 몽둥이로 때렸다가 시체를 말리는 형들이 바로 그것이다.[104] 특히 왕과 왕후가 죽었을 때, 그동안 가까이서 자신들을 수종했던 일부 사람을 산채로 같이 매장했던 순장의 습속은 인권이 아예 무시된 전형이라 하겠다.

"1117년 7월 25일, 황태후 이란(Y Lan)이 숨을 거두자 화장을 했다.

---

98) 『Dai Viet su ky toan thu』 T I, Nxb KHXH, 1972, pp.207-208.
99) 『Dai Viet su ky toan thu』 T I, Nxb KHXH, 1972, p.226.
100) 『Dai Viet su ky toan thu』 T I, Nxb KHXH, 1972, p.239.
101) 『Dai Viet su ky toan thu』 T I, Nxb KHXH, 1972, p.287.
102) 『Dai Viet su ky toan thu』 T I, Nxb KHXH, 1972, p.212, p.283.
103) Khuyet Danh, 『Viet su luoc』, Nguyen Gia Tuong dich, Nxb TP HCM, 1993, p.138.
104) Khuyet Danh, 『Viet su luoc』, Nguyen Gia Tuong dich, Nxb TP HCM, 1993, p.227.

세 사람의 시녀가 함께 묻혔다"105) "그날에 왕은 나 응안(Na Ngan)에 나가셔서 다이 화잉(Dai Hoanh)황제를 따라 죽기 위하여 消壇에 오를 궁녀들을 보셨다"106)

이 뿐 아니라, 리왕조는 신분차별을 법으로 제도화하기도 했다. 혼인과 가정법을 규정한 "가노와 관리의 사병은 양민의 딸과 혼인할 수 없다"107) "왕후, 공주, 관리의 노비는 관리와 양민의 딸과 혼인할 수 없다"108) 등의 詔가 바로 그것이다. 사병제도가 발전했던 리왕조나 쩐왕조의 사병은 노비로 구성되었기에 가노 혹은 관노와 같은 차원에서 양민의 딸과 혼인할 수 없었다. 이밖에 리왕조의 신분차별의 詔令으로는 "京城 안팎의 가노는 금군처럼 가슴과 다리에 검은 흔적을 새길 수 없으며, 몸에 용의 형상을 새길 수 없다. 만약 이를 범하면 관노로 삼는다"109) "왕의 개별 색인 황색 옷을 착용하지 못한다"110) "민간의 딸은 宮人의 머리모양을 할 수 없다"111) "수공업자는 판매할 목적으로 왕이 사용하는 형태의 물건을 제조할 수 없다"112) 등이 있다. 유교가 더욱 발전하고 가부장사회가 공고화되었던 쩐왕조의 경우는 "아내가 외도하면 남편은 아내를 노비로 삼아 팔거나 저당 잡힐 수 있다"113)라는 형태로 여자의 인권을 무시했다.

105) 『Dai Viet su ky toan thu』 T I, Nxb KHXH, 1972, p.248.
106) 『Dai Viet su ky toan thu』 T I, Nxb KHXH, 1972, p.258.
107) 『Dai Viet su ky toan thu』 T I, Nxb KHXH, 1972, p.263.
108) 『Dai Viet su ky toan thu』 T I, Nxb KHXH, 1972, p.267.
109) 『Dai Viet su ky toan thu』 T I, Nxb KHXH, 1972, p.249.
110) 『Dai Viet su ky toan thu』 T I, Nxb KHXH, 1972, p.294.
111) 『Dai Viet su ky toan thu』 T I, Nxb KHXH, 1972, p.267.
112) 『Dai Viet su ky toan thu』 T I, Nxb KHXH, 1972, p.280.
113) Le Tac,『An Nam chi luoc』, Vien Dai hoc Hue-Uy ban phien dich su lieu Viet Nam, 1961, p.222.

V. 결 론

리왕조는 베트남 최초의 장기왕조였다. 법률의 발전은 장기왕조가 가능하게 했던 여러 요인 중의 하나였다. 법률을 만들고, 집행하며, 판결하는 일은 국가의 수장에게 있었다. 법률은 치국의, 왕권강화의 절대 도구였다. 왕권은 법률로 인정, 보호되었다. 이를 위해 법률은 보다 완벽해지고 엄격해지며 과학화되고 체계화되는 과정을 거쳤다. 이를 통해 법률은 더욱 발전하게 되었다. 그 전제로 中書와 같은 법률제정기관의 출현이 뒤따랐다.

中書는 1042년 베트남 최초로 법전형태의 성문법인『刑書』를 편찬했다. 이『刑書』는 이전 왕조의 법률과 습속 등을 토대로 편찬되었다. 오랫동안 중국의 지배하에 있었던 이유로 베트남은 여러 영역에서 중국의 영향을 많이 받았다. 베트남의 법률도 예외는 아니다. 일찍이 불교나 유교가 인도 혹은 중국을 통해 유입되었기 때문에 베트남의 법률에는 이의 영향이 적잖았다. 이 때문에 법률은 적용에서 종종 형평성을 벗어나는 경향이 있었다.

古律은 법률 자체 외에도 당시의 정치, 경제, 사회, 문화 등 여러 가지를 이해할 수 있는 중요한 자료가 된다. 그러나 유감스럽게도 『刑書』는 현존하지 않고 單行法 형식으로 반포됐던 詔令만 존재한다. 따라서 리왕조의 법률연구에는 후자에 의존하지 않을 수 없고, 그 는 리왕조 법률연구의 한계로 작용하기도 한다.

대체적으로 전통 왕조시대의 법률은 엄격했다. 리왕조의 법률 또한 예외는 아니다. 바로 시대적 상황을 반영하고 있기 때문이다. 무엇보다 리왕조는 중앙집권제가 완전히 확립되지 않았고 지배가 전국에 미치지 못한 상황이었기에 법률의 엄격은 당연한 귀결이었다. 따라서 형사법, 민사법, 소송법 등이 발전할 소지가 많았다. 특히 리왕조는 토지제도, 그 중에 사유제도가 발전했던 까닭에 그와 관련한 법령들이 많다. 그리고 소유권 침해와 관련한 형벌이 일반 형벌에 비해 엄했다.

리왕조의 토지제도에서 주목할 점은 점유, 사용, 처분의 권한이 보장된 私田이라 할지라도 실제 점유와 사용에 따라서 소유권이 유지 혹은 제한 받았다는 점이다. 또한 사적 소유의 최고 권한은 왕에게 있었다.

한편 리왕조의 법률에는 현재도 적용되고 있는 일정한 원칙들이 있었다. 하지만 철저한 계급신분사회였고 법률 제정의 궁극적 목표가 치국과 왕권의 강화에 있었기 때문에 정의사회구현으로써의 기능에는 한계가 있었다.

ABSTRACT

A Study on the Vietnamese Law during the Ly Dynasty

Song, Jung-Nam
(Hankuk University of Foreign Studies, Dept. of Vietnamese)

This research deals with the legal system of Ly Dynasty(1009 - 1225) in Vietnam, based on King's order special law, particularly focusing on criminal and civil suit.

Laws of Ly Dynasty was under a heavy influence of Sui and Tang dynasty. However, on its base there were conventional law and tradition as well as Buddhism and Confucian effect. Specially, during the Ly Dynasty private ownership was well developed. This was possible because there were strong backings of law.

There are several principles that are still kept in today such as the principle of not reopening a settled case, statute of limitations and levels of graded authority, etc.

One of the many factors that made possible the first-ever long rules of Vietnamese dynasty was development of law. It was because centralism was firmly established and it was again backed by law. But, as a means of realizing just society, there was certain limitation in it because the Ly Dynasty was a strict class society and it overly put governing country or reinforcement of sovereign power as the target of law enactment.

제3장
라오스

- ☑ 메콩경제권 국가들의 기업법상 회사설립제도 -한국 상법과의 비교를 중심으로-
- ☑ 라오스기업법에 관한 고찰

메콩경제권 국가들의 기업법상 회사설립제도 -한국 상법과의 비교를 중심으로-

이 준 표*

I. 서 언

티베트에서 발원해 중국의 운남성을 거쳐 미얀마, 라오스, 태국, 캄보디아 및 베트남을 관통하는 메콩강[1] 유역의 개발은 1980년대 후반부터 체제전환의 성과와 경제성장의 잠재성으로 인하여 국제사회로부터 많은 관심을 받아 왔다. 이러한 메콩강 유역의 개발은 1992년 아시아개발은행(Asian Development Bank; ADB)의 주도로 구체화되었다. ADB는 메콩강 유역의 저개발국가들을 지원하기 위하여 메콩강 유역의 6개국(중국, 베트남, 태국, 라오스, 캄보디아, 미얀마)을 '메콩경제권(Greater Mekong Subregion; GMS)'으로 설정하였다.

최근 메콩경제권은 새로운 경제블록으로 급부상하고 있다. 국제통화기금(International Monetary Fund; IMF)에 따르면 메콩경제권 국가들의 경제성장률이 향후 5년간 연간 5-10%에 달할 전망이다. 특히 중국을 제외

* 한국외국어대학교 강사, 법학박사.

1) 메콩강은 세계에서 12번째로 긴 강으로서, 유역면적이 한반도의 약 4배에 이르며, 수력발전, 목재, 광물자원 등 풍부한 개발 잠재력을 보유하고 있다. 메콩강은 동아시아의 중심부에 위치하고 있어, 메콩강 유역의 성공적 개발은 동남아 발전은 물론 동아시아 전체의 연계성 증진과 경제성장에도 많은 기여를 할 것으로 기대된다.

한 동남아시아 5개국의 2010년 GDP는 4,200억 달러에 이르고, 5년 후에는 6,400억 달러 규모로 늘어날 것으로 예상된다.

우리 정부도 이런 변화에 주목해 메콩경제권을 아시아권 녹색협력의 거점으로 지정하고 집중적인 경제협력 증진에 나서기로 하였다. 2010년 9월에는 기획재정부가 아시아개발은행과 공동으로 서울에서 '메콩강유역개발포럼'을 개최하였고, 2010년 10월, 베트남 하노이에서 개최된 '제13차 한–ASEAN 정상회의'에서는 한국과 메콩경제권 국가 간 협력 증진을 위하여 '한·메콩 외교장관회의'의 신설이 합의되기도 하였다.2) 또한 2005년부터 체결되기 시작하여 2009년에 체결이 마무리된 한-ASEAN FTA 및 투자협정의 효과로, 교역 및 투자는 계속 늘어날 것으로 예상할 수 있다.

그런데 그동안 동남아시아, 특히 메콩경제권 국가들에 대한 법제도적 하부구조에 대한 연구부족은 우리나라의 기업진출 및 경영에 큰 걸림돌이 되어 왔다. 상대국가의 법제도에 대한 치밀한 분석과 연구는 다양한 국제경제관계의 법적 마찰을 사전에 예견하고, 기업이 외국에 진출하거나 국제거래에 종사하는 경우 이에 대비할 수 있도록 도와줌으로써 원활한 교류와 교역을 가능하게 한다.

특히 중국을 포함하여 베트남, 캄보디아, 라오스, 미얀마 등 메콩경제권 주요 국가들은 사회주의 경제체제를 탈피하고 시장경제제도를 도입한 소위 체제전환국가3)들로서, 시장경제에 필요한 새로운 하부구조의 구축에 부심하며 독자적인 기업법을 제정하였다. 아직은 후진적인

---

2) 중국, 일본은 1990년대부터 외교장관회의 및 정상회의 등 정례 협의채널을 통해 메콩경제권 국가들과의 협력을 모색해 왔고, 2009년부터는 미국도 연례적으로 외교장관회의를 개최하고 있다. 한국도 2011년 10월 27~28일 서울에서 '제1차 한-메콩 외교장관회의'를 개최하여 한국과 메콩지역 사이의 경제협력방안을 논의하였다.

3) 사회주의시장경제로의 체제전환국은 경제적 침체에 따른 체제 위기를 극복하기 위하여 계획경제체제를 점진적으로 시장경제체제로 전환하면서, 부분적인 범위 내에서 정치·경제개혁에 대한 요구도 수용하였다. 그러나 사회주의국가로서 가지는 기본적인 원칙 특히, 공산당의 지도적 역할은 견지하였다[권오승·김유환·구대환·Eric G. Enlow, (2006), 『체제전환국 법제정비지원』, 서울대학교 출판부, 118면].

사회구조에 머물러 있지만[4], 경제적으로 무한한 성장 가능성을 가지고 있는 메콩경제권에는 향후 외국의 기업 투자 및 진출이 더욱 확대될 것으로 예상된다. 따라서 이 지역의 기업법제도에 대한 체계적인 분석은 물론 해당 법률의 실효성 여부에 대한 조사도 절실히 요구되고 있다.

본 논문에서는 메콩경제권 국가들 중 동남아시아 체제전환국가에 해당하는 베트남, 캄보디아, 라오스, 미얀마에 있어서 기업경영 전반을 규율하고 있는 기업법 특히 회사설립에 관한 규정들을 한국상법상 회사편의 내용과 비교하여 고찰해 본다.

II. 각 국의 기업법 개관

1. 베트남기업법

베트남은 1986년 '도이모이' 시장개혁정책의 시행에 따라 떠오르는 사기업부문을 규율할 수 있는 상사법이 긴급히 필요하게 되었고, 이후 다양한 상사법률들이 제정되고 개정되어 왔다.[5] 베트남은 2000년 1월, 기존의 회사법과 개인기업법을 통합하여 기업생활관계에 관한 기본법으로서의 단행법인 기업법[6]을 시행하였다.

4) Michael John Byrne, (2005), "Foreign Direct Investment and related Legal Development in Cambodia, Laos, Vietnam and Myanmar", Thesis(Ph. D.), City University of Hong Kong, 156면.

5) 베트남 상사법 개정의 주요내용은, Nguyễn Đình Thiêm, Tìm hiểu Luật Thương mại năm 2005, NXB Lao động-xã hội, pp. 5~6(Nguyen Dinh Thiem, Understanding Commercial Law in 2005, Labour and Social Publishing House) 참조.

6) 1999년 베트남기업법은 1999년 국회에 의하여 공포되어 2001년 1월 1일 발효되었다. 1999년 기업법의 공포에 의해 회사형태의 발전은 새로운 단계로 나아갔다. 이는 1990년의 회사법과 개인기업법 시행을 통한 경험을 입법에 반영한 것으로 위 두 법을 통합하였다. 1999년 기업법은 그 적용범위가 확대되었기 때문에 종래의 회사법이라는 법명을 기업법이라고 변경하였다. 이 명칭은, 가까운 장래 기업법이 여러 종류의 기업의 활동을 통일적으로 규율하도록 하려는 입법기관의 의도를 나타낸다고 한다.

1999년 기업법 이후 국제경제의 통합움직임, 현행 기업법의 한계를 극복하기 위하여 새로운 기업법이 필요하게 되었다. 2004년 말 국회에 제출된 베트남기업법 초안은 2005년 중순 국회에서 의결되어 2006년 초 발효·시행되었다. 2005년 베트남기업법은 기존에 기업을 규율하고 있던 1999년 기업법, 2003년 국영기업법 및 외국인투자법 중 외국인 기업 관련부분을 대체한 바 있다.[7] 특히 베트남기업법은 사회주의경제 체제를 먼저 도입하여 성공을 거둔 바 있는 중국의 기업법을 상당부분 계수한 것으로 평가할 수 있다.[8]

2005년 베트남기업법은 총10장 172개조로 구성되어 있으며, 유한회사[9](limited liability companies), 주식회사[10](joint-stock companies),조합[11](partnerships),개인기업[12](private enterprises)의 설립, 조직관리 및 운영에 관한 사항과 기업집단[13](groups of companies)게 관한 사항을 규정하고 있다(베트남기업법 제1조).[14][15]

2. 라오스기업법

공산정권 수립이후 15년 만인 1991년 8월 라오스는 라오스인민민주공화국 최초의 헌법을 제정하였다. 라오스 정부는 개혁·개방의 필요성

---

7) 1999년 베트남기업법과 비교하여 2005년 베트남기업법이 가지는 주요특징에 대한 자세한 내용은, Phan Dức Hiếu, Luật Doanh nghiệp năm 2005, 2006, NXB Thống kê, pp. 3~4 참조.

8) 정용상, (2002), "한·베트남 주식회사의 기관구조에 관한 비교법적 검토", 『비교법학』제13집, 부산외국어대학교 비교법연구소, 64면.

9) 이는 원문으로 'công ty trách nhiệm hữu hạn' 이다. 이는 우리 상법상 유한회사와 유사한 기업형태로서, 이하에서는 '유한회사'라고 한다.

10) 이는 원문으로 'công ty cổ phần' 이다. 이하에서는 '주식회사'라고 한다.

11) 이는 원문으로 'công ty hợp danh' 이다. 이하에서는 '조합'이라고 한다.

12) 이는 원문으로 'doanh nghiệp tư nhân' 이다. 이하에서는 '개인기업'이라고 한다.

13) 이는 원문으로 'nhóm công ty' 이다. 이하에서는 '기업집단'이라고 한다.

14) 현행 베트남기업법에 대한 자세한 내용은, 정용상, (2009), "베트남 기업입법의 배경과 개정기업법의 구조", 『재산법연구』, 제25권 제3호, 한국재산법학회 513-544면 참조.

15) KOTRA, (2009), 『투자실무가이드-베트남』,72-74면.

을 인식하고 헌법상 시장경제를 도입하게 되었다.[16] 이는 1994년 회사법 제정으로 이어졌다. 2005년 라오스 국회는 새로운 기업법(Enterprise Law)의 형식으로 기존 회사법(1994)에 대한 개정을 의결하였다.[17] 라오스기업법은 2005년 11월 9일 법률 채택에 관한 국회의 결의와 2005년 11월 18일 국회상임위원회의의 제안에 따라 2005년 12월 9일 공포되어, 2006년 3월에 발효되었다.[18][19]

2005년 라오스기업법은 총10장 245개조로 구성되어 있다. 라오스에서는 사기업, 국유기업, 합작기업, 집단기업의 4가지 형태의 기업이 설립될 수 있다(라오스기업법 제9조). 특히, 사기업의 형태는 개인기업, 조합기업, 회사로 분류된다(동법 제10조). 조합기업은 일반조합기업, 유한책임조합기업으로 나뉘며, 회사는 유한회사(1인 유한회사를 포함), 공개회사로 분류된다(동법 제11조).[20]

3. 캄보디아기업법

캄보디아는 1993년 새로운 헌법[21]을 공포하면서, 입헌군주국으로

16) 김성주, "라오스의 정치·경제체제와 개방정책", 『국제정치논총』 제36집 1호, 한국국제정치학회, 1996, 214면.

17) CUTS international, (2006), Promoting Competition Policy & Law in the Lao PDR, pp. 10-11.

18) 2005년 라오스기업법의 입법기준 및 입법경위에 관한 자세한 내용은, DFDL Mekong, (2010), Laos Legal And Investment Guide, 2010, p. 18; Sengxay Phousinghoa, Trang Nguyen, Lan Vam Nguyen, (2006), "Technical assistance to support the business environment reform process in Lao PDR: A case study on the new Enterprise Law", IFC-MPDF, pp. 6-10. 참조

19) 라오스기업법에 대한 보다 자세한 내용은, 김동훈·이준표, (2011), " 라오스기업법에 관한 고찰", 『외법논집』(제35권 제1호), 한국외국어대학교 법학연구소, 23-45면 참조

20) 공개회사와 폐쇄회사는 회사의 규모와 운영실태에 따라 회사법의 일부 규정의 적용을 달리 해야 할 것이라는 입법론적 착상에서 나온 구분이다. 대체로 미국의 publicly held corporation, closely held corporation, 그리고 영국의 public company, private company의 구분에 좇아 구별한다[이철송, (2011), 『회사법강의』, 서울: 박영사, 81~82면].

21) 총14장 140개 조항으로 구성된 1993년 캄보디아 헌법은 자유민주주의, 다당제, 삼권분립, 민족적·종교적 평등, 영세중립, 비동맹, 내정불간섭, 자유시장경제, 18세 이상 전국민의 참

복귀함과 동시에 시장경제체제로 전환하였다. 캄보디아 국회는 2005년 4월 「캄보디아 상사 기업법(Law on Commercial Enterprises)[22)]」을 마련하여 같은 해 9월에 시행하였다. 캄보디아기업법은 이미 1995년에 제정된 「상업규칙 및 상업등기에 관한 법률(Law on Commercial Rules and Register)」에 기초를 두고 있다. 캄보디아기업법은 기업활동 및 캄보디아 내에서의 사업을 실행하는 기업가들을 규율하는 법으로서,[23)] 부분적으로는 대륙법과 영미법 전통을 모두 가지고 있는 캐나다기업법 모델에 기초를 두고 있지만 전체적으로는 미국, 영국, 싱가포르, 호주, 홍콩 등과 같은 영어권 국가들의 기업법과 유사한 부분이 많다고 평가된다.[24)]

캄보디아기업법은 총8장 304조로 구성되어 있다. 캄보디아기업법상 인정되는 기업의 종류로는 일반조합, 유한책임조합, 비공개회사, 공개회사가 있다(캄보디아기업법 제1조).[25)]

4. 미얀마기업법

미얀마의 법체계는 관습법과 영국보통법 등이 결합된 독특한 모습을

정권 부여, 성차별금지, 사형제 폐지 등을 주된 내용으로 하고 있다[김성주, "인도차이나반도 사회주의국가의 체제전환과 개혁·개방정책", 『한국정치외교사논업』 제25집 1호, 한국정치외교사학회, 2003, 315면].

22) 원문으로 'ច្បាប់ស្តីពីសហគ្រាសពាណិជ្ជកម្ម(Law on commercial Enterprises)'이다. 이하에서는 '캄보디아기업법'이라고 한다.

23) 현재 캄보디아 기업관계법에는 2005년 캄보디아기업법(Law on Commercial Enterprises) 이외에도 Commercial Code (1950), Law on Commercial Rules and Registers (1995&1999), Law on Management of Quality and Safety of Products and Services (2000), Law concerning Marks, Trade Name and Acts of Unfair Competition (2002), Law on Commercial Arbitration (2006), Law on Insolvency (2007), Law on Secured Transactions (2007) 등이 있다[ADB, (2010), "Economic trend and prospects in developing Asia", *Asian Development Outlook 2010 Update*, p. 200].

24) United States Agency for International Development, (2007), *Southeast Asia Commercial Law & Institutional Reform and Trade Diagnostics -Cambodia*, p. 10.

25) 캄보디아기업법의 구성 및 지배구조에 관한 보다 자세한 내용은, 김봉철·이준표, (2011), "캄보디아 기업법상 회사지배구조의 특징", 『동남아연구』(21권 2호), 동남아연구소, 107-136면 참조.

하고 있다.[26] 미얀마기업법(The Myanmar Companies Act)은 1913년 인도 회사법을 기초로 만들어져 1914년 공포되었다. 그동안 개정이 이뤄지지 않아 대부분 규정이 현실과 동떨어져 있는 실정이다. 1991년에 한 차례 개정이 있었지만, SLORC 의장의 권한에 관한 1개 항의 추가에 그쳤다. 그 밖에 미얀마 기업규칙(Companies Rules, 1940), 특별기업법(the Special Company Act, 1950), 미얀마기업규정(The Myanmar Companies Regulations, 1957)등 이 존재 하여 기업법을 보충하고 있다.[27]

미얀마기업법은 총11장 287개의 항으로 구성되어 있다. 미얀마기업법상 회사는 공회사와 사회사로도 분류한다. 사회사(private company)는 경우에 따라 지분의 양도를 제한할 수 있고 50명 이하의 사원으로 구성되며 지분인수 내지 사채를 위한 공개모집이 금지된다. 공회사(public company)는 사회사가 아닌 회사로써, 미얀마기업법(1913)과 인도기업법(1882, 1886) 하에서 설립된 회사를 말한다. 미얀마기업법에서 인정되는 회사형태는 책임 유무에 따라 크게 유한책임회사와 무한책임회사로 나뉘며, 유한책임회사는 책임을 제한하는 방법에 따라, 주식유한회사, 보증유한회사로 분류된다. 그러나 이 가운데 현재 미얀마에 존재하는 법인형태는 주식유한회사에 한하며, 보증유한회사 및 무한회사는 실제 존재하지 않는다.[28]

5. 각 국의 기업법체계 비교

메콩경제권 국가들의 법계는 각국의 역사적 흐름을 따라, 전통시대

26) 미얀마의 식민지 시대의 구체적 상황에 대하여는, 박장식 · 김민아, "미얀마의 식민지 시대의 재평가-식민주의의 정치적 유산과 청산", 『동남아시아연구』 제18권 제1호, 한국동남아학회, 2008, 73~107면 참조.

27) 미얀마 최근 법제동향에 대한 자세한 내용은, 김봉철, (2011), "한-미얀마 경제협력 관련 미얀마 규범체계의 동향 : 경제특구법과 고속도로법을 중심으로", 『경기대학교 법학논총』 제12호, 경기대학교 법학연구소, 59-76면 참조.

28) DFDL Mekong, Myanmar Legal And Investment Guide, 2010, pp. 19~20.

를 시작으로 식민통치시기, 사회주의시기, 체제전환시기 등을 거치면서 다양한 법계를 계수함으로써 복합적인 성격을 지니게 되었다고 평가된다. 메콩경제권 국가들의 기업법의 입법경위와 체계구성 및 특징 등을 고려해 볼 때, 기존의 법계구분과 동일한 기준으로 각 국의 기업법 체계를 정의하기에는 어려움이 있다. 사회주의 계획경제에서 자본주의 시장경제로 전환한 많은 메콩경제권의 이른바 '체제이행국가들'의 기업법도 대륙법계 또는 영미법계의 법을 모델로 하여 체제전환을 도모하거나, 대륙법계와 동시에 영미법계의 법을 모델로 하여 체제전환을 추진하는 경우도 있다. 베트남, 라오스의 기업법은 대륙법계의 영향을 받아왔으며, 미얀마의 경우에는 영미법계의 영향을 많이 받아 기업법 체계상 유사한 면이 많다. 한편 캄보디아기업법의 경우에는 대륙법계와 영미법계가 혼합된 모습을 가지고 있음을 발견할 수 있다. 즉 메콩경제권 국가들의 기업법은 대륙법계와 영미법계가 혼합된 캄보디아기업법을 중심으로 베트남, 라오스의 기업법은 대륙법계의 영향을, 미얀마의 기업법은 상대적으로 영미법계의 영향을 많이 받은 것으로 볼 수 있다.[29)]

한국의 경우, 회사법이 별도의 단행법으로 존재하는 것이 아니라 상법전 안에 포함되어 있다. 반면, 메콩경제권 국가들은 모두 독립적인 기업법을 단행법으로 가지고 있다. 상사 입법과 관련하여 단행입법의 형식을 취하는 것은 세계적 추세이다. 일본도 지난 2005년, 상법전 가운데 제2편인 회사편을 단행법화하였다.[30)] 단행입법 형식은 사회, 경제적 변화에 따른 개정의 필요성에 보다 유연하게 대응할 수 있다는 장점이 있다. 특히 회사법의 경우 급변하는 기업환경에 대처해야 한다는 점에서, 개정의 폭이 크고 연쇄적으로 일어날 수 밖에 없다. 또한 한국상

29) 미얀마와 관련하여, 영미보통법의 원칙들이 성문법이라는 매개체 속에 심겨져 있다고 보는 견해도 있다(Tun Shin, (1999), "Commercial Laws of Myanmar", A seminar in International Business Center, Yangon).

30) 권종호, "일본상사법의 개별입법화 동향", 『기업법연구』 제23권 제4호(통권 제39호), 한국기업법학회, 2009. 12, 170면.

법상 그 규모의 방대함과 회사법의 위상 등을 고려하면, 회사법을 상법의 한 편으로 구성하는 것 보다는 독립된 단행법으로 존재시키는 것이 더욱 바람직하다고 보는 입장도 있다.[31]

III. 회사설립제도

1. 설립의 주체

1) 베트남

베트남기업법상 회사설립을 위해서는 먼저 설립주체가 확정되어야 한다. 발기인 수와 관련하여 유한회사는 2명 이상 50명 이하의 사원이 요구되며, 주식회사는 발기인이 3명 이상이면 되고 상한선에 제한이 없다. 경우에 따라서는 1인 유한회사를 인정하고 있으며, 베트남 또는 외국의 단체와 개인은 베트남기업법에 따라 베트남에서 회사를 설립·경영할 수 있다. 다만 일정한 경우에 설립 및 경영권은 제한된다(베트남기업법 제13조 제1항). 여기서 '일정한 경우'라 함은 국가의 자산을 사용하는 국가기관 및 베트남인민무력부대가 자기의 이익을 위하여 기업을 설립하는 경우, 공무원법 규정에 따른 간부나 공무원, 베트남인민군 산하 각 기관소속사관, 하사관, 직업군인, 국방공민 및 산하 부대, 미성년자, 행위능력 없는 자 또는 행위능력이 제한된 자, 구금형벌집행중인 자, 법원에 의한 경영행위금지자 기타 파산관련 법률에서 정하는 단체 및 개인 등을 말한다(동법 제13조 제2항).

31) 최준선, "한국 회사법의 개정 방향", 『상장협연구』 제54집, 한국상장회사협의회, 2006, 26면.

2) 라오스

라오스기업법상 발기인이라 함은, 회사의 설립을 시작하는 자를 말하며, 최소 1개의 지분을 가져야한다. 비공개회사 발기인은 창립총회가 소집될 때까지 회사의 설립과 관련된 모든 활동을 맡게 된다(라오스기업법 제87조). 발기인의 수와 관련하여, 원칙적으로 비공개회사는 2명 이상 30명 이하(동법 제85조), 공개회사는 9명 이상의 발기인이 있어야 한다(동법 제79조). 다만 1인 비공개회사를 인정하고 있고, 30명 이상의 사원으로 이루어진 비공개회사라고 하더라도 특별결의로써 인정된 경우에 한하여 유한회사로서의 지위를 유지할 수 있도록 하고 있다(동법 제85조).

라오스기업법은 공개회사의 발기인의 자격을 제한하고 있다. 발기인은 행위능력을 가진 자연인 또는 법인으로서, 사업을 운영하는 기간 내에 계속하여 파산자이거나 자산의 횡령이나 남용으로 유죄판결을 받은 자가 아니어야 하고, 등록자본의 10% 이상을 대표하는 주식은 공동으로 소유되어야 한다. 라오스 국민, 외국인 거주자, 라오스에 거주하는 국적불명자나 라오스에 거주하지 않는 외국인은 공개회사주식의 100%를 보유하는 발기인이 될 자격이 있다. 다만, 정부가 필요에 의해 과반수의 발기인이 라오스 국민이어야 한다는 등의 예외를 둘 수 있다(동법 제180조).[32)]

3) 캄보디아

캄보디아도 기업법상 회사설립에 있어서도 발기인 제도를 두고 있다. 다만 발기인의 수에서, 비공개회사는 원칙적으로 2명 이상 30명 이하로 제한을 두고 있으며 1인 비공개회사도 가능하다. 발기인은 자연인에 한하며 법인은 발기인이 될 수 없으며, 성년이어야 한다. 금치산자 또

32) 라오스기업법 규정에 관한 자세한 내용은, 김동훈·이준표,(2011), "라오스기업법", 『외법논집』 제35권 제1호,한국외국어대학교 법학연구소, 257~271면 참조.

는 한정치산자, 파산자 및 자산의 횡령이나 배임에 대하여 유죄판결을 받은 자는 발기인이 될 수 없다. 공개회사의 경우, 1인 이상이라면 발기인의 수에는 제한이 없다(캄보디아기업법 제86조). 발기인의 직무권한은 회사 설립일로부터 첫 창립총회가 개최될 때까지 유지된다(동법 제116조).

발기인자격에서 사임하려면 모든 발기인의 동의가 있어야 한다. 창립총회의 종료 전에 어떤 발기인이 사망 또는 사임으로 인하여 남은 발기인들이 계속설립을 추진해야 하는 경우, 발기인의 사망 또는 사임의 날로부터 1개월 이내에 발기인을 보충하여야 한다.

4) 미얀마

미얀마기업법상 회사를 설립하려면 먼저 발기인이 있어야 하는데, 특히 발기인 수에 관하여는 회사의 형태에 따라 차이가 있다. 공회사의 경우에는 7인 이상의 발기인이 필요하며 그 상한에는 제한이 없다. 반면 사회사의 경우에는 발기인이 2인 이상 50인 이하로 구성된다(미얀마기업법 제5조). 미얀마기업법상 규정된 발기인 수의 하한선은 다른 메콩경제권 국가들에 비하여 높으며 회사설립 및 투자의 장애요소로 작용할 수 있다.

발기인의 수 이외에 구체적인 발기인자격에 대하여는 미얀마기업법상 명확한 규정으로 제한하고 있지 않다.

5) 한국상법과의 비교법적 검토

어느 나라를 막론하고 법률상회사를 설립하기 위하여는 먼저 설립주체가 확정되어야 한다. 특히 주식회사의 경우 일반적으로 발기인이 회사설립을 기획하고 절차를 주관하도록 하고 있다. 발기인을 포함한 회사설립주체는 장래 회사의 재산적 기초 및 법적 기초를 창출하는 역할을 한다는 점에서 중요하다. 메콩경제권 국가들의 기업법도 설립주체에 해당하는 사원 및 발기인에 대하여 그 수와 자격 책임 등에 관하여 규정하고 있다.

한국상법의 경우 발기인은 주식회사 설립의 기획자로서 정관에 발기인이라고 기재하고 기명날인 또는 서명한 자를 말하며, 주식회사 설립을 위한 발기인의 숫자는 1명 이상이라면 아무런 제한이 없다(한국상법 제288조). 2001년 상법이 개정되기 전에는 발기인의 수를 3인 이상으로 하던 것을 회사설립요건을 완화하는 외국의 입법추세에 따라 그 요건을 완화하여 1인 이상으로 한 것이다.[33] 메콩경제권 국가들은 기업법상 회사설립의 주체로서 일정한 수의 사원 내지 발기인을 두도록 하고 있다. 다만, 회사의 종류에 따라 발기인의 수와 자격에 관한 규정에는 약간의 차이가 있다.

주식회사의 발기인 수와 관련하여 메콩경제권 국가들 가운에서는 라오스는 9명 이상, 미얀마는 7명 이상, 베트남은 3명 이상, 캄보디아는 1명 이상으로 정하며 상한선은 제한하지 않고 있다.

〈표 1〉 국가별 주식회사의 발기인 수

국가명	주식회사 발기인 수
베트남	3명 이상
라오스	9명 이상
캄보디아	1명 이상
미얀마	7명 이상

한국과 비교하여, 메콩경제권 국가들의 발기인 제한 규정의 취지는 경영활동에서 생기는 사기, 권력의 남용, 수뢰 등의 시장성이 없는 위

33) 개정을 통하여 기존 50명 이하의 제한을 두던 상법 제545조를 폐지하는 등 설립에 관한 각종 제한규정들을 철폐하였다[김동훈, (2012), 『회사법』, 서울: 한국외국어대학교 출판부, 86면].

험으로부터 국가의 이익, 사회의 이익 내지 투자자의 이익을 보호하기 위한 것으로 생각된다. 그러나 회사설립절차의 간소화라는 측면에서 발기인 수에 대한 제한규정을 완화하는 것이 필요하다.

2. 설립의 절차

1) 상호의 선정

(1) 베트남

베트남의 경우, 상호는 베트남어로 하여야 하고, 숫자 및 상징을 포함할 수 있으며, 발음할 수 있어야 하고, 기업의 유형과 지역의 명칭을 포함하여야 한다. 상호는 본사, 지점, 대표사무소에 게시하여야 하고, 기업의 모든 거래문서, 서류 또는 출판물에 표시하여야 한다. 상호등록을 처리하는 담당 공무원은 일정한 기준 하에서 기업의 명칭 사용을 승인 또는 불허할 수 있으며, 해당 공무원의 결정은 최종적인 것으로 본다(베트남기업법 제31조).

상호선정에서 기존 기업의 명칭과 동일하거나 혼동을 일으키는 명칭 사용은 금지된다.[34] 또한 기업의 명칭 전부 또는 일부에 국가기관이나 인민군의 명칭을 사용하는 경우, 정치단체, 사회단체, 정치전문가 단체, 사회전문가단체, 사회전문가단체의 명칭을 해당 단체의 동의 없이 사용하는 경우와 베트남의 역사 및 문화적 전통이나 도덕 및 관습에 어긋나는 단어 또는 상징을 사용하는 것도 금지된다(동법 제32조). 기업의 외국어 명칭은 베트남어를 해당 외국어로 번역한 것이다. 번역시에는 지역의 명칭을 표시하거나 하지 않을 수 있다. 기업의 외국어 명칭을 본사,

---

34) 상호가 기존 및 등록된 기업의 명칭과 혼동되는 경우로는 베트남어 발음이 같은 경우, "&" 표시만 다른 경우, 약어가 같은 경우, 외국어 표기가 같은 경우 접두사 또는 접미사 또는 베트남어 알파벳만 다른 경우, 접두사 "신"을 붙여서 달라진 경우, 북부, 남부, 중앙, 서부, 동부 또는 이와 유사한 단어를 붙여서 달라진 경우 등이 있다. 이 때 기존에 등록된 기업의 자회사인 경우는 예외로 한다(베트남기업법 제34조 제2항).

지점, 대표사무소, 거래서류 또는 출판물에 공시할 때에는 베트남어 명칭보다 작은 크기로 하여야 한다. 기업 명칭의 약어는 외국어 또는 베트남어 명칭에서 축약할 수 있다(동법 제33조).

(2) 라오스

라오스기업법상 상호를 최초로 등록한 기업은 다른 기업에 대하여 그 상호에 관한 우선권을 가진다. 기업의 상호는 항상 그 기업의 형식이나 범주를 표시하여야 한다. 상호를 등록한 기업의 설립절차 관련 신청이 수리되지 않는 경우, 등록된 상호는 효력을 상실한다.

기업을 등기한 경우 사업운영자는 그 상호를 나타낸 간판을 설치해야 한다(라오스기업법 제21조). 다만 ① 동일한 지역이나 도시 내의 다른 기업의 명칭 또는 널리 알려진 다른 기업의 명칭과 유사하거나 동일하여 혼동을 야기하는 상호, ② 건전한 국가적 문화와 전통 또는 사회 질서에 상충되는 상호, ③ 국가나 국제기관의 명칭을 포함하는 상호 또는 문화적 정체성의 상징이나 국가적 성지의 명칭을 포함하는 상호, ④ 기업의 형식이나 범주와 동일하거나 유사한 상호의 경우에는 그 사용이 금지된다(제22조). 그 상호나 면허를 다른 사람으로 하여금 사업활동을 위하여 사용하도록 허락하는 것은 라오스 계약법에 따라 서면으로 이루어져야 한다. 타인의 상호나 면허의 사용에 대한 서면승인이 없는 경우, 해당 상호 또는 면허의 보유자가 그러한 사용을 알고도 항의나 반대를 하지 않았거나 묵인했음을 보여주는 충분한 증거가 있는 때에는 적절한 승인이 있었던 것으로 간주한다(동법 제23조).

기업의 상호나 면허를 타인에게 사용하도록 허락한 자는 약정[35] 또는 법률의 규정에 따라 제3자에게 책임을 져야한다. 법적능력이 없는 자에게 당해 기업의 상호나 면허를 사용하도록 허락한 자는 능력 없는

35) 이는 해당 상호 또는 면허의 보유자와 그 상호 또는 면허의 사용을 허락받은 자 사이의 계약을 말한다.

자의 행위에 대하여 책임을 부담한다. 기업의 상호나 면허를 사용함에 있어 법적 제한을 받는 개인이나 법인에게 그 사용을 허락한 자는 그 개인이나 법인의 행위에 대하여 연대하여 책임을 진다. 수권받은 자가 행한 모든 사업활동은 기업등기 없이 행해진 사업활동으로 간주한다. 국영회사는 개인이나 법인에게 그 상호 및 면허를 사용하도록 허락할 수 없다. 이를 위반하는 경우 국영회사가 제3자에 대하여 직접 책임을 진다(동법 제24조).

(3) 캄보디아

캄보디아에서도 회사의 설립절차 중 먼저 해야 할 일은 상호를 선정하는 것이다. 상호는 '크메르어'로 표시하는 것이 원칙이며, 그러한 크메르어 상호는 맨 위에 표시되고 다른 언어의 명칭보다도 표시된 크기가 커야한다. 회사는 모든 날인, 회사 편지지, 공개목적을 위해 사용되는 양식과 서류, 그리고 캄보디아 영토 내의 육·해·공에 전시되는 광고물에 크메르 상호를 표시하여야 한다. 다만, 캄보디아 밖에서는 다른 언어로 명칭을 고안하여 사용할 수 있다(캄보디아기업법 제5조).

상호선정에서, 비공개회사는 상호 끝에 "비공개회사" 또는 적절한 약어를 포함시켜야 하며, 공개회사는 상호 끝에 "공개회사" 또는 적절한 약어를 포함시켜야 한다. 상무부 법인국장[36]은 회사에 의해 제안된 상호를 조사하여야 하며, 상호가 기존에 등록된 상호와 유사하여 혼동을 줄 수 있는 경우, 공공질서에 반하거나 비속적·비방적이어서 사용하기 부적절한 경우에는 해당 상호의 등록을 거절할 수 있다. 회사의 상호와 관련하여 상무부 법인국장의 결정은 구속력이 있는 최종결정이다(동법 제92조).

36) 법인국장(Director of Companies)은 상무부 장관에 의해 임명된 자로서, 캄보디아기업법 제3편 제2장 제13절(제259조~제269조)에서는 법인국장의 권한과 의무에 대하여 자세히 규정하고 있다.

(4) 미얀마

미얀마기업법상 회사는 기존에 이미 등록되어 있는 상호와 동일한 상호를 등록할 수 없다. 또한 혼동되기 쉬운 상호의 사용도 제한된다. 다만 기존에 등록되어 있던 회사가 해산절차 중에 있고 상호사용과 관련하여 담당 공무원이 요구하는 방식에 따라 동의가 이루어진 경우에는 기존 상호를 사용할 수 있다.

그러나 회사가 이러한 동의절차 없이 기존에 이미 등록되어 있던 상호와 동일한 상호 내지 혼동되기 쉬운 유사한 상호를 등록하여 사용하는 경우에는 담당 공무원의 승인을 받아 상호를 변경하여야 한다. 미얀마에서 상호를 변경하고자 할 때에는, 주주총회의 특별결의와 미얀마 대통령의 승인에 의하여 상호를 변경할 수 있다. 상호변경이 인정될 경우, 등록 공무원은 기존 상호가 등록되어 있는 등록부상에 새로운 상호를 삽입하고, 변경된 설립증명서를 발급해 주어야 한다. 상호의 변경은 회사의 권리와 의무에는 영향을 미치지 않는다. 모든 회사는 쉽게 읽을 수 있는 영어 문자로 회사의 등록사무소 내지 회사건물 외부에 그려지거나 부착된 상호를 보유하여야 한다. 이것은 인감 상에도 인식하기 쉬운 모양으로 상호를 사용하고, 주식증명서상에도 사용하여야 한다. 상호는 모든 문서, 통지, 광고 기타 공식 출판물에도 표시되어야 한다(미얀마기업법 제11조).

(5) 한국상법과의 비교법적 검토

일반적으로 법률상 회사를 설립하려면 상호를 선정하는 작업이 선행되어야 한다. 상호란, 회사의 동일성을 표시하는 명칭이다. 자연인과 달리 회사는 상호가 없으면 그를 표시할 방법이 없으므로 반드시 상호를 가져야 한다.[37]

37) 이철송, 전게서, 195면.

한국은 2010년 3월 상업등기법 일부개정을 통해 유사상호금지 제도를 폐지하여 동일상호가 아닌 한 유사상호도 등기를 허용하고 있다. 이러한 상업등기법의 개선으로 상호선정에 소요되는 시간과 노력을 절약하여 신속한 창업절차를 기대할 수 있을 뿐 아니라, 해당 등록 공무원의 자의적인 판단을 방지하여 예측가능성과 등기업무의 투명성을 높이는 효과를 거둘 수 있을 것으로 기대하고 있다.[38)]

메콩경제권 국가들은 기업법상 상호의 선정 및 사용에 관하여 자세한 규정들을 두고 있다. 상호 선정에 관한 메콩경제권 국가들의 기업법 규정들은 일반적으로 한국의 상업등기법 개정 내용과 같은 규정이 없으므로 유사상호 등록여부의 조사·확인을 위한 시간의 지연 및 추가 상호선정에 많은 시간이 소요될 수 있다. 이 점에서 신속한 회사설립에 걸림돌이 되며 담당 등록 공무원이 상호의 유사성 여부를 자의적으로 판단할 우려도 배제할 수 없다. 물론 사회주의국가의 경우, 국가 통제라는 측면에서 회사 설립 절차에 관하여 엄격한 규정을 둘 수밖에 없는 측면이 있다고 판단되지만, 설립절차의 간소화라는 관점에서 유사상호 제한이라는 사전적 규제는 사후적 책임추궁의 형식으로 전환되는 것이 바람직하다.

2) 정관의 작성

(1) 베트남

베트남기업법상 정관에 기재되어야 할 사항은 매우 다양하게 되어 있다. 우선, ① 상호, 본점, 지점, 대표사무소의 주소, ② 사업목적 및 사업분야, ③ 정관자본금과 자본의 증감방법 등은 회사종류와 관계없이 공통적인 기재사항이다. 또한 회사의 종류에 따라서 ④ 조합기업의

---

38) 유사상호금지 제도를 폐지에 관한 보다 자세한 내용은, 법제사법위원회, (2009), "상업등기법 일부개정법률안 심사보고서", 5~7면 참조.

경우 무한책임조합원의 성명·주소·국적, 유한책임회사의 경우 사원의 성명·주소·국적 및 사원 개인의 기본적인 인적사항, 주식회사의 경우 성명·주소·국적 및 발기인 개인의 기타 기본적인 인적사항, ⑤ 유한회사와 조합기업의 경우 사원의 출자지분과 출자가액, 주식회사의 경우 발기인의 보유 주식 수·주식의 종류·액면가액·발행주식총수, ⑥ 유한회사·조합기업의 사원 및 주식회사의 주주의 권리와 의무, ⑦ 회사의 지배구조, ⑧ 유한회사, 주식회사의 경우 법률상 대표자, ⑨ 회사의 의결 방식·내부분쟁 해결원칙, ⑩ 유한회사의 경우 사원총회의 사원·사장, 주식회사의 경우 이사·사장 및 감사에 대한 보수의 지급근거 및 계산방법 등의 사항이 정관에 기재되어야 한다.

이밖에, ⑪ 유한회사 또는 주식회사에서 사원 또는 주주가 출자금의 반환을 청구하는 경우, ⑫ 이익배당 및 손실분담에 관한 원칙, ⑬ 회사의 해산 및 청산, ⑭ 정관의 개정 및 보충, ⑮ 합병회사의 경우 무한책임사원의 성명 및 서명, 유한회사의 경우 법률상 대표자·소유주·사원 또는 대리인의 성명 및 서명, 주식회사의 경우 법률상 대표자·발기인 또는 대리인의 성명 및 서명, ⑯ 기타 법에 위배되지 않는 주주 또는 사원 간의 합의내용 등이 정관의 기재사항으로 되어 있다(베트남기업법 제22조).

(2) 라오스

라오스기업법상 회사의 정관에는 설립계약서에 포함되어 있는 내용 즉, 기업의 상호, 사업 목적, 본점과(지점이 있는 경우) 모든 지점의 명칭과 위치, 주식의 가액과 수로 나누어진 법정자본금, 현물출자분, 현금으로 출자된 몫, 보통주와 우선주의 수, 회사 발기인의 성명·주소·국적, 그리고 각각의 발기인이 인수한 주식의 수, 회사채무에 대한 이사의 무한책임에 관한 규정, 회사 발기인의 성명과 서명 등을 기재하여야 한다(제81조).

또한 회사의 이익이나 배당금의 분배방식, 주식납입의 방식과 기한, 조직과 경영, 결의를 위한 회의 및 그 방식, 분쟁해결방식, 해산과 청산에 관한 내용을 정관에 기재하여야 한다. 회사정관의 내용의 변경은 주주총회가 결의를 채택한 날로부터 10일 이내에 담당 공무원에게 신고하여야 한다.

(3) 캄보디아

캄보디아기업법도 영미법과 같이 정관을 기본정관(Memorandum of Association)과 부속정관(Bylaws)[39]으로 구분하고 있다. 기본정관에는 회사의 상호, 캄보디아 내에 있는 회사의 등기된 사무소, 회사의 목적[40]과 사업상 제한규정[41], 국가통화로 표시된 수권자본, 주식의 종류와 발행 수 그리고 회사가 발행하는 주식의 액면가, 회사가 1개 종류를 초과하는 주식을 발행하는 경우, 각 종류 주식의 최대주식 수·액면가 등을 기재하여야 하고 각 종류주식과 관련된 권리·특권·제한·조건 등을 기재하여야 한다. 이 밖에 주식의 발행, 양도 또는 소유가 제한되는 경우, 그 제한에 관한 효력과 목적이 기재되어야 하며, 각 사원의 성명과 주소, 이사의 수 등을 기재하여야 한다(캄보디아기업법 제93조). 기본정관에는 필요한 규정을 추가로 포함시킬 수 있다(제94조).

정관에는 모든 발기인의 서명이 있어야 하며(제95조), 정관을 제출할 때에는 회사 설립과 관련된 기타 등록서류들도 함께 상무부 법인국장에게 제출하여야 한다(제96조). 유한회사는 언제든지 특별결의로써 회사정관을 수정할 수 있는데(제235조, 제236조), 정관의 개정과 관련된 모든 서

---

39) 캄보디아기업법은 회사의 사업이나 업무를 규율하는 부속정관 내지 내규의 채택을 인정하고 있다. 다만, 회사 또는 회사의 이사들에게 특별한 권한을 부여하기 위한 부속정관의 채택은 제한하고 있다(캄보디아기업법 제102조).

40) 회사의 목적에는 법률에 반하지 않는 1개 이상의 사업종목을 포함시킬 수 있다(캄보디아기업법 제93조 3호).

41) 회사는 기본정관에 의해 제한되는 어떤 권한 혹은 사업을 할 수 없으며, 정관에 반하는 회사의 권한을 행사할 수 없다(캄보디아기업법 제103조).

류에는 주주들이 승인한 개정사항에 날짜를 기재하고 이사회 의장 또는 의장이 승인한 이사가 서명하여야 한다. 개정을 승인하는 특별결의와 함께 모든 개정내용을 기재한 정관은 개정이 승인된 날로부터 15일 이내에 상무부에 제출되어야 한다(제239조). 상무부의 법인국장은 개정된 정관을 수령한 즉시 수정증명서를 발급해 주어야 하며 개정증명서에 표시된 날짜로부터 개정의 효력이 발생한다(제240조).

그러나 실무상 비공개회사의 경우에는 캄보디아 상무부에서 사용하는 표준정관만이 인정된다. 또한 주주, 회사의 주소, 의사·의결정족수 등 기본적인 사항을 제외하고는 변경이 허용되지 않는 반면에 공개회사의 경우, 새로이 정관을 제정하여 캄보디아 상무부의 승인을 얻으면 이를 사용할 수 있다.[42]

(4) 미얀마

미얀마기업법 제17조는 정관에 관하여 규정하고 있다. 미얀마기업법의 경우 영미법과 마찬가지로 정관을 기본정관과 부속정관으로 구분한다. 기본정관에는 승인된 상호, 본점소재지, 사업 목적, 주주가 유한책임이라는 것을 확인하는 문구, 등기 자본금 및 1주의 액면가, 발기인의 성명·주소·직업·서명 및 그들 각자가 인수하는 주식수 등이 기재되어야 한다.

기본정관은 모든 회사가 의무적으로 등기하여야 하지만, 부속정관의 경우에는 그렇지 아니하다. 즉 주식회사의 경우에는 부속정관을 등기하는 것이 임의적인 반면에, 보증유한회사나 무한책임회사는 기본정관에 서명날인 한 자가 다시 서명한 부속정관을 등기하여야 하는 것이다.

---

42) 법무부, (2010), 『Investment & Business Guide- 캄보디아 회사·세무·투자』, 11면.

(5) 한국상법과의 비교

회사의 정관이란 실질적 의미에서는 회사의 조직·활동을 정한 근본 규칙을 총칭하는 것이며, 형식적으로는 그 규칙을 기재한 서면 그 자체를 뜻한다. 각 국법상 일반적으로 법인을 설립하려면 일정사항을 기재한 정관을 작성하여야 한다. 영미법에서는 정관을 기본정관과 부속정관으로 구별하고, 기본정관은 상호·설립목적·자본·발기인 등 회사의 가장 기본적인 사항을 규정하여 그 수정은 엄격한 법적규제를 받는다. 반면에 부속정관은 총회·이사회의 소집·이익배당 등 주로 회사운영에 관한 사항을 규정하며, 그 수정은 주주총회나 이사회의 결의로 용이하게 할 수 있도록 한다.[43] 그러나 한국상법에서는 이러한 구별이 없으므로, 모든 정관기재사항이 동등한 효력을 가진다고 해석해야 한다.[44]

메콩경제권 국가들의 기업법상 회사설립절차에서 정관작성은 필수적인 요소이다. 다만 캄보디아, 미얀마 등의 기업법과 같이 영미법체계를 따르고 있는 기업법의 경우에는 정관의 내용에서, 기본정관과 부속정관으로 구분되는 등 대륙법계 기업법의 모습과는 다소 차이가 있다. 이러한 입법태도는 한국과도 다르다.

한국상법상 주식회사설립의 첫 단계도 발기인이 정관을 작성하고 기명날인 또는 서명을 하는 것이며(한국상법 제289조 제1항), 정관은 원칙적으로 공증인의 인증으로 받음으로써 효력이 생긴다. 정관과 관련하여 메콩경제권 국가들의 기업법도 공증의무를 부과하고 있는데, 이는 공증을 통해 회사관계에서의 분쟁을 예방한다는 측면에서 유용한 기능을 가지고 있다고 할 수 있다. 그런데 한국의 경우, 공증절차가 형식적으로 이루어지는 경우가 많아서 정관에 대한 공증의무부과의 실효성에 관한 비판이 많았다. 일본에서도 회사법 개정 시 공증의 실효성이 별로 없다는

43) 개정미국모범회사법 (Revised Model Business Corporation Act 1984, R.M.B.C.A) 제2장 2.02조 참조.

44) 이철송, 전게서, 193면; 최기원, (2011), 『기업법개설』 제14판, 서울: 박영사, 101~102면.

이유로 공증제도 폐지에 대한 논의가 있었으나, 공증인 등 이해관계자들의 입장 때문에 공증제도가 유지되었다.45)

한국은 2009년 상법개정을 통해 자본금 총액이 10억원 미만인 회사를 발기설립하는 경우에는 각 발기인이 정관에 기명날인 또는 서명함으로써 정관의 효력이 발생되도록 하였다(제292조).46) 회사설립에 있어서 정관을 공증받으려면 보통 법무사 등을 이용하는데, 회사설립 과정에서 이들의 개입은 회사 설립등기에 따른 기간을 단축하는 역할을 하지만, 회사설립 등기과정에서 법무사에게 의존하도록 하여 설립에 따른 비용부담을 가중시키는 요인으로 작용할 수도 있기 때문이다. 회사설립의 간소화라는 측면에서 볼 때, 소규모 회사에 한하여 공증제도에 예외를 두는 것이 바람직하다. 메콩경제권 국가들의 경우에도 이 점에 관하여 적극적인 검토를 해야 할 것이다.

3) 법인격 취득시기

(1) 베트남

베트남기업법상 기업은 설립등기증명서 발급일로부터 법인격을 취득하는데, 회사를 설립하려는 자는 관할 등기소에 필요한 서류를 제출하여야 한다. 등기공무원은 제출된 서류를 검토하고, 제출일로부터 10일 이내에 제출된 서류를 심사하여 설립등기증명서의 발급여부를 결정하여야 한다. 설립등기증명발급이 불허된 경우에는 서면으로 이 사실을 통지하여야 하며, 통지시에는 불허사유 또는 서류의 개정 또는 보충의 필요성을 기재하여야 한다. 등기공무원은 설립등기증명서를 발급함에 있어서 법에서 정한 서류의 제출을 요구할 수 있다(베트남기업법 제15조).

---

45) 일본의 공증제도에 대한 자세한 내용은 조희종, "일본의 공증제도", 『대한공증협회지』 제1호, 대한공증협회, 2008, 96～107면 참조.

46) 한국상법 제292조 단서 조항은 규모가 영세한 회사의 경우 설립에 필요한 비용을 절감해 줌으로써 회사설립을 촉진하기 위한 특례이며, 2009년 5월 개정에 의해 신설되었다[이철송, 전게서, 205면].

설립등기에 필요한 서류는 설립하려는 기업의 형태에 따라 다르다(동법 제16조~제19조).[47)]

설립등기신청서에는 상호, 본사소재지, 전화번호, 팩스, 이메일 주소가 있는 경우에는 그 이메일 주소, 사업활동 목록, 회사의 정관자본금 및 1인 회사의 투자자본이 기재되어야 한다. 유한회사 및 조합의 경우 각 사원 내지 조합원이 소유한 지분, 주식회사인 경우 발기인 각자가 소유한 주식, 주식의 종류 및 액면가, 총 수권자본, 개인회사인 경우 소유자가 기재되어야 한다. 1인 유한회사인 경우 소유자 또는 그 대리인, 사원이 2인 이상인 유한회사인 경우 그 사원 또는 그 대리인, 주식회사인 경우 창립주주 또는 그 대리인, 조합인 경우 무한책임조합원의 성명·서명·거주지 주소·국적·신분증·여권 또는 기타 관련 증명서 번호가 기재되어야 한다(동법 제21조).

베트남기업법은 그 제정 당시 기업의 경영등록절차를 구체화하면서, 설립등기증명서 발급 조건으로 다섯 가지를 제시하였다. 첫째, 신청한 사업활동이 금지행위가 아니어야 한다. 둘째, 상호가 베트남기업법 제31조 내지 제34조에 부합하여야 한다. 셋째, 본사소재지가 제35조에 부합하여야 한다. 넷째, 법률에서 정하는 설립등기 필요 서류가 유효하

---

47) 개인기업의 구비서류는 등기공무원이 정한 신청서, 신분증, 여권 또는 기타 관련 증명서 사본, 법정자본이 필요한 사업활동인 경우, 관할기관이 발급하는 법정자본 증명서, 전문가 증명서가 필요한 사업활동인 경우, 이사 등의 전문가 증명서(베트남기업법 제16조)이다. 조합의 구비서류는 등기공무원이 정한 신청서, 조합의 정관 초안, 조합원 명부; 조합원사원의 신분증, 여권 또는 기타 관련 증명서 사본, 법정자본이 필요한 사업활동인 경우 관할기관이 발급하는 법정자본 증명서, 전문가 증명서가 필요한 사업활동인 경우, 이사 또는 무한책임 조합원 등의 전문가증명서(동법 제17조)이며, 유한회사의 구비서류는 정관 초안, 각 사원의 신분증, 여권 또는 기타 관련 증명서 사본, 법정자본이 필요한 사업활동인 경우, 관할기관이 발급하는 법정자본 증명서, 전문가 증명서가 필요한 사업활동인 경우, 이사 또는 총지배인 등의 전문가 증명서 등(동법 제18조)이다. 주식회사의 구비서류는 사업자등록관이 정한 신청서, 정관 초안, 창립사원명부에 각 사원의 신분증, 여권 또는 기타 관련 증명서 사본 및 기관인 사원의 설립결의서, 사업자등록증 또는 기타 관련 증명서 사본 승인된 대리인의 신분증, 여권 또는 기타 관련 증명서 사본이 첨부된 창립사원명부, 법정자본이 필요한 사업활동인 경우, 관할기관이 발급하는 법정자본 증명서, 전문가 증명서가 필요한 사업활동인 경우 이사 또는 총지배인 등의 전문가 증명서(동법 제19조)로 되어 있다.

여야 한다. 다섯째, 법률에서 정하는 설립등기 수수료를 납부하여야 한다(동법 제24조). 설립등기증명서에는 보통 상호, 본사, 지점 및 대표사무소가 있는 경우 그 대표사무소, 기업 대표자와 사원 및 창립주주의 성명·거주지 주소·국적과 신분증·여권 또는 기타 신분증명서 번호가 기재되어야 한다. 특히, 유한회사 및 주식회사인 경우에는 기관소유자, 사원 또는 창립주주의 설립 및 등록번호가 기재되어야 하며, 조합인 경우에는 무한책임조합원의 성명·거주지 주소·국적·신분증이나 여권 또는 기타 관련 신분증명서 번호를 기재하여야 한다. 유한회사의 각 소유자 또는 사업주의 성명·거주지 주소·국적·및 신분증·여권 또는 기타 신분증명서 번호 등을 기재하여야 한다. 단체 또는 개인은 사업자 등기 공무원에게 법률에서 정하는 수수료를 납부하고 등기증명서의 등본 및 초본, 등기증명서의 사본을 교부할 것을 요청할 수 있다. 이 경우 해당 등기 공무원은 신청인에게 등기에 관한 정보 전부를 즉시 제공하여야 한다(동법 제27조). 기업은 등기증명서를 수령한 날로부터 30일 이내에 등기소의 웹사이트 또는 일간지 또는 전자신문에 3회 연속으로 해당 정보를 공고하여야 한다(동법 제28조).

(2) 라오스

라오스기업법상 라오스에서 사업을 하려는 자는 기업등기를 하여야 한다(라오스기업법 제12조).[48] 이 때 기업등기라 함은 라오스에서 기업을 설립하여 운영하고 있는 개인 또는 법인체에 대한 국가의 법적 승인으로서, 기업등기를 위해서는 신청의 접수가 필요하다. 유한회사의 발기이사는 지분전부의 납입이 있은 날로부터 30일 이내에 기업등기를 하

48) Article 12. (Registration of Enterprises) Enterprise registration [refers to] the acceptance of a notification for enterprise registration16 as lawful recognition by the State of an individual or legal entity, either domestic or foreign, that is established and is operating a business in the Lao PDR.

여야 하며(동법 제86조), 이를 통해 법인격을 취득하게 된다. 기업등기를 신고할 때 제출하여야 하는 서류에는 ① 유한회사의 설립계약과 기업등기 신고서를 위한 양식, ② 유한회사의 창립총회의사록, ③ 유한회사의 정관이 있다(동법 제92조). 유한회사가 등기되지 않는 경우, 이사는 기업등기공무원이 기업등기를 거절한 날로부터 3개월 이내에 사원에게 총지분을 반환해야 한다(동법 제93조). 이 규정은 주식회사에 대해서도 준용된다(동법 제190조).

기업등기 신고서를 접수한 상업부문[49]은 등기하려는 사업의 종류가 통제사업목록 또는 비통제사업목록에 속하는지 여부를 검토하여야 한다. 등기를 신청한 사업이 통제사업목록에 속하지 않는 경우에는 상업부문의 기업등기당국은 신고서의 접수일로부터 10일 이내에 기업등기의 증명서의 발행을 심사한다. 등기신청서에 기재된 사업의 종류가 통제사업목록에 속하는 경우, 상업부문은 즉시 통제산업을 규제하는 관련 당국에 그 신청서를 이송하여야 한다. 이 경우 관련 당국은 장기적인 기술적 심사과정이 필요한 특정 사업의 경우[50]를 제외하고, 10일 이내에 등기여부를 심사하여 회신하여야 한다(동법 제14조).

기업이 등기되면 기업의 목적과 정관의 범위 내에서 기업은 권리와 의무를 갖고 책임을 지게 되며, 주주와는 분리된 조합기업 또는 회사라는 법인체가 창설된다. 또한 통제사업목록에 특정된 사업의 종류를 제외하고, 기업이 관계당국의 추가적인 승인 또는 심사 없이 그 기업 신청에 대한 허가증에 적시된 사업 부문 내에서 사업 활동을 수행할 수 있게 된다. 기업등기부에 기재된 내용은 공개되어야 하며, 어떤 이해관계자라도 이를 열람할 수 있다. 그리고 기업의 명칭과 세무등록사항도 등기된다(동법 제16조).

49) 부문(sector)이라는 용어는 특수한 활동에 종사하는 정부 부서나 기관의 집단을 가리키는 말로서 많은 라오스 법률에서 사용된다.

50) 통제사업목록과 기술적 심사과정의 일정은 정부만이 승인한다.

기업은 등기를 한 날부터 90일 이내에 사업 활동을 개시해야 한다. 기업이 그 기간 내에 활동을 하지 못하거나 활동이 중지되어 정당한 이유 없이 12개월 이상 계속하여 그 재무상 의무를 이행하지 않는 경우, 관련 기업등기공무원은 해당 기업에게 그 이유를 소명할 것을 통지해야 한다. 그 기업이 통지를 받은 날 부터 10일 이내에, 해당공무원을 면담하지 않거나 면담해서 충분한 이유를 제시하지 않는 경우, 해당기업은 중단된 것으로 간주하며 라오스기업법에 규정된 절차에 따라 해산하여야 한다(동법 제17조).

기업등기 후 기업의 목적 또는 등기자본 등의 등기 내용의 변경은 그러한 변경을 하기로 결정한 이후 1개월 이내에 관련기업등기 공무원에게 신고하여야 한다. 다만 통제사업목록에 속하는 사업의 종류에 관한 기업등기상의 내용 변경은 예외로 한다. 그리고 등기신청자의 고의 여부와 관계없이, 기업등기에서 무효인 내용을 신청하거나 규정된 기간을 초과하여 변경신고를 한 기업은, 선의의 제3자에 대하여 자신의 행위로 인한 책임을 면하기 위하여 그러한 흠결 등을 주장하지 못한다(동법 제18조).[51]

(3) 캄보디아

캄보디아의 회사는 1인 이상의 자연인 또는 법인이 상무부 법인국장에게 정관을 신고함으로써 설립된다(캄보디아기업법 제91조). 캄보디아기업법상 회사가 기본정관을 제출하면 상무부 법인국장은 이를 접수하고 등록비를 징수한다. 그리고 제출된 서류를 검토하여 문제가 없으면 설립증명서를 발급해 주어야 한다(제97조). 설립증명서가 발급되면 회사는 설립증명서에 나타난 일자에 법인격을 취득하게 된다(제98조).

캄보디아기업법 제259조에서는 캄보디아 상무부 상업등록부서(the

51) 김동훈·이준표, 전게 "라오스 기업법에 관한 고찰", 30면.

Commercial Registration Department)를 두도록 하여 회사등기를 포함한 회사설립관련 업무를 담당하도록 하고 있다. 즉 캄보디아기업법상 회사는 객관적으로 특정되어 있는 필요적 정관기재사항을 기재하여 제출하게 되면 설립증명서를 발급받아 법인격을 취득하게 된다.

이러한 캄보디아의 법인 취득시기는 영미법계와 유사하다. 영미법계의 경우, 법인격 취득 시점은 정관 등록부터이며, 법인격 취득요건으로 회사의 인적 기초와 물적 기초 및 기관 구성이 완료될 필요가 없으며, 이 절차들은 법인격 취득 후 조직행위를 통하여 이루어진다.

(4) 미얀마

미얀마기업법 제23조는 회사정관을 등기함과 동시에 등기공무원은 회사가 설립되었다는 증명을 해 주어야 한다고 규정하고 있다. 회사는 설립증명서에 기재된 설립일로부터 법인격을 취득하게 된다.

미얀마에서 외국기업이 설립되기 위하여는 무역허가신청과 등록 신청이라는 두 가지 중요한 절차를 밟아야 한다. 첫째, 미얀마기업법 제27조A에 따라 외국기업은 무역허가를 취득하여야 한다. 무역허가를 신청할 때에 함께 제출하여야 하는 문서들로는 등록될 회사의 설립계획서 및 정관상 초기 자본에 대한 법적 요구사항 준수확약서, 자본 구조위원회의 질문 양식, 미얀마에서 실시하기 위한 경제 또는 기업 활동의 목록, 운영 첫 1년 동안의 예상 지출 및 조달정책, 등록될 회사의 업무를 집행할 임원들의 성명·주소·국적 및 주주의 국적 목록, 등록될 회사의 이사의 성명·주소·국적·거래은행, 미얀마에서의 회사설립을 위한 이사회결의, 영어로 번역된 기타 관련문서 등이다. 무역허가 신청 및 관련 서류들이 제출되면 상무부는 확인서를 발급해 주어야 한다. 최저자본금에 대하여는 무역허가서가 발급되기 전까지 절반이 납부되어야 하고, 나머지는 무역허가서가 발급된 날로부터 1년 이내에 납부되어야 한다.

일단 무역허가서가 발급되면 회사는 등록될 수 있다. 초기에 납입된 자본금은 회사의 설립증명서가 발급되는 날까지 은행 계좌에 보관된다. 회사의 은행 계좌는 회사가 등록된 이후 무역허가서, 설립증명서 사본 및 기타 관련 서류를 회사가 은행에 제출함으로써 개설할 수 있다.

회사는 위와 같이 무역허가를 받은 후 두 번째 절차로서 회사를 등록하여야 하는데, 이 때 요구되는 것으로는 무역허가서 사본, 설립계획서 및 회사정관 2부, 미얀마어로 번역된 설립계획서 및 정관의 증명서, 등록사무소의 위치, 회사의 이사 내지 임원의 성명·주소·국적, 미얀마에서 실행하려는 경제활동의 목록 및 신청수수료의 지급 등이 있다.

(5) 한국상법과의 비교법적 검토

한국상법상 주식회사는 설립등기로써 법인격을 취득하여 회사로 성립된다(한국상법 제172조). 설립등기제도는 회사설립의 시기를 획일적으로 판단할 수 있고 대외적으로 공시 가능한 방법으로 결정할 수 있으며, 회사설립에 관하여 준칙주의를 취하는 관계상 국가가 회사설립의 법정요건 구비 여부를 심사하는데 용이한 제도라고 할 것이다.52)

회사의 실체를 어느 단계에서 인정하느냐의 문제에 있어서 기본적으로 영미법계와 대륙법계 간에는 차이가 있다. 대륙법계의 경우 법인격을 취득하는 시점은 설립등기부터이고, 법인격 취득요건으로 회사의 인적 기초와 물적 기초 및 기관 구성이 모두 종료될 것을 요구하는 반면, 영미법계의 경우 앞에서 언급한 것과 같이, 법인격 취득 시점을 정관등록시로 보고 있다. 또한 회사의 인적 기초와 물적 기초 및 기관 구성은 법인격 취득 후 조직행위를 통하여 이루어진다.53) 이러한 기준으로 볼 때, 베트남, 라오스는 설립등록 내지 등기를 통해 회사설립 절차가 종결되도록 하고 있으므로 대륙법계의 입장을 취하고 있다고 할 수 있다. 이에 대하여 캄보디아, 미얀마에서는 기업이 정관을 등록하고 설립

52) 이철송, 전게서, 212면.

53) 양현봉·이상신, (2007), 『법인설립제도 개선방안』, 산업연구원, 43~44면.

증명서를 발급받음으로써 설립절차가 종료된다고 규정하고 있으므로 법인격취득시기와 관련해 영미법의 처지를 따르고 있다고 하겠다.

IV. 결 어

지금까지 메콩경제권 국가들 중, 동남아시아 체제전환국가의 기업법상 회사설립의 주요내용을 한국상법과 비교하여 살펴보았다. 현재 베트남은 기업법 개정을 통하여 회사의 설립과 활동에 관한 규제를 점차 완화하는 방향으로 가고 있다. 이러한 변화는 앞으로 자유로운 회사설립 및 투자활동을 촉진함으로써 각 국가의 경제활성화를 이끌어 낼 것이다. 다만, 캄보디아, 라오스, 미얀마는 여전히 기업설립절차가 길고 비용이 많이 들며, 미래에 대한 예측이 불가능하다는 문제점이 존재한다. 이러한 문제들은 기업에 대한 투자를 위축시키는 결과를 초래한다는 점에서 부정적인 것이므로 좀 더 과감한 규제 완화가 필요하며 이는 곧 각 국가들이 현재 추진하고 있는 개혁개방정책의 가속화를 의미한다. 그러므로 메콩경제권 국가들의 공통된 기업법상 개혁과제는 설립절차의 간소화를 통하여 회사설립절차의 신속·효율·저비용을 달성하는 것이라고 생각한다.

이와 더불어 현재 사회주의 국가들인 베트남, 라오스의 경우에는 기업법상 국가의 개입에 관련된 조항들을 두고 있다. 특히 베트남기업법은 기업에 대한 국가관리라는 제목의 장을 두고 있으며, 라오스기업법은 기업의 행정과 검사라는 제목의 장을 두어 규율하고 있다. 표면적으로는 기업의 건전한 발전을 위하여 지도하고 지원하기 위한 규정들이라고 볼 수도 있지만, 사회주의 국가로서 국가의 역할을 분명히 함을 통해 기업활동을 제한하고 통제할 수 있는 여지를 두고 있는 것이다. 이러한 국가의 개입과 권한을 보장해 주는 법규들은 활발한 회사 운영은 물론이고 기업투자자들의 투자를 머뭇거리게 하는 요소가 된다. 따라서 회사에 대한 활발한 투자유치를 위하여 좀 더 과감한 법제개혁이 요구된다. 한편, 중국은 베트남, 라오스와 같은 사회주의국가이면서도 2005년 기업법 개정을 통해 국가개입에 대한 규정들을 최소화하였다. 또한 국유독자기업의 특별규정을 마련하여 국유기업의 개혁의지를 확실히 보여 주고 있는데, 베트남과 라오스기업법상 적극 검토해 볼 필요가 있다. 나아가 한국 기업 투자가들도 이러한 사회주의 시장경제체제 국가로의 진출 및 투자를 할 경우에는 국가간섭에 관한 법규정들을 특별히 염두에 두어야 할 것이다.

참고문헌

권오승·김유환·구대환·Eric G. Enlow, (2006), 『체제전환국 법제정비지원』, 서울: 서울대학교출판부.

김동훈, (2010), 『회사법』, 서울: 한국외국어대학교 출판사.

법무부, (2010), 『Investment & Business Guide- 캄보디아 회사·세무·투자』, 2010. 10.

양현봉·이상신, (2007), 『법인설립제도 개선방안』, 산업연구원.

이철송, (2011), 『회사법 강의(제19판)』, 서울: 박영사.

최기원, (2011), 『기업법개설』 제14판, 서울: 박영사.

KOTRA, (2009), 『투자실무가이드-베트남』.

김동훈·이준표, (2011), "라오스기업법에 관한 고찰", 『외법논집』 제35권 제1호, 한국외국어대학교 법학연구소.

______, (2011), "라오스 기업법", 『외법논집』제35권 제1호, 한국외국어대학교 법학연구소.

김봉철, (2011), "한-미얀마 경제협력 관련 미얀마 규범체계의 동향 : 경제특구법과 고속도로법을 중심으로", 『경기대학교 법학논총』 제12호, 경기대학교 법학연구소.

김봉철·이준표, (2011), "캄보디아 기업법상 회사지배구조의 특징", 『동남아연구』 제21권 2호, 동남아연구소.

김성주, (1996), "라오스의 정치·경제체제와 개방정책", 『국제정치논총』 제36집 1호, 한국국제정치학회.

______, (2003), "인도차이나반도 사회주의국가의 체제전환과 개혁·개방정책", 『한국정치외교사논업』 제25집 1호, 한국정치외교사학회.

박장식·김민아, (2008), "미얀마의 식민지 시대의 재평가-식민주의의 정치적 유산과 청산", 『동남아시아연구』 제18권 제1호, 한국동남아학회.

정용상, (2009), "베트남 기업입법의 배경과 개정기업법의 구조", 『재산법연구』, 제25권 제3호, 한국재산법학회.

______, (2002), “한·베트남 주식회사의 기관구조에 관한 비교법적 검토”, 『비교법학』 제13집, 부산외국어대학교 비교법연구소.

조희종, (2008), “일본(日本)의 공증제도(公證制度)”, 『대한공증협회지』 제1호, 대한공증협회.

법제사법위원회,(2009),“상업등기법 일부개정법률안 심사보고서”.

Asian Development Bank(ADB), (2010), “Economic trends and prospects in developing Asia”, Asian Development Outlook 2010 Update.

CUTS international, (2006), Promoting Competition Policy & Law in the Lao PDR.

DFDL Mekong, 「Cambodia Legal And Investment Guide」, 2010.

______, 「Laos Legal And Investment Guide」, 2010.

______, 「Myanmar Legal And Investment Guide」, 2010.

______, 「Vietnam Legal And Investment Guide」, 2010.

Michael John Byrne, (2005), “Foreign Direct Investment and related Legal Development in Cambodia, Laos, Vietnam and Myanmar”, Thesis(Ph. D.), City University of Hong Kong.

Nguyễn Đình Thiêm, Tìm hiểu Luật Thương mại năm 2005, NXB Lao đọng-xã hội(Nguyen Dinh Thiem, Understanding Commercial Law in 2005, Labour and Social Publishing House).

Phan Dức Hiếu, Luật Doanh nghiệp năm 2005, 2006, NXB Thống kê(Phan Duc Hieu, the Enterprise Law in 2005, 2006, Statistical Publishing House).

Sengxay Phousinghoa, Trang Nguyen, Lan Vam Nguyen, (2006), “Technical assistance to support the business environment

reform process in Lao PDR:
A case study on the new Enterprise Law",IFC-MPDF. (www.businessenvironment.org/dyn/.../Session1.1Paper1.1.2Phousinghoa.pdf).

Tun Shin, (1999), "Commercial Laws of Myanmar", A seminar in International Business Center, Yangon.

United States Agency for International Development, (2006), Southeast Asia Commercial Law & Institutional Reform And Trade Diagnostics– Cambodia, 2006.

______, (2006), Southeast Asia Commercial Law & Institutional Reform And Trade Diagnostics– Laos.

ABSTRACT

A Regulations regarding the Corporate Establishment on the Enterprise Law of the Greater Mekong Subregion's Countries

Lee, Jun-Pyo
(Lecturer of Hankuk University of Foreign Studies, Ph.D. in Law)

The Greater Mekong Subregion(GMS) is a development project set by the Asian Development Bank in 1992. GMS's countries consist of six countries near the Mekong River basin, namely Cambodia, Laos, Myanmar, Thailand, Vietnam and the Yunnan Province of China. With assistance from the Asian Development Bank, the six countries entered into a program of subregional economic cooperation, designed to enhance economic relations among the countries. In particularly China, Vietnam, Cambodia, Laos and Myanmar are the so-called transition countries. In the late 1980s, China, Vietnam, Cambodia, Laos and Myanmar abandoned their centrally-planned, socialist models and began the transition to more open and market-oriented capitalist economies. This paper introduces the framework of the Enterprise Law comparing with the Korean law in some points. Especially, this paper focuses on the company's establishment.

Vietnam and Thailand have recently revised the Enterprise law.

It significantly improved the process for forming a new company. The Enterprise Law creates more transparent procedures for private businesses, significantly simplifies regulations and procedures to start businesses, and moves from discretionary licensing to automatic registration, by way of the implementation of a negative list of restricted or prohibited activities. However, the ambiguity in licensing and regulatory procedures impedes the daily work and growth opportunities of enterprises. Furthermore, the continued state domination of the national economy limits the opportunities for robust private enterprise. Therefore, more comparative studies on the enterprise law of advanced industrial nations including Korea can be essential for the development of enterprise law in GMS's countries.

라오스기업법에 관한 고찰

김동훈* · 이준표**

Ⅰ. 서 설

국가간이나 기업간의 교류와 교역은 법적인 틀 안에서 이루어지는데, 이 때 법적충돌과 장애 또는 마찰이 일어나면, 교류와 교역이 적기에 왕성하게 일어날 수가 없다. 이러한 점에서 기업활동의 근간이 되는 기업법에 관한 연구는 다양한 법적 마찰을 사전에 예견할 수 있도록 도와줌으로써 보다 원활한 교류와 교역을 가능하게 해 줄 것이다.[1] 한편, 기업법은 시장경제에 있어서 매우 중요한 역할을 하며, 기업의 설립과 운영에 관한 법적 환경을 제공해 준다. 특히 '좋은' 기업법은 과도기 경제상황의 국가에 있어서 매우 중요하다. 그것은 기업의 설립을 용이하게 함으로써 기업가들을 격려할 수 있을 뿐만 아니라, 기업의 내부 지배구조에 관한 명확하고 객관적인 규칙들을 제시함으로써 투자자를 보호하여, 새로운 투자를 불러일으킬 수 있기 때문이다.

---

* 한국외국어대학교 법학전문대학원 교수, 법학박사
** 한국외국어대학교 강사, 법학박사.

1) 김상용, "아시아법제연구의 필요성과 방법론", 『아시아법제구』 제1호, 한국법제연구원, 2004. 3, 11면.

아시아 동부와 남부 지역의 기업법은 매우 다양한 모습을 보이고 있는데 이는 주로 역사적인 이유에 기인한다. 즉 아시아 각국의 대부분이 식민지 경험을 가지고 있으며, 그 식민국의 법제도를 주로 모법으로 하여 기업법을 제정·발전시켰기 때문이다. 아시아 기업법은 크게 나누어 대륙법계 기업법과 영미법계 기업법으로 구분할 수 있다. 전자에 속하는 것으로는 한국, 일본, 대만, 태국, 인도네시아가 있고, 후자의 경우는 미국의 영향을 받은 필리핀과 영국의 영향을 받은 인도, 오스트레일리아, 말레이시아, 싱가포르 등이 있다.[2] 그런데 이 두 가지 유형과 구별되는 제3의 국가들도 있다. 이는 과거 공산국가이었다가 공산주의의 몰락 이후 개혁개방을 이룬 국가들의 기업법으로서 중국, 베트남, 캄보디아, 라오스 등의 기업법이 그것이다. 이들 국가의 기업법은 체계 및 내용상 위의 대륙법계 및 영미법계 기업법들과 별개의 모습을 보이고 있다.

최근 ASEAN 국가들과의 교류와 교역이 활발하게 이루어지고 있는데, 이 지역의 기업법 내지 회사법에 관한 연구는 매우 필요한 과제라고 하겠다. ASEAN 국가들 가운데 특별히 주목할 나라는 라오스이다. 아시아개발은행은 라오스의 2011년 경제 성장률이 7.5%에 달할 것으로 전망했다.[3] 이는 동남아시아 10개국 중 가장 빠른 성장 속도이다. 중국과 베트남 등 공산권 국가들이 증시를 통해 유입된 풍부한 외국자본을 바탕으로 경제 발전을 이루어냈듯이, 라오스 역시 빠른 경제성장을 위해 시장개방을 결정하였다. 라오스는 아직 사회주의 국가들 중 하나이지만, 시장경제의 요소를 가미한 기업법을 2005년에 제정하여 기존의 회사법(1994)을 대체한 바 있다.

본 논문은 기업의 설립과 지배구조에 관한 규정을 중심으로 2005년 제정된 라오스기업법의 내용을 분석하였다. 먼저 라오스기업법의 입법

---

2) 谷川久(編),『アジア諸國の會社法』, アジア經濟研究所, 1970, 4~10面.

3) Asian Development Bank, "Economic trend and prospects in developing Asia", *Asian Development Outlook 2010 Update*, 2010, p. 119.

경위 및 기업법의 개요에 관하여 간단히 살펴본 후, 설립과 지배구조에 관한 내용을 중심으로 베트남과 태국 등 동남아시아 이웃국가들의 관련 법과 특징을 비교하면서 라오스기업법을 고찰한다.

II. 기업법의 입법경위

1. 연혁

1986년 라오스는 신경제제도(NEM: New Economic Mechanism)를 채택하여 경제개혁을 도모하기 시작하였다. 신경제제도는 거시경제의 안정성, 사적 부문에 대한 권장, 공적 부문에 대한 재편이라는 3가지 주된 축을 중심으로 하고 있다. 이것은 국가소유기업의 사유화, 무역자유화, 필요한 법적·제도적 하부구조의 제정을 포함하여 국가주요정책의 전반적인 부분에 있어서 수정을 요구하는 등 많은 영향을 미치게 되었다.

1987년부터 라오스의 국내 거래는 사적·협동적 상인들에게 개방되었고, 정부행정조직들은 이러한 거래를 방해하지 않았다. 이전에 시행되어 왔던 '농산물의 한 지역에서 다른 지역으로의 자유로운 이동에 대한 제한'은 사라지게 되었다. 라오스 정부는 또한 '한 개의 시장, 하나의 가격'의 원칙을 채택하였고, 전략적 상품을 제외한 모든 상품가격들은 시장에 의해 결정되도록 하였다.

1990년에 라오스 정부는 '국가소유기업의 다른 기업형태로의 전환에 관한 법률'을 채택하였다. 이것은 대부분의 국유기업들을 임대차계약, 매각, 공동소유 등의 방식을 통하여 다른 형태의 기업으로 전환시키는 내용을 규정하였다. 이후 1991년, 라오스정부는 '자유정책'(disengagement plan)을 공표하고 전략적 중요성을 가진 경우를 제외한 국가소유기업의 사유화, 큰 손실로 인하여 보조금이나 대출금 없이는 운영할 수 없는 국유기업들에 대한 폐쇄, 국가 통제 하에 있는 국유기업의 재정 강화를 강조하였다.

공산정권 수립이후 15년 만에 개최된 1991년 8월의 최고인민회의는 라오스인민민주공화국 최초의 헌법을 승인하였다. 이 헌법은 경제부문에서 사회주의에 관한 내용을 전혀 포함하지 않고 자유경제개혁의 추세에 맞추어 시장경제의 도입, 개인재산의 인정, 외국자본의 유치를 위한 자유로운 외국인 투자법 등을 포함하였다. 이는 직면하고 있던 당시의 경제적 어려움을 극복하기 위하여 라오스 정부도 개혁 · 개방이 필요함을 의식하고 있음을 의미하였다.[4] 새 헌법은 라오스 내에서 모든 유형의 내 · 외국인 투자에 대한 국가의 보호 및 개인과 기관의 재산권을 보장해 줄 뿐 아니라, 모든 경제부문이 공정하게 경쟁하며 생산 및 사업활동에 있어서 서로 협력할 것을 권장하였다.

이러한 움직임은 1994년 회사법(Business Law) 제정으로 이어졌다. 이 법은 "모든 경제 부문에서 기업에 의해 이루어지는 모든 형태의 사업활동은 이 법 앞에 동등한 입장에서 경쟁한다."(1994년 라오스 회사법 제5조)는 것을 원칙으로 하고 있었다.[5] 1994년 라오스 회사법에 의해 인정되는 법인체들은 전통적인 서양 체제를 기초로 하였다. 라오스회사법은 총 4장 97조로 구성되었으며, 시장의 힘을 따라 모든 경제부문의 촉진과 라오스 경제의 개혁을 목표로 하였다. 라오스회사법은 기업의 형태를 개인기업과 회사 두 가지로 분류하였고, 회사의 종류로는 조합회사, 유한회사, 공개회사[6]를 규정하였다. 각 회사의 기초는 사원들 사이에 존

---

4) 김성주, "라오스의 정치 · 경제체제와 개방정책", 『국제정치논 총』 제36집 1호, 한국국제정치학회, 1996, 214면.

5) CUTS international, *Promoting Competition Policy & Law in Lao PDR*, 2006, pp.10-11.

6) 공개회사와 폐쇄회사는 회사의 규모와 운영실태에 따라 회사법의 일부 규정의 적용을 달리 해야 할 것이라는 입법론적 착상에서 나온 구분이다. 대체로 미국의 publicly held corporation, closely held corporation, 그리고 영국의 public company, private company의 구분에 좇아 구별한다. (이철송, 『회사법강의』, 박영사, 2010, 78면.)

재하는 계약에 두고 있다.[7)]

2. 개정경과

대부분 국가들의 기업법에 있어서 기업설립절차는 간단한 반면, 기업지배구조에 관한 규정들은 매우 구체적으로 명시되어 있다. 그러나 1994년 라오스회사법에서의 기업설립절차는 그 규정이 길고 예측이 불가능했다. 또한 이 회사법은 외부에 의한 투자를 이끌어 내고 국제적 관행을 충족시키는데 필요한 투자자 통제 및 보호에 관한 기본적인 규정들이 상당부분 결여되어 있었다. 뿐만 아니라, 이 법은 사적 부문의 지위 강화, 적절한 부처 또는 지방 공무원들의 훈련, 일관성이 결여되었거나 중복되는 관행의 조화, 대중교육 등의 필요성이 제기되면서 새로운 기업법에 대한 요구가 나타난 것이다.[8)]

이러한 요구에 부응하여, 2004년 3월, 라오스 정부는 산업통상부 산하에 기업법초안위원회(a drafting committee)를 설립하였다. 인접국가인 베트남의 통일기업법과 일반투자법의 기안에 기술적 도움을 주었던 IFC(International Finance Coporation)-MPDF(The Mekong Private Sector Development Facility)의 경험을 기반으로 하여, 기업법초안위원회와 IFC-MPDF는 공동으로 기업법의 기준을 정하고 여러 차례의 워크샵을 진행하였다.[9)]

이후 2005년 라오스 국회는 새로운 기업법(Enterprise Law)의 형식으

7) Terry Reid, “Legal impediments to investment in Laos”, *Centerbury Law Review*, 1998, pp. 7~8.

8) United States Agency for International Development, *Southeast Asia Commercial Law & Institutional Reform and Trade Diagnostics*, 2006, p.5.

9) Sengxay Phousinghoa · Trang Nguyen · Lan Vam Nguyen, Technical assistance to support the business environment reform process in Lao PDR: A case study on the new Enterprise Law, IFC-MPDF, 2006.11, pp.6~10(www.businessenvironment.org/dyn/.../Session1.1Paper1.1.2Phousinghoa.pdf).

로 기존 회사법에 대한 수정을 승인하였다. 라오스기업법은 2005년 11월 9일 법률 채택에 관한 국회의 결의와 2005년 11월 18일 국회상임위원회의의 제안에 따라 2005년 12월 9일 공포되어, 2006년 3월에 발효되었다. 기업법의 이행에 관한 세부명령은 2006년 10월 24일에 공포되었다.

이후 라오스기업법은 많은 이행 규칙들에 의해 보충되었다. 이러한 규칙들에는 기업법의 이행에 관한 명령, 기업상호의 예약과 승인에 관한 규칙, 기업등기를 위한 이행선언에 관한 지시 등이 있다.

III. 기업법의 개요

1. 구성

2005년 라오스기업법은 총 10편 245개 조문으로 구성되어 있으며, 회사의 조직과 운영에 관한 전반적인 사항을 규정하고 있다. 제1편에서는 총칙, 제2편에서는 기업, 제3편에서는 개인기업, 제4편에서는 조합기업, 제5편에서는 회사, 제6편에서는 국유회사, 제7편에서는 합작회사, 제8편에서는 기업의 행정과 검사, 제9편에서는 정책과 제재, 제10편에서는 최종규정의 순서로 구성되어 있다. 라오스기업법의 기본적인 구조는 다음과 같다.

제1편 총칙
제2편 기업
  제1장 기업의 종류, 형태, 유형
  제2장 기업의 등기
  제3장 기업의 상호

제3편 개인기업
제4편 조합기업
  제1장 조합기업에 관한 총칙
  제2장 일반조합기업
  제3장 유한책임조합기업
제5편 회사
  제1장 회사에 관한 총칙
  제2장 유한회사
  제3장 공개회사
제6편 국유기업
  제1장 국유기업의 총칙과 설립
  제2장 국유기업의 주식과 사채
  제3장 국유기업의 이사와 이사회
  제4장 국유기업의 주주총회
  제5장 재무와 국유회사의 책임
  제6장 국유기업의 회계감사와 특별감사
제7편 합작회사
제8편 기업의 행정과 검사
제9편 정책과 제재
제10편 최종규정

2. 입법 방향과 특징

1) 입법 방향

2005년 라오스기업법은 라오스에서의 기업의 설립과 운영 및 소멸을 규율하는 주요 법제이다. 이 법은 몇 가지 원칙에 따라 입법되었다.

첫째, 정부는 기존의 통제의 개념에서 벗어나 촉진의 개념으로 달라져야 한다는 점이다. 이러한 방향에 기초하여 라오스기업법도 기업통제구조에서 기업촉진구조로 제정되었다.[10] 라오스기업법 제1조[11]는 기

10) DFDL Meckong, *Laos Legal And Investment Guide*, 2010, p.18.

11) Article 1. (Purposes) The Law on Enterprises determines the principles, procedures

업법의 목적과 관련하여 "라오스기업법은 모든 경제부문의 생산과 영업 및 서비스를 촉진하여 생산에 종사하는 노동력과 생산관계[12]를 발전시키고, 국가의 사회경제적 성장을 촉진하여 국가발전 및 다민족으로 구성된 인민의 생활을 개선시킬 목적으로, 라오스 인민주의공화국에서의 기업의 설립, 운영 및 관리를 위한 원칙·절차 및 방법을 정한 것이라고 할 수 있다."라고 규정함으로써 이러한 입법방향을 보여주고 있다. 또한 라오스기업법에는 국가의 역할에 대한 규정도 포함되어 있는데, 국가는 관세 및 조세에 관한 정책, 규제 및 방법을 공표하고, 기업에게 정보, 서비스 및 기타 편의를 제공함으로써, 모든 비통제부문에서 내국인과 외국인 및 그 단체가 회사를 설립하거나 기업활동에 참여하도록 촉진하고 조장함으로써 사회경제적 발전에 기여하도록 해야 한다(제6조)는 것이다. 또한 국가는 경험과 정보를 교환하고, 선진화된 영업 관리상의 자본, 과학, 기술 및 경험을 활성화함으로써, 사업활동에 있어서 국제적 관계와 협력을 촉진시키며, 또한 시장개방 및 지역적 통합과 국제적 통합을 촉진시키는 역할을 하여야 한다(제7조).

둘째, 사업활동을 하는 것은 헌법과 사회주의적 경제발전에 관한 당과 국가의 정책에 따르는 국민의 합법적 권리라는 점이다. 라오스기업법 제6조에 따르면, 기업의 합법적인 권리와 이익, 즉 그 자본과 재산은 법에 따라 보호된다.

셋째, 내국인, 외국인, 사기업, 국유기업을 포함한 모든 경제주체에게 동등한 조건을 제공해 주어야 한다는 점이다. 이러한 방향에 따라 라오

---

and measures for the incorporation, operation and management of enterprises in the Lao People's Democratic Republic with the aims of promoting production, business and services in all economic sectors to develop the workforce [engaged in] production and production relationships1, and [or promoting] national socio-economic growth to contribute to national development and improvement of the livelihood of the multi-ethnic people.

12) 사람들이 사회적 생산에서 상호적으로 매개하는 관계로서, 생산수단의 소유에 있어서의 다른 관계들의 가능성을 열어 둔 개념이다.

스기업법은 모든 회사유형에 대하여 동등한 법률적 조건을 제공해 주고 있다. 라오스에서 기업을 설립하거나 사업거래에 참여할 권리는 라오스에 거주하는 라오스 국민, 외국인거주자, 국적불명자[13]와 라오스에 거주하지 않는 외국인 및 그들의 단체에게 주어진다(제3조). 국내외의 모든 경제부문은 사업활동에 있어서 법 앞에 평등하고, 생산력의 증대와 생산, 사업 및 서비스를 확장함에 있어서 경쟁하고 협력할 수 있다(제4조). 라오스기업법은 라오스에서 설립되고 운영되는 국내외의 사기업과 국유기업(State enterprises)[14] 및 합작기업에 적용된다. 협동기업(Cooperative enterprises)과 소매상은 이 법의 적용을 받지 않으며, 별도로 상세히 규율된다(제8조).

2) 특징

구 라오스회사법 하에서 새로운 기업을 설립하는데 공식적으로 요구되는 평균기간은 과도하게 길었다. 2005년 라오스기업법은 이러한 불필요한 시간 소요와 복잡한 절차에 근본적인 변화를 가져왔다. 기업등기는 설립을 위한 허가를 얻는 개념이라기보다는 설립의 통지를 하는 절차라는 원칙 하에서, 설립규정을 승인절차에서 등기절차로 개선함으로써 헌법에 보장된 권리인 라오스에서 회사를 세울 수 있는 자유를 한층 더 보장하게 되었다. 기업법은 사기업에 대한 보다 투명한 절차를 마련하였다. 특히 기업설립에 관한 규정과 절차를 간소화 하였으며, 자유재량의 허가제에서 자동 등기제로 변경하였다. 단, 제한 또는 금지활동에 관한 목록에 해당하는지는 따져 보아야 한다. 이론적으로 기업은 그 사업활동이 통제사업목록[15]에 해당하지 않는 한 승인 없이 설립

---

13) 라오스 국적법상 외부인(aliens), 국적불명자(apatrids), 외국인(foreign individuals) 간에 차이가 있다.

14) 이는 구 라오스회사법상 '국유기업(a state-owned enterprise)' 및 '국유회사(State company)'와도 구별된다.

15) 이 용어는 '제한적 목록(negative list)'으로도 표기하며, 국가안전, 사회질서 및 건전한 국

될 수 있다.[16] 이렇게 간소화되고 투명해진 기업설립절차는 라오스가 기존의 사회주의국가로서의 부정적 이미지를 벗고, 기업이 성공적으로 정착할 수 있는 국가로 인식하게 해 주는 기회를 제공해 주었다고 할 수 있다.

기존 회사법은 회사의 유형에 따라 최저등록자본금을 다르게 요구하였다.[17] 최저자본금의 요구는 본래, 기업의 실패나 신용불능상태에 이를 것을 대비하여 채권자를 보호하기 위하여 제정되었다. 또한 라오스에서는 비록 최저자본금의 요구액이 국제적 기준에 비하여 높은 것이 아니지만, 실제로 그것은 기업 형성을 주저하게 만들고 있다.[18] 라오스 기업법은 사기업 부문의 투자를 더욱 촉진시키기 위하여 최저자본금의 요구 규정을 제거하였다. 그러나 기업법 이외의 다른 특정 법률과 규정에 의하여 기업유형에 따른 다양한 등록자본금은 여전히 요구되고 있으며, 필요한 경우 정부의 승인을 조건으로 하여, 특정 종류의 사업에 대하여, 관련 부문은 기업등기를 위하여 필요한 최저등록자본금을 정할 권한이 있다(제20조).

2005년 라오스기업법 하에서 일정한 비용을 지불하는 자는 누구든지 기업등기서류를 열람할 수 있다. 라오스기업법 제19조는 "개인과 법인은 기업등기공무원에게 제출된 등기서류를 열람하거나 그 사본을 요청할 수 있다. 그러한 등기서류는 기업이 동법의 요구하는 바에 따라 기업등기를 위하여 제출한 서류를 말한다. 이 서류의 사본을 요청하는 사람은 정해진 비용을 납부해야 한다. 이 조에 규정된 서류 외에는, 법

민전통에 그리고 환경에 고도로 민감한 사업유형의 목록을 말한다. 그 기업의 등기에 앞서 관련당국의 승인 및 검사를 받아야 한다. 여기서 검사(inspection)라는 용어는 제한(control), 감독(supervision), 감사(audit), 감시(monitoring)라는 관련된 개념들을 포함하고 있다.

16) 다만, 통제사업목록에 속하는 사업을 운영하고자 하는 투자자들에 관하여는, 그 절차가 보다 구체적으로 규정되어 있다.

17) 개인기업은 1,000,000 킵(Kip), 유한회사는 5,000,000 킵, 공개회사는 50,000,000 킵.

18) International Finance Incorporation, *Business Issue Bulletin No.3*, July 2006, p.3.

률에 다른 규정이 없는 한, 공시는 관련기업의 사전 동의가 있어야만 허용된다."라고 규정하고 있다.

3. 기업의 종류

라오스기업법상 기업(enterprise)이라 함은, 개인 또는 법인으로서 명칭·자본·조직·경영인·사무소를 가지고 라오스기업법에 근거하여 기업으로 등기된 사업조직을 말한다(제2조)[19]. 라오스에서는 사기업, 국유기업, 합작기업, 집단기업의 4가지 종류의 기업이 설립될 수 있다(제9조). 특히, 사기업의 형태[20]는 개인기업, 조합기업, 회사로 분류된다(제10조). 조합기업은 일반조합기업, 유한책임조합기업으로 나뉘며, 회사는 유한회사(1인 유한회사를 포함), 공개회사로 분류된다(제11조).

라오스기업법 제2조의 정의에 의하면, 개인기업이란 개인이 소유하는 기업형태를 말한다. 개인기업은 기업의 채무에 대하여 무한책임을 지는 기업소유자의 명칭으로 운영한다. 조합기업(partnership enterprise)이란 이익을 분배할 목적으로 공동사업운영을 위하여 투자한 둘 이상의 투자자간의 계약에 근거하여 설립된 기업형태를 말한다.

일반조합기업(general partnership enterprise)이란 주로 상호신뢰에 기초한 조합원들이 공동으로 운영하며, 모든 조합원들이 기업의 채무에 대하여 연대하여 무한책임을 지는 조합기업형태를 말한다. 유한책임조합기업(limited partnership enterprise)이란 조합원의 일부(일반 조합원라고 한다)는 기업의 채무에 대하여 무한책임을 지고, 다른 조합원들(유한책임 조합원라고 한다)은 기업의 채무에 대하여 유한책임을 지는 조합기업형태를 말한다.

---

19) An enterprise [refers to] a business organisation of individuals or legal entities which shall have a name, capital, an administration and management, and an office, and which is registered as an enterprise under this law. An enterprise is also referred to as a "business unit".

20) 모든 종류의 기업의 설립과 운영을 위한 기초가 되는 사업조직을 말한다.

회사(company)는 그 자본을 각각 동등한 가치를 갖는 주식으로 분할함으로써 설립되는 기업형태를 말한다. 회사는 주주와 독립한 실체로서 법인격이 인정된다는 점에서 조합형태의 기업과는 근본적으로 다른 성격을 가진다. 주주는 회사의 채무에 대하여 자기가 인수한 주식의 미납입분을 초과하지 않는 금액까지만 책임을 진다. 유한회사(limited company)란 이 법 제85조 제1항에 규정된 1인 유한회사의 경우를 제외하고, 2명 이상 30명 이하의 사원으로 구성된 회사형태를 말한다. 사원이 1인인 유한회사는 "1인 유한회사"라고 한다.

공개회사(public company)란 9명 이상의 발기인인 주주로 된 구성된 기업형태를 말한다. 국유회사란 국가가 설립하여 회사에 적용되는 법규에 따라 운영하는 회사를 말한다. 국유회사는 그 지분의 50% 이상을 소유하고 양도시 그 지분을 50% 미만으로 하여야 한다.

합작회사란 국가와 국내외의 다른 부문[21])이 공동으로 설립한 회사를 말하며, 각 당사자는 그 주식의 50%씩을 가진다.

IV. 기업의 설립

1. 설립의 일반원칙

1) 기업의 등기

라오스에서 사업을 하려는 자는 기업등기를 하여야 한다(제12조)[22]).
이 때 기업등기라 함은, 라오스에서 기업을 설립하여 운영하고 있는 개

21) 이는 "비정부 부문의 당사자"라는 의미로서 개인 또는 법인 투자자를 뜻한다.
22) Article 12. (Registration of Enterprises) Enterprise registration [refers to] the acceptance of a notification for enterprise registration16 as lawful recognition by the State of an individual or legal entity, either domestic or foreign, that is established and is operating a business in the Lao PDR.

인 또는 법인체에 대한 국가의 법적 인식으로서, 기업등기를 위한 신고[23]의 접수를 말한다.

기업등기 신고서를 접수한 상업부문[24]은 등기하려는 사업의 종류가 통제사업목록 또는 비통제사업목록에 속하는지 여부를 검토하여야 한다. 등기를 신청한 사업이 통제사업목록에 속하지 않는 경우에는 상업부문의 기업등기당국은 신고서의 접수일로부터 10일의 공식근무일 이내에 기업등기의 증명서의 발행을 심사한다. 등기를 위해 제출되는 사업의 종류가 통제사업목록에 속하는 경우, 상업부문은 즉시 통제산업을 규제하는 관련당국에 그 신고서를 전달하여야 한다. 그 관련 당국은, 장기적인 기술적 심사과정이 필요한 특정 사업의 경우[25]를 제외하고, 10일 공식근무일 이내에 심사하여 회신하여야 한다(제14조).

기업이 등기되면 기업의 목적과 정관의 범위 내에서 기업은 권리와 의무 및 책임을 지게 되며, 주주와는 분리된 조합기업 또는 회사의 법인체를 창설한다. 또한 통제사업목록에 특정된 사업의 종류를 제외하고, 기업이 관계당국의 추가적인 승인 또는 심사 없이 그 기업 허가증에 적시된 사업 부문 내에서 사업 활동을 수행할 수 있게 된다. 기업등기신고서에 기재된 내용은 공개되어야 하며, 어떤 이해관계자라도 그 신고서를 볼 수 있다. 기업의 명칭과 세무등록은 등기된다(제16조).

기업은 기업을 등기한 날부터 90일 이내에 사업 활동을 개시해야 한다. 기업이 그 기간 내에 활동을 하지 못하거나 활동이 중지되어 정당한 이유 없이 12개월 이상 계속하여 그 재무상 의무를 이행하지 않는 경우, 관련 기업등기공무원은 해당 기업에게 그 이유를 소명할 것을 통지해야 한다. 그 기업이 통지를 받은 날 부터 10일의 공식근무일 이내

23) "기업등기의 신고"라는 것은 기업등기가 사업체의 설립을 위하여 승인을 받아야 할 사항이라기보다는 관계당국에 신고할 사항이라는 함의이다.

24) 부문(sector)이라는 용어는 특수한 활동에 종사하는 정부 부서나 기관의 집단을 가리키는 말로써, 많은 라오스 법률에서 사용 된다.

25) 통제사업목록과 기술적 심사과정의 일정은 정부만이 승인한다.

에, 해당공무원을 면담하지 않거나 면담해서 충분한 이유를 제시하지 않는 경우, 해당기업은 중단된 것으로 간주하며 이 법에 규정된 절차에 따라 해산하여야 한다(제17조).

기업등기 후 기업의 목적 또는 등기자본 등의 등기 내용의 변경은 그러한 변경을 하기로 결정한 이후 1개월 이내에 관련기업등기 공무원에게 신고하여야 한다. 다만 통제사업목록에 속하는 사업의 종류에 관한 기업등기상의 내용 변경은 예외로 한다. 고의 여부와 관계없이, 기업등기에서 무효인 내용을 신고하거나 규정된 기간을 초과하여 변경의 신고를 한 기업은, 선의의 제3자에 대하여 자신의 행위로 인한 책임을 면하기 위하여 그러한 흠결 등을 주장하지 못한다(제18조).

2) 상호의 선정

기업은 한 사람 또는 여러 사람의 성명을 선택하거나 합의에 따라 다른 성명을 선택할 수 있다. 어떤 상호를 최초로 등록한 기업은 다른 기업에 대하여 우선권을 가진다. 기업의 상호는 항상 그 기업의 형식이나 범주를 표시하여야 한다. 상호를 등록한 기업의 등기가 수리되지 않는 경우 등록된 상호는 효력을 상실한다. 기업을 등기한 경우, 사업운영자는 그 상호를 나타낸 간판을 설치해야 한다(제21조).

다만, ① 동일한 지역이나 도시 내의 다른 기업의 명칭 또는 널리 알려진 다른 기업의 명칭과 유사하거나 동일하여 혼동을 야기하는 상호, ② 건전한 국가적 문화와 전통 또는 사회 질서에 상충되는 상호, ③ 국가나 국제기관의 명칭을 포함하는 상호 또는 문화적 정체성의 상징이나 국가적 성지의 명칭을 포함하는 상호, ④ 기업의 형식이나 범주와 동일하거나 유사한 상호의 경우에는 그 사용이 금지된다(제22조).

그 상호나 면허를 다른 사람으로 하여금 사업활동을 위하여 사용하도록 허락하는 것은 라오스 계약법에 따라 서면으로 이루어져야 한다.

타인의 상호나 면허의 사용에 대한 서면승인이 없는 경우, 해당 상호 또는 면허의 보유자가 그러한 사용을 알고도 항의나 반대를 하지 않았거나 묵인했음을 보여주는 충분한 증거가 있는 때에는 적절한 승인이 있었던 것으로 간주한다(제23조).

기업의 상호나 면허를 타인에게 사용하도록 허락한 자는 약정[26] 또는 법률의 규정에 따라 제3자에게 책임을 져야 한다. 능력[27]이 없는 자에게 당해 기업의 상호나 면허를 사용하도록 허락한 자는 그런 능력 없는 자의 행위에 대하여 책임을 져야 한다. 기업의 상호나 면허를 사용함에 있어 법적 제한을 받는 개인이나 법인에게 그 사용을 허락한 자는 그 개인이나 법인의 행위에 대하여 연대하여 책임을 져야 한다. 수권받은 자가 행한 모든 사업활동은 기업등기 없이 행해진 사업활동으로 간주한다. 국영회사는 개인이나 법인에게 그 상호 및 면허를 사용하도록 허락할 수 없다. 이를 위반하는 경우, 국영회사가 제3자에 대하여 직접 책임을 져야 한다(제24조).

2. 기업 유형별 설립절차 비교

1) 개인기업

개인기업을 등기하고자 하는 자는 ① 기업의 상호와 종류 ② 기업 소유자와 운영자의 성명, 주소 그리고 국적 ③ 기업의 위치 ④ 등기 자본을 포함한 신고서를 제출하여야 한다(제27조).

26) 이는 해당 상호 또는 면허의 보유자와 그 상호 또는 면허의 사용을 허락받은 자 사이의 계약을 말한다.

27) 법적 능력과 정신적 능력을 포함한다.

2) 조합기업

(1) 등기신고서의 제출

2인 이상의 투자자(조합원) 간의 계약에 근거하여 설립되는 조합기업의 경우, 그 설립을 위하여는 등기신고서를 제출하여야 한다. 등기신고서를 제출함에 있어 필요한 서류에는 ① 기업등기 신고를 위한 신청서 양식, ② 조합기업 계약서[28], ③ 조합원이 공동경영자를 대행하지 않기로 한 경우, 경영자의 성명, 주소 그 국적, ④ 일반조합기업의 정관 등이 있다(제39조).

(2) 자본의 출자

일반조합기업의 자본은 조합원에 의해 출자되며, 이러한 자본출자는 금전, 현물 또는 노무로 제공될 수 있다. 현물이나 노무로 출자된 자본은 금전으로 평가되어야 한다. 출자 지급 방법과 그 기한은 조합원들 사이에 약정이 있어야 한다(제39조). 반면 유한책임조합원들은 현금 또는 종류로 자본을 출자할 수 있으나, 노무로 출자해서는 안 된다(제71조).

---

28) Article 33. (Partnership Contract) A partnership contract shall be made in writing and shall be consistent with the Contract Law of the Lao PDR. A partnership contract shall describe the following primary contents:
1. The name of the enterprise;
2. The business purpose;
3. The names [and] locations of the headquarters and all branches, if any;
4. The stated capital or value of shares of the partnership enterprise divided into cash, kind or labour;
5. The names, addresses and nationalities of the partners of the partnership;
6. The names and signatures of all partners of the partnership.

The stated capital described in item 4 of this article is the registered capital of the partnership enterprise.

조합기업 계약은 서면으로 작성되어야 하며, 라오스 계약법과 모순이 없어야 한다. 조합기업 계약에 기술해야 할 내용에는, 기업상호, 사업목적, 본점과 모든 지점의 명칭과 위치(있는 경우), 금전이나 현물 또는 노무로 분할된 조합기업의 법정자본이나 지분가액, 조합기업 조합원의 성명, 주소 및 국적, 조합기업 모든 조합원의 성명과 서명 등이 있다.

3) 유한회사

(1) 법정 사원수

유한회사(limited company)란 원칙적으로는 2명 이상 30명 이하의 사원으로 구성된 회사형태를 말한다. 사원이 1인인 유한회사는 "1인 유한회사"라고 한다. 30명 이상의 사원으로 이루어진 유한회사는 특별결의가 이루어진 경우에 한하여 유한회사로서의 지위를 유지할 수 있다(제85조).

(2) 발기인의 확정 및 책임

유한회사의 발기인이란 유한회사의 설립을 시작하는 자를 말한다. 그러나 유한회사의 대표는 아니며, 최소 1개의 지분은 가질 것을 요한다. 유한회사 발기인은 창립초회가 소집될 때까지 유한회사의 설립과 관련된 모든 활동을 맡게 된다(제87조). 발기인이 유한회사의 설립과 관련하여 발생한 수익이나 손실을 은폐하거나, 설립목적을 벗어난 계약을 체결하거나 손실을 발생시키는 행위를 하는 경우, 이러한 발기인의 행위는 무효가 되며, 지분인수인에 대하여 손해배상책임을 진다(제88조). 발기인은 유한회사의 설립과 관련하여 제3자와의 계약 또는 유한회사의 설립의 승인되지 않은 지출이나 승인은 되었지만 회사가 등록되지 않은 경우에 있어서의 지출에 대하여 공동으로 무한책임을 진다.

(3) 설립계약

유한회사가 설립되려면, 라오스계약법에 따라 서면으로 설립계약을 작성하여야 한다.[29] 설립계약에는 기업의 상호, 사업 목적, 본점과 모든 지점의 명칭과 위치(있는 경우), 주식의 가액과 수로 나누어진 법정자본금[30], 종류로 출자된 몫, 현금으로 출자된 몫, 보통주와 우선주의 수,

---

29) 1인 주주로 된 회사는 설립계약을 필요로 하지 않는다.

회사 발기인의 성명, 주소, 국적, 그리고 각각의 발기인이 인수한 주식의 수, 회사채무에 대한 이사의 무한책임에 관한 규정, 회사 발기인의 성명과 서명 등을 포함하여야 한다(제81조).

발기인은 회사 본점이 소재한 곳의 기업등기공무원에게 설립계약통지서를 제출해야 하며, 설립계약통지서에 의하여 회사는 회사의 총지분을 인수할 자를 찾아야 한다. 지분인수는 공모를 통해 이루어져서는 안된다(제86조).

(4) 창립총회의 소집

유한회사의 설립을 위하여 창립총회가 소집되어야 한다(제86조). 유한회사의 창립총회에서는 정관[31]을 채택하고, 유한회사의 설립과 관련하여 발기인에 의해 발생된 비용을 포함하여, 설립계약과 발기인과 제3자 간의 유한회사의 설립에 관련된 기타 계약을 승인한다. 보통주와 우선주를 정하며(있는 경우), 최초의 위원회(the initial board)를 세운다.

창립총회가 소집되기 전 최소 10일 공식근무일 동안, 발기인은 지분인수인의 목록과 주소 및 각 사람이 인수한 지분의 수와 함께 설립에 관한 보고서를 지분인수인에게 송부하여야 한다(제90조). 창립총회의 결

30) 회사의 등기자본금을 말한다.

31) Article 82. (bylaws of Companies) The bylaws of a company shall contain the following items:
1. The matters described in item 1 to item 6 of Article 81 of this law;
2. The method for the distribution of the company's profits or dividends;
3. The method and schedule of payment for shares;
4. Administration and management;
5. Meetings and methods for voting;
6. Methods for dispute resolution;
7. Dissolution and liquidation.
The contents of item 1 of this article must be included in the notification for enterprise registration, but the company may include additional information.
회사정관은 설립계약(제81조)의 내용과 회사 이익이나 배당금의 분배 방식, 주식납입 방식과 기한, 조직과 경영, 결의를 위한 회의와 방식, 분쟁해결방식, 해산과 청산에 관한 내용을 포함하여야 한다(제82조).

의는 과반수의 발기인과 총회에 참가하는 지분인수인 및 인수된 총지분의 과반수를 대표하는 지분인수인에 의하여 채택된 경우에만 효력이 있다. 발기인이나 지분인수인은 이사를 선임하는 의결권을 제외하고, 이해관계가 있는 사항에 대하여 의결권을 가져서는 안 된다. 유한회사의 창립총회는 발기인이나 지분인수인이 직·간접적인 이해관계를 가지는지 여부를 결정해야 한다(제91조).

(5) 지분의 납입

유한회사의 발기인은 창립총회에 의해 선출된 이사에게 모든 사무를 이전하여야 하며, 이사는 유한회사의 발기인과 인수인으로부터 지분 전부의 납입을 요청하여야 한다(제86조). 유한회사의 각 지분은 2,000킵 미만의 액면가액으로 발행되어서는 안 되며, 1인 또는 여러 명의 사원에 의해 소유되며, 각 사람은 유한회사에서 사원으로서의 권리를 이전받는다. 이 경우에 사원은 유한회사에 미납입된 지분을 연대하여 납입할 책임이 있다. 유한회사의 지분은 금전 또는 현물로 출자될 수 있다. 다른 약정이 없는 한, 현물출자는 창립총회에 참가한 발기인과 지분인수인의 최소 3분의 2의 승인이 있어야 한다. 현물과 금전과는 다른 형태로 출자된 지분은 창립총회에서 구체적으로 정해야 한다(제94조).

창립총회를 통해 선출된 이사는 유한회사 발기인과 인수인으로부터 지분 전부의 납입을 요청할 수 있다(제86조). 기업 등기 전에 지분을 납입하는 경우, 인수인은 지분이 현물인 때에는 그 전부를, 금전인 때에는 인수된 지분 가격의 70% 이상을 납입해야 한다(제96조). 유한회사의 이사는 정관에 다른 규정이 없는 한 기업등기 이후에 언제든지 보유액의 납입을 요청할 수 있다(제96조).

(6) 기업등기

이사는 지분의 총납입이 있는 날로부터 30일 이내에 기업등기를 하여야 한다(제86조). 기업등기를 신고함에 있어서, 제출하여야 하는 서류에는 ① 유한회사의 설립계약과 기업등기 신고서를 위한 양식, ② 유한회사의 창립총회의사록, ③ 유한회사의 정관이 있다(제92조).유한회사가 등기되지 않는 경우, 이사는 기업등기공무원이 기업등기를 거절한 날로부터 3개월 이내에 사원에게 총지분을 반환해야 한다(제93조).

4) 공개회사

(1) 발기인의 확정

공개회사는 9명 이상의 발기인이 있어야 한다(제179조). 공개회사의 발기인은 행위능력을 가진 자연인 또는 법인으로서, 사업을 운영하는 제한된 기간 내에 계속된 파산자 또는 자산의 횡령이나 남용에 유죄판결을 받은 자여서는 안 되며, 등록자본의 10% 이상을 대표하는 주식을 공동으로 소유하여야 한다. 라오스 국민, 외국인 거주자, 라오스에 거주하는 국적불명자나 라오스에 거주하지 않는 외국인은 공개회사의 100% 주식을 보유하는 발기인이 될 자격이 있다. 다만, 정부가 사안별로 필요에 의해, 과반수의 발기인이 라오스 국민이어야 한다와 같은 예외를 둘 수 있다(제180조).

(2) 창립총회의 소집

공개회사의 창립총회는 공개회사의 설립계약이 기업등기공무원에게 통지되고 공개회사의 주식이 전부 인수된 후 90일 이내에 소집되어야 한다. 공개회사의 창립총회가 전 항에 규정된 기한 내에 소집될 수 없는 경우, 발기인은 총회를 연기하는 결정이 있는 날로부터 10일의 공식 근무일 이내에 관련 기업등기공무원에게 통지해야 한다. 다음 총회는 등기관리자에게 통지된 날로 부터 30일 이내에 개최되어야 한다. 다음 총회가 소집될 수 없는 경우, 설립계약은 해제되어야 하며 공개회사의 발기인은 인수인에게 주식납입금 전부를 상환해야 한다. 공개회사의 창립총회는 총주식의 3분의 2를 대표하는 발기인과 인수인의 3분의 2이상이 참가한 가운데 회사 본점이 위치한 지역이나 지방에서 개최되어야 한다(제181조).

(3) 주식의 납입

공개회사의 주식은 10만 킵을 초과해서는 안 되며, 공개회사의 주주는 설립 일에 현물이나 금전으로 주식 전부를 납입해야 한다. 일단 공개회사가 기업등록을 완료하면, 주주는 법원에 자기 지분의 상환명령을 청구할 수 없다(183조).

기타 공개회사의 기업등기를 위한 통지서 제출, 발기인의 책임은 유한회사에 관한 규정을 따른다(제190조).

5) 국유기업

(1) 설립[32]에 관한 일반원칙

국유회사는 처음에 국가에 의해 100% 출자된 자본으로 형성되며, 등기에 의하여 국가는 정부승인에 따라 총주식의 50% 미만까지 다른 주주에게 주식의 일부를 매각할 수 있다[33]. 주주는 주식의 미납입 부분을 초과하지 않는 금액만큼의 채무에 대하여 책임이 있다.

국유회사 또는 국가가 다른 유형의 기업에서 주식 100% 미만을 취득하는 경우, 이것이 해당기업이 국가기업으로 되는 것을 야기하지는 아니하다(제191조).

32) 라오스 어에서, 설립에 관한 동일한 단어가 incorporation, establishment, formation을 위해 사용된다. 법 초기, "incorporation"라는 용어는 기업을 위해 특별히 사용되었다. 여기서는 국유기업의 설립과정이 다르기 때문에, "formation"이라는 단어가 사용되었다. 그러나 영어 단어들 모두가 동일한 라오스 어의 번역임을 명심해야 한다.

33) 실제로, 이것은 기타 주주들에게 주식의 49%까지 매각할 수 있음을 의미한다.

(2) 설립계약

국유회사는 재무부문과 관련부문 사이의 계약에 기초하여 설립된다(제192조). 관련부문은 설립목적과 회사유형 및 총자본에 관하여 결정하고 합의하기 위하여, 등기 후에 자본을 동등한 가액의 주식으로 분배하고 이전이 허용되는 주식의 비율을 정함으로써 재정부문과 조화를 이룬다. 중앙의 국유회사의 경우, 경제 · 기술적 타당성조사와 함께 회사설립을 위한 신청서를 수상에게 제출하여야 하며, 지방의 국유회사의 경우, 지방 관리자 또는 시장에게 제출한다. 수상 또는 지방 관리자나 시장으로 부터의 승인 하에서, 관련부문과 재정부문은 이사로 선임될 자를 선출하여야 한다(제193조).

(3) 설립총회

국유회사의 공식 설립을 선언하고 이사에게 운영을 계속하도록 모든 사무를 위탁하기 위하여, 관련부문과 재정부문의 대리인 및 모든 선임된 이사들이 참가하는 국유회사의 설립총회를 소집하여야 한다(제193조). 국유회사의 설립총회는 국유회사의 정관[34]을 표결하며, 국유회사의 공식창립을 선언하고, 이사회의 최초 선임된 회원들의 성명을 공표하고, 감사를 공표하며, 그들의 봉급을 정하여야 한다. 또한 이사나 이사회에게 사무를 공식적으로 위탁하여야 한다(제194조).

(4) 주식 납입

이사는 주식을 전부 납입한 날로부터 30일 이내에 기업을 등기하여야 한다(제193조). 국유회사의 주식은 동등한 가치로 자본을 분할함으로써 취득된다. 국유회사의 각 주식은 10만 킵을 초과해서는 안 된다. 국

34) 라오스기업법 제195조에 따르면 국유회사의 정관은 이 법 제82조(회사 정관)에 규정된 요구에 부가하여, ① 국유회사의 권리와 기업등록에 의하여 이전된 주식의 비율에 관한 규정, ② 다른 주주들에 대한 배당금 분배(있는 경우), ③ 영업활동의 손익에 관한 국가의 정책 또는 조치에 관한 내용을 포함하여야 한다.

유회사의 주식은 금전이나 현물로 출자될 수 있다. 현물출자는 특별위원회에 의하여 금전으로 평가되어야 한다(제198조). 금전이나 현물로 납입되는 국유회사의 주식은 국유회사의 설립일 전 5일 이내에 출자자가 관련 국유회사에 양도하는 방식으로 전부 납입되어야 한다. 다만, 재정부문과 관련부문이 다른 약정을 하는 경우에는 그러하지 아니하다. 출자자의 양도는 국유회사의 정관에 규정되어야 한다(제199조).

(5) 기업 등기

국유회사의 기업등기를 신고함에 있어서 제출하여야 할 서류에는 ① 경제·기술적 타당성조사와 함께 이사[35]에 의하여 서명된 기업등기 신고서, ② 중앙에 있는 국유회사의 경우 수상으로부터, 지방에 있는 국유회사의 경우 지방 관리자나 시장으로부터의 설립에 관한 통지나 결정, ③ 총회 의장에 의하여 서명된 국유회사의 설립총회 의사록, ④ 중앙에 있는 국유회사의 경우 재무부 장관에 의하여, 지방에 있는 국유회사의 경우 지방관리자나 시장에 의하여 서명된 국유회사의 정관 등이 있다(제197조).

6) 합작회사

합작회사는 국가와 국가 이외의 투자자 사이에 합작하여 설립된 회사이다. 주체는 내국이든지 외국이든지 상관없으며, 각 당사자는 주식의 50%를 소유한다. 합작회사의 설립과 경영은 해당 회사유형[36]에 따

35) Article 197. (Filing of Notification for Enterprise Registration) The following documents are required for the filing of a notification for enterprise registration of a State-owned company:
1. The application form for notification of enterprise registration signed by *the director* and accompanied by the economic-technical feasibility study; 라오스 원문에서 이사라는 용어가 단수인지 복수인지는 명확하지 않다.

36) 문맥상 선택폭이 많지 않으며, 유한회사를 언급하는 것처럼 보인다.

라 규율되어야 한다(제224조).

3. 다른 국가들의 관련 규범과 비교

라오스기업법의 설립규정은 이웃국가들이 제정한 규범들과 비교하여 몇 가지 특징을 가지고 있다. 우선 조합기업은 조합원 간의 계약을 기초로 설립되기 때문에, 등기신고서를 제출함에 있어서 조합기업 계약서를 제출하여야 한다. 자본의 출자에 있어서 금전, 현물 또는 노무로 제공될 수 있으나, 유한책임조합기업의 경우는 노무로 출자해서는 안 된다. 또한 회사를 설립하기 위해서는 인적·물적 요건과 설립행위가 존재하여야 한다. 라오스기업법은 회사의 설립 요건으로서 법정사원수, 설립계약, 창립총회, 정관작성, 지분납입, 기업등기 등이 있어야 한다고 규정하고 있다. 법정 사원 내지 발기인 수와 관련하여 유한회사와 공개회사의 차이를 발견할 수 있다. 유한회사의 경우 원칙적으로는 2명 이상 30명 이하로 규정한 반면, 공개회사의 경우 9명 이상의 발기인이 있어야 한다. 또한 지분인수에 있어서 유한회사의 경우는 공개회사와 달리 공모를 통해 지분을 인수할 수 없다. 우리나라의 경우, 상법상 주식회사의 설립방식으로 발기설립과 모집설립의 두 가지를 두고 있으며, 정관의 작성, 주주의 확정, 회사재산의 형성, 기관의 구성, 설립절차의 검사, 설립등기의 절차를 거쳐야 한다.[37)]

라오스기업법은 공개회사의 발기인에 대한 몇 가지 제한 규정을 두고 있는데, 이는 태국과 베트남의 경우와 유사하다. 태국에서 유한책임사원으로 구성되는 공개회사는 일반적으로 유한책임을 부담하는 주주를 그 구성원으로 하고, 발행되는 주식을 시장에 공개할 것을 상정한 비교적 대규모의 회사형태를 말하는데, 공개회사의 설립을 위하여 15

---

37) 김건식 외, 『회사법』, 박영사, 2010, 34면.

인 이상의 발기인을 요구하고 있다. 베트남의 경우도 주식회사의 경우 3인 이상의 발기인이 있어야 하며 그 최대발기인 수를 제한하지 않고 있다. 캄보디아의 경우에는 주식회사를 설립함에 있어서 발기인 수가 2인 이상이면 그 수에 제한이 없다.[38] 우리나라의 주식회사의 경우도 발기인에 대한 특별한 제한이 없다. 법인은 물론 미성년자 등 무능력자도 될 수 있으나, 적어도 1주 이사의 주식을 인수하여야 한다. 발기인이 수인인 경우에는 발기인 상호간에 회사의 설립을 목적으로 하는 발기인 조합계약을 체결하는 것이 보통이다.[39] 라오스기업법의 발기인 제한 규정의 취지는 경영활동에서 발생하는 사기, 권력의 남용, 수뢰 등 시장성이 없는 위험으로부터 국가의 이익, 사회의 이익 내지 투자자의 이익을 보호하기 위한 것으로 보인다.

라오스 주변의 동남아 국가 중 태국의 경우, 비공개 주식회사는 7인 이상의 발기인에 의해 설립된다. 이 때 발기인은 자연인에 한하며 법인은 발기인이 될 수 없다(태국 민상법 제1097조). 태국의 경우 비공개 주식회사의 설립절차에는 상호의 선정(민상법 제1115조), 정관작성(민상법 제1098조), 창립총회(민상법 제1108조), 출자이행(민상법 제1105조), 설립등기(민상법 제1111조, 제1112조)를 거쳐야 한다. 또한 등기에 기재하여야 할 내용으로는 인수된 주식 총수, 납입자본금 내역, 이사의 성명, 국적, 주소, 직업, 주식보유수, 대표이사, 본점 및 지점 소재지, 회사 규칙, 설립총회 의사록 등이 있다(민상법 제1111조).[40]

라오스기업법상 등기에 의하여 회사의 법인격을 인정한다는 점에서 우리의 경우와 유사하다. 이를 준칙주의라고 하는데, 일반적으로 회사의 설립을 위한 요건을 법정하여 요건을 구비하면 등기에 의하여 법인

38) 주캄보디아대사관, 『캄보디아 통상투자 법률가이드 북』, 2010.2, 12 면
39) 최완진, 『상법학강의』, 법문사, 2006, 220면.
40) 김원규, "태국 회사법의 우리 회사법에의 시사점에 관한 소고", 『사회과학연구』 제17집, 한남대학교사회과학연구소, 2008, 86~89면.

격을 인정하므로 등기주의라고도 한다. 다만 라오스기업법의 경우 제한 또는 금지 활동에 관한 목록에 해당하는 경우 예외적으로 복잡한 절차를 따라야 한다는 것이 특징이다. 오늘날 대부분의 국가에서는 특히 주식회사에 관하여는 설립의 요건을 엄격하게 강화함과 동시에 설립에 관한 발기인 등의 책임을 가중한 엄격준칙주의를 채용하고 있다. 우리나라도 주식회사와 유한회사의 설립은 엄격준칙주의에 의한다. 그러나 은행·보험·신탁과 같은 특정한 사업에 대하여는 영업면허를 필요로 하는데, 이는 법인격취득을 위한 설립면허와 다르지만 실제로는 면허주의와 같은 결과가 초래되고 있다.[41] 베트남의 경우 회사설립에 관하여 면허주의 또는 허가주의를 채택하고 있다(베트남기업법 제12조~17조). 면허주의 또는 허가주의란 회사에 관한 일반적인 법규를 미리 제정하고, 이에 근거하여 면허·허가와 같은 행정처분에 의하여 회사의 성립을 인정하는 입법주의이다. 이 입법주의는 행정관청이 설립의 필요성 및 내용을 심사하므로 번잡할 뿐 아니라 심사의 능력에 한계가 있고, 부정한 처분이 내려질 우려가 있으며, 결정이 지연됨으로써 경제발전에 장애가 되는 단점이 있다.[42]

상호의 선정과 관련하여 라오스기업법은 동일한 지역이나 도시 내의 다른 기업의 명칭 또는 널리 알려진 다른 기업의 명칭과 유사하거나 동일하여 혼동을 야기하는 상호에 대하여 등기할 수 없도록 하고 있다. 태국의 경우도 민상법 제1115조에서 주식회사의 설립절차로서 가장 먼저 상호의 선정 및 예약을 하도록 규정하고 있다. 이 경우 기존의 상호와 동일한 상호뿐만 아니라 유사한 상호도 등기 할 수 없음은 물론이다. 또한 본 규정은 매우 엄격하여 설립하고자 하는 회사의 상호와 동일하거나 유사한 상호가 이미 등기되어 있는 경우에는 지역이나 목적여하를 불문하고 새로이 등기할 수 없도록 한다.[43] 우리나라의 경우도 거

41) 김동훈, 『회사법』, 한국외국어대학교 출판부, 2010. 80~81면.
42) 김동훈, 상게서, 80면.,

래의 안전을 위하여 등기에 의하여 상호의 사용관계를 명확히 하려는 취지에서, 동종영업에 대하여 이미 등기된 상호와 동일한 상호는 동일 행정구역 내에서 등기할 수 없게 되어 있다(상법 제22조). 이는 등기상호 권자를 보호하려는 것이 그 취지이지만, 다른 한편 영업의 능력이나 의사가 없는 자가 타인의 상호의 선정과 사용을 방해할 목적으로 이를 남용할 염려가 있으므로 이를 방지하기 위해 상호의 가등기가 인정된다(상법 제22조의 2).

V. 기업의 지배구조

1. 개인기업

개인기업의 경우 소유자는 기업을 관리·운영하는 자로서, 기업운영과 관련된 사항을 결정하며 다른 사람을 고용할 권리를 가진다. 또한 회계장부를 기록하여야 하며, 국가에 대한 의무도 이행하여야 한다(제28조).

개인기업의 경영자는 소유자의 감독과 계약에 규정된 권리·의무의 기초 위에서 사무를 집행하는 자로서, 다른 자에게 특정한 그의 사무를 양도할 수 있다(제29조). 경영자가 될 자격은 소유자 자신 또는 경영자들로 고용된 1명 이상의 제3자에게 주어진다.

2. 조합기업

조합기업에서 모든 조합원들은 공동경영자로서 활동하거나 1명 이상의 조합원을 경영자로 선임할 수 있다. 경영자의 선임이나 해임은 다른

---

43) 김원규, 상게논문, 85면.

약정이 없는 한, 조합원들의 전원 동의를 필요로 한다(제42조).

3. 유한회사

1) 이사

(1) 이사의 권한

이사는 유한회사의 대표이다. 이사의 모든 행위는 회사의 정관에 정한 권한과 의무의 범위 내에서 이루어져야 하며, 사원총회의 감독 하에 있어야 한다. 유한회사가 수인의 이사를 가지는 경우, 유한회사를 위하여 제3자와 계약을 체결하는 권한을 부여받은 이사를 "일반이사"라고 한다. 이사회의 의장이 일반이사로서 선임된 경우, 그를 "대표이사"라고 한다(제116조).

(2) 이사의 자격

유한회사의 이사는 법인이어서는 안 되며, 행위능력이 있어야 한다. 또한 회사 경영에 제한이 있는 파산자여서는 안 되며, 자산의 횡령이나 배임에 대한 유죄판결을 받은 자여서는 안 된다(제117조).

(3) 이사의 선임과 해임

최초 이사는 유한회사의 창립총회에서 선임되고, 그 후의 이사는 사원총회에 의해 선임된다. 두 번의 사원총회에서 결원이 발생한 경우에는 이사회의 총회[44]에 의한 선임으로 충원되어야 한다. 유한회사에 이사를 두고 있지 않는 경우, 정관에서 이사의 선임을 규정해야 한다. 유

---

44) '이사회의 총회(meeting of the board of director)'라는 용어는 호환성이 있는 두 가지 의미로 사용된다. 첫째는 이사들에 의해 개최된 총회를 말하며, 둘째는 총회에 참가한 이사체(body of directors)를 말한다. 두 번째 의미가 여기서 의도된 것이며, 사원총회와 관련된 유사규정에서도 마찬가지이다.

한회사의 이사는 해당 이사가 선임된 방식과 상관없이, 사원총회에 의해 해임된다. 이사의 해임은 정당한 해임사유가 있거나, 신임하지 않는 경우에 언제든지 가능하다. 사원이나 이사회는 법원에 이사의 선임이나 해임을 요구할 자격이 없다(제118조).

이사의 선임이나 해임에 대한 결의는 누적투표와 일반투표, 두 가지 방식으로 이루어 진다. 누적투표는 두 명 이상의 이사를 사원들의 투표로 선임하는 경우, 각 사원에게 각자 보유한 지분의 수에 선임할 이사의 수를 곱한 수만큼의 의결권을 주는 것을 말한다. 집계에 있어서, 한 개의 지분은 한 개의 의결권과 같다. 가장 많이 득표한 후보자가 이사로서 선출된다. 누적투표에 의해 선출된 이사의 해임은 해임결의권과 선임결의권의 수가 최소한 같은 경우에 한하여 발생할 수 있다. 일반투표는 한 개의 지분이 한 개의 의결권과 같은 경우 이사 한명을 선출하는 투표이다. 선출된 후보자는 회의에 참가한 대리인과 사원의 의결권의 과반수를 얻은 자이다(제119조).

이사가 유한회사의 정관위반이나 자격결여 또는 다른 이유에 의해 선임된 경우, 유한회사는 제3자에게 대항할 수 없다(제126조).

(4) 이사의 수와 임기

이사의 수가 회사의 정관이나 사원총회에 의한 약정에 규정된 경우, 유한회사는 한 명 이상의 이사를 가질 수 있다. 유한회사 이사의 임기는 2년이며, 재선임될 수 있다. 다른 이사로 대체하기 위하여 선임된 새로운 이사의 임기는 대체된 이사의 남은 임기와 같다(제120조).

(5) 이사의 책임

유한회사의 이사는 ① 유한회사 사업목적의 범위를 넘는 행위, ② 유한회사의 정관 위반, ③ 위탁받은 권한 범위를 넘는 권리행사와 의무이행, ④ 위탁받은 권리의 불행사 또는 의무불이행에 대하여 책임이 있다. 이사는 그의 행위가 위반과 관련이 없다든가 그가 그런 행위를 반대한 것이 총회에 반영되었음을 증명할 수 있는 경우에는 책임을 면제받는다(제121조). 이사가 유한회사의 목적에 위배하지 않고 회사의 이사나 임원 또는 사용인에게 위탁된 권리 의무의 범위를 넘은 경우, 유한회사는 제3자에 대하여 책임을 져야한다. 유한회사와 회사의 이사, 임원 또는 사용인의 내부적 책임은 관련 법령에 따라 해결되어야 한다(제122조).

이사의 책임에 대한 적절한 조치가 정관에 의해 이루어지지 않은 경우, 유한회사의 납입지분의 4% 이상에 해당하는 1인 이상의 사원은 회사를 상대로 이사에게 벌금을 부과하거나 해당 행위를 종료할 것을 요구하는 통지를 제기할 수 있다. 또한 유한회사가 위반한 이사에 대하여 조치를 하지 않거나 부적절한 조치를 취한 경우, 사원은 회사를 대신하여, 법원을 상대로 이사에게 벌금을 부과하거나 이사의 행위를 종료할 것을 요구하도록 하는 소를 제기할 수 있다(제123조).

(6) 이사를 대신한 의무 이행

이사는 유한회사의 대리인으로서의 대행과 특별의무이행이라는 2가지 형태로 의무를 이행한다. 유한회사의 대리인으로서의 의무이행은 관련 법률에 따른 의무의 이행을 말한다. 이 규정은 유한회사의 임원이나 사용인에게도 준용된다. 이사의 특별의무에는 ① 설립계약, 유한회사의 정관, 사원총회의 결의에 따라 유한회사의 업무를 집행함, ② 정해진 시간과 양으로 지분에 대한 납입금을 소집하고 추징함, ③ 규정된 목적과 목표에 따라 유한회사의 자본을 관리 및 사용함, ④ 회계시스템을 확립하고 유한회사의 모든 서류를 보관 및 철함, ⑤ 대차대조표를 사원총회에 제출하기 전에 대차대조표상의 수와 정보의 정확성과 기초자료의 명확성을 제공함으로써 감사와 협력함, ⑥ 필요한 경우, 사원에게 대차대조표 사본을 보내고 무기명식지분소유자에 의한 검토를 위하여 등본을 비치함, ⑦ 이익을 적절히 분배함, ⑧ 유한회사의 임원이나 사용인을 관리하고 배치함, ⑨ 그들에게 이익이 될 수 있는 유한회사의 거래나 유한회사나 자회사에서의 지분 보유량의 증감과의 직간접적인 관계를 회계연도 이내에 회사에 알림 등이 있다.

(7) 이사에 대한 제한

이사는 유한회사와 경쟁하여 회사활동을 경영하는 것이 금지된다. 구체적으로 ① 사원총회의 승인이 있는 경우를 제외하고, 이사가 자신의 이익을 위한 것이든지 다른 사람의 이익을 위한 것이든지 간에, 해당 유한회사와 동일하거나 유사한 회사활동을 하는 경우, ② 사원총회의 승인이 있는 경우를 제외하고, 유한회사로서 동일하거나 유사한 회사활동을 하는 일반조합기업의 사원이나 유한조합기업의 일반사원이 되는 경우, ③ 다른 약정이 있는 경우를 제외하고, 이사가 자신의 이익을 위한 것이든지 다른 사람의 이익을 위한 것이든지 간에, 자신의 유한회사와 거래를 하는 경우, ④ 유한회사의 정관에 허용된 경우를 제외하고, 이사와 그들의 가족, 친척들은 유한회사로부터 금전을 차입하는 경우 등을 들 수 있다. 이러한 제한은 유한회사의 사용인과 임원들에게도 준용된다(제125조).

(8) 이사의 종료

유한회사의 이사의 지위는 임기가 만료되거나 사원총회가 이사의 해임을 결의한 경우, 또는 법원이 해임을 명하거나 이사가 사망, 파산, 사임, 행위능력이 결여된 경우에 종료된다. 이사의 종료 및 신임이사의 선임 후, 이러한 변동을 등기하기 위하여는 선임한 날로부터 10 근무일 이내에 관계된 등기공무원에게 신고하여야 한다(제126조).

2) 이사회

(1) 의의

2명 이상의 이사로 구성된 유한회사는 이사회를 설립할 수 있으며, 약정에 의하여 이사회를 두지 않을 수도 있다. 그러나 자산을 50억 킵 이상 가진 유한회사는 이사회를 두어야 한다. 이사회는 유한회사의 정관에 규정된 원칙과 절차에 의하여 업무를 집행한다. 회사정관에 원칙과 절차가 규정되어 있지 않은 경우에는, 라오스기업법(제131조~134조)에 따라 운영해야 한다. 이사회는 이사들 간에 책임을 분배함으로써 운영되는데, 이사회에는 의장이 있어야 하고, 부의장을 둘 것인지 여부는 선택할 수 있다(제129조). 이사회 의장은 이사회 총회와 사원총회를 진행하고, 유한회사의 정관에 규정된 권리와 의무의 범위 내에서 활동하며, 이사회 부의장은 의장에 의해 맡겨진 업무를 보조, 집행한다(제132조).

(2) 권리와 의무

이사회는 중앙조정기구로서의 역할을 하며, 이사의 업무를 감시한다. 정기사원총회 사이의 결원을 충원하기 위하여 이사를 선임하며, 사원총회에서 결의하게 될 유한회사의 사업계획을 결정한다. 또한 유한회사의 정관에서 정한 바에 따라 기타 권리를 행사하고 업무를 집행한다(제130조).

(3) 총회소집 및 결의

각 이사는 이사회의 총회를 소집할 수 있으며, 이사는 직접 총회에 참가해야 한다. 다른 이사들의 전원 동의가 없는 한, 이사회의 총회에 참가하도록 다른 사람을 지정하는 것은 금지된다. 이사회의 총회에 참가하는 대리인이나 대표자는 의견진술권이 있으나, 의결권은 없다. 필요한 경우, 이사회는 다른 통신수단에 의하여 "비공식적인 총회"를 개최 할 수 있다(제133조).

이사회의 총회를 위한 정족수는 이사회 자체의 결정을 따른다. 다만,

정족수가 총 이사 수의 과반이 되어야 한다. 2명의 이사만 있는 경우에는 정족수는 2명이 되어야 한다. 이사의 수에 결원이 있지만 정족수는 충분한 경우, 이사회는 새로운 이사가 대체자로서 선임될 때까지 업무집행을 할 수 있다. 이사의 수에 결원이 있고, 이 조 1항에서 요구하는 정족수보다 적은 경우, 이사회는 필요한 이사의 수가 충당되지 않는 한, 업무집행을 할 수 없다.

이사회의 총회결의는 총회에 참가한 이사들의 다수결에 의한 경우에만 효력이 있어야 한다. 이사로서 이사회 총회의 의장인 자는 다른 이사들과 같이 의결권을 행사해야 한다. 다만, 결과가 동률인 경우에는, 의장은 1개 이상의 결정 의결권을 가진다. 비공식 총회에서의 결의 표결은, 특수한 통신수단을 사용하는 경우, 표결절차를 구체적으로 설명하여야 하기 때문에 유한회사의 정관에서 정하여야 한다(제134조).

3) 사원총회

(1) 의의 및 소집

라오스 유한회사의 사원총회는 유한회사의 최고기관이다. 유한회사의 사원총회는 정기총회와 임시총회의 두 가지 종류가 있는데, 정기총회는 1년에 1회 이상 개최되어야 하는 것으로써 총회의 개최시점은 유한회사의 정관에서 정하여야 한다. 임시총회는 감사직이 결원인 경우와 같이, ① 이사의 과반수가 사원총회의 개최를 약정한 경우, ② 사원이 청구하여, 법원이 총회개최를 명한 경우, ③ 총납입지분의 20% 이상을 대표하는 사원이 요청한 경우에는 언제든지 개최될 수 있다(제136조).

정기 또는 임시총회가 개최되기 전, 5 공식근무일 동안 이사회나 이사는 총회의 개최 날짜, 장소 그리고 시간을 모든 사원에게 통지하여야 하며, 필요한 서류를 사원들에게 보내야 한다. 총회가 연기된 경우, 이사회나 이사는 같은 절차를 반복하여야 한다. 사원들에 대한 통지는 직접 전달될 수도 있고, 적절한 통신 시스템을 통할 수도 있다(제137조).

(2) 정족수

유한회사는 정관에서 총회절차와 정족수에 관하여 구체적으로 규정해야 한다. 이것이 유한회사 정관에 규정되지 않은 경우, 사원총회의 정족수는 총납입지분의 과반수를 대표하는 2명이상의 사원으로 하여야 한다. 유한회사의 정관은 다른 정족수를 규정할 수 있다. 다만, 전 항에서 규정한 정족수 이상이어야 한다. 비합법적으로 이전된 지분은 그 지분 소유자의 총회참석과 상관없이 총회에서 계산되어서는 안 된다(제138조).

(3) 의결권에 관한 제한

사원은 유한회사의 정관이나, 사원이 그의 지분의 몫을 납입하지 않는 경우, 사원이 무기명식지분자인 경우, 사원이 이해관계가 있거나, 의결사항과 관련하여 직접이익을 얻은 경우에 있어서 의결권의 제한을 받게 된다. 사원총회는 사원이 이 조 4호 안에 해당하는지를 결정해야 한다(제141조).

(4) 대리인 선임

사원은 총회에 참가하기 위하여 대리인을 선임할 수 있다. 그러나 선임은 총회가 개최되기 전, 서면으로 작성하여 이사회나 이사에게 제출해야 한다(제142조).

(5) 사원총회의 결의

사원총회의 결의에는 보통결의와 특별결의가 있다. 보통결의는, 한 개의 지분이 한 개의 의결권을 가지는 경우, 총회에 참가하는 지분수의 다수결에 의해 통과된 경우에 한하여 효력이 있다(제143조). 사원총회의 특별결의를 표결하기 위하여 소집된 사원총회는 한 번 이상 개최될 수 있다. 특별결의는 사원의 3분의 2이상의 표결에 의해 통과되거나, 납입지분의 80%이상을 대표하는 총회참가 대리인에 의해 통과된 경우에 한하여 효력이 있다. 특별결의를 요하는 사항으로는 ① 기업법상 규정된 사항에 관한 의결, ② 유한회사의 정관이나 설립계약의 수정, ③ 자본의 증감, ④ 유한회사의 합병 또는 해산, ⑤ 유한회사의 주요 부분 또는 전부를 다른 사람에게 매각 또는 양도, ⑥ 다른 기업 사업의 취득 또는 인수 승낙, ⑦ 30명 이상의 사원이 있는 경우 유한회사로서의 지위 등에 관한 것들이다. 표결한 날로부터 10 근무일 이내에, 이러한 결의는 관련 등기공무원에게 등기되어야 한다(제144조).

사원총회의 보통 또는 특별결의는 각 총회에서 약정한 대로 무기명 또는 기명투표에 의해 표결될 수 있다. 사원총회의 결의가 유한회사에 상당한 손해를 야기하는 경우에는, 유한회사는 약정한 대로 결의에 반대하는 사원에게 배상해야 한다(제146조).

사원총회의 결의는 법원 명령에 의해서만 무효로 될 수 있다. 법원은 유한회사의 정관이나 설립계약을 위반한 경우, 결의 표결절차를 위반한 경우, 총회통지제공에 관한 규칙을 위반한 경우, 사원총회의 결의를 무효로 할 수 있다(제147조). 결의무효를 청구할 자격이 있는 자는 사원과 이사이다. 사원총회의 결의무효는 총회가 결의를 통과시킨 날로부터 60일 이내에 청구되어야 한다(제148조).

(6) 정기총회의 권리와 의무

사원의 정기총회는 유한회사의 정관과 설립계약을 표결하며, 이사나 이사회 및 감사를 선출한다. 또한 연간사례금, 총회급여 또는 이사의 봉급을 정한다. 경영자의 봉급, 감사의 급여 그리고 회사의 다른 사용인의 임금을 정하며, 유한회사의 사업보고서, 수취계정, 비용, 사업계획을 결정하고 배당금 분배방식을 표결하는 등 권리를 행사하고 업무를 집행한다. 임시총회는 두 번의 정기총회 사이에 필요가 발생하는 경우, 권리를 행사하고 업무를 집행한다(제149조).

4) 감사

(1) 의의와 자격

유한회사는 사원의 회계감사(audit)는 사원총회에서 선출된 감사(auditor)[45]를 통해 이루어진다. 유한회사는 설립된 날로부터 감사를 둘 수 있으며, 상임직으로서 감사를 둘 수 있다. 자산이 50억 킵을 초과하는 유한회사의 경우는 예외적으로 사원총회의 결정에 따라 정기감사를 위한 감사를 둘 수도 있다(제153조). 감사는 유한회사의 이사, 임원 또는 사용인이 아니어야 하며, 유한회사에서 이익을 얻을 수 있거나 직접적인 이익을 얻을 수 있는 관계에 있는 자여서는 안 된다. 사원은 이러한 자로 본다(제154조).

(2) 선임과 해임

감사는 사원총회에 의해 선임 또는 해임된다. 감사의 자리가 어떤 이유로 결원이 되는 경우, 이사회나 이사는 임시총회를 소집하여 대체감사를 선출함으로 감사의 원수를 충당해야 한다. 이를 위반한 경우, 3명 이상의 사원은 공동으로 법원에 대하여 대체감사선임청구권을 가진다(제155조).

(3) 권리와 의무

감사는 보수를 받을 권리가 있으며, 필요하다고 간주된 때에는 언제든지 유한회사의 회계를 감사할 수 있으며, 유한회사의 이사, 임원 또는 사용인에게 감사와 관련된 사항에 대하여 조사할 수 있다. 유한회사의 회계시스템과 회계장부의 적합성 또는 부정확성을 보고하고 보증하

45) Article 153. (Audit) An audit is A limited company may employ an auditor from the date of its incorporation, or may employ an auditor on a permanent basis, or [may employ an auditor] for periodic auditing as decided by the shareholders' meeting except in the event that the limited company possesses assets in excess of fifty billion Kip. 라오스 원문에서 감사라는 용어가 단수인지 복수인지는 명확하지 않다.

는 것을 포함하여, 사원총회에 제출하기 위한 유한회사의 수입, 지출, 대차대조표에 관한 보고서를 준비하여야 한다.

4. 공개회사

공개회사의 지배구조는 앞서 살펴 본 유한회사의 내용과 동일하며, 유한회사에 관한 규정을 따른다(제190조). 라오스에서는 공개회사보다는 유한회사가 대중을 이루고 있는데, 이는 인접국가인 캄보디아의 경우를 참고하여 볼 때, 기업의 실질적 주인인 대주주가 기업을 일반에 공개하기보다는 소규모, 폐쇄적인 기업으로 유지하는 것을 선호하기 때문인 것으로 보인다.

5. 국유회사

1) 이사

(1) 의의와 자격

국유회사의 이사는 사업 활동을 위하여 정부에 의해 출자된 자산을 효과적으로 관리·경영하는 국유회사의 대표이며, 뿐만 아니라 제3자와의 거래에 있어서도 국유회사를 대표한다(제203조). 국유회사의 이사는 유한회사의 이사의 자격(제117조)에 부가하여, ① 부정행위나 자기거래가 없어야 하고, ② 자신이든지 아니면 그의 배우자와 자녀들을 통해서든지 관계없이 업무집행에 있어 높은 책임감을 가진 자가 되어야 한다. 또한 ③ 국유회사의 사업거래에 있어서 이해관계가 없는 자가 되어야 하며, ④ 이사의 지위를 승인받기에 앞서 그의 자산을 신고해야 하고, ⑤ 회사 경영과 행정에 기술, 경쟁력, 경험을 소유하여야 한다(제204조).

(2) 이사의 선임과 해임

최초 이사는 관련기관의 동의에 기초하여 중앙에 있는 국유회사의 경우에는 재무부장관에 의하여, 지방에 있는 국유회사의 경우에는 지방관리자나 시장에 의하여 선임된다. 두 번의 정기총회 사이에 이사직의 결원이 생긴 경우를 포함하여, 이후의 이사 선임은 주주총회의 결의에 기초하여 중앙에 있는 국유회사의 경우에는 재무부장관에 의하여, 지방에 있는 국유회사의 경우에는 지방관리자나 시장에 의하여 이루어진다. 이사의 선임·해임의 방식과 마찬가지로 주주총회의 결의에 기초하여 중앙에 있는 국유회사의 경우에는 재무부장관에 의하여, 지방에 있는 국유회사의 경우에는 지방관리자나 시장에 의하여 이루어진다(제205조).

2) 이사회

3명 이상의 이사가 있는 국유회사는 이사회를 설립할 수 있다. 필요한 경우, 2명의 이사가 있는 국유회사도 이사회를 형성할 수 있다. 국유회사의 이사회의 권리와 의무는 유한회사에 관한 규정을 따른다(제207조).

3) 주주총회

(1) 정족수와 규칙

선임된 모든 국가대리주주[46]나 그들의 대리인은 국유회사의 주주총회에 참가해야 한다. 총회에 참석할 수 없는 국가의 대리주주는 주주총회에 그들의 대리인을 보내야 한다. 주주는 총회의장에게 위임서면을 제출해야 한다. 국가대리주주가 충분한 사유 없이 주주총회에 세 차례 불참할 경우, 총회의 의장은 승인을 위해 재무부 장관이나 지방관리자 또는 시장에게 신고하여야 한다. 국유회사가 주식을 매각하는 경우, 국

46) 국유회사에서 국가주주의 권리를 행사하고 업무를 집행하는 자를 말한다. 중앙에 있는 국유회사의 경우에는 재무부장관에 의하여, 지방에 있는 국유회사의 경우에는 지방 관리자나 시장에 의하여 선임된 2명 이상의 대리주주를 가진다(제208조).

가주주가 아닌 자의 총주식수의 80%이상을 소유하는 주주의 출석을 요구해야 한다(제209조).

(2) 결의

주주총회의 결의에는 2가지 경우가 있다. 첫째, 국가가 1인 주주로 있는 국유회사의 경우에 있어서의 주주총회의 결의로서, 이 경우 국가의 대리주주의 과반수에 의해 채택된 경우에 한하여 그 결의에 효력이 있다. 다만, 국유회사의 정관의 규정에 따른 경우에는 예외로 한다. 둘째, 국유회사가 법률에 따라 주식을 매각하는 경우, 주주총회의 결의는 총주식수의 과반수의 의해 채택된 경우에 한하여 효력이 있다. 의결권의 계산에 있어서, 한 사람은 하나의 의결권을 가진다. 국유회사의 주주총회는, 정부승인을 요하는 사항[47]을 제외하고 국유회사의 사업과 관련된 모든 사항에 대한 결의를 승인 및 채택할 수 있다(제210조).

4) 감사 및 특별검사

국유회사는 기업등기일부터 감사를 두어야 한다. 상임감사를 고용하기 불가능한 소규모 국유회사의 경우에는 1년에 1회 이상 대차대조표와 연간보고서를 주주총회에 제출하기에 앞서, 임시로 회계장부를 감사·증명하기 위해 감사를 고용해야 한다. 국유회사는 유한회사의 감사와 관련한 원칙을 엄격하게 따라야 한다(제216조).

재무부장관, 지방관리자나 시장의 승인 또는 주주총회의 결의나 관련기관의 요청에 의하여 국유회사는 특별검사를 둘 수 있다. 결의나 요청에 따라 재무부장관, 지방관리자나 시장은 30일 이내에 검사인이나

47) 자본의 증감, 해산, 국유회사간의 합병, 또는 국유회사가 되기 위한 다른 유형의 기업과 국유회사간의 합병과 다른 유형의 기업에서 국유기업으로의 영업양도에 대한 매각 또는 승인에 관하여 중앙에 있는 국유회사는 정부로부터 승인을 얻어야 하며, 지방에 있는 국유회사는 지방 관리자나 시장으로부터 승인을 얻어야 한다. 정부 또는 지방 관리자나 시장이 허가를 해 준 경우, 그 시행에 대한 구체적인 지침을 제공해 주어야 한다(제211조).

검사위원회를 선임하여야 한다(제217조). 검사인은 국유회사에 검사를 위한 서류를 요청하고, 관련 국유회사의 이사, 임원 또는 사용인을 심문한다. 또한 검사를 요청한 주주와 재무부장관, 지방관리자나 시장에게 검사보고서를 제출한다(제218조).

6. 다른 국가들의 관련 규범과 비교

라오스 기업법상 가장 많은 부분을 차지하고 있는 내용은 유한회사에 관한 규정이다. 실제로 라오스의 유한회사는 경제개혁·개방 이후 실시해 온 회사제도 중에서 그 선호도가 가장 높으며, 이웃 국가인 캄보디아의 경우와 마찬가지로 가장 일반적인 회사 형태라고 할 수 있다. 이는 기업의 실질적 주주인 대주주가 기업을 일반에 공개하기보다는 소규모, 폐쇄적인 기업을 유지하는 것을 선호하기 때문인 것으로 보인다.[48] 유한회사의 업무집행에 관하여 이사의 권한보다 지분권자인 사원의 권한이 막강하여 유효한 사원총회의 승인으로 이사의 업무집행권한을 제한할 수 있다. 사원총회는 회사의 중요한 의사를 결정하는 최고권력기구로서의 성격을 지니고 있으며, 반드시 조직하여야 하는 필요적 기관이다. 이사회나 감사는 임의적 기관으로 회사의 유형과 규모에 따라 설치하지 않을 수도 있다.

우리나라의 경우, 유한회사의 운영기구와 관련하여 의사결정기관인 사원총회와 업무집행기관인 이사가 필요하며, 감독기관인 감사는 임의기관으로 하고 있다. 유한회사에서는 이사가 곧 회사의 업무집행 및 대표기관이 되며, 이사회제도는 마련되어 있지 않다. 사원총회는 유한회사의 의사를 결정하는 법정의 최고기관이란 점에서 주식회사의 주주총회와 같으나 결의사항에 제한이 없다.[49] 사원총회가 회사의 의사를 결

---

48) 주캄보디아대사관, 전게서, 11면.

49) 이철송, 전게서, 956면.

정하는 최고의 기관이라는 점에서는 양국의 법이 일치한다. 베트남의 경우도 사원총회 내지 주주총회의 지위에 있어서는 라오스와 유사하다고 할 수 있다. 베트남 유한회사의 운영기구로서, 사원총회, 사장, 감사회가 있다(베트남기업법 제34조). 사원총회는 회사의 최고권력기구로서 회사의 중요한 의사결정을 하며, 사장은 회사의 경영관리 및 업무집행 기구이고 감사회는 회사의 경영관리활동을 감독한다.[50] 베트남법상 주식회사의 운영기구도 원칙적으로 유한회사의 기관구성과 비슷하다. 이는 라오스기업법상 공개회사의 경우에 있어서의 지배구조와 관련하여 유한회사의 규정을 준용하고 있는 점과 비추어 볼 때, 유사하다고 할 수 있을 것이다(라오스기업법 제190조). 라오스의 공개회사는 기업공개를 전제로 하는 회사라는 점에서 얼마 전 라오스에 설립된 증권거래소에 상장될 상장회사의 기본적인 회사형태가 될 것으로 전망된다.

우리나라의 경우 상법상 주식회사의 업무집행에 관한 의사결정은 이사회에서 하도록 하고, 이러한 결정에 기한 일상적인 업무집행 및 대표행위는 이사 중에서 선임된 대표이사가 맡도록 한다. 따라서 주식회사의 업무집행기관은 의사결정기관인 이사회와 집행 및 대표기관인 대표이사로 분화된다. 상법은 기업경영의 합리화를 위하여 주주총회 중심에서 이사회 중심으로 전환하고 그 권한을 강화하였다.[51]

유한회사와 국유회사에 있어서의 이사회는 회사의 경영관리 및 업무집행기구로서, 사원총회에서 선출된 이사로 구성된다. 유한회사의 경우 2명 이상의 이사로 구성된 때에 이사회를 설립할 수 있고, 약정에 의하여 이사회를 두지 않을 수도 있다. 반면 국유회사의 경우 3명 이상의 이사가 있는 경우에 이사회를 설립할 수 있다. 감사와 관련하여 유한회사는 설립된 날로부터 감사를 둘 수 있으며, 상임직으로서 감사를 둘

---

50) 정용상, "중국-베트남법상 주식회사 운영기구론", 『외대논총』제22집, 법문사, 2002. 12, 684면.

51) 김은경 · 김봉철, 『로스쿨 회사법 논점강의』, 한국학술정보, 2010, 159면.

수 있다. 자산이 50억 킵을 초과하는 유한회사의 경우는 예외적으로 사원총회의 결정에 따라 정기감사를 위한 감사를 둘 수도 있다. 국유회사는 이외에 특별검사를 둘 수 있다. 특별검사는 국유회사에 검사를 위한 서류를 요청하고, 관련 국유회사의 이사, 임원 또는 사용인을 심문하고 그 검사보고서를 제출할 의무를 지닌다.

VI. 결 어

1994년 7월 18일 라오스회사법이 제정된 이후, 라오스 경제체제는 중앙계획에서 시장개방으로 그 정책이 꾸준히 변화되어 왔다. 라오스는 사회주의 국가들 중 하나이지만 시장개방을 통한 성공적인 경제개혁을 위하여 무엇보다 기존 회사법의 전면개정을 통한 회사의 설립·운영 절차를 간소화하는 작업이 필요하게 되었다. 이러한 관점에서 2005년 라오스기업법의 등장은 기업경영과 투자 환경의 개선을 위한 중요한 움직임이었다고 평가할 수 있다.

라오스기업법은 라오스에서 운영되는 모든 기업을 규율하는 주된 법으로서, 내국인, 외국인소유, 국유기업도 포함된다. 이 기업법은 기존의 회사법에 상당한 수정을 가한 것으로써 기업설립절차, 최소등기자본액의 요구, 기업등기정보의 공고 등과 관련한 변화들이 규정되어 있다. 라오스기업법은 기업설립에 관한 규정과 절차에 있어서 간소함과 투명성을 꾀하는 등 상당한 개선이 있었다고 할 수 있다. 라오스기업법이 가지고 있는 특징은 이웃국가들의 관련법 비교에서도 뚜렷해진다. ASEAN 국가의 일원이면서도 라오스가 가지고 있는 고유의 정책과 경제상황이 반영된 입법인 것이다.

그러나 라오스기업법은 그 규정내용이 모호함이나 여전히 복잡한 기업 설립 및 운영에 관한 절차로 인하여 기업의 성장에 방해가 될 수도 있음이 지적되고 있다. 나아가 국가에 의한 인민경제의 통제라는 사회주의국가로서의 한계도 건전하고 활기있는 사기업의 설립 및 운영을 제약하고, 기업성장의 다양한 기회를 제한하고 있다. 따라서 우리나라 회사법을 포함하여 선진국들의 회사법 제도에 대한 비교법적 검토는 라오스 기업법의 진전을 위하여 필요한 과정이라고 할 수 있을 것이다. 라오스기업법에 대한 보다 많은 연구는 학문적인 측면에서 흥미로운 것이지만, 향후 우리 기업의 현지 투자와 영업에도 실질적인 도움이 될 것이다.

주제어: 라오스기업법, 기업의 설립절차, 기업의 지배구조, 라오스 투자환경, 라오스 기업경영, 동남아시아 기업법

참고문헌

김건식 · 노혁준 · 박준 · 송옥렬 · 안수현 · 윤영신 · 최문희, 『회사법』, 박영사, 2010.

김동훈, 『상법개설』, 한국외국어대학교 출판부, 2009.

김동훈, 『회사법』, 한국외국어대학교 출판부, 2010.

김상용, "아시아법제연구의 필요성과 방법론", 『아시아법제연구』 제1호, 한국법제연구원, 2004. 3.

김성주, "라오스의 정치 · 경제체제와 개방정책", 『국제정치논총』 제36집 1호, 한국국제정치학회, 1996.

김원규, "태국 회사법의 우리 회사법에의 시사점에 관한 소고", 『사회과학연구』 제17집, 한남대학교사회과학연구소, 2008.

김은경 · 김봉철, 『로스쿨 회사법 논점강의』, 한국학술정보, 2010.

이철송, 『회사법강의』, 박영사, 2010.

주캄보디아대사관, 『캄보디아 통상투자 법률가이드 북』, 주캄보디아대사관, 2010.2.

정용상, "중국-베트남법상 주식회사 운영기구론", 『외대논총』 제22집, 법문사, 2002. 12

최완진, 『상법학강의』, 법문사, 2006.

谷川久(編), 『アジア諸國の會社法』, アジア經濟研究所, 1970.

Asian Development Bank, "Economic trend and prospects in developing Asia", Asian Development Outlook 2010 Update, 2010.

CUTS international, *Promoting Competition Policy & Law in Lao PDR*, 2006.

DFDL Meckong, *Laos Legal And Investment Guide*, 2010.

International Finance Incorporation, *Business Issue Bulletin No.3*, July 2006.

Sengxay Phousinghoa · Trang Nguyen · Lan Vam Nguyen, *Technical assistance to support the business environment reform process in Lao PDR: A case study on the new Enterprise Law*, IFC-MPDF, 2006.11.

Terry Reid, "Legal impediments to investment in Laos", *Centerbury Law Review*, 1998.

United States Agency for International Development, *Southeast Asia Commercial Law & Institutional Reform and Trade Diagnostics*, 2006.

ABSTRACT

A Study on the Laos Enterprise Law

- Focusing on the issue of the procedures to start business and the corporate governance

Kim, Dong-Hoon and Lee, Jun-Pyo

(Hankuk University of Foreign Studies, Law School and Lecturer of Hankuk University of Foreign Studies, Ph.D. in Law)

The National Assembly of Laos approved amendments to the 1994 Business Law, in the form of the new Enterprise Law in October 2005. The Enterprise Law of Laos was officially promulgated by the President in April 2006. It is the key piece of legislation governing the establishment, operations and closure of businesses in Lao PDR. This paper introduces the framework of the Enterprise Law comparing the Korean law in some points.

It significantly improved the process for forming a new company. The Enterprise Law creates more transparent procedures for private businesses, significantly simplifies regulations and procedures to start businesses, and moves from discretionary licensing to automatic registration, by way of the implementation of a negative list of restricted or prohibited activities.

However, the ambiguity in licensing and regulatory procedures impedes the daily work and growth opportunities of enterprises.

Furthermore, the continued state domination of the national economy limits the opportunities for robust private enterprise in Laos. Therefore, more comparative studies on the enterprise law of advanced industrial nations including Korea can be essential for the development of enterprise law in Laos.

<번역-라오스 인민민주주의공화국 대통령령>

기업법의 개정에 관한 법의 공포에 대하여 ;

국회에 의하여 채택된 법률과 헌법의 공포를 위하여 준비된 인민민주주의공화국의 헌법 제6장 제67조 제1호를 따라; 그리고 기업법의 개정 법률의 채택에 관한 2005년 11월 9일 No.55/NA 결의를 따라; 2005년 11월 18일, 국회상임위원회의의 No. 18/NASC 제안을 따라.

라오스 인민민주주의공화국 대통령령:

제1조 이로써 기업법의 개정에 관한 법은 공포된다.
제2조 이 명령은 서명된 날로부터 효력이 발생한다.

비엔티엔, 2005년 12월 9일.

제1편 총칙

제1조 목적

기업법은 모든 경제부문의 생산과 영업 및 서비스를 촉진하여 생산에 종사하는 노동력과 생산관계[52)]를 발전시키고, 국가의 사회경제적 성장을 촉진하여 국가발전 및 다민족으로 구성된 인민의 생활을 개선시킬 목적으로, 라오스 인민주의공화국에서의 기업의 설립, 운영 및 관리를 위한 원칙, 절차 및 방법을 정한다.

52) 생산수단의 소유에 있어서의 다른 관계들의 가능성을 열어 둔 개념이다.

제2조 정의

이 법에서 사용되는 용어는 아래에서 기술한 의미를 가진다.

- 기업(enterprise)이란 개인 또는 법인으로서, 명칭, 자본, 조직과 경영, 사무소를 가지고 이 법에 근거하여 기업으로 등기된 사업조직을 말한다. 기업은 "사업단위(business unit)"라고도 표기한다.
- 사업(business)이란 이윤추구와 사회공공의 이익에 기여할 목적으로, 생산부터 서비스까지의 전 과정 또는 그 일부로서 특정 업무에서 이루어지는 사업활동을 말한다.
- 통제사업목록[53]이란 국가안전, 사회질서 및 건전한 국민전통에 그리고 환경에 고도로 민감한 사업유형의 목록을 말하며, 그 기업의 등기에 앞서 관련당국의 승인 및 검사[54]를 받아야 한다.
- 개인기업이란 개인이 소유하는 기업형태를 말한다. 개인기업은 기업의 채무에 대하여 무한책임을 지는 기업소유자의 명칭으로 운영한다.
- 조합기업(partnership enterprise)이란 이익을 분배할 목적으로 공동사업운영을 위하여 투자한 둘 이상의 투자자간의 계약에 근거하여 설립된 기업형태를 말한다.
- 일반조합기업(general partnership enterprise)이란 주로 상호신뢰에 기초한 조합원들이 공동으로 운영하며, 모든 조합원들이 기업의 채무에 대하여 연대하여 무한책임을 지는 조합기업형태를 말한다.
- 유한책임조합기업(limited partnership enterprise)이란 조합원의 일부(일반조합원라고 한다)는 기업의 채무에 대하여 무한책임을 지고, 다른 조합원들(유한책임 조합원라고 한다)은 기업의 채무에 대하여 유한책임을 지는 조합기업형태를 말한다.

53) 이 용어는 제한적 목록(negative list)으로도 표기한다.

54) 여기서 검사(inspection)라는 용어는 제한(control), 감독(supervision), 감사(audit), 감시(monitoring)라는 관련된(다만, 약간의 차이가 있는) 개념들을 포함하고 있다.

- 회사(company)는 그 자본을 각각 동등한 가치를 갖는 주식으로 분할함으로써 설립되는 기업형태를 말한다. 주주는 회사의 채무에 대하여 자기가 인수한 주식의 미납입분을 초과하지 않는 금액까지만 책임을 진다.
- 유한회사(limited company)란 이 법 제85조 제1항에 규정된 경우를 제외하고, 2명 이상 30명 이하의 사원으로 구성된 회사형태를 말한다. 사원이 1인인 유한회사는 "1인 유한회사"라고 한다.
- 공개회사(public company)란 9명 이상의 발기인인 주주로 된 구성된 기업형태를 말한다. 이 회사의 주식은 자유롭게 양도할 수 있고 공개적으로 인민에게 매출할 수 있다.
- 주식공모란 법령 및 규칙에 따라 주식거래시장의 내외에서 인민에게 주식을 매출하는 것을 말한다.
- 국유회사[55]란 국가가 설립하여 회사에 적용되는 법규에 따라 운영하는 회사를 말한다. 국유회사는 그 지분의 49% 이상을 매도하여서는 안된다.[56]
- 합작회사란 국가와 국내외의 다른 부문[57]이 공동으로 설립한 회사를 말하며, 각 당사자는 그 주식의 50%씩을 가진다.
- 주식이란 조합기업 또는 회사의 자본을 대표하며, 이 법에 규정된 바에 따라 조합기업 또는 회사의 형태에 따라 불평등 또는 평등한 가액으로 분할할 수 있다.
- 보통주란 그 소유자가 [회사로부터 투자를] 회수할 수 없는 주식유형을 말한다.
- 우선주란 그 소유자가 [회사로부터 투자를] 회수할 수 있고, 보통주와는 다른 특정한 권리와 의무가 부여된 주식유형이다.

---

55) 구 회사법상의 국유기업(a state-owned enterprise)과는 다르다.

56) 이는 "그 지분을 50% 미만까지 매도할 수 있다"라고도 번역할 수 있다.

57) 이는 "비정부 부문의 당사자"라는 의미이다.

• 주권이란 조합기업의 조합기업원이나 회사의 주주의 권리 및 소유권의 지분을 표창하는 중요한 법적 권한증권이다.
• 사채권이란 약정한 대로 원금과 이자를 상환할 것을 보증하는 적법한 권리를 사채권자에게 부여하는 증서로서, 회사가 담보없이 발행하는 채무증서를 말한다.
• 배당이란 조합기업이나 회사에서 발생한 순이익으로부터 자본, 지출, 채무의 비용을 공제한 후에 주주 또는 조합기업원에게 분배하는 금전을 말한다.
• 정족수란 회의소집에 필요한 회의 참석자의 최소 숫자를 말한다.
• 상업 비밀이란 만일 공개될 경우, 기업의 재무상태나 안정성에 손해를 초래할 수도 있는 기업의 생산과정, 영업 또는 서비스에 관한 중요한 정보를 말한다.
• 청산인이란 해산기업 또는 파산기업에서 채권자에 대한 변제 및 소유자[58], 조합기업원 또는 주주에 대한 잔여재산의 분배를 위하여 해당기업의 자산에 부수된 권리와 의무를 수행하도록 법원 또는 기업에 의하여 선임된 자를 말한다.

제3조 기업을 설립할 권리

라오스에 거주하는 라오스 국민, 외국인거주자, 국적불명자[59]와 [라오스에 거주하지 않는] 외국인 및 그들의 단체는 라오스의 법령에 따라 영업거래에 기업을 설립하거나 사업거래에 참여할 수 있다.

제4조 사업거래의 형평

국내외의 모든 경제부문은 사업활동에 있어서 법 앞에 평등하고, 생

58) 이 용어는 투자자에 국한되지 않고, 예컨대 단독거래기업의 소유자와 같은 것도 포함할 수 있다.
59) 라오스 국적법상 외부인(aliens), 국적불명자(apatrids), 외국인(foreign individuals) 간에 차이가 있다.

산력의 증대와 생산, 사업 및 서비스를 확장함에 있어서 경쟁하고 협력할 수 있다.

제5조 기업의 의무

기업은 사업목적에 따라 영업활동을 수행하고, 회계장부를 관리하며, 정부에 대한 회계상의 의무를 이행하고, 근로자의 합법적인 권리와 이익을 보호하고, 환경을 보전하며 라오스의 관계 법령을 준수할 의무를 진다.

제6조 기업에 대한 국가정책 및 기업의 권리와 이익의 보호

국가는 관세 및 조세에 관한 정책, 규제 및 방법을 공표하고, 기업에게 정보, 서비스 및 기타 편의를 제공함으로써, 모든 비통제부문에서 내국인과 외국인 및 그 단체가 회사를 설립하거나 기업활동에 참여하도록 촉진하고 조장함으로써 사회경제적 발전에 기여하게 한다.

기업의 합법적인 권리와 이익, 즉 그 자본과 재산은 법에 따라 보호된다.

제7조 국제적 협력

국가는 경험과 정보를 교환하고, 선진화된 영업관리상의 자본, 과학, 기술 및 경험을 활성화함으로써, 사업활동에 있어서 국제적 관계와 협력을 촉진시키며, 또한 시장개방 및 지역적 통합과 국제적 통합을 촉진시킨다.

제8조 적용범위

이 법은 라오스에서 설립되고 운영되는 국내외의 사기업과 국유기업(State enterprises)[60] 및 합작기업에 적용된다.

협동기업(Cooperative enterprises)과 소매상은 이 법의 적용을 받지 않으

며, 별도로 상세히 규율된다.

제2편 기업

제1장 기업의 종류, 형태, 유형

제9조 기업의 종류

라오스에는 사기업, 국유기업[61], 합작기업, 집단기업의 4가지 종류의 기업이 있다

사기업은 회사의 설립과 운영에 관한 이 법 제10조와 제11조에 규정된 기업의 어떠한 형태 또는 범주라도 선택하여 이용할 수 있다.

국유기업과 합작기업은 오직 회사의 형태로만 설립·운영될 수 있다. 국유기업은 "국유회사", 합작기업은 "합작회사"로 표기한다.

제10조 기업의 형태

기업의 형태이란 모든 종류의 기업의 설립과 운영을 위한 기초가 되는 사업조직을 말한다.

기업은 세 가지 형태로 분류한다:

1. 개인기업;
2. 조합기업;
3. 회사.

제11조 조합기업과 회사의 유형

조합기업과 회사는 다음의 네 가지 유형으로 분류한다:

1. 조합기업은 두 가지 유형으로 분류한다:

---

60) 이는 "국유회사(State company)"와는 구별된다.

61) 라오스어 원문에서는 구 기업법에서 사용되던 것과 같이 국유기업 및 혼합기업에 대하여 동일한 용어를 사용하고 있다. 그러나 그 실체의 본질이 서로 다르므로, 이 법상 이들 기업에 대하여 각각 다른 용어를 사용하기로 한다.

• 일반조합기업;
• 유한책임조합기업.

2. 회사는 두 가지 유형으로 분류한다:
• 유한회사(1인 유한회사를 포함한다);
• 공개회사.

제2장 기업의 등기

제12조 기업의 등기

기업등기란 라오스에서 기업을 설립하여 운영하고 있는 개인 또는 법인체에 대한 국가의 법적 인식으로서, 기업등기를 위한 신고[62]의 접수를 말한다.

기업등기의 절차는 별도로 규정한다.

기업이 일단 등기하면 해당 기업의 활동기간 전부에 미친다.

제13조 기업등기 신고서의 제출

라오스에서 사업을 하려는 자는 이 법의 규정에 따라 관련국가기관에 기업등기 신고서를 제출하여야 한다.

제14조 기업등기심사의 절차 및 일정

기업등기 신고서를 접수한 상업부문[63]은 등기하려는 사업의 종류가 통제사업목록 또는 비통제사업목록에 속하는지 여부를 검토하여야 한다. 등기신청한 사업이 통제목록에 속하지 않는 경우에는 상업부문의 기업등기당국은 신고서의 접수일로부터 10일의 공식 근무일 이내에 기

62) "기업등기의 신고"라는 것은 기업등기가 사업체의 설립을 위하여 승인을 받아야 할 사항이라기보다는 관계당국에 신고할 사항이라는 함의이다.

63) 부문(sector)이라는 용어는 특수한 활동에 종사하는 정부 부서나 기관의 집단을 가리키는 말로써, 많은 라오스 법률에서 사용 된다.

업등기의 증명서의 발행을 심사(consider)한다.

등기를 위해 제출되는 사업의 종류가 통제사업목록에 속하는 경우, 상업부문은 즉시 관련당국64)에 그 신고서를 전달하여야 한다. 그 관련당국은, 장기적인 기술적 심사과정이 필요한 특정 사업의 경우를 제외하고, 10 근무일 이내에 심사하여 회신하여야 한다.

기업등기증이 발행되지 않는 경우, 사유가 기재된 문서로 기업등기신청자에게 회신하여야 한다.

이 조 제 2항에 규정된 통제사업목록과 기술적 심사과정의 일정은 정부만이 승인한다.

제15조 기업등기의 무효

기업등기의 무효란 등기된 내용의 부분 또는 전부가 형식, 범주 또는 실제에 부합하지 않으므로 수정이 필요한 기업등기를 말한다. 그 수정은 개정에 의하여 할 수 있다.

수정이 이루어질 수 없는 경우, 그 기업은 이 법에 규정된 절차에 따라 해산된다.

법률에 의하여 제한된 사람에게 부여된 기업등기 또는 어떤 법률이나 규칙에 위배되는 기업등기는 무효이다.

기업등기의 무효 또는 기업의 해산이 있더라도 기업의 책임은 종결되지 아니한다.

제16조 기업등기의 효과

기업등기에는 다음의 효과가 있다:

1. 기업의 목적과 정관의 범위 내에서 권리와 의무 및 책임을 가지며, 그 주주와는 분리된 조합기업 또는 회사의 법인체를 창설한다;

64) 이는 통제산업을 규제하는 당국을 의미한다.

2. 이 법 제14조에 규정된 통제사업목록에 특정된사업의 종류를 제외하고, 기업이 관계당국의 추가적인 승인 또는 심사없이 그 기업 허가증에 적시된 사업 부문 내에서 사업활동을 수행할 수 있도록 한다;
3. 기업등기신고서에 기재된 내용[기재되어야 할 사항]은 공개되어야 하며, 어떤 이해관계자라도 이 법 제19조 1항의 규정된 바와 같이 그 신고서를 볼 수 있다;
4. 기업의 명칭과 세무등록이 등기된다.

제17조 사업활동착수 실패의 효과

기업은 기업을 등록을 한 날부터 90일 이내에 사업 활동을 개시해야 한다. 기업이 그 기간내에 활동을 하지 못하거나 활동이 중지되어 [정당한]이유없이 12개월 이상 계속하여 그 재무상 의무를 이행하지 않는 경우, 관련 기업등기공무원은 해당 기업에게 그 이유를 소명할 것을 통지해야 한다. 그 기업이 통지를 받은 날 부터 10 근무일 이내에, 해당 공무원을 면담하지 않거나 면담해서 충분한 이유를 제시하지 않는 경우, 해당기업은 중단된 것으로 간주하며 이 법에 규정된 절차에 따라 해산하여야 한다.

제18조 기업등기의 내용 변경

기업등기 후 기업의 목적 또는 등기자본 등의 등기 내용의 변경은 그러한 변경을 하기로 결정한 이후 1개월 이내에 관련기업등기 공무원에게 신고하여야 한다. 다만 통제사업목록에 속하는 사업의 종류에 관한 기업등기상의 내용 변경은 예외로 하여, 이는 이 법 제14조 2항에 따라야 한다.

고의 여부와 관계없이, 그 기업등기에서 무효인 내용을 신고하거나 이 조 제1항에 규정된 기간을 초과하여 변경의 신고를 한 기업은, 선의의 제3자에 대하여 자신의 행위로 인한 책임을 면하기 위하여 그러한 흠 등을 주장하지 못한다.

제19조 기업등기 내용의 공시

개인과 법인체는 기업등기공무원에게 제출된 등기서류를 열람하거나 그 사본을 요청할 수 있다. 그러한 등기서류는 기업이 이 법상 요구되는바에 따라 기업등기를 위하여 제출한 서류를 말한다. 이 서류의 사본을 요청하는 사람은 정해진 비용을 납부해야 한다.

이 조의 제1항에 규정된 서류 외에는, 법률에 다른 규정이 없는 한, 공시는 관련기업의 사전 동의가 있어야만 허용된다.

제20조 기업의 등기 자본

개인기업의 등기자본은 그 기업등기를 하면서 그 소유자가 기업등기공무원에게 신고한 자본이다.

조합기업이나 회사의 등기자본은 이 법 제33조 제4호와 제81조 제4호에 규정된 모든 지분의 가액이다. 이 등기자본은 그 조합기업이나 회사의 "법정 자본"이라고도 한다.

필요한 경우, 특정 종류의 사업에 대하여, 관련 부문은 기업등기를 위하여 필요한 최소등기자본액을 정할 권한이 있다. 다만, 이 경우 정부의 승인을 얻어야 한다.

법률에 규정된 바에 따라, 신고된 등기자본은 라오스 내에 실제로 존재하여야 한다. 이를 위반한 경우, 그 위반자는 정부당국에 대한 허위진술의 위법행위에 대하여 법률상의 책임을 져야 한다.

제3장 기업의 상호

제21조 기업의 상호의 선정

기업은 한 사람 또는 여러 사람의 성명을 선택하거나 합의에 따라 다른 성명을 선택할 수 있다. 어떤 상호를 최초로 등록한 기업은 다른 기업에 대하여 우선권을 가진다. 기업의 상호는 항상 그 기업의 형식이나 범주를 표시하여야 한다.

상호를 등록한 기업의 등기가 수리되지 않는 경우 등록된 상호는 효력을 상실한다.

기업을 등기한 경우, 사업운영자는 그 상호를 나타낸 간판을 설치해야 한다.

제22조 금지된 상호

다음과 같은 상호의 [사용은] 금지된다.

1. 동일한 지역이나 도시 내의 다른 기업의 명칭 또는 널리 알려진 다른 기업의 명칭과 유사하거나 동일하여 혼동을 야기하는 상호;
2. 건전한 국가적 문화와 전통 또는 사회 질서에 상충되는 상호
3. 국가나 국제기관의 명칭을 포함하는 상호 또는 문화적 정체성의 상징이나 국가적 성지의 명칭을 포함하는 상호
4. 기업의 형식이나 범주와 동일하거나 유사한 상호

제23조 타인에 대한 기업의 상호 또는 면허의 사용허락

그 상호나 면허를 다른 사람으로 하여금 사업활동을 위하여 사용하도록 허락하는 것은 라오스 계약법에 따라 서면으로 이루어져야 한다.

[타인의] 상호나 면허의 사용에 대한 서면승인이 없는 경우, 해당 상호 또는 면허의 보유자가 그러한 사용을 알고도 항의나 반대를 하지 않았거나 묵인했음을 보여주는 충분한 증거가 있는 때에는 적절한 승인이 있었던 것으로 간주한다.

제24조 기업의 상호 또는 면허의 사용을 타인에게 허락한 자의 책임

기업의 상호나 면허를 타인에게 사용하도록 허락한 자는 약정[65] 또

는 법률의 규정에 따라 제3자에게 책임을 져야 한다.

능력[66]이 없는 자에게 당해 기업의 상호나 면허를 사용하도록 허락한 자는 그런 능력 없는 자의 행위에 대하여 책임을 져야 한다.

기업의 상호나 면허를 사용함에 있어 법적 제한을 받는 개인이나 법인에게 그 사용을 허락한 자는 그 개인이나 법인의 행위에 대하여 연대하여 책임을 져야 한다. 수권받은 자가 행한 모든 사업활동은 기업등기 없이 행해진 사업활동으로 간주한다.

국영회사는 개인이나 법인에게 그 상호 및 면허를 사용하도록 허락할 수 없다. 이를 위반하는 경우, 국영회사가 제3자에 대하여 직접 책임을 져야 한다.

제25조 상호의 양도와 양도제한

상호는 다음의 경우에만 양도될 수 있다.

1. 권리와 의무를 포함한 기업 전체의 양도와 함께 양도되는 경우
2. 완전히 법적으로 해산하는 기업의 명칭인 경우

제1항에 따라 상호를 적법하게 양도한 경우에 양수인은 양도일로부터 60일 이내에 기업의 채권자와 채무자에게 통지해야 하고, 양도일로부터 5 근무일 이내에 관련 기업등기 공무원에게 통지하여야 한다.

형식여하를 불문하고 상호의 부적절한 양도(상호양도를 통한 시장의 독점화를 포함한다)는 금지된다. 이를 위반한 경우, 양도인과 양수인은 라오스의 관련 법령에 따라 그 행위에 대하여 책임을 져야 한다.

국영회사는 다른 형태의 기업에는 그 상호를 양도할 수 없다.

65) 이는 제23조에 규정된 바에 따라, 해당 상호 또는 면허의 보유자와 그 상호 또는 면허의 사용을 허락받은 자 사이의 계약을 말한다.

66) 법적 능력과 정신적 능력을 포함한다.

제26조 상호의 말소

상호는 기업의 해산과 함께 말소되어야 한다. 상호가 해지 되면, 상호 소유자는 해지의 통지를 한날로부터 7일 이내에 상호를 나타낸 간판을 제거해야 한다.

어떤 개인 또는 법인이 말소된 상호나 면허를 계속 사용하는 때에는, 적절한 기업등기 없이 사업을 운영하는 것으로 간주하여야 한다.

제3편 개인기업

제27조 기업등기신고서의 제출

개인기업을 등기하고자 하는 자는 다음의 세부사항을 포함한 신고서를 제출하여야 한다.

1. 회사의 상호와 종류
2. 기업 소유자와 운영자의 성명, 주소 그리고 국적
3. 기업의 위치
4. 등기 자본

제28조 소유자의 권리와 의무

개인기업의 소유자는 다음의 권리와 의무를 가진다;

1. 스스로 기업을 관리하고 운영하거나 또는 이를 위하여 다른 사람들을 고용하는 것;
2. 스스로 이윤을 사용하고, 기업과 관련된 기타 사항에 대하여 결정하는 것;
3. 기업 회계에 관한 법률의 규정에 따라 회계장부를 기록하는 것;
4. 국가에 대한 의무를 이행하는 것;
5. 법률의 규정에 따라 기타 권리와 의무를 이행하는 것.

제29조 경영자

개인기업의 경영자는 소유자 자신 또는 경영자들로 고용된 1명 이상의 제3자[67]가 될 수 있다. 외부에서 고용된 경영자는 개인기업 소유자와 약정한 대로 보수를 받는다.

다수의 경영자를 가진 개인기업은 기업을 위하여 제3자와 단독으로 계약할 수 있는 권한을 가지는 전체의 감독으로서의 한명의 경영자를 선임할 수 있다. 이러한 경영자를 "일반경영자"라고 부른다. 이 규정은 또한 1인 유한회사와 조합기업의 경영자에게도 준용된다.

경영자는 기업 소유자의 감독아래 그리고 계약에 규정된 권리와 의무의 기초 위에서 그의 모든 사무를 집행한다.

경영자는 다른 자에게 특정한 그의 사무를 양도할 수 있다.

제30조 경영자의 고용계약

경영자의 고용계약은 계약법의 규정에 따라 서면으로 이루어져야 한다. 고용계약의 내용은 권리, 의무, 보수와 계약당사자의 책임 및 계약해지 방법을 설명해야 한다.

기업 소유자, 경영자와 제3당사자 간의 관계는 관련 법률에 의하여 결정된다.

제31조 해산과 청산

개인기업은 다음의 경우에 해산된다.

1. 개인기업 소유자의 기업해산결정
2. 법원 명령에 의한 해산
3. 파산[68]
4. 상속인이 없는 기업 소유자의 사망 또는 능력[69] 결여

---

67) 회사 외부의 자를 의미한다.

68) 법원에 의한 최종적인 파산 선언을 의미 한다.

개인기업이 해산되는 경우, 소유자는 스스로 회사를 청산하거나 청산인으로서 제3자를 선임할 의무를 가진다. 다만, 법원에 의해서 해산명령이 있었거나 개인기업이 파산한 경우에는 예외로 한다. 파산 중인 경우에 한하여 법원은 청산인을 선임하여야 한다.

제4편 조합기업

제1장 조합기업에 관한 총칙

제32조 조합기업의 조합원

조합기업에서의 투자자를 "조합원"이라고 부른다.

조합기업에서의 조합원은 개인 또는 법인이 될 수 있다.

제33조 조합기업 계약

조합기업 계약은 서면으로 작성되어야 하며, 라오스 계약법과 모순이 없어야 한다.

조합기업 계약은 다음의 주요 내용을 기술해야 한다:

1. 기업상호;
2. 사업목적;
3. 본점과 모든 지점의 명칭과 위치(있는 경우);
4. 금전이나 현물 또는 노무로 분할된 조합기업의 법정자본이나 지분가액;
5. 조합기업 조합원의 성명, 주소 및 국적;
6. 조합기업 모든 조합원의 성명과 서명.

이 조 4항에 기술되어 있는 법정자본은 조합기업의 등기자본이다.

69) 여기서 능력(capacity)이란, 의사능력(mental capacity)을 의미 한다.

제34조 법인으로서 조합기업의 지위

법인으로서의 조합기업의 지위지표:

1. 조합기업의 상호;
2. 본점과 모든 지점의 명칭과 위치(있는 경우);
3. 자산과 자본;
4. 조합기업의 정관;
5. 조합기업의 형식에 따른 채무에 대한 책임;
6. 권리와 의무를 행사하고, 자연인으로서 동일한 법적 절차로 원고와 피고가 될 수 있는 행위능력.

제35조 조합기업의 지점

라오스에 등기된 조합기업은 지점을 추가 등기할 필요가 없고, 그 지점은 조합기업으로부터분리된 법인의 지위를 가지지 않아야 한다.

각 지점 사무소는 그 지역의 기업등기공무원에게 통지하여야 한다.

라오스에서 운영되고 있는 외국 조합기업의 지점은 이 법에 따라 기업등기가 필요하다.

라오스에서 내국 또는 외국의 법인체 지점이 소송을 당하는 경우, 그 소송은 법인체를 대항하는 것으로 추정된다. 이 규정은 라오스에서 지점을 가지는 외국 법인체에도 준용된다.

제36조 조합기업 정관

조합기업의 정관은 다음의 주요 항을 포함해야 한다:

1. 이 법 제33조 1항 5항에 규정된 내용;
2. 조합기업 경영자의 성명, 주소, 국적;
3. 이익 배분 방법과 조합기업의 손실에 대한 책임;
4. 지분 납입의 방법과 일정
5. 조직과 경영

6. 결의채택을 위한 회의와 규칙

7. 분쟁 해결

8. 해산과 청산

이 조 1호의 내용은 기업등기신고서에 포함되어야 한다. 다만 조합기업은 추가 내용을 포함할 지 여부를 결정해야 한다.

조합기업의 정관은 경영자에 의해 서명되어야 한다.

제37조 설립 계약[70]이나 정관의 변경

설립계약 또는 조합기업의 정관의 내용의 변경은, 다른 합의가 없는 한, 조합원의 전원 동의에 의하여 이루어진다.

설립계약 또는 정관의 수정 내지 변경에 대한 결의는 그러한 변경에 대한 결의를 결정하는 조합원들의 회의일로 부터 10 근무일 이내에 관련 기업등기공무원에게 신고하여야 한다.

제2장 일반조합기업

A. 일반조합기업의 기업등기와 내부적 관계

제38조 일반조합기업의 등기신고서의 제출

다음의 서류들은 일반조합기업의 등기 신고서 제출에 필요하다:

1. 기업등기 신고를 위한 신청서 양식;
2. 모든 조합원들의 성명과 서명을 포함한 일반조합기업계약;
3. 조합원이 공동경영자를 대행하지 않기로 한 경우, 경영자의 성명, 주소 그 국적;
4. 일반조합기업의 정관.

기업등기 신고를 위한 신청서에는 경영자의 서명이 있어야 한다.

70) 이 계약은 조합기업 계약과 동일한 것으로 보인다.

제39조 자본출자

일반조합기업의 자본은 조합원에 의해 출자된다. 자본출자는 금전, 현물 또는 노무로 제공될 수 있다.

현물이나 노무로 출자된 자본은 금전으로 평가되어야 한다. 노무로 출자된 자본은 일반조합기업의 대차대조표에 기록해서는 안 된다.

이 조 1항에 규정된 출자 지급 방법과 그 기한은 조합원들 사이에 약정이 있어야 한다. 기업등기에 우선하여, 조합원들은 약정한 대로 그들의 지분을 전액 출자해야 한다.

이 조 1항에 규정된 자본에 더하여, 일반조합기업의 조합원들은 자신의 자금으로 일반조합기업이 이행하는 거래에 자금을 조달할 수 있다.

이 조 4항에 규정된 자금의 사용 및 책임과 배당금 분배에 대하여는 조합원들 사이에 약정이 있어야 한다.

제40조 지분

일반조합기업에서의 각각의 지분은 동등한 가치를 가질 필요가 없다.

이 법 제39조 3항에 규정된 조합원들에 의한 지분 납입에 따라, 일반조합기업은 조합원들에게 납입한 지분비율에 기초하여 지분 증서를 발행하여야 한다.

일반조합기업의 지분 증서는 이전할 수 없다.

제41조 경영자

일반조합기업에서 모든 조합원들은 공동경영자로서의 행동하거나 또는 한 명 이상의 조합원을 경영자로 선임할 수 있다.

경영자는 일반조합기업과 나머지 조합원들의 대표이다. 경영자는, 다른 약정이 없는 한, 의무를 이행한 것에 대하여 봉급이나 보너스를 받아서는 안 된다.

일반조합기업의 경영자는 제3자가 될 수 있다. 경영자로 선임된 제3

자는 조합원들의 약정에 따라 봉급이나 보너스로 보수를 받아야 한다.

제42조 경영자의 선임과 해임

경영자의 선임이나 해임은 다른 약정이 없는 한, 조합원들의 전원 동의를 필요로 한다. 조합원은 각각 한 표씩 가진다.

경영자로 선임 또는 해임되는 조합원은 투표권을 행사할 자격이 없다.

제43조 경영자의 권리와 의무

경영자는 다음과 같은 권리와 의무를 가진다:

1. 일반조합기업의 최선의 이익을 위해 완전하고 성실하게 그의 의무를 이행하는 것;
2. 일반조합기업의 정관에 명시된 권리를 행사하고 의무를 이행하는 것;
3. 경영자가 책임이 있는 일반조합기업의 거래를 조력하는데 제3자를 모집하는 것.

여러 조합원들이 공동경영자인 경우, 일반조합기업의 조직과 경영은 다수결에 기초하거나 또는 사정에 따라 정관의 규정을 따른 약정에 의한다. 각 사람은 하나의 투표권을 가진다.

단독경영자의 경우, 그 경영자는, 다른 제한규정이 없는 한, 일반조합기업을 조직하고 경영할 단독 권한를 가진다.

이 조 3항에서 언급된 제한은, 그러한 제한을 기업등기서류에서 규정하지 않은 경우, 제3자에 대하여 효력이 없다.

제44조 조합원의 권리와 의무

조합원은 다음과 같은 권리와 의무를 가진다:

1. 항상 일반조합기업의 전반적인 상태를 조사한다;
2. 일반조합기업의 회계장부 및 기타 서류의 사본을 조사하고 만든다;
3. 약정한 대로 배당금을 받으며, 손실에 대해서는 책임을 진다;

4. 일반조합기업의 총채무에 대하여 무한책임을 진다;
5. 약정이 있는 때에는 거부, 반대 또는 항의할 권리가 있다. 다만, 그러한 권리를 사용하기 위해서는 대상과 준용가능한 절차에 관하여 정관에 구체적인 규정이 있어야 한다;
6. 일반조합기업이 해산하는 경우, 출자자본과 이익의 지분을 받는다.

제45조 새로운 조합원의 수락과 주식의 양도

일반조합기업은 새로운 조합원을 채용할 수 없으며, 각각의 조합원은, 다른 약정이 없는 한, 그들 사이에서 지분을 양도할 수 없다.

조합원들이 새로운 조합원을 채용하거나 지분을 양도하기로 합의한 경우, 조합원들의 전원동의가 필요하다.

새로운 조합원은 제3자에게 지분을 이전하거나, 제3자로 하여금 새로 발행된 지분의 몫을 취득하게 함으로써 채용될 수 있다.

새로운 조합원을 채용하거나 다른 조합원에게 지분을 양도하려고 결정하는 경우, 조합기업은 채용이나 양도의 결정이 있는 날로부터 5 근무일 이내에 관련 기업등기공무원에게 통지해야 한다.

지분의 양도나 기타 다른 이유 때문에 일반조합기업에 단 한명의 조합원만 남게 되는 경우, 일반조합기업은 해산되어야 한다.

어느 조합원이 물러날 때, 일반조합기업의 명칭이 그 조합원들의 성명을 포함하는 경우, 일반조합기업은 기업상호에서 조합원의 성명을 제거할 수 있다.

제46조 조합원의 금지행동 및 사업거래

조합원들은 자신들의 일반조합기업과 경쟁하는 일체의 행위와 사업거래가 금지 된다.

일반조합기업과 경쟁하는 것으로 인정되는 행위나 거래는 다음과 같다:

1. 일반조합기업의 목적과 유사한 사업거래에 있어서 조합원이 자신

의 대리인으로 하여금 관여하게 한 경우;

2. 일반조합기업의 목적과 유사한 사업거래에 있어서 다른 기업의 경영자나 이사가 되는 것과 같이, 조합원이 다른 사람을 대신하여 관여하는 경우;
3. 다른 일반조합기업에서 조합원이 되거나 유한 책임조합기업에서 일반조합원[71]가 되는 경우.

이 조의 제한을 위반한 경우, 일반조합기업은 그러한 행위와 사업거래로부터 얻은 이익전부를 청구하거나 일반조합기업의 해산을 위한 탄원서를 제출할 권리를 가진다.

제47조 제한 면제

다음의 경우, 조합원은 이 법 제46조에서 규정하고 있는 제한으로부터 면제될 수 있다.

1. 다른 조합원들의 전원 동의를 얻는 경우
2. 조합원의 행위나 사업거래가 자신이 조합기업에 가입하기에 앞서서 행해졌던 것이며, 다른 조합원들이 반대하지 않았던 경우

B. 일반조합기업과 제3자 사이의 관계

제48조 채무에 대한 책임

조합원은 각각 일반조합기업의 채무에 대하여 무한책임을 진다. 채권자는 각각 조합원에게 채무의 지급을 청구할 수 있다. 다만, 청산되지 않은 채 남아 있는 일반조합기업에 대한 청구가 있은 후에야 가능하다.

모든 조합원들은 일반조합기업의 채무와 손실에 대한 각 당사자의 책임의 비율에 관하여 약정할 수 있다. 다만 그러한 약정은 제3자에게 영향을 미치지 못한다.

71) 무한책임을 지는 자를 의미한다.

조합원들은 다음의 경우에 한하여, 조합기업의 채무에 대하여 책임을 진다.

1. 일반조합기업의 정관에 따라 경영자나 다른 조합원들이 의무를 이행함으로써 발생되는 채무의 경우
2. 모든 조합원들에 의하여 승인된 행위와 일반조합기업의 목적을 달성하기 위한 의무이행의 결과로써 발생하는 채무의 경우

제49조 이익에 대한 권리

모든 조합원들은 기업을 대신하여 제3자와 한 거래로부터 일반조합기업이 얻는 이익을 받을 자격이 있다. 그러한 이익이 일반조합기업의 성명으로 얻어졌는지 그렇지 않은지는 상관없다.

제50조 퇴직 조합원과 새로운 조합원의 책임

일반조합기업에서 퇴직 조합원은 일반조합기업에서 퇴직하기에 앞서 발생한 일반조합기업의 채무에 대하여 책임을 져야 한다.

장기간의 책임이 약정된 경우를 제외하고, 이러한 책임은 퇴직의 승인이 있는 날로부터 1년 이내에 해지되어야 한다.

새로운 조합원은 일반조합기업의 채무전부에 대하여 책임이 있다. 다만 다른 약정이 있으면 그러하지 않으며, 이러한 약정은 제3자에 대하여 효력이 없다.

C. 일반조합기업의 합병

제51조 일반조합기업의 합병

일반조합기업은 한 개 이상의 다른 일반조합기업과 함께 조합기업 또는 새로운 일반조합기업으로 합병할 수 있다.

일반조합기업은 다음의 조건을 충족하는 경우에 한하여 합병할 수 있다.

1. 다른 약정이 없는 한, 일반조합기업의 조합원들은 회의에서 전원 동의해야 한다. 회의에 의해 채택된 결의는 기업등기공무원에게 합병결의가 있은 날로부터 10 근무일 이내에 등기하여야 한다.
2. 채권자에게 합병을 통지하고 채권자로 하여금 그 통지를 받은 날로부터 60일 이내에 합병을 반대하도록 하는 합병결의가 있은 날로부터 10 근무일 이내에 합병이 한 번 이상 대중매체를 통해 공표되는 경우, 채권자는 규정된 기간 내에 반대하거나 응답할 수 없다.
3. 기업은 다시 등기 된다.

제52조 합병에 대한 반대와 합병의 효력

채권자가 일반조합기업의 합병을 반대하는 경우, 일반조합기업은 합병할 수 없다. 다만 모든 채무가 채권자에게 전부 지급되는 경우는 그러하지 아니하다.

일반조합기업의 합병은 기업의 해산 또는 기존 권리나 책임의 경과로 인하여 발생되지 않는다.

D. 일반조합기업의 해산

제53조 해산의 근거

일반조합기업은 세 가지 근거를 기초로 해산할 수 있다; 조합원들사이의 약정에 의한 해산, 법원명령에 의한 해산, 법률에 의한 해산[72)]

기업등기공무원은 해산의 기초가 발생한 날로부터 10 근무일 이내에 어떤 근거에 의하여 일반조합기업이 해산이 이루어졌는지 일시적으로 통지받아야 한다.

72) 법률효과에 의한 해산을 말한다.

제54조 조합원들사이의 합의에 의한 해산

일반조합기업은 조합원들 전원의 합의에 의하여 해산할 수 있다.

제55조 법원명령에 의한 해산

일반조합기업의 조합원은 다음의 내용이 발견되는 경우에, 법원에 일반조합기업의 해산을 청구할 수 있다.

1. 일반조합기업이 손해를 입고 그것을 해결할 수 없는 경우
2. 일반조합기업의 업무를 계속하기 불가능하게 만드는 불가항력이 발생한 경우
3. 조합원이 혼동되거나 강제로 조합원이 되는 경우
4. 조합원이 조합기업계약이나 정관을 고의로 위반해왔거나 위반하고 있는 경우 또는 중대한 과실로 행동하고 있고 일반조합기업에 심각한 손해를 발생시킨 경우

조합원이 법원에 해산을 청구하기 위해서는 전술한 경우를 발생시키는 자가 되어서는 안 된다.

다른 조합원들은 법원에 해산명령 대신 조합기업으로부터 책임 있는 조합원을 퇴직하도록 하거나 배상을 지급하도록 하는 명령을 청구할 수 있다. 이 경우 일반조합기업은 조합원들의 다른 약정이 없는 한, 그 조합원에 의해 발생된 손해를 공제한 후, 남은 자산을 시가로 그 조합원에게 기업자산을 분배해야 한다.

제56조 법률의 시행에 의한 해산

일반조합기업은 다음의 법적 근거 중 하나로 해산될 수 있다.

1. 일반조합기업의 계약이나 정관에 따른 해산
2. 일반조합기업에 한 명의 조합원만 남는 경우
3. 다른 약정이 있는 경우를 제외하고, 조합원이 사망, 파산하거나 행위능력이 없는 경우

4. 이 법 제2장의 2절과 3절에 규정된 해산

조합원은 사망했지만 일반조합기업이 해산되지 않은 경우에는 사망한 조합원의 상속자에게사망한 조합원의 자산 또는 배당금을 전부를 분배 받을 자격이 부여된다.

제57조 일시적 해산의 효과

일반조합기업의 일시적해산은 다음의 효과를 가진다.

1. 일반조합기업으로부터의 이익청구권이 일시적으로 정지된다.
2. 미납입 지분에 대한 조합원들의 책임은 해지되지 않는다.
3. 납입이 일시적으로 정지된다. 다만 기업에게 진 채무는 납입되어야 한다,
4. 일반조합기업은 사업활동에 대한 경영권을 가지지 않는다. 다만, 계류 중인 문제들을 종결하고 청산절차를 밟기 위하여, 해산이 등기되고 기업등기증이 영구적으로 취소될 때까지, 일반조합기업은 일정기간 동안 법인으로서 존재해야 한다.

E. 일반조합기업의 청산

제58조 청산방법

조합원들은 일반조합기업의 정관 규정이나 조합원들 사이의 약정에 따라 자산분배나 청산절차에 관하여 합의할 수 있다. 다만, 파산이나 법원의 명령에 의한 분배 또는 조합기업에 1명의 조합원만 남게 되는 경우에는 예외로 한다.

제59조 청산인의 선임과 해임

일반조합기업의 청산은 경영자나 공동청산으로서의 모든 조합원들 또는 청산인을 대리할 조합원이나 제3자를 선임함으로써 이행될 수 있다. 이러한 선임은 조합원들로부터의 전원 승인을 요한다.

청산인을 선택하기 위한 조합원들의 의결이 이 조 1항에서 요구한 것에 미치지 못하는 경우, 일반조합기업의 조합원들은 법원에 청산인의 선임을 요구할 수 있다.

이 조와 이 법의 제60조에서 규정된 청산인은 선임된 것과 같은 방식으로 해임된다.

제60조 법원에 의한 청산인의 선임

파산이나 법원의 명령 또는 조합기업에 1명의 조합원만 남게 됨으로써, 일반조합기업이 해산되는 경우에는 법원이 청산인을 선임해야 한다.

일반조합기업이 조합원의 사망으로 인하여 해산되는 경우에는 사망한 조합원의 상속자에게 청산인으로서의 자격이 부여된다.

상속자가 다수인 경우에는 한 사람이 대표로 선임되어야 한다.

제61조 이행불능의 청산인을 위한 대체 선임

사망이나 의사 능력의 결여와 같은 이유로, 청산인이 그의 선임에 따른 의무를 이행할 수 없는 경우, 모든 조합원들은 새로운 청산인이 대체로 선임될 때 까지 공동 청산인으로서의 역할을 해야 한다.

일반조합기업은 이 조와 제59조, 제60조의 규정에 따라 선임, 해임 또는 해지가 있은 때로부터 10 근무일 이내에 선임, 해임 또는 청산인의 의무 해지를 공개 통지해야 한다.

제62조 청산인의 권리와 의무

일반조합기업의 청산의 경우, 청산인은 다음과 같은 권리와 의무를 가진다:

1. 인민에게 통지하고 채권자로 하여금 일반조합기업의 채무 관련 문서를 제출하도록 하기 위하여, 채권자에게 해산을 야기하는 사건이 있은 날로부터 10 근무일 이내에 일반조합기업의 채권자에게

서면으로 해산을 통지하고, 적절한 대중매체를 통하여 공표한다.

2. 모든 자산을 수집하고, 대차대조표를 만든다.
3. 일반조합기업의 계류중인 사업을 완수한다.
4. 약정에 따라 일반조합기업으로부터 의무이행에 대한 보수를 받는다.
5. 자산을 보존하고 채무의 완전한 상환을 청구하며, 일반조합기업의 자산을 매도하거나 양도하기 위하여 필요한 조치를 취한다.
6. 정확성을 증명하기 위하여 회계감사원에 대차대조표에 관한 보고서를 제출한다.
7. 관련 채권자나 조합원들 또는 청산인이 법원에 의해 선임된 경우 법원에 자산 및 여러 활동들의 수집에 대하여 보고한다.
8. 필요한 논의에 대한 채택이나 결정을 위하여 6개월마다 최소 1회는 채권자들과 조합원들의 회의를 소집한다.
9. 조합원들과 채권자들의 회의에 의해 정해진 업무를 집행한다.
10. 대차대조표에 관한 보고서를 기업등기공무원에게 연4회 제출한다.
11. 채권자들에게 채무를 상환하고 조합원들에게 남은 자산을 분배한다.
12. 논쟁을 중재하거나 일반조합기업의 성명으로 법원에 기소를 청구한다.
13. 법원이 청산인을 선임하고 조합원들의 일부를 포함하여 일반조합기업의 자산이 채무상환에 불충분함을 청산인이 인식하고 있는 때에는, 조합원들이나 법원에 보고서를 제출한다. 일반조합기업이 과도한 채무를 상환하는 것이 불가능한 경우에는 청산인이 법원에 파산을 청구할 수 있다.

기업파산법에서 규정한 절차에 따른 법원의 파산선언에 따라, 청산인의 권리와 의무는 해지되어야 하고, 그의 업무는 자산감독위원회에 이전되어야 한다.

제63조 수인의 청산인에 의한 의무의 이행

수인의 청산인에 의한 공동의무이행은, 각 사람이 한 개의 투표권을 가지는 경우, 다수결에 의하여야 한다. 다만, 특정사무가 다른 사람에게 할당된 경우에는 그러하지 아니하며, 이러한 할당은 청산인이, 선임된 날로부터 10 근무일 이내에, 기업등기공무원에게 신고해야 한다.

청산인에 의한 권한 사용에 대한 제한은 제3자에게 영향을 미치지 않는다.

제64조 채무변제와 자산분배의 우선순위

채무변제와 자산분배는 다음의 우선순위에 따라 이루어져야 한다.

1. 근무자의 봉급
2. 담보거래법 제4조에 규정된 국가나 자연인 사이의 계약으로부터 발생하지 않고 국가에 진 채무
3. 담보채무
4. 비담보채무
5. 이 법 제39조 4항과 5항에서 규정하고 있는 것처럼 조합원들에게 진 일반조합기업의 채무
6. 조합원들 사이의 손익분배
7. 조합원들에 의한 출자자본의 회수. 이 경우, 노무에 출자된 자본은 상환될 수 없다. 다만, 조합원들이 자본출자 당시에 상환을 약정한 경우에는 그러하지 아니하다.

제65조 청산 후 청산인의 의무

청산의 종결에 따라, 청산인은:

1. 채권자와 조합원들의 회의에 의해 채택된 채무의 상환과 자산분배에 관한 보고서를 즉시 준비해야 한다;
2. 자산분배와 채무상환이 종료된 날로부터 10 근무일 이내에 자산

분배와 채무상환에 관한 보고서를 인민에게 통지 하여야 한다;

3. 관련 일반조합기업의 청산에 관련된 모든 서류를 제출하고 기업등기공무원에게 청산의 종결을 등록해야 한다.

제66조 청산인의 책임

청산인은 다음의 행위들에 대한 책임이 있다:

1. 일반조합기업에 손해를 발생시킨 국제적 행동 또는 그들의 의무이행에 있어서 심각한 중과실에 의하여 발생된 손해. 심각한 중과실이란 잘못된 방식으로 사무를 집행하거나 집행에 실패한 것을 말한다. 이때 청산인은 손해가 발생할 것을 알고 있거나 알아야만 한다;
2. 관련 법률의 규정에 따라 청산인을 지명한 자와 제3자에 대항한 행위.

제67조 해산 통지와 기업 면허의 취소

이 법 제65조 2항의 규정에 따른 자산분배와 채무상환의 공고에 의하여, 청산인은 관련 기업등기공무원에게 10 근무일 이내에 일반조합기업의 영구적인 해산을 등록해야 한다.

관련 기업등기공무원은 전 항에 따라 기업등기로부터 기업의 상호를 말소하고, 말소된 날로부터 10 근무일 이내에 말소에 대하여 공표해야 한다.

일반조합기업은 법원이 조합기업의 영구적 해산을 명령한 날부터 법인체로서의 지위를 상실한다.

파산이나 조합기업 합병에 의한 일반조합기업의 해산은 해산의 통지를 요하지 않는다.

제68조 일반조합기업의 조합원의 책임

모든 조합원들은 법원이 영구적 해산을 명령한 날로부터 3년 동안 지급하지 않은 채 남아있는 일반조합기업의 채무에 대하여 공동으로 책임을 져야 한다.

전 항에 규정된 경우에 있어서, 법원은 채무가 전부 상환될 때까지, 청산절차를 이행할 청산인을 선임해야 한다.

제3장 유한책임조합기업

A. 총칙과 기업등기

제69조 조합원들의 책임

유한책임조합기업에서 일반조합원들은 유한책임조합기업의 채무에 대하여 무한책임을 진다.

유한책임조합기업에서 유한책임을 지는 조합원들은 유한책임조합기업의 채무에 대하여 그들의 분배지분 중 미납입분을 초과하지 않는 액수까지 책임을 진다.

등기가 완성되지 않은 유한책임조합기업의 모든 조합원들은 설립기간동안 발생하는 조합기업의 채무에 대하여 무한책임을 진다.

제70조 기업등기 신고서의 제출

유한책임조합기업의 등기신고서제출은 이 법 제38조에 따른다.

B. 유한책임조합원과 유한책임조합기업 및 제3자간의 관계

제71조 자본출자

유한책임 조합원들은 현금 또는 종류로 자본을 출자할 수 있다. 그러나 노무로 출자해서는 안 된다. 유한책임조합기업에서의 각각의 주식은 동등한 가치를 가질 필요는 없다.

자본출자의 방법과 기한은 유한책임조합기업의 모든 조합원들 사이에서 약정되어야 한다.

제72조 지분의 양도

유한책임조합원들은 그들의 지분을 다른 조합원의 승인요구 없이 양도할 수 있다. 이러한 지분양도는 사전 통지가 있고, 기업등기의 수정이 만들어진 이 후에만 제3자에 대항하여 효력이 있다.

유한책임조합원이 문제가 있는 경우, 다음의 해결책을 적용해야 한다;

1. 조합원이 사망한 경우, 다른 약정이 없는 한, 그의 상속인들은 조합원으로서 대체될 수 있다;
2. 조합원이 파산한 경우, 파산 조합원의 지분만 기업파산법에 따라 자산감독위원회에게 매각해야 한다. 파산조합원의 지분의 처분은 유한책임조합기업에서 조합원으로서의 지위를 상실시킨다. 다만, 유한책임조합기업은 사업활동을 계속 할 수 있다;
3. 조합원이 행위능력을 결여한 경우, 조합원의 후견인은, 조합원이 미리 다른 약정을 한 경우를 제외하고, 이익의 감독과 관리를 위탁해야 한다.

제73조 유한책임조합기업의 경영에 있어서의 유한책임조합원의 책임

유한책임조합원들은 일반조합원들 전원에 의하여 선임된 경우를 제외하고, 일반 조합원과 같은 경영자로서의 역할이 부여되지 않는다.

유한책임조합원이 적절한 선임 없이 경영자로서 역할을 하는 경우에는 다음의 효과를 가진다.

1. 이러한 유한책임조합원은 기업과 제3자에게 발생된 손해에 대하여 무한책임을 진다.
2. 유한책임조합기업의 조합원들이 그러한 행동들을 지지, 승인, 선임했거나 알았으면서도 반대하지 않았던 경우에는 유한책임조합

기업은 제3자에 대한 손해에 대하여 공동으로 책임을 진다.
유한책임조합원이 위의 1항에서 언급한 방식으로 유한책임조합기업에 연루된 경우에는, 그 조합원은 제3자에 대한 채무에 대해서만 무한책임을 진다. 그러나 유한책임조합기업에 대한 유한책임은 지지 않는다.

제74조

유한책임조합기업의 상호는 일반조합원의 성명이나 성으로부터 얻는다.

직·간접적으로 유한책임조합기업에 자신의 성명을 사용할 권한을 부여하는 유한책임조합원은 일반조합원들과 유사한 방식으로 제3자에게 유한책임조합기업의 채무에 대한 책임을 진다. 그러나 유한책임조합기업에 대한 유한책임은 변하지 않는다.

제75조 배당금이나 이자의 배분

유한책임조합원들은 약정된 지분이나 금액에 따라 이익을 발생시킨 유한책임조합기업의 사업 활동으로부터의 배당금이나 이익을 받을 자격이 있다. 다만 유한책임조합기업이 손실이 있거나 자본이 기존의 축적된 손실로 인해 감소되는 경우에는 그러하지 아니하다.

배당금이나 이익의 지급은 라오스의 기업회계법에 따라 각각의 회계년도 말일에 이루어져야 한다.

유한책임조합기업에 의해 합법적으로 분배된 배당금이나 이익은 교정될 수 없다.

제76조 유한책임조합원들의 권리와 의무

유한책임조합원들은 다음의 권리와 의무를 가진다:

1. 경영자에게 유한책임조합기업의 회사운영에 관하여 의견, 권고 및 질문을 한다;
2. 선임된 경우, 유한책임조합기업의 청산인이 된다;

3. 다른 약정이 없는 한, 경영자를 선택하거나 해임한다;
4. 유한책임조합기업의 해산과 정관의 수정에 관한 투표를 한다. 투표 방법은 유한책임조합기업의 정관에서 구체적으로 규정해야 한다;
5. 사업활동이 그들이 속한 유한책임조합기업의 활동과 유사하거나 동일한지 여부는 상관없이 합법적인 기타 사업활동을 수행한다.

이 조의 1항에서 5항에 규정된 유한책임조합원들의 권리의 행사와 의무의 이행은 이 법 제73조에서 언급하고 있는 것 처럼, 유한책임조합기업의 경영과 관련이 있는 것으로 추정되어서는 안 된다.

제77조 일반조합기업과 관련된 규정의 준용

제3장에 포함된 규정에 더하여 이 법 제4편 2장의 규정은 기업등기, 국내외의 기업관계, 기업의 합병, 해산, 청산에 준용해야 한다.

제4장

인도네시아

☑ 인도네시아의 법률다원주의

☑ 인도네시아 정치사회적 변동과 빤짜실라

인도네시아의 법률다원주의

박 희 호*

I. 서 론

한 국가의 영토 내에 두 개 이상의 법체계가 존재하는 경우를 법률다원주의(legal pluralism)라고 정의한다면[1] 인도네시아는 의심의 여지없이 법률다원주의 국가에 해당한다. 인도네시아는 네덜란드의 식민지 시대에 제정된 성문법체계와, 고대 부족의 형성과 그 발전과정에서 형성된 불문의 관습법체계, 이슬람종교에 근간을 둔 이슬람법체계라는 최소한 세 개 이상의 법률이 공존하면서 개개인의 법률관계를 직접적으로 규율하기 때문이다. 이러한 법체계는 우리나라와 같은 통일적인 법체계를 가진 국가의 입장에서 볼 경우 매우 비효율적이며 비경제적이라는 인상을 줄 수도 있을 것이다. 국가나 개인이 행정행위나 법률행위를 하려고 하는 경우, 행위주체자는 관련 사안에 어떠한 법률이 적용되는지를 매

* 한국외국어대학교 법학전문대학원 부교수

1) 법률다원주의가 무엇을 의미하는가에 관하여 많은 논의가 되고 있다. 하지만 그 구체적인 범위와 개념은 이 논문의 초점이 아니므로 여기에서는 일반적인 의미 혹은 어느 견해에 의하더라도 공통적으로 인정되는 의미에서 법률다원주의를 정의하는 것으로 만족한다. 구체적인 법률다원주의의 구체적인 의미와 범위에 관하여는 Griffiths, “What is legal pluralism?”, Journal of Legal Pluralism(JLP), 1986 Nr. 24, 1-55; Benda-Beckmann, “Who‘s afraid of Legal Pluralism?”, JLP(2002), Nr. 47, 37-83

번 고려하여야 할 것이며, 법원의 입장에서도 맡겨진 분쟁에 대하여 - 마치 국제사법상의 준거법 결정의 과정을 거쳐야 하는 것과 마찬가지로 - 어떠한 법률을 적용할 것이냐를 결정한 후에야 비로소 사안에 대한 법률의 적용이 가능하기 때문에, 법체계가 통일되어 있는 국가보다 더 복잡한 절차와 경제적인 비용을 요구하게 될 것이다. 하지만 이러한 법체계는 국가를 구성하는 각각의 부족사회나 종교사회에 대하여 국가가 제정한 법률을 무조건적으로 강요하지 않고, 그 사회가 가지고 있는 전통이나 신념에 근거하여 자체적으로 발전시켜 온 법률을 존중하고 인정한다는 의미에서 보면 긍정적인 측면도 존재한다. 실제로 인도네시아는 "다양성 속의 통일(unity in diversity, bhinneka tunggal ika)"[2]이라는 국가적 모토가 말해 주듯이 법률의 측면에서 수 많은 부족과 인종의 다양성을 인정하면서 필요한 한도 내에서 법률의 통일을 지향하고 있다고 할 수 있다.

본고는 이러한 법률다원주의의 태도를 취하는 인도네시아의 법체계를 소개하는데 그 목적을 두고 있다. 최근 인도네시아를 포함한 동남아시아의 법제에 대한 연구의 필요성이 증가하고 있는 상황[3]에서 인도네시아의 법률다원주의에 대한 연구는 인도네시아의 법률사정을 이해하고 이에 대한 접근을 용이하게 할 뿐만 아니라 학문적으로 법률다원주의가 갖는 법체계적 특성을 이해하는데 도움을 줄 것으로 기대한다.

연구의 범위와 관련하여 본고는 인도네시아의 사법상 법률다원주의만을 연구의 대상으로 한다. 빤짜실라(pancasila)[4]를 기본이념으로 하는 인도네시아의 헌법은 인도네시아 법률단계의 최상위규범[5]으로서 모든

---

2) 인도네시아 대사관 홈페이지(http://www.indonesiaseoul.org) 참조.

3) 김상용, "아시아법제연구의 필요성과 방법론", 아시아법제연구, 창간호 (2004.3), 7면 이하.

4) 최고신에 대한 신앙의 원칙, 인도주의원칙, 민족주의원칙, 민주주의원칙, 사회정의원칙의 다섯가지 기본원칙을 의미한다(이에 대하여는 양승윤, 인도네시아(2003), 51면 이하 참조.

5) 국민협의회(Madjelis Permusjawaratan Rakjat, MPR)는 2000년에 명령을 통하여 인도네시아의 법체계가 헌법(UUD), 국민협의회의 명령(Ketetapan Majelis Permusyawaratan Rakyat), 법률(Undang-Undang), 대통령의 명령(Keputusan Presiden) 등의 서열체계가 있음을 공포하였다(Ketetapan MPR No. III Tahun 2000 tentang Sumber Hukum dan Tata Urutan Peraturan Perundang-Undangan). 이에 따라 개개의 규범은 상위규범에 기속됨이

하위법규의 입법의 척도임과 동시에 효력판단의 기준으로서 통일되고 확정적인 국가적 이념을 표현하고 있다는 점에서 애초부터 법률다원주의의 관념에 부합하지 않는다. 형법의 경우에는 사법의 경우와 달리 식민지시대에도 네덜란드의 형법(Wetboek van Strafrecht)이 인종에 대한 구별없이 통일적으로 적용되어 현재에 이르고 있다. 이미 1872년부터 네덜란드의 형법은 인구구별과 상관없이 동일하게 적용되었고 1918년에는 왕명[6]에 의하여 정식으로 식민지의 모든 거주자에게 적용되었다[7]. 그 후 1946년 혁명정부에 의하여 일부 개정이 되어 혁명정부의 관할지역인 자바(Java), 마두라(Madura), 수마트라(Sumatra)에 적용되었고, 1958년부터는 인종의 구별과 상관없이 인도네시아의 전 영토에 통일적으로 적용된다. 인도네시아의 사법체계에 관한 법률다원주의를 서술함에 있어서도 연구범위는 그 구조에 대한 설명으로 한정되며, 인도네시아 사법의 실질적인 내용에 관한 구체적인 설명은 다른 곳에서 다루기로 한다. 구체적으로 인도네시아의 다양한 법체계(II)와 그 법체계의 규율을 받는 인종적 구별(III), 자신의 소속 그룹을 변경하는 방법(IV)과 법체계 사이에서 발생하는 다양한 법률 사이의 충돌(V)의 문제에 대하여 서술하도록 한다.

II. 인도네시아 법률다원주의의 형성

1. 아다트법(Hukum Adat)

고대 인류형태인 호모에렉투스로 분류되는 피테로칸트로푸스(Pithecanthropus)

공식적으로 선언되었다.

6) Royal Decree No. 33. of Oct. 15. 1915.

7) www.aseanlawassociation.org/legal-indonesia.html 27면 이하; Gautama/Hornick, An Introduction to Indonesian Law, 1983, p.14.

의 두개골이 자바에서 발견되면서 인도네시아는 이미 100만년 전부터 인류가 살았던 것으로 추정되는 지역이다. 그 이후에도 자바인보다 발전된 신체구조를 지닌 솔로(Solo)인의 두개골 발견되었으며 약 1만2000천년 전으로 추정되는 초기 현대인의 인류유적이 자바의 남부해안인 와작(Wadjak) 근처에서 발견되었다고 한다[8]. 기원전 약 2,500년경부터는 말레이인들이 인도네시아 지역에 들어와 정착하면서 농경생활을 시작하게 되었고, 중국대륙에 기원을 두는 다른 종족들도 그 뒤를 이어 인도네시아의 섬들에 정착하면서 원주민과의 혼합하는 과정을 거치게 된다. 이러한 새로운 인구의 유입과 혼합을 거치는 과정에서 현재 인도네시아는 자바인, 순다인, 마두라인, 말레이인 등 수백의 인종이 서로 다른 언어를 사용하면서 공존하는 다문화사회를 형성하였다. 그리고 이러한 사회의 형성과정에서 각자의 독자적인 문화를 구축하여 왔다[9]. 아다트법(adat law, hukum adat)은 바로 이러한 문화의 발전과정에서 개개의 부족이나 독립적인 사회를 배경으로 형성된 불문의 사회관습[10]을 의미한다[11].

본래 '아다트'란 말은 관습, 관행, 규칙, 적절한 행동, 정당함 등의 다양한 의미를 내포하는 함축된 표현으로 이를 우리가 알고 있는 통상의 관습법(customary law)과 일치하는 개념으로 이해하는 것은 정확한 이해라고 할 수 없다. 또한 아다트는 그 존재방식과 관련하여서도 해당 부족이나 국가에 존재하는 다른 제도들과 명확히 분리되어 독립된 일체를 이루는 규범으로 존재했던 것은 아니라 그 부족이나 국가의 역사와 신화 혹은 고대의 법률에 혼재되어 있었던 것을 인도네시아 아다트법의

8) 마이어, 동남아사 입문(김기태 옮김), 1994, 22면 이하 참조
9) 마이어, 동남아사 입문(김기태 옮김), 1994, 15면.
10) 다만 모든 아다트법이 다 불문인 것은 아니다. 예를 들어 마카사(Macassar)나 바탁(Batak), 레장(Redjang) 그리고 람퐁(Lampong)지역에는 재판방식에 관한 성문의 아다트법이 존재한다.
11) 마이어, 동남아사 입문(김기태 옮김), 1994, 24면.

개척자라 할 수 있는 van Vollenhoven과 그의 제자들이 법적인 측면을 정리하여 이를 출판함으로서 법으로 인식된 것일 뿐이다. 이러한 측면에서 아다트법(hukum adat)이라는 용어는 식민지 시대 네덜란드 법학자들에 의하여 창조된 인위적 개념[12)]이라고 할 것이다. 아다트는 중앙집권화가 완성된 이슬람국가 체제의 경우에는 술탄(sultan)이라는 최고 권력자가, 그렇지 않은 경우에는 부족의 장 혹은 연장자들이 구전되어 오는 역사, 신화 혹은 고대 법률을 보존하고 집행하는 과정에서 유지되고 발전되어 왔다.

인도네시아에 부족이나 인종이 다양한 것과 같이 그 사회에 존재하는 아다트법도 다양하게 존재하며 아다트법 사이의 내용들도 서로 큰 차이를 갖는다. Van Vollenhoven에 의하면 한 아다트법의 다른 아다트법 사이의 관계는 마치 하나의 아다트법체계와 유럽법체계 사이에 존재하는 차이와 동일할 만큼 매우 다른 내용을 갖는다. 이는 수많은 섬과 그 안에 거주하는 다양한 민족들로 구성된 인도네시아의 지리적, 인종적 특성에 기인할 것이다[13)]. 바다에 의하여 구분되는 수 많은 섬들 안에서 부족들이나 종족들은 다른 부족들과의 교류가 단절된 채 오랜 기간에 동안 자신만의 문화를 발전시키는 왔으며 아다트도 그 사회의 요구에 따라 독립적으로 발전되어 독특한 규범으로 발전하게 된 것이다. 그렇다고 아다트가 모든 부족이나 사회에 개별적이며 독자적으로 존재하면서 다른 부족의 아다트와 전혀 다른 내용을 갖는 것은 아니다. 하나의 부족이나 촌락사회에 독자적인 하나의 아다트법이 있는 경우도 있지만(촌락사회, village society), 한 지역에 수개의 부족이 서로 독립하여 존재하되 동일한 아다트법 아래에서 동일한 규칙의 적용을 받는 경우도 있고(지역사회, district society), 이러한 독립적인 지역사회가 다시 연합을

12) Jaspan, “In Quest of New Law: The Perplexity of Legal Syncretism in Indonesia”, Comparative Studies in Society and History Vol. 7, Nr.3(Apr. 1965), 252.

13) www.aseanlawassociation.org/legal-indonesia.html 18면 이하.

하여 하나의 아다트 공동체를 형성하는 경우(촌락연합사회, village union society)도 존재한다[14]. 이렇게 부족이나 지역사회에 있어서의 통일된 아다트의 형성은 부족간의 협력을 통하여 보다 나은 아다트 사회를 구축하기 위함이었다. Van Vollenhoven에 따르면 인도네시아에는 19개의 아다트법체계가 있다고 한다[15].

2. 이슬람법

불교와 힌두교의 전통에 있던 인도네시아에 무역상이나 이웃 이슬람 국가로부터 이슬람교가 전해지면서 인도네시아에서는 14세기 이전부터 이슬람교가 기존의 종교를 대체하는 일반적인 종교로 성장하게 된다[16]. 이러한 과정에서 이슬람의 여러 가지 율법들이 사회의 발전과정에서 영향을 미치게 되었으며 이슬람의 율법과 관련되는 사항에 관하여는 직접 신앙사회의 구성원들을 규율하는 법률의 기능을 담당하게 된다. 네덜란드 식민지 정부도 인도네시아에서의 이슬람을 인정하였고, 나아가 모슬렘사이의 혼인관계나 상속관계를 규율하는 법률을 정비하기도 하였다.

현재 인도네시아 인구의 87%가 이슬람교를 믿고 있어서 세계에서 가장 큰 이슬람국가로 인정을 받는다[17]. 그렇다고 하여도 인도네시아가 이슬람을 국가 종교로 채택한 이슬람국가를 의미하지는 않는다. 오히려 1945년 제정헌법 제29조는 종교의 자유를 국민의 기본권으로 명시하고 있다.

---

14) www.aseanlawassociation.org/legal-indonesia.html 35면 이하.

15) Jaspan, "In Quest of New Law: The Perplexity of Legal Syncretism in Indonesia", Comparative Studies in Society and History Vol. 7, Nr.3(Apr. 1965), 252.

16) 중국의 기록을 보면 1281년에 말라유(Malayu)라는 수마트라의 한 나라에서 두 명의 이슬람신도가 사절단을 이끌고 중국 왕실을 방문하였다는 기록이 나오고, 마르코 폴로는 1292년 수마트라 북부에 있는 두 개의 이슬람 공동체에 대해 기록하였다(마이어, 동남아사 입문(김기태 옮김), 1994, 19면)

17) 인도네시아 대사관 홈페이지(http://www.indonesiaseoul.org) 참조.

이슬람법은 이슬람종교의 율법에 근거한 것으로 이슬람교가 융성한 지역에서는 이슬람법이 바로 아다트법을 의미하게 된다. 그 대표적인 곳으로 동남아시아에서 이슬람교가 처음 정착된 수마트라섬의 아체(Aceh)지역을 들 수 있다. 이 지역의 술탄은 상업의 발달에 따른 부를 바탕으로 기타의 지역보다 오랜 기간동안 정치적 독립을 유지하였는데, 그러한 지배력에 힘입어 그 지역주민에게는 이슬람법이 행위 및 재판규범으로서의 역할을 수행하여 왔다. 현재에도 이 지역은 여전히 법률과 관련하여 특수한 지위를 누리고 있다. 즉, 1999년 법률 제40호에 따라 아체지역에 대한 특별한 지위를 인정되어 아다트와 관련한 아체지역의 특유성을 인정하고 나아가 그 지역의 자치정부를 승인하고 있다. 이 지역에는 이슬람율법 샤리아(sharia) 혹은 샤리아에 기초를 둔 여러 가지 규정들이 효력을 갖는다. 이 지역에서는 이슬람법이 민사의 경우뿐만 아니라 간통, 도박, 미혼동거(khalwat), 주류의 매매 등과 관련한 형사법에도 적용된다.

그러나 일반적으로 이슬람법은 식민지시절부터 아다트법과 충돌을 야기하며 제한된 영역에서만 적용되는 특수한 법률로 인식된다. 이슬람법이 적용되는 분야로는 대표적으로 가족법의 영역이다.

이슬람법은 이슬람의 경전인 코란(Al-Qur'an)과 예언자 모하메드의 가르침(hadith), 그리고 이 둘을 근본으로 하여 이슬람학자들이 발전시킨 샤리아(sharia)가 주된 법원(法源)을 구성한다. 코란은 모하메드를 통한 알라의 계시를 기록한 이슬람의 경전으로, 이슬람법의 최상위규범이다. 하디스는 모하메드의 언행과 전승을 기록한 것으로 코란에 이은 두 번째의 권위를 갖는다. 이에 반하여 샤리아는 코란과 모하메드에 명시적으로 나타나지 않은 사항에 관하여 일정한 방식에 따라 이슬람학자들이 연구한 이슬람의 법률이다. 이슬람학자들이 샤리아를 연구하는 방식은 특별사안에 대하여 전문가가 합의하는 이즈마(ijma)와 코란에 명시되지 않은 사안에 대하여 유사한 사안을 유추적용하는 퀴야스(qiyas), 동일한 문제를 규율하는 두 개이상의 다른 법체계로부터 결론을 이끌어내는 이스티달(Istidal) 등이 있다.

3. 유럽법

유럽의 향신료공급의 부족과 향신료무역에서 제외되어 자체적인 향신료의 공급원을 확보하기 위한 노력의 일환으로 시작된 네덜란드의 인도네시아에 대한 식민지화는 동인도 회사(Vereenigde Oost-Indische Compagnie)가 설립되면서 본격화 된다. 다른 유럽국가들과의 식민지 경쟁을 위하여 설립된 동인도회사는 네덜란드의 여러 회사들과 상인들이 주축이 되어 설립된 회사로 네덜란드 정부에 의하여 주권적인 독립체로 인정을 받은 단체이다. 이에 따라 그들은 정복한 영토에 대한 권리는 물론 그 곳에서의 무역독점권을 갖게 되었으며, 네덜란드 정부를 규제할 수 있는 조약을 체결하고 심지어 군대를 징집하기도 하는 강력한 권력을 행사하였다[18]. 이러한 동인도회사의 설립 이후에 동남아시아에서의 네덜란드의 상업적 이익은 크게 증가하였으며, 이로 인하여 아시아무역에 종사하려는 네덜란드인을 포함한 많은 유럽인의 도래를 초래하였다. 여기서 이들을 규제하고 분쟁을 조절할 제도적 장치가 필요하게 되었는데, 처음에는 네덜란드의 영토로 인정되는 선박의 경우(旗國主義)와 동일하게 동인도회사의 무역소에서 일하는 네덜란드인에게는 네덜란드의 법률이 동일하게 제정되었고, 이를 위한 별도의 법원도 설치가 되었다[19]. 1609년 이후부터는 필요에 따라 동인도회사에 의하여 유럽인에게 적용되는 특별규정들이 공포되어 적용되었다[20]. 그 이후 네덜란드의 인도네시아에 대한 식민지화를 가속화하면서 네덜란드는 동인

---

18) 마이어, 동남아사 입문(김기태 옮김), 1994, 79면 이하.
19) Gautama/Hornick, An Introduction to Indonesian Law, 1983, p.2
20) Utrecht, Pengantar dalam Hukum Indonesia, 9th ed.(1966), 154-155.

도무역회사의 무역소를 벗어나 인도네시아에 사는 네덜란드인 모두에게 본국과 동일한 법률이 적용된다는 일치의 원칙을 발전시키게 된다.

식민지 시절 인도네시아의 헌법이라고 할 수 있는 Indische Staatsregeling(국가규범, IS) 제131조 제2항 (a)는 원칙적으로 유럽인 그룹에 적용되는 민법과 상법이 네덜란드에서 효력을 갖는 사법과 동일하여야 한다고 규정하고 있는데, 이를 일치의 원칙(the principle of concordansi)이라고 한다. 그러나 동조 제2항 (a)는 또한 이 원칙에 대한 예외도 인정하고 있다. 즉 특별한 상황이 있거나 입법자가 하나 이상의 그룹에 적용될 새로운 규범이 필요하다고 여길 경우에는 이 원칙에 대한 예외가 인정되어 인도네시아에서의 입법자에 의해 새로운 규범의 창출되기도 하였다. 경우에 따라서는 네덜란드에서 제정되거나 개정된 법률이 인도네시아에서 실행되지 않거나 지체되어 실행되는 경우도 발생하였다. 이러한 사정으로 네덜란드의 법률과 때때로 동일하지 않은 인도네시아에 독특한 유럽법 이 존재하는 경우도 있었다. 예를 들어, 1848년 이래로 유럽그룹에 적용되는 모든 사법의 기반은 네덜란드 민법전(Burgerlijk Wetboek, Kitab Undang-undang hukum sipil)과 상법전(Wetboek van Koophandel, Kitab Undang-undang hukum dagang)으로 이 두 법률은 1848년에 인도네시아에도 공포되었다. 그 후 네덜란드에서는 상법전 제3권이 폐지되고 별개의 파산법이 1893년에 이를 대체하였지만 인도네시아에서는 1906년에서야 비로소 상법전의 개정이 반영되었다[21]. 또한 자녀와 관련된 네덜란드 민법 제373조 내지 제374조의 1921년 개정과 유한책임회사에 관한 1928년 개정내용은 인도네시아에 반영되지 않았다[22].

식민지에서의 특별한 상황에 근거하여 네덜란드법률의 특정 분야가 지역상황에 맞게 변형되기도 하였다. 예를 들어 네덜란드 민법전에는

21) Royal Decree No. 46 of Nov. 19. 1904.
22) Gautama/Hornick, An Introduction to Indonesian Law, 1983, p.6.

주민등록과 관련된 많은 규정이 있었지만 인도네시아에서는 이를 단지 2개의 조항으로 축소하였고, 1849년에 공포된 총독령에 의하여 보충되었다. 또한 부동산에 관한 소유권의 이전에 관하여는 네덜란드의 법률과 항상 다른 규정이 존재하였다.

III. 인종에 의한 차별적 적용

인도네시아의 법률다원주의는 세 가지의 법체계가 공존한다는 사실과 함께, 법률의 적용이 분쟁의 유형에 따라 결정되는 것이 아니라 인종에 따라 결정된다는 특색을 갖는다. 아다트법은 인도네시아의 원주민을 적용대상으로 하고, 유럽법은 유럽에 기원을 두는 사람들을 적용대상으로 하며, 동양계외국인에게는 자신이 족했던 지역에서 가져온 법률이 적용되고, 이슬람법은 이슬람종교를 믿는 자를 원칙적 적용대상으로 한다. 이러한 인종 차별적 법률의 적용은 식민지시절을 거치는 과정에서 형성되어 독립을 한 이후에도 인도네시아의 법률다원주의를 각인하는 특색으로 자리잡고 있다.

1. 식민지 기간에 있었던 인종에 따른 법률의 차별적 적용

동인도회사가 설립된 후 네덜란드가 인도네시아에 대한 식민지 정책을 강화하여 네덜란드의 법률이 인도네시아에 효력을 갖게 되었지만 인도네시아의 원주민에게는 여전히 종래의 아다트법이 적용되었고, 이에 따라 인도네시아에는 유럽인을 위한 서양법(western law)과 원주민 및 아시아인을 위한 아다트법이라는 이중적 법체계가 형성되게 된다. 다만 이러한 이중적 법체계는 네덜란드인을 포함한 유럽인들의 이익을 위한 실천적 구별에 불과할 뿐 동인도회사나 네덜란드 정부에 의하여 공식적으로 승인된 것은 아니었다[23].

그러다가 1848년 인도네시아의 입법원칙을 위한 일반규정(Algemene Bepalingen van Wetgeving)이 발효되었는데, 여기에서 공식적으로 인도네시아의 거주민은 유럽인과 원주민으로 구별하였다. 그 기준에 대하여는 기독교를 기준으로 하였는데 유럽인을 기독교를 신봉하는 사람으로 원주민은 비기독교인으로 보았다. 이러한 구별기준에 대하여 일응 기독교인과 무슬림으로 하여금 혼인과 가족문제를 포함한 종교적인 문제를 스스로 결정할 자유를 주기 위함이라는 주장이 가능할 것이다. 하지만 실제로는 인종차별의 성격이 강하다는 주장이 보다 설득력을 갖는다. 유럽인과 원주민을 구별하는 규정에는 식민지의 총독(Governor General)에게 기독교를 신봉하는 인도네시아인을 원주민으로 분류할 수 있는 권한을 주었고, 실제로 당시의 총독도 그렇게 하였던 것이다. 말하자면 종교라는 포장에 인종차별의 내용을 갖는 분류가 공식적으로 인정된 것이다[24].

그 후 1855년 이 규정은 Regerings Reglement(통치규정, RR) 제109조에 의하여 대체된다. 이 조항은 종교적인 외향을 완전히 버린 것은 아니지만 인도네시아 기독교인을 공식적으로 원주민의 그룹에 편입하고 있다. 그리고 인도네시아에 거주하는 원주민과 유럽인이 아닌 주요 외국인, 즉 중국인과 아랍인, 인도인도 종교와 상관없이 원주민으로 분류하였다[25]. 다만 실제에 있어서 중국인과 아랍인, 인도인의 경우에는 인도네시아의 원주민과 다른 법률이 독자적인 효력을 갖고 있었다. 따라서 당시에 인도네시아의 인구는 실제에 있어서 1926년의 국가규정(IS) 공포 이후의 상황과 별반 다르지 않았다.

현재의 인도네시아 법률다원주의의 기초는 1926년에 공포된 식민지

23) 다만 동인도회사는 자체의 지침을 통하여 이러한 구별을 명시적으로 승인하고 있었다(Gautama/Hornick, An Introduction to Indonesian Law, 1983, p.3)

24) Gautama/Hornick, An Introduction to Indonesian Law, 1983, p.3

25) 다만 일본인의 경우 이미 1896년의 상업조약에 의하여 유럽인에 편입되어 있었다(Gautama/Hornick, An Introduction to Indonesian Law, 1983, p.3)

시대의 인도네시아의 헌법이라고 할 수 있는 Indische Staatsregeling (국가규정, IS) 제163조에 기인한다. 본 조항은 인도네시아에 거주하고 있는 인구를 세 그룹으로 분류한다. 그리고 동 규정 제131조는 해당 그룹에 대하여 종래부터 효력을 가졌던 법규범이 적용된다는 점을 명시한다.

1) 유럽인(orang Eropah, Europeanen)

유럽인은 ① 네덜란드인 ② 기원이 유럽인인 경우 ③ 일본인 ④ 네덜란드법과 유사한 가족법이 적용되는 나라의 국민 ⑤ ②, ③, ④의 그룹에 해당하는 사람의 적자이거나 인지를 받은 경우가 여기에 해당한다. ②의 경우에 기원이라고 하는 것에 관하여 실무는 유럽에서 태어났거나 그 출신인 경우라고 이해하였다. 그리고 ④에 해당하는 경우는 호주인이나 미국인을 의미한다. 이들에게는 일치의 원칙에 따라 나폴레옹법전을 근간으로 하여 제정된 네덜란드민법전과 상법전이 적용되었다.

2) 원주민(Bumiputra Inlanders)

이 그룹은 제도에 사는 사람은 인도네시아의 원주민으로 적법하게 다른 그룹으로 변경되지 않은 경우를 말한다. 인도네시아 국가규범(IS) 제131조에 따를 경우 원주민 그룹에 적용될 민법과 상법도 성문법의 형태로 만들어져야 했고, 이를 위해 입법자는 아다트법에 기초한 성문법 형식의 민법과 상법을 만들 의무가 있었다. 다만 입법자는 공공의 이익이나 원주민의 특별한 필요가 있는 경우 이 원칙으로부터 자유로울 수 있다. 이 경우에 현존하는 유럽법이 원주민그룹에도 적용되도록 조치하거나 모든 인종의 그룹에 적용되는 새로운 입법을 하는 것도 가능하였다.

동조 제2항 (b)는 오직 인도네시아 국가규범 제131조가 효력을 갖게 된 1920년 1월 1일 이후에 만들어진 성문규범에 관하여만 규율하고 있다. 새로운 법률이 공포되기 이전에 원주민그룹에 효력을 가지고 있던 법률에 관하여는 동 규범 제131조 제6항에 규정되어 있다. 이에 따를 경우 1920년 1월 1일에 원주민그룹에 적용되던 모든 사법규정은 제131조 제2항 (b)에 따른 새로운 규범에 의하여 대체되기 전까지는 계속적으로 효력을 발휘한다. 따라서 1920년 이전에 공포된 법률들, 예를 들어 총독에 의하여 원주민그룹에 적용되는 것으로 선언된 유럽법과 불문의 관습법 등이 원주민그룹에 적용되게 되는 것이다.

이를 종합하여 IS 제131조에 기초한 원주민 사법으로 다음의 법률이 인정된다.

(1) 불문의 아다트법
(2) 성문의 다음 법규들 :
  a) 유럽그룹을 위하여 공포되었다가 1920년 1월 1일 이전에 원주민 그룹에게도 적용되는 것으로 인정된 규범들
  b) 유럽그룹을 위하여 공포되었다가 1920년 1월 1일 이후에 원주민 그룹에게도 적용되는 것으로 인정된 규범들
  c) 1920년 1월 1일 이후에 원주민그룹만을 위하여 공포된 것으로 Hukum Adat에 기초한 규범들
  d) 1920년 1월 1일 이후에 원주민그룹만을 위하여 공포된 것으로 Hukum Adat에 기초하지 않은 규범들
  e) 모든 그룹에 적용되는 통일규범들

1920년 이전이건 그 이후이건 상대적으로 적은 법률들이 원주민을 위하여 제정되어 공포되었기 때문에 원주민에게 적용되는 대부분은 여전히 아다트법이다.

유럽그룹을 위하여 제정된 법규범 중 1920년 1월 1일 이전에 원주민그룹에도 적용되게 된 가장 중요한 법률은 해상운송과 관련된 상법

(Commercial Code) 제2권 제4장과 근로계약에 관한 민법전(Civil Code) 제1601조 내지 제1603조 등이다. 노름과 도박에 관한 민법 제1788조 및 제1791조의 규정도 1920년 1월 1일 이전에 원주민그룹에 적용되었다.

유럽그룹을 위하여 제정되었다가 1920년 1월 1일 이후에 원주민그룹에도 적용되게 된 법규범은 상법전 제2권의 해상운송에 관한 조항들로 제314조 내지 제322조, 제341조 내지 제452g조, 제534조 내지 제568k조, 제696조 내지 제747조 그리고 제749조 내지 제752조를 들 수 있다.

아다트법에 기초를 두고 오직 원주민에게만 적용되는 법규범은 제정되지 않았다. 그러나 아다트법에 기초를 두지 않고 오직 원주민을 위하여 제정된 법률들은 존재한다. 1920년 1월 1일 이후에 제정된 이러한 법률로 가장 중요한 것은 자바(Java)와 마두라(Madura)에 있는 원주민그룹을 위한 주민등록에 관한 법규와 원주민협동조합을 위한 법규, 후견인지정에 관한 법규, 원주민 그룹에서의 미성년의 의미에 관한 법규, 자바와 마두라 이외의 지역에서의 이슬람 원주민의 혼인에 관한 법규, 자바, 미나하사(Minahasa)와 암본(Ambon)의 기독교 원주민의 혼인에 관한 법규 및 주민등록에 관한 법규, 원주민 기업에 관한 법규(I.M.A.), 법인설립을 위한 원주민조합에 관한 법규, 원주민 법인의 개인재산권에 관한 법규 등을 들 수 있다[26].

3) **동양계 외국인**(Orang Timur Asing, Vreemde Oosterlingen)

이 그룹은 소극적으로 정의되어 유럽인이나 원주민이 아닌 경우를 의미한다. 대개는 중국인이나 아랍인, 인도인, 파키스탄인 등이 여기에 해당한다.

국가규정(IS) 제131조에 따르면 동양계 외국인에 대하여 그들의 관습

---

26) Gautama/Hornick, An Introduction to Indonesian Law, 1983, p. 8-12.

법 즉, 출신지역에서 인도네시아에 들여온 관습법이 적용된다. 하지만 1856년부터 가족이나 부동산의 상속과 같이 전통적 성격이 강한 분야를 제외한 유럽사법이 자바와 마두라의 동양계 외국인에게도 적용되었고, 이러한 조치는 후에는 리아우(Riau)와 서부 킬리만탄(West Kilimantan)를 제외한 9개 지역으로 확대되었다.

식민지정부는 1919년부터 동양계외국인을 중국계동양인(Chinese Orientals)과 비중국계동양인(Non-Chinese Orientals)으로 세분하였다[27]. 중국계동양인에게는 민사 및 상사와 관련한 유럽사법뿐만 아니라 가족, 부동산의 상속 및 파산에 관하여서도 유럽사법이 적용되도록 하였다. 다만 입양에 대하여는 특별규정을 두었고, 콩지(kongsi)로 알려진 중국 관습법상의 상회(business association)도 인정하였다. 비중국계동양인에 대하여는 종래의 동양계외국인과 마찬가지로 재산법분야에는 유럽사법이, 가족과 부동산의 상속에 대하여 소속 관습법이 적용되었다.

2. 독립 이후의 차별적 법률 적용

1945년 8월 17일, 인도네시아가 독립을 선언한 이후 혁명지도자들의 당면과제는 당시 여전히 효력을 갖고 있는 인종차별적 법률적용의 문제를 어떻게 처리할 것이냐의 문제였다. 인도네시아 민족주의자들의 시각에서 판단해보면 식민지 시대의 법체계라는 것은 모국인 네덜란드의 이익을 대변하기 위하여 만들어진 것으로 그 주된 내용이 인도네시아의 평화와 질서를 유지하는 것이었다. 따라서 이러한 법체계를 유지하는 것은 인도네시아의 독립과 혁명[28]의 정신에 부합하지 않았다. 그렇다고 이를 대체할 만한 새로운 법률도 없었고, 이를 대체할 만한 입

27) Ordinance of March 29. 1917, S. 1927.

28) 1945년 8월 17일에 독립을 선언한 이후에도 1949년 12월까지 네덜란드와 힘겨운 전쟁을 치르게 되는데 이를 인도네시아에서는 혁명(Revolution)이라고 한다. 보다 자세한 내용은 마이어, 동남아사 입문(김기태 옮김), 1994, 245면 이하 참조.

법을 서두를 처지도 안되는 상황이었다. 이러한 상태에서 기존의 법체계를 부인하고 그 효력을 정지시키는 것은 사회의 불안을 야기할 뿐이었다[29]. 여기서 혁명지도자들은 "독립 당시에 효력을 갖는 현존하는 모든 제도와 규범은 헌법에 합치하는 새로운 입법이 있기 전까지는 효력을 갖는다"는 1945년 헌법 경과규정(Transition Provisions) 제2조의 절충적 규정을 두게 된다. 이에 따라 독립 이후에도 식민지 시절의 인종차별적 법률 적용은 여전히 계속되었다. 1966년에 정부는 주민등록청(Office of Civil Registration)에 대한 지침을 통하여 그 기원이나 인종에 상관없이 모든 주민에게 등록을 허용하였고, 그 경우에 그룹의 유형화나 차별을 철폐하였다. 하지만 이러한 등록지침만으로 국민에 대한 유형화나 그에 따른 법률다원주의가 포기된 것으로 이해될 수는 없다[30].

1) 유럽인

독립이 된 후로 인도네시아의 유럽인에게 모국의 법률이 적용되어야 한다는 일치의 원칙은 폐지가 되면서 유럽계 인도네시아인에 적용되는 유럽법은 더 이상 네덜란드나 기타 유럽의 법률을 따를 필요가 없게 되었다. 이는 곧 네덜란드로부터의 입법권의 독립을 의미하는 것으로 실제로 인도네시아의 의회(Dewan Perwakilan Rakjat, DPR)는 독립 이후에 식민지시대의 잔재가 있거나 현대화가 필요한 법률 및 조항에 대한 법률개정작업을 하게 된다. 이러한 법률개정작업을 통하여 새로운 입법들은 종래의 법률을 대체하게 된다. 대표적인 법률로 1960년 농지기본법(The Agrarian Law)을 들 수 있다. 이 법률은 전근대적이며 식민지의 잔재가 있던 1870년 농지법(The Agrarian Act)과 이를 보충하는 동년의 농지명령(the Agrarian Decree), 1872년의 농지소유권에 관한 왕령(The King's

---

29) www.aseanlawassociation.org/legal-indonesia.html 23면.

30) Gautama/Hornick, An Introduction to Indonesian Law, 1983, p. 5.

Decree), 그리고 토지, 자원, 물에 관한 담보부분을 제외한 민법 제2편을 폐지하며 제정된 법률이다. 이 법률로 인하여 토지를 인종을 구별하는 것과 마찬가지로 유럽토지와 비유럽토지로 구별하는 이원주의 등이 폐지되고, 근대적 아다트체계로서의 토지제도를 촉진하는 계기가 마련되었다[31]. 상법의 경우도 1847년 네덜란드 상법전을 근간으로 하고 있다. 하지만 이 법률을 보완하기 위하여 1992년에 제정된 은행법, 1995년에는 회사법, 1995년에는 자본시장법, 1999년에는 반독점법, 2001년에는 석유 및 천연가스법 등이 제정되었다.

다만 인도네시아의 경우에는 흔흐 법률의 개정이나 제정과정에서 구체적으로 어떤 법률이나 규정이 새로운 입법으로 대체되느냐의 문제는 많은 해석상의 논란을 야기한다. 우리나라의 경우에는 법률이 개정되거나 새로운 법률이 제정되는 경우에 이와 충돌하는 기존의 법률 조항이나 법률이 동시에 폐지되는 절차를 동시에 거치게 되는데, 인도네시아의 경우에는 기존의 조항을 삭제하거나 그 법률을 폐지하는 것이 아니라 입법자들은 새로운 입법에서 단지 "새로운 법률과 배치되는 이전 규정은 효력이 없다"고만 선언하기 때문이다[32]. 여기서 새로운 입법에 의하여 기존의 법률 중에 어느 범위까지 그 내용이 변경되어야 하는지 학자들이나 판사 기타 법조인들 사이에서 다툼이 발생한다.

1945년 헌법의 경과규정에 따른 결과로 효력을 유지하는 식민지시대의 법률을 개혁하고 근대화하려는 노력은 법원의 태도변화에서도 나타난다. 혁명지도자로서 대통령에 오르게 된 수카르노는 1959년 7월 5일 명령(5 July Decree)[33]을 발하게 되는데, 이 명령에서 그는 1949년 헌법에서 1945년 헌법으로의 회귀[34]를 선언하게 된다. 이는 법률적 측

31) 이에 대한 자세한 내용은 Gautama/Hornick, An Introduction to Indonesian Law, 1983, p. 65 이하; 법무부, 동남아법제(I), 법무자료 제64집, 47면 참조.

32) Gautama/Hornick, An Introduction to Indonesian Law, 1983, p. 7.

33) Decree of 5. July 1959, L. N. 1959.

34) 당시의 헌법개정과정에 대하여는 변해철, "인도네시아헌법 개관", 아시아법제연구(한국법

면에서의 식민지 청산을 의미하는 것으로, 새로운 입법보다는 종래의 법률에 대한 새로운 해석을 강조하게 된다[35]. 즉 이 명령으로 인하여 이전에는 거의 알려지지 않았던 1945년 정부규정 제2호[36]의 내용이 새로운 조명을 받게 된다. 동 규정은 "1945년 헌법의 경과규정 제2조와 관련하여 . . . . . 인도네시아 공화국이 탄생한 1945년 8월 17일에 효력이 있는 국가의 모든 제도와 법률은 헌법에 합치하는 새로운 제도와 법률에 의하여 대체될 때까지 효력을 지속한다. 다만, 이 경우에도 헌법 자체에 반하지 않아야 한다."라고 하고 있었는데, 마지막 단서의 규정이 '혁명으로의 회귀(return to revolution)'를 강조하는 입장에서는 종래의 식민지 법률이 새로운 법령에 의하여 변경되거나 대체되기 전이라도 '헌법에 반하는 경우에는' 효력을 상실한다고 이해되었던 것이다[37]. 이 명령에 부응하여 1963년 최고법원은 '지침 제3호'[38]를 각 법원에 하달하면서 식민지의 잔재로 인식되거나 반인륜적인 민법의 8개 조항[39]이 헌법에 반하여 효력을 갖지 못한다는 입장을 표명한다. 혼인한 아내가 남편의 도움없이 소송당사자로서 법원에 출석하는 것이 가능한지에 관한 제108조 및 제110조, 인도네시아 원주민 여성과 유럽남성 사이에 출생한 혼인외의 자에 대한 부의 인지에 대한 제284조 제2항, 모든 증여에 대하여 공증을 요구하는 제1683조, 임대인이 특별한 약정 없이 임차한 물건을 스스로 사용하기 위하여 계약을 해제하는 것을 금지한 제1579조, 계약불이행으로 인한 소송을 위하여 서면에 의한 청구를 사전요건으로 하는 제1238조, 멸실의 위험이 계약의 체결과 동시에 매수인에게 이전하는 것으로 추정하는 제1460조, 유럽노동자와 원주민

제연구원) 제2호(2004. 9), 29면 이하 참조.

35) Gautama/Hornick, An Introduction to Indonesian Law, 1983, p. 184.

36) Government Regulation No. 2 of October 10, 1945, [1945] Koesnodiprodjo 34 (peraturan pemerintah tentang badan-badan dan peraturan pemerintah dulu)

37) Gautama/Hornick, An Introduction to Indonesian Law, 1983, p. 184.

38) Supreme Court Circular No. 3 of Sept. 5, 1963(surat edaran Mahkamah Agung)

39) www.aseanlawassociation.org/legal-indonesia.html 25면.

노동자의 차별을 전제로 한 두 노동자의 구별에 관한 제1603조 제1항과 제2항이 명시되었다. 그리고 이러한 대법원의 지침에 근거하여 하급심법원은 아내의 행위능력과 소송능력에 관한 제108조 및 제110조, 원주민 여성에게서 태어난 아이에 대한 유럽인 부의 인지에 관한 제284조 조항이 위헌이어서 효력이 없다고 선언하였다[40]. 이로써 법원은 개별사안과 관련하여 어떠한 법률 조항의 효력에 대한 판단을 내릴 임무, 즉 법률에 대한 위헌판단의 의무가 발생하게 되었다.

2) 원주민

원주민에 대하여는 독립이 된 이후에도 그들이 속하는 각각의 아다트법이 적용된다. 이는 형식적으로 독립이전의 법률상태가 그대로 유지됨을 원칙으로 한다는 헌법 경과규정 제2조의 효력에 의한 것이지만 그 규정의 기저에는 서양의 개인적 자유주의적 사상에 대비되는 인도네시아의 민족적 자존심의 측면이 숨어 있었다. 즉 인도네시아에서 통일법을 이룩하려고 하는 노력이 이미 식민지시대부터 꾸준히 있어 왔음에도 불구하고 Van Vollenhoven의 주장을 지지하는 학자들에 의하여 이러한 노력은 번번히 좌절되었다[41]. 이러한 현상은 식민지 이후에도 계속적으로 나타났다. Djojodigoeno가 "개인주의나 자유주의의 관점은 인도네시아인의 마음에는 존재하지 않는다. 우리는 사회와 전통에 구속되는 민족이다. 우리 모두는 다른 사람과 같이 행동해야 한다. 우리는 공통점(biasa)이 있어야 한다"[42]고 말한 것은 바로 이러한 민족주의적 시각을 잘 대변하여 준다.

아다트법은 역사의 발전과정에서 형성된 전통적인 법률이기 때문에

40) Judgement of Apr. 14, 1971, 1971 (3) Jurisprudensi Indonesia 12, 16(Mahkamah Agung).

41) 이에 관하여는 Jaspan, "In Quest of New Law: The Perplexity of Legal Syncretism in Indonesia", CSSH Vol. 7, Nr.3(Apr. 1965), 254면 이하 참조

42) Djojodigoeno, Adat Law, 1953, p.13.

아다트가 소속된 사회의 전통적인 영역을 규율대상으로 한다. 그 대표적인 영역이 바로 혼인과 상속, 불법행위의 분야이다.

(1) 혼인

아다트법에 있어서 혼인은 단순한 당사자 사이의 계약이 아니라 배우자가 속한 가족, 나아가서는 그들의 부족공동체의 결합을 의미한다. 따라서 혼인은 배우자가 속한 가족이나 부족에 대한 정신적, 물질적 책임인 동시에 그들에 대한 권리를 의미한다[43].

각 사회의 아다트법은 혼인의 예식이나 혼인의 요건, 배우자 사이의 권리의무관계, 이혼의 근거 등에서 큰 차이를 보인다. 그럼에도 배우자 사이의 재산관계는 이상하리만치 공통점을 갖는다. 즉 배우자는 결혼할 때 가지고 온 재산을 고유재산(original property)으로 단독소유하지만 결혼 후에 배우자에 의하여 획득된 재산은 공동재산(common property)을 구성한다[44]. 이는 혼인이 해소된 경우에 고유재산은 그 소유자에게 귀속하지만 공동재산은 배우자사이에 분할되어야 함을 의미한다.

(2) 상속

상속과 관련한 아다트법은 대체로 양면적 체계(bilateral system)를 갖고 있어서 상속인으로서 남성과 여성은 차별을 받지 않으며, 피상속인이 부이냐 모이냐에 따라 차별을 받지 않는다. 하지만 이러한 아다트법의 태도가 전통적인 입장에 부합한 것은 아니며 시대의 변화에 따라 변형된 것으로 이해하는 것이 옳은 듯하다. 오히려 전통적인 아다트법은 단계(unilateral) 혹은 부계(agnatic)적 성격을 띄었던 것으로 보이기 때문이다. 하지만 사회가 발전하면서 친족이나 부족과의 유대감은 약해지고, 가족간의 유대감은 더욱 강화가 되었고, 다른 사회나 종교적 영향에 의

43) www.aseanlawassociation.org/legal-indonesia.html 37면.
44) www.aseanlawassociation.org/legal-indonesia.html 37면 이하.

하여 상속에 대한 사회 구성원들의 관념들이 차츰 변하게 되었다[45]. 더욱이 인도네시아의 최고법원은 상속과 관련한 남녀의 차별을 인정하는 아다트법에 대하여 정의의 관점에서 그 효력을 부정하여 아다트법에 대한 변화를 더욱 자극하게 되었다. 판결 당시 카로(Karo)지역의 아다트법에 의하면 남자가 사망한 경우 그의 재산은 그의 아들에게 상속되고 아들이 없으면 그의 최근친 남계혈족이 상속을 하도록 되어 있었다. Kabandjahe 지방법원과 Medan의 남부수마트라 항소심법원은 이 아다트법에 근거하여 딸의 상속권을 부인하였다. 그럼에도 불구하고 원고측은 Djakarta의 최고 법원에 상고하면서, "식민지에 대한 혁명과 그 후의 공화국이 추구하고 있는 사회적 규범에 내제된 딸의 권리가 아다트법에 의하여 부정된 것"이라고 주장하였다. 만약 그녀의 주장이 받아들여지지 않는다면 이는 사회적 부정의와 봉건구습을 최고법원이 인정하는 것이라고 하였다. 이러한 주장은 인도네시아 최고법원에 의하여 받아들여진다. 1961년 11월 1일 최고법원의 장이었던 R. Wirjono Prodjodikoro는 자녀의 상속권은 성별에 관계없이 평등하다고 강조하였다[46].

(3) 불법행위

아다트법은 불법행위를 법은 개인이나 사회의 평화로운 상태를 깨뜨리는 것으로 이해한다. Van Vollenhoven의 연구에 의하면 사법상의 불법행위(torts)는 형법상의 범죄(delicts)와 구별되지 않았다. 제재가 필요한 불법으로 인정될 경우 가해자는 개인에 대해서 뿐만 아니라 그가 소속된 사회에 대하여 동시에 침해를 한 것으로 인정되어 아다트의 관념에서 인정되는 통일된 제재를 받게 된다. 대부분의 당시 사회에서는 귀

45) www.aseanlawassociation.org/legal-indonesia.html 38면.

46) Jaspan, "In Quest of New Law: The Perplexity of Legal Syncretism in Indonesia", CSSH Vol. 7, Nr.3(Apr. 1965), pp. 262 이하.

책사유 있는 자가 피해자의 개인에 대하여 이행해야 하는 배상액에 더하여 자신이 속한 사회에 벌금이나 기타 다른 형태의 배상을 지불하여야 한다[47].

3) 동양계외국인

동양계외국인에 대하여서는 식민지시절에 적용되던 법률이 그대로 적용되었다.

4) 이슬람인

인종에 따른 구별은 아니지만 인구의 87%에 이르는 무슬림의 영향력을 감안하면 이슬람법과 그 적용을 받는 무슬림들에 대한 설명도 부가적으로 있어야 할 것이다. 하지만 이슬람법은 기본적으로 그 법률을 준수하지 않는 경우에 대한 제재가 인정되지 않기 때문에 이슬람법을 지키는 것은 그들의 믿음의 문제에 해당한다. 따라서 이슬람법의 구속력이라고 하는 것도 신앙의 정도에 따른 차이에 불과하다. 이슬람법은 그 규율범위가 매우 넓어 인간과 인간, 인간과 사회뿐만 아니라 인간과 신의 관계까지도 관여하고 있다[48]. 하지만 이슬람법은 사법과 공법을 구별하지 않는다.

이슬람법은 혼인과 상속과 관련하여 중요한 사회적 규범력을 발휘하는 관계로 그 지역의 아다트법과 충돌하는 경우가 많았다. 식민지시대의 이슬람법학자들은 이러한 상황에서 인도네시아의 발전과정에서 아다트법보다 이성적인 이슬람법이 아다트법을 대체할 것으로 기대하기도 하였다[49]. 그러나 이러한 이슬람주의자들의 기대는 1927년 이후 네

---

47) Jaspan, “In Quest of New Law: The Perplexity of Legal Syncretism in Indonesia”, CSSH Vol. 7, Nr.3(Apr. 1965), 253.

48) 혼인법(Munakhat), 상속법(Wirasah), 무역법(Mu'amalah), 형법(Jinayat'Ukubat), 조직법(Al-ahkam as-sulthaniyah) 등.

덜란드의 새로운 아다트법 정책이 시행되면서 우려로 변하게 된다. 당시 네덜란드는 아다트법에 대한 새로운 인식과 더불어 이슬람율법(fiqh)의 사회적 영향력을 최소화하려는 정책을 시도하였기 때문이다[50]. 이때부터 무슬림들은 네덜란드 정부뿐만 아니라 인도네시아의 관습법에 대하여도 반대의 입장에 서게 되었고, 자바와 수마트라의 많은 지역에서 젊은 무슬림(Kaum Mudo)들은 이단으로서의 불교와 힌두고 및 미신이라고 여기는 많은 관행들을 추방하려는 운동을 벌이게 되었고, 이 과정에서 이슬람 도입 이전에 발생한 여러 가지 부족의 제도들, 즉 아다트들도 함께 부정하게 된다. 그리고 이러한 태도는 해방 이후에 서로에 대한 강한 적대감으로 표출된다. 1958년부터 1962년까지 있어왔던 아체(Acheh), 서자바(West Java), 셀레베스(Celebes), 그리고 수마트라의 중앙과 동부지역에 서 발생한 수 차례의 폭동은 아다트법을 지지하는 정부와 다수당에 대한 강한 불만에 그 원인을 둔다. 1945년 이슬람인들은 자카르타선언(Djakarta Declaration)을 발표하여 해방국가의 이슬람교에 바탕을 둔 구조를 제안하지만 정부는 이 제안을 힌두교나 불교에서 제안하는 경우(pantja sila)와 크게 다르지 않게 받아 들였던 것이다. 그리고 현재에도 정부의 이러한 태도는 크게 달라지지 않고 있는 듯 하다. 1945년 헌법 제29조의 종교의 자유에 관한 기본권조항은 여전히 당연한 것으로 받아들여지고 있기 때문이다.

IV. 소속그룹의 변경

49) Hazarin, Hukum Baru di Indonesia, 1950. 14-15.

50) Jaspan, “In Quest of New Law: The Perplexity of Legal Syncretism in Indonesia”, CSSH Vol. 7, Nr.3(Apr. 1965), 259.

출생에 의하여 식민지의 특정 그룹에 속하게 된 경우에도 예외적으로 네 가지 방법, 즉 평등화(equiliaztion, persamaan-hak), 동화(assimilation, peleburan oplossing) 그리고 자발적 혹은 비자발적 기탁(submission)에 의하여 자신의 소속그룹을 변경할 수 있었다.

평등화(equilization)는 원주민이나 동양계 외국인이 유럽인의 그룹으로 인구소속을 변경하는 방식으로, 법률에 의하여 인정되는 경우와 판례에 의하는 경우가 있다.

먼저 전자는 통치규정(RR) 제109조 제5항과 국가규정(IS) 제163조 제5항이 규정하는 것으로 총독이 명령을 통하여 신청자를 유럽인그룹에 편입시키는 방식이다. 이 방식은 법률이 요구하는 몇 가지의 요건, 예를 들어 기독교로의 개종과 같은 실질적 요건과 선서 및 관보의 게재와 같은 형식적 요건 등이 충족되어야 그 효력이 인정되었다. 이 외에 판례는 이러한 요건이 필요하지 않는 몇 가지의 경우를 인정하는데, 대체로 유럽인의 이름을 사용하고 유럽적인 생활방식을 향유하며, 유럽인과 혼인하는 경우 등이다. 실제로 1855년 식민지 최고법원(Hooggerchtshof)은 'A.M. van Der Z'라는 유럽이름을 가진 사람이 관리직 공무원으로 일하며, 유럽방식에 의하여 결혼식을 올린 경우, 비록 그의 부(父)가 유럽인이 아니라고 하더라도 유럽인에 속함을 인정하였다[51]. 평등화에 의하여 그룹이 변경되는 경우는 완전한 법률상의 지위가 변경되는 효과를 낳는다.

동화(assimilation)는 유럽인이나 동양계외국인이 원주민그룹으로 법적 소속을 변경하는 경우를 말한다. 순수하게 판례에 의하여 인정되는 경우로 이슬람으로의 개종 이외에 인도네시아촌락에서의 5년 이상의 거주, 인도네시아 이름 사용 등과 같은 요건이 충족되어야 한다. 융화가 있게 되면 평등화와 같이 완전한 법률상의 지위변경효과를 낳는다.

---

51) Judgement of July 31.1855. 11T321(Hgh).

기탁(submission)은 국가규정(IS) 제131조 제4항에 좇아 원주민이나 동양계외국인이 유럽사법에 스스로를 기탁하는 자발적 기탁과 법률의 충돌(conflict of laws)의 경우에 발생하는 비자발적 기탁[52]이 존재한다. 자발적 기탁은 다시 완전한 유럽사법의 적용을 내용으로 하는 전면기탁(total submission)과 동양계유럽인이 가족법을 제외하고 재산법에 대하여서만 유럽사법을 적용받기로 하는 부분기탁(partial submission), 특정한 법률관계에 한정하여 유럽사법의 적용을 인정하는 임시기탁(ad hoc submission), 일정한 경우에 유럽사법의 적용을 추정하는 추정적 기탁(presumptive submission)이 존재한다. 추정적 기탁의 경우는 원주민이 아다트법에는 생소하고 유럽사법에는 그 규정이 있는 법률행위를 하는 경우에 그 원주민이 명시적으로 유럽사법에 기탁하지는 않았지만 기탁을 한 것으로 추정하여 그 법률행위에 유럽사법을 적용하는 경우이다. 실무에서는 수표와 같은 상업상 어음의 경우만 제한적으로 인정된다[53].

V. 법률의 충돌(conflict of laws)

인도네시아의 법률다원주의는 기본적으로 인도네시아의 국민을 세 그룹으로 구별하고 그들이 속한 그룹 고유의 법률이 적용되는 것을 원칙으로 한다. 여기서 특정 그룹에 속하는 사람과 그 이외의 그룹에 속하는 사람 사이의 거래나 같은 원주민이더라도 다른 아다트법의 법역에 속하는 사람 사이의 거래, 혹은 이슬람종교에 속하는 사람과 기독교인 사이의 결혼, 특정 그룹이 속하는 지역의 토지에 대한 다른 지역 사람의 사용권이나 소유권 획득에 대한 법률문제가 발생하는 상황이 생기게 된다. 법률의 충돌이란 이렇게 다른 인종이나 지역 사이에서 발생하는

52) 이 문제에 대하여는 후술하는 '법의 충돌'을 참조.
53) Gautama/Hornick, An Introduction to Indonesian Law, 1983, 18-19.

분쟁에 대하여 적용될 법률을 어떻게 선택할 것이냐의 문제를 결정하는 것을 말한다. 이러한 상황은 마치 외국적 요소가 있는 사안에 대하여 우리나라의 법원이 적용을 법률을 결정하는 준거법 결정(국제사법 제1조)의 문제와 유사한 측면을 갖는다. 인도네시아에 이를 규율하는 독립된 법률이 존재하지 않는다. 하지만 법원과 학자들은 법의 충돌의 문제를 크게 인적 충돌법(interpersonal or intergroup law), 지역적 충돌법(interlocal law)의 경우로 유형화하여 다루고 있다[54].

1. 인적 충돌법(hukum antargolongan)

1) 인적 충돌법의 주요 유형

인적 충돌법은 다시 세 가지 경우로 세분할 수 있다. 먼저 서로 다른 인종그룹에 속하는 국민 사이에 거래가 이루어지는 경우, 예를 들면, 유럽인 남성이 자바원주민의 여성과 혼인하려고 하는 경우, 수단의 원주민 운전자가 중국계의 보행자를 친 경우에 발생하는 경우이다. 이 경우는 다른 국가 사이에 발생하는 국제사법의 경우와 유사하다고 하여 준국제사법(quasi internationaal privaat recht)[55]이라고도 한다.

다음의 경우는 토지와 관련된 문제로 다른 인종의 경우는 물론 동일한 인종그룹에 속하는 경우에도 발생하게 되는데 예를 들어 자바원주민 사이에서 유럽인의 법률이 적용되는 지역의 토지에 대한 거래가 있는 경우가 해당된다. 이는 토지를 그의 소유자와 분리된, 토지가 위치한 인종그룹에 속한 별개의 법률객체로 보기 때문이다. 다만 이렇게 토지를 그 주체와 분리하여 인적 충돌법의 주요 연결점으로 보는 관점은

54) Gautama/Hornick, An Introduction to Indonesian Law, 1983, p.150면 이하는 여기에 종교적 충돌의 문제도 별개의 유형으로 다루나 이는 인적 충돌의 경우로 보는 것이 타당할 것이다.

55) 이에 관한 내용과 그 비판에 대하여는 Schiller, “Conflict of Laws in Indonesia”, 2 Far Eastern Q,

1960년 토지기본법(The Basic Agrarian Law, 특히 제5조)의 제정으로 더 이상 유효하지 않게 되었다. 하지만 학계는 여전히 이러한 결론에 대하여 해석상의 의문을 제기하고 있다[56].

그 외에도 전술한 자발적 기탁의 경우와 관련되는 경우로, 동일한 인종그룹에 속하였지만 자발적 기탁에 의하여 다른 그룹으로 소속되어 인적 충돌이 되는 경우가 있다.

2) 인적 충돌의 경우에서의 법 선택

(1) 계약법

인적 충돌을 일으키는 당사자 사이에 계약이 체결된 경우에 적용될 법률을 결정하는 중요한 요소로 법원은 당사자의 의사, 거주지, 일방 당사자의 다른 법역으로의 입장(entry), 청약의 공개성, 일방 당사자의 사회적 경제적 우월성 등을 인정한다.

먼저 당사자의 시는 판례[57]와 학설[58]이 인정하는 인적 충돌상 법률 선택의 가장 중요한 요소이다. 당사자가 명시적으로 특정 법역을 당사자 사이의 법률관계 적용의 법률로 지정한 경우에는 의심의 여지없이 법원은 그 법률을 적용하면 된다. 문제는 이러한 명시적인 법률 선택이 없는 경우인데, 법원은 여러 가지 다른 요소를 통하여 당사자의 의사를 추정하여 왔다. 예를 들어 당사자 사이의 계약의 형식이나 내용이 일방 당사자의 법역에서는 인정되지 않고 타방 당사자의 법역에서만 인정되는 경우에는 그 타방 당사자의 법률을 지정한 것으로 추정된다[59]. 계약상 조건이 특정 법역에서만 발견되는 경우[60] 계약 자체가 특정한 법역

56) Gautama/Hornick, An Introduction to Indonesian Law, 1983, p.152면.

57) Judgment of May 31, 1930, 132 T 431 (Ldr. Padang); Judgment of Oct. 3. 1933, 139 T 285, Huk. Antar. 340(Ldr. Penjambungan); Judgment of Feb 22, 1933, 142 T. 155, Huk. Antar. 13(Ldr. Indramaju) 등.

58) 예를 들어 Gouwgioksiong, Hukum Antargolongan, Hukum Jang Hidup, 1958, p.9.

59) Judgment of May 12 1939, 151 T. 595. Huk. Antar, 37(RvJ. Djakarta).

에서만 발견되는 형태[61)]이거나 계약내용에 사용된 법률용어가 특정한 법역에서만 발견되는 경우[62)]등이 해당된다.

거주지는 계약의 당사자가 일상적으로 생활하고 근로하는 환경(milieu)를 의미하는 것으로 예를 들어 도시의 유럽인 영역에서 생활하는 인도네시아 원주민이 유럽인으로부터 주택을 임차하는 경우에는 유럽법이 적용된다[63)]. 동일하게 중국계 동양인이 도시에 있는 원주민 지역(kampong)에서 주택을 임차하게 되는 경우 아다트법의 적용을 받게 된다[64)].

다른 법역으로의 입장이란 일상적으로 생활하는 곳이 아닌 다른 법역의 지역에서 계약을 체결하는 경우 그 지역의 법률이 적용된다는 것을 의미한다. 예를 들어 외국계 동양인이 원주민에게 돈을 대출해 주기 위하여 원주민 지역을 방문한 경우에는 아다트법이 적용[65)]되는 반면, 원주민이 돈을 대출받기 위하여 도시의 전문대출업자를 찾아간 경우에는 그 지역의 서양법이 적용된다[66)]는 원칙이다.

청약의 공개성(public offer)은 공개적으로 청약을 한 경우에 구매자는 판매자의 조건이나 법률이 정하는 바에 따라 청약을 한 것으로 인정되어 판매자의 법률이 적용된다는 원칙이다[67)]. 예를 들어 인도네시아 원주민이 유럽인이 운영하는 가게의 쇼윈도우에 전시된 물건을 보고 구매한 경우에 유럽법이 적용된다는 것이다.

마지막으로 우월한 당사자의 사회적, 경제적 지위는 사회적으로나

60) Judgment of May 31, 1930, 132 T 431 (Ldr. Padang).
61) Judgment of Feb 22, 1933, 142 T. 155, Huk. Antar. 13(Ldr. Indramaju).
62) Judgment of Oct. 3. 1933, 139 T 285, Huk. Antar. 340(Ldr. Penjambungan).
63) Judgment of Oct. 10, 1925, 131 T. 194(Ldr. Makassar).
64) Judgment of May 10, 1932, 137 T. 102(Ldr. Djatinegara).
65) Judgment of Feb. 16, 1938, 148 T. 764. Huk. Antat. 9 (Ldr. Malang).
66) Judgment of Mar. 17, 1951, 1952(4-5) Hukum 114, Huk. Antar 65(Peng. Negeri Semarang).
67) Judgment of Sept. 15. 1937. 148 T. 80, Huk. Antar. 72(RvJ. Djakarta).

경제적으로 우월한 입장에 있는 사람이 자신의 우월적 지위에 기하여 계약의 조건이나 적용될 법률을 적용할 것이라는 추측에 근거하여 우월적 지위의 당사자가 속한 법역의 법률이 해당 계약에 적용된다는 원칙이다[68].

다만 계약을 규율할 법률을 선택함에 있어서 이러한 기준들은 서로 독립된 별개의 기준으로 다루어지는 것이 아니라 다른 기준을 상호보완하면서 중첩적으로 적용될 수 있음을 유의하여야 한다. 예를 들어 Hadji Marah Abdul Madjid라는 인도네시아인이 Lindeteves의 유럽인으로부터 자동차를 구매하는 경우에, 법원은 당사자의 의사를 기준으로 유럽법을 적용하였지만 이 사안의 경우에 우월한 당사자의 지위에 의하는 것이 보다 타당하거나[69] 이 두 원칙이 중첩적으로 적용될 수도 있는 것이다.

(2) 혼인외의 자

혼인외의 자에 대한 태도는 아다트법, 이슬람법, 그리고 유럽법으로서의 민법전의 태도가 상이한 태도를 취한다. 아다트법과 이슬람법에 따를 경우에는 혼인 외의 자는 친부와의 법률관계가 인정되지 않고, 인지를 하는 절차도 없다. 하지만 생모에 대하여는 적법한 모자 관계가 형성되어 혼인 중의 자와 동일한 법률상 지위를 취득한다. 이에 반하여 민법전 상의 혼인외의 자는 부모 모두에 대하여 법률관계가 인정되지 않고, 모나 부모 양측의 인지에 의하여 비로소 친자의 법률관계가 형성된다. 민법전은 부 단독으로의 인지는 허용하지 않는다[70].

여기서 혼인외의 자의 법률상 지위를 결정할 수 많은 인적 충돌법의 문제가 발생하였다. 법률 선택의 기본원칙만을 언급한다면 기본적으로

68) Judgment of May 9. 1930, 132 T 417 (Res. Ger. Padang)
69) Gautama/Hornick, An Introduction to Indonesian Law, 1983, p.157면 이하.
70) Gautama/Hornick, An Introduction to Indonesian Law, 1983, p.160면.

모가 속한 법률이 적용되나, 부에 의한 인지가 된 경우에는 아버지의 법이, 부모 모두로부터 인지를 받은 경우에는 부모의 법이 적용된다[71].

(3) 상속

상속의 경우는 민법전과 아다트법, 때때로는 아다트법과 이슬람법 사이에 법정 상속의 문제, 유언에 의한 상속 및 그 유효 요건, 상속인의 범위, 유언인의 채무의 상속여부, 상속재산분할에 있어서 상속인의 권리 등 주요 문제에서 서로 다른 내용을 정하고 있다. 이 경우 적용되는 법률을 정하는 일반적인 기준은 피상속인이 속한 법역의 법이다[72]. 예를 들어 유럽인의 자녀가 사망하지 인도네시아 원주민이었던 모가 그의 재산에 대한 권리를 주장하는 경우에 자녀의 법률인 민법전이 적용된다[73]. Nias 지역의 여성이 사망한 경우 상속인을 결정하는 것은 Nias 지역의 아다트법이 적용되고 이 법에 따라 유일한 상속인은 그녀의 혼인 외의 자가 된다[74].

(4) 불법행위

인적 충돌의 중요한 분야 중의 하나가 바로 불법행위의 영역이다. 이 분야에서는 전통적으로 불법행위자가 속한 지역의 법률이 적용되는 것을 원칙으로 한다. 예를 들어 자동차나 오토바이로 다른 법역에 속한 사람을 가해한 경우에 운전자가 속한 법역의 불법행위법이 적용된다[75].

---

71) Schiller, "Conflict of Laws in Indonesia", Far Eastern Quarterly 2(1), p. 41; Judgment of Mar. 18, 1926, 124 T. 122(Hgh).

72) Kollesijn, Intergentiel Recht, 1955 199; Gouwgioksiong, Hukum Antargolongan, Suatu Pengantar 2. ed.(1960), 86-88.

73) Judgment of May 28, 1885, 45 T. 20 (Hgh); Judgment of Sept. 9, 1897, 69 T. 131 (Hgh).

74) Judgment of of Dec. 5, 1931, 135 T. 290, Huk. Antar. 369(Ldr. Padang).

75) Judgment of Sept. 24, 138 T. 476, Huk. Antar. 375(Ldr. Padang); Judgment of June 30, 1939, 151 T 636, Huk. Antar. 377(RvJ. Djakarta) 등

인도네시아 최고법원[76]은 중국 상인이 원주민의 담배상표권을 침해한 것에 대하여 중국 상인이 한 법역의 민법전을 적용하였고, Bandung 지방법원은 원주민 소년이 미성년 중국인 소녀를 성폭행한 사안에서 그 소년의 아다트법을 적용하였다[77].

다만 이 원칙에 대하여 몇 가지 예외를 인정한 판결이 존재한다. 예를 들어 행위자가 피해자의 법역에 들어가서 가해행위를 한 경우에는 피해자가 속한 법역의 법률이 적용된다. 사탕수수 농장에 근무하는 유럽인이 과실로 농장으로부터 많은 물을 방류하여 인도네시아인의 쌀재배지역에 홍수를 야기한 사안에서 법원은 사탕수수 농장이 원고인 인도네시아 원주민 지역 깊은 곳에 공장을 세운 것이므로 이 지역의 아다트법이 적용된다는 입장을 취하였다[78]. 불법행위의 경우에 피해자의 법역에 속한 불법행위법을 적용하면서, 피해자의 법 선택이 보다 유연하다는 것을 근거로 하는 인도네시아 최고법원의 판결도 발견된다[79].

2. 지역적 충돌법

지역적 충돌법은 서로 다른 인종그룹에 속한 사람들 사이의 거래가 아니라 동일한 인종에 속하지만 서로 다른 법률의 지배를 받는 - 동일한 원주민이지만 다른 아다트에 속하는 - 경우를 말한다. 지역적 충돌법에서 주로 문제가 되는 것은 종래에는 혼인과 상속의 분야였다. 하지만 혼인의 경우에는 1974년에 인도네시아 혼인법(Undang-Undang No.l tahun 1974 tentang Perkawinan)이 제정되어 혼인의 효력에 대하여는 아다트나 인종그룹에 상관없이 적용되게 되었다.

---

76) Judgment of Dec. 8. 1932, 137 T. 244 (Hgh).
77) Judgment of Feb. 2. 1940, 154 T. 575(Ldr. Bandung)
78) Judgment of Oct. 13. 1916, 108 T. 22 Huk. Antar. 390(Rex. Ger. Probolunggo).
79) Judgment of Jan. 10, 1957, 1957(7-8) Hukum 61, Hum. Antat. 385(Mahkamah Agung). 이 판결에 대한 자세한 내용은 Gautama/Hornick, An Introduction to Indonesian Law, 1983, p.164면 이하 참조.

상속의 경우에 지역적 충돌법으로 다루어지는 경우는 상속인이 한 아다트의 지역출신이지만 다른 아다트의 지역으로 이주하여 이전 아다트지역과의 관계를 끊고 생활하다가 사망한 경우에 발생한다. 이 경우 통상적으로 이주하여 생활의 터전으로 삼은 아다트법이 적용된다. 법원도 보르네오의 Bandjar사람의 아들로서, Bandjar 지역에서 태어났지만 Raden Mohammed가 수마트라의 Minangkabau로 이주하여 이곳에서 거의 전 생애를 보내고 사망한 경우, 그가 자신의 재산을 이슬람 방식으로 처리할 것을 유언하였다고 하더라도 Minangkabau의 아다트법에 의하여 이 유언은 무효로 처리된다[80].

VI. 결 론

법률다원주의는 한 국가에 두 개 이상의 법체계가 존재하는 경우로, 대체적으로 재산법과 관련된 거래의 분야는 서양의 성문법이 적용되고, 전통적 경향이 강한 혼인이나 상속의 분야는 전통의 법률이 지배하게 된다. 하지만 인도네시아의 법률다원주의는 이와는 조금 다른 양상을 보인다. 법체계가 두 개 이상 존재할 뿐만 아니라 그 법체계가 적용되는 인구구성이 인종에 따라 다르다는 점이다. 이는 식민지시대의 잔재와 전통이 섞이는 과정에서 만들어진 독특한 법률체계이다. 사법의 영역에서 서양의 로마법체계와 다수의 아다트의 전통, 여기에 모슬림들 사이에서 여전히 중요한 법률로 인식되는 이슬람법이 독자적인 영역을 구축하여왔고, 각각의 법률에 의하여 지배를 받는 유럽인, 원주민, 동양계외국인, 모슬림이라는 그룹들이 인도네시아를 구성하고 있다. 하지만 이러한 인도네시아에서는 이러한 독자적인 법체계들은 이제 부지불식

80) Judgment of Sept. 12, 1935, 146 T. 250, Huk. Antar. 256(RvJ. Padang).

간에 서로에게 영향을 미치고 있을 뿐만 아니라 특히 판차실라의 헌법적 이념에 기초하여 입법 및 사법에 의하여 폐지되고 변화하는 과정을 거치며 발전하고 있다. 아다트법에 대한 이슬람법의 영향은 역사적으로 꾸준히 진행되어 왔으며, 사회정의나 인본주의, 식민지의 잔재를 제거하는 차원에서의 입법이 진행되어 식민지시대의 법률을 대체하고 있다. 나아가 이미 만들어진 법률을 적용하는 기관에 불과한 것으로 인식되었던 법원에 대한 인식도 인도네시아 최고법원의 지침 제3호를 계기로 큰 변화를 겪게 된다. 헌법의 이념을 바탕으로 종래의 성문법에 대한 효력을 부정할 수 있다는 최고법원의 태도는 각급 법원으로 하여금 법률에 대한 위헌심판의 권한과 임무를 부여하게 하였으며, 이러한 태도는 전통적인 아다트법에 대하여서도 적용되어 아다트법의 현대적 변화에도 도움을 주고 있는 것이다. 이런 변화의 측면에서 "다양성 속의 통일(bhinneka tunggal ika)"이라는 인도네시아의 국가적 모토는 역동적인 인도네시아 법률체계의 현재와 그리고 미래를 대변한다고 할 것이다.

참고문헌

김상용, "아시아법제연구의 필요성과 방법론", 아시아법제연구(한국법제연구원) 창간호(2004. 3), 7-34

밀톤 W. 마이어, 동남아사 입문(김기태 옮김), 1994, 한국외국어대학교 출판부

변해철, "인도네시아헌법 개관", 아시아법제연구(한국법제연구원) 제2호 (2004. 9), 29-49

법무부, 동남아법제(I), 법무자료 제64집, 1985

양승윤, 인도네시아,2003, 한국외국어대학교 출판부

Guatama/Hornick, An Introduction to Indonesian Law, 1983.

Benda-Beckmann, "Who's afraid of Legal Pluralism?", JLP(2002), Nr. 47, 37-83

Djojodigoeno, Adat Law, 1953,

Gouwgioksiong, Hukum Antargolongan, Suatu Pengantar 2. ed.(1960)

Griffiths, "What is legal pluralism?", Journal of Legal Pluralism(JLP), 1986 Nr. 24, 1-55

Hazarin, Hukum Baru di Indonesia, 1950

Jaspan, "In Quest of New Law: The Perplexity of Legal Syncretism in Indonesia", Comparative Studies in Society and History Vol. 7, Nr.3(Apr. 1965), 252 - 266.

Kollesijn, Intergentiel Recht, 1955

Schiller, "Conflict of Laws in Indonesia", The Far Eastern Quarterly 2(1) (1942.11.), 31-47

Utrecht, Pengantar dalam Hukum Indonesia, 9th ed.(1966),

참조한 웹 사이트

인도네시아 한국대사관(http://www.indonesiaseoul.org)

아세안법률협회(www.aseanlawassociation.org/legal-indonesia.html

ABSTRACT

Legal Pluralism in Indonesia

PAK, Hee-Ho
(Hankuk University of Foreign Studies, Law School)

Legal pluralism is the existence of multiple legal systems within one country, in general, where property law is covered by the Western legal system, while family law is covered by the traditional legal system. It is distinct that Indonesian legal system divides additionally the archipelago into three population groups primarily on racial origin, i.e. European Group, Native Group, Foreign Oriental Group and each group has its own legal system, i.e. Roman-Dutch law, Adat Law and Islamic Law. These three strands of adat law and Islamic law and Dutch colonial Law co-exist in modern Indonesia influencing on each other. Since 1945, the independence of indonesia, the legislature begun to make laws that would replaced the colonist laws. In 1963, the Supreme Court issued Circular Letter No. 3 which specified a certain number of Articles of the Civil Code that are no longer valid. In announcing the judgement of the Supreme Court on 1. Nov. 1961, furthermore, its president declared that despite adat law female child had a per stirps right a share in her fathers's estate and this was in accordance with principles of social justice and the equality of women. From these judgement of the Supreme court, the court had to duty to test not only the written regulations but also unwritten adat law against the Constitution. The motto of Indonesia, “unity in diversity”, is, in my view, a dynamic progress to the unity in its legal system.

인도네시아 정치사회적 변동과 빤짜실라*

양 승 윤**

I. 서 론

32년 간 1인 장기군사독재체제를 구축했던 수하르토(Suharto)대통령이 전격적으로 하야한 1998년 5월 이후 2002년까지 인도네시아국민협의회(MPR)는 총 4차에 걸친 헌법 개정에 성공하였다. 총 48개 정당이 참여한 1999년의 6·7총선거에서 의석을 확보한 상호 성격과 이해를 달리하는 총 20개 정당이 네 차례의 헌법개정 합의를 도출해내는 과정은 과거 수카르노의 교도민주주의 시기나 수하르토의 권위주의의 신질서 체제의 경우와 달리 혼란과 혼미 속에서나마 '민주적인' 절차를 거친 것으로 평가되었다.

4차에 걸친 헌법개정은 독립 후 수카르노 시대를 거쳐 수하르토 통치 시까지 금과옥조(金科玉條)로 여겼던 45년 헌법(UUD-45)에 근본적인 수정이 가해진 것으로 인도네시아 헌정사(憲政史)에 가장 중요한 역사적 사건으로 기록되었다. 중요한 개정 내용은 인도네시아 국가권력구조의 중추를 이루어 온 기존의 국민협의회의 지위가 현격하게 약화되고, 입

* 이 논문은 2003학년도 한국외국어대학교 교내 연구기금의 지원으로 연구되었음.
** 한국외국어대학교 말레이·인도네시아어과 교수

법부·사법부·행정부 등 삼부(三府)로의 권력배분과 균형과 견제의 원칙이 보장되는 민주주의 체제로 전환된 것이다. 이를 바탕으로 수카르노와 수하르토의 권위주의적 통치기반을 제공한 것으로 평가되어 온 1945년 헌법이 규정한 인도네시아식 대통령제로부터 보편적인 민주주의 체제하의 대통령제로 전환되었다고 볼 수 있다.

수하르토 권부가 붕괴된 후 들어선 문민정부는 당연히 이슬람사회에 유화적(宥和的) 제스처를 필요로 했고, 하비비(B. J. Habibie) 잠정정부 이후 와히드(Abdurrahman Wahid)에 의해서 이슬람 색깔이 보다 강화된 정부가 들어서게 되었다. 와히드에서 메가와티(Megawati Soekarnoputri)로 정권이 바뀌면서도 '탈(脫)군사문화-친(親)이슬람'의 분위기는 지속되었다.

1999년 10월 와히드와 메가와티가 국민협의회에서 정부통령으로 선출되면서 시작된 헌법개정은 2002년 8월까지 총 4차례에 걸쳐서 이루어졌다. 이 과정에서 수하르토 권부의 상징적인 지주(枝柱)였던 빤짜실라는 그 권능이 크게 위축되었으나 국가 이데올로기로서의 위상은 약화되지 않았다. 2002년 8월의 제 4차 헌법개정에서 빤짜실라를 국가 이데올로기로 하는 원칙은 헌법개정 논의에서 영구적으로 제외하도록 규정한 것이다.

인도네시아 정치에서 빤짜실라는 어떤 역할을 하고 있으며, 문민정부가 들어선 후 총 4차에 걸쳐 지속된 헌법개정 논의에서 어떤 결과로 자리매김하였나를 분석하여 인도네시아의 국민과 국가가 추구하는 빤짜실라의 상징성을 재조명해 보고자 한다.

II. 빤짜실라의 성격과 제도화

1. 빤짜실라[1])의 성격

인도네시아의 현행 권력구조는 1966년 6월에 개최된 국민협의회특별임시총회(MPRS)에서 확정하였다. 1965년 9월 30일에 야기된 9·30 사태 이후 수하르토가 대통령 권한대행에 임명될 때(1967년 3월 12일)까지 약 18개월 동안은 인도네시아의 통치권이 사실상 수카르노와 수하르토에게 양분(兩分)된 시기였다고 볼 수 있다.[2])

이러한 정치적 위기 상황 속에서 인도네시아의 권력구조가 다양성 속2의 통일성을 추구하는 국가이데올로기 빤짜실라를 정점으로 하여, 국민협의회를 최고 권력기관으로 하고 입법·사법·행정 및 기타 기관을 하부조직으로 짜여졌던 것은 중요한 의미를 부여할 수 있다. 왜냐하면 위와 같은 형태의 국가권력 구조가 어떤 특정한 개인이나 정치집단을 위한 것이 아니기 때문이다. 그러므로 빤짜실라는 인도네시아적(的)인 모든 요소, 즉 지리와 역사, 종족과 문화 등 제반 분야의 이질성·복합성·다양성 등을 바탕으로 이슬람이 도래하기 이전에 만개했던 힌두·불교문화를 또 하나의 중요한 동인(動因)으로 하여 '다양(多樣)한 요소로부터 통일성(統一性)을 추출(抽出)해 내는 이데올로기의 모양을 갖춘 틀'이라고 정의할 수 있다.[3])

빤짜실라는 인도네시아의 건국이념인 동시에 수카르노 교도민주주의의 정당성의 근원이며, 수하르토 군사정부가 32년 동안 추구했던 국민철학이었다. 그러므로 수하르토 등장 후 신질서 정부의 지도자들은 인도네시아의 국가와 사회에 존재하는 어떠한 이데올로기도 당연히 빤짜

---

1) 빤짜실라는 빤짜(panca)와 실라(sila)의 합성어로 다섯 가지 원칙이라는 뜻으로 해석되고 있다. 이 빤짜실라는 산스크리트(Sanskrit)어에 등장하는 불교의 5계(五界)를 말한다.

2) 양승윤, 인도네시아(서울: 한국외대 출판부, 2003), p. 53.

3) 양승윤, 앞의 책, pp. 53-54

실라 체제 하의 한 부분으로만 존재하여야 한다고 주장했다. 그러나 인도네시아의 이슬람 세력은 역사적으로 군부와 경쟁하고 상호 견제하는 중요한 사회적 세력이었다. 비록 동질성이 결여되어 강력한 정치집단형성에 실패하였으나, 인도네시아 이슬람은 민족주의 운동을 고양하던 시기에는 다양하고 광범위한 이질적인 요소를 극복하고 독립국가를 향하여 국민대중을 단결시키는데 중요한 역할을 하였다.

그러므로 수하르토 군부의 부상은 유연한 대(對)이슬람정책을 바탕으로 전개되었다. 이슬람 세력을 회유하고 협박하는 한편 이슬람부흥운동을 물질적으로 지원하여 이슬람을 세속적인 종교의 하나로 격하(格下)시키는 동시에 국가 이데올로기로 빤쨔실라의 위상을 강화하였다.

2. 빤쨔실라의 제도화(制度化)

1) 헌법에 나타난 빤쨔실라

인도네시아 헌법은 45년 헌법(UUD-45)으로 칭한다. 전문(前文)과 37조(條)의 본문으로 구성되어 국가의 최고 권력기관을 국민협의회(MPR)로 하고, 경제의 가족중심주의를 기본으로 하여, 협동조합을 강조하고, 천연자원의 국유화를 통하여 국민적 생산성을 제고(提高)한다는 내용을 그 특징으로 하고 있다. 인도네시아는 1950년 8월부터 '공화국잠정헌법(UUDS-50)'을 시행하다가 1959년 7월 5일 수카르노에 의해서 45년 헌법으로 복귀하였다.

1945년 8월 독립 직후 공포된 헌법 전문에 인도네시아의 국가이데올로기로 자리잡은 빤쨔실라는 그 후 몇 차례의 개헌 시도가 있었음에도 불구하고, 그 내용이 전혀 수정되지 않았을 뿐만 아니라 오히려 철학적으로 확대 해석되어 인도네시아의 통일과 국민화합의 상징으로 여겨져 왔다.4)

2) 국장(國章)속의 빤짜실라

인도네시아의 국장은 용기와 순결을 상징하는 인도네시아 국기(Sang Merah Putih)와 함께 국민 화합과 일체감 조성에 일익을 담당해 왔다. 이 인도네시아 국장은 세 가지의 국가적 염원을 내포하고 있는데, 그것은 인도네시아 독립의 의미와 빤짜실라 그리고 복합민족국가로서 인도네시아의 완전한 통일이 그것이다.

독수리 모양이 새가 가슴으로 방패를 안고 두 다리로 국가의 염원(念願)을 옹위(擁衛)하고 있는 것이 인도네시아의 국장이다. 독수리 모양의 이 새는 힌두교에서 '가루다(Garuda)'라고 불리우며 '번영의 신(神)' 비쉬누(Visnu)의 상징이자 시공(時空)을 초월한 전설적인 새로서 종교적 차원을 떠나서 모든 인도네시아인의 신앙심 속에 깊게 자리잡고 있다.

가슴과 두 다리 그리고 몸통의 끝 부분에 있는 45개의 작은 깃털은 45년(1945년)을, 꼬리에 있는 8개의 긴 깃털은 8월을, 그리고 양 쪽 날개 죽지에 있는 17개의 긴 깃털은 17일을 의미한다. 1945년 8월 17일, 즉 네덜란드와 일본의 식민통치를 끝내고 인도네시아가 신생 독립국으로 첫 발을 내 디딘 날이다. 두 다리로 옹위하고 있는 '비네까 뚱갈 이까'(Bhinneka Tunggal Ika)[5]는 자바 고어(古語)로 '다양성(多樣性) 속의 통일

---

4) 인도네시아 헌법전문을 다음과 같다.
"독립이란 모든 민족의 권리이다. 따라서 지구상의 식민주의는 인도주의와 정의에 어긋나기 때문에 반드시 소멸되어야 한다. 인도네시아의 독립투쟁은 인도네시아 국민을 독립되고 통일되고 주권이 있으며 정의롭고 번영을 약속하는 행복한 순간에 도달하게 하였다.
전지전능한 신의 은총과 자유로운 민족적 생존을 향유하기 위하여 숭고한 열망에 의한 추진으로서, 이에 인도네시아 국민은 독립을 선언하는 바이다.
더불어, 인도네시아의 모든 국민과 전 국토를 보호하는 정부를 세우고, 공공의 안녕과 복지를 증진하고, 국민생활의 수준을 높이며, 독립과 영구한 평화 및 사회정의에 바탕을 둔 세계질서 유지에 동참하기 위하여 인도네시아의 독립을 전지전능한 유일신에 대한 신앙심, 정의롭고 예절 바른 인간성, 인도네시아의 통일, 대중합의(大衆合意)와 대의제도(大議制度)를 통한 지혜로운 정책에 의해서 인도되는 민주주의, 그리고 모든 인도네시아 국민에 대한 사회정의 구현을 기본 목표로 하여 주권재민(主權在民)의 공화정체(共和政體)를 가질 것을 인도네시아 헌법에 규정한다."

5) 다양성 속의 통일성(Bhinneka Tunggal Ika)이라는 문구(文句)는 동부 자바의 모죠꺼르또(Mojokerto)를 도읍(都邑)으로 하여 인도네시아 고대 역사상 가장 번성했던 마자빠힛

성'(Unity through Diversity)을 의미한다. 다양성 속의 통일성은 정치·경제·사회·문화·종교 등 인도네시아의 국가구조와 국민생활을 형성하고 있는 모든 분야의 복합성(다양성)을 단적으로 표현한 것인 동시에 이를 바탕으로 통일성을 추구해야 한다는 강력한 의지를 나타낸 것이다.

방패 자체는 인도네시아의 국토를 보위하는 방어의 뜻이며, 방패의 한 가운데를 좌우로 지나는 굵고 검은 선은 적도가 지나는 인도네시아의 큰 섬인 수마트라(Sumatera)·깔리만탄(Kalimantan)·술라웨시(Sulawesi)·말루꾸(Maluku)를 나타내는 동시에 적도 상에서 가장 번영한 나라인 인도네시아를 상징한 것이다.

방패의 한 가운데 위치한 황금빛 별 모양은 '최고 신에 대한 신앙'을 나타낸 것으로 빤짜실라 사상의 으뜸이다. 윗 부분 왼 쪽에 있는 물소(banteng)머리 모양의 형상은 '민주주의'를, 예로부터 신성한 나무로 여겨 온 보리수(pohon beringin)는 '민족주의'를 상징한다. 아래 오른 쪽 부분의 사각형과 원 모양을 한 고리는 각각 남성과 여성을 상징하여 서로 연결되어 있는데, 이것은 인도네시아가 표방하는 '인도주의'를 나타내는 것이다. 고리 모양의 왼쪽에 위치한 벼 이삭과 목화 꽃은 각각 식량과 의복의 의미를 가지는데, 이 나라가 추구하는 '사회정의'를 상징하고 있다.

3) 국가권력 구조와 빤짜실라

인도네시아의 현 국가권력 구조는 수카르노의 나사콤(Nasakom) 체제가 9·30 사태로 붕괴되고 당시의 전략 예비군 사령관인 수하르토가 등장하여, 수카르노 옹호 세력과 수하르토 지지 세력간에 알력이 첨예화하던 1966년에 국회(DPR)의 발의에 의해서 국민협의회(MPR)의 임시

(Majapahit)왕국(1293-1490)의 전성기인 하얌 우룩(Hayam Wuruk)왕(1350-1389) 때의 문필가인 음뿌 딴뚤라르(Mpu Tantular)의 문집(文集)인 수따소마(Kitab Sutasoma)에서 유래한 것이다.

특별총회(1966년 6월 20일)에서 만장일치로 확정하였다.[6])

이에 따른 인도네시아 현 국가권력 구조는, 빤짜실라의 하부에 헌법 전문과 45년 헌법을 분리하여 국민협의회의 상위에 둔 것을 볼 수 있다. 이것은 그 제정 시기로 보아, 헌법 전문은 1945년 6월 22일에 '쟈카르타 헌장'에 수록한 것이고, 헌법은 같은 해 8월 18일에 확정하였으므로 그 제정 시기의 선후에 따른 것이라는 소극적인 견해가 있을 수 있으나, 그 보다 헌법 자체는 국민협의회에서 개정이 가능하나 헌법 전문은 어떠한 경우에라도 수정될 수 없다는 보다 분명한 의지를 반영한 것으로 해석될 수 있다.[7])

국민협의회는 협의주의(協議主義)를 바탕으로 국가와 국민의 일체감 형성을 통하여 그 고유한 권능을 행사하도록 구상되었다. 다시 말해서, 국민협의회는 빤짜실라의 추상적인 사상(원리)이 헌법의 규정에 의해서 국가의 최고 권력기관으로 구체화된 것이므로 당연하게 입법부(국회)·사법부(대법원)·행정부(대통령) 등 여타의 국가기관 보다 상위에 놓이게 되었던 것이다.

그러나 수하르토 군사정부의 32년 아성이 무너진 후 등장한 문민정부는 기존의 대통령제(大統領制)에 대한 폐해(弊害)에 대한 논란을 거듭한 끝에 대통령 직선과 연임제한에 대한 규정을 골자로 헌법을 개정하기에 이르렀다. 이로서 대의민주주의의 강화라는 측면에서 국민협의회의 권능과 위상은 분명히 약화되었지만, 빤짜실라를 정점으로하는 외형적 국가 권력구조에는 여전히 변화가 없다는 것이다.

---

6) 당시의 시대적 상황으로 보아, 국민협의회가 빤짜실라를 정점으로 한 국가권력구조를 확정한 것은 공산당 쿠데타 이후의 사회혼란으로 자칫야기될 수 있는 국론 분열을 막고빤짜실라 정신에 의한 국민 화합을 강력하게 희망했기 때문인 것으로 판단된다. 9·30 사태 이후, 수하르토 장군이 1967년 3월 12일의 국민협의회임시특별총회(MPRS)에서 대통령대행으로 임명되기까지의 약 18개월은 사실상 수카르노와 수하르토가 공존한 시기로서 인도네시아가 독립한 후 정치적으로 가장 불안정한기간이었다.

7) 양승윤, 위의 책, p. 58.

III. 헌법개정과 권력구조의 변화

1. 헌법개정의 배경

독립 이전(1945년 6월)에 준비되어 1945년 8월 17일 독립과 함께 선포한 45년 헌법은 인도네시아 건국이념과 국가운영의 원리를 신성화하고 절대화하였다. 수카르노와 수하르토도 이 점을 최대한 활용하여 각각 계엄령을 선포하여 교도민주주의 시대를 열고, 9·30사태를 평정한 후 신질서시대를 개막할 수 있었다. 1945년 헌법은 독립국가 건설 이후 보다 영구적인 성격의 헌법을 제정할 수 있을 것으로 기대하면서 선포한 '선언적인 헌법'이었으므로 세부적인 후속작업은 후진들에게 넘긴 셈이다. 결과적으로 독립국가 형성과 체제 정비는 소수의 초기 집권세력에게 부여되었다. 따라서 인도네시아의 정치체제를 정비하는 과제는 1998년 수하르토가 퇴진할 때까지 미완의 과제로 남아 있었다고 보아야 할 것이다.[8)]

45년 헌법은 초기부터 두 가지 구조적 모순을 안고 있었다. 첫째는 균형과 견제의 원리를 명시하지 않고 대통령에게 너무 많은 권한을 부여함으로써 '행정부 과도체제'를 낳는 근원을 제공하였다. 둘째는 핵심 국가기구들의 역할과 기능, 이들 기구 간의 협조관계, 그리고 각 기구가 행사할 수 있는 권력의 경계를 명확하게 규정하지 않음으로써 집권세력의 해석에 따라서 임의로 운영될 수 있는 여지를 남겼다. 결과적으로 인도네시아의 45년 헌법은 권위주의적 정권을 정당화시키는 도구로 이용되었던 것이다.

문민정부 이전의 인도네시아는 최고 권력기관으로 국민협의회와 직능그룹의 일원으로서 군부의 정치참여라는 양 대 특성을 가지고 있었

8) 최난경, "인도네시아의 민주화와 헌법개정", 동아연구(제43집)(서울: 서강대 동아연구소, 2002), p. 11.

다. 인도네시아의 구 헌법 제1조가 '모든 권력은 국민에게 있고, 국민협의회가 이를 전적으로 행사'하도록 규정하여 국민협의회가 이 나라 최고 권력기관으로 군림하였다. 인도네시아 구 헌법 제2조는 이어서 국민협의회의 구성을 '국회의원과 법률에 따라 정해진 지역대표와 직능대표'로 규정하여 직능대표로서 군부가 정치의 장(場)에 참여하도록 허용해 왔다.

국민협의회는 국민의 주권을 대표하여 헌법의 제정·개정, 정·부통령 선출 그리고 국가 주요시책 결정 등 막강한 3대권을 향유해 왔다. 5년에 1회 국회의원 선거가 끝나고 국민협의회 의원이 확정된 후에 총회를 개최하여 정·부통령을 선출하고 향후 5년 간의 국가의 중요시책(GBHN)을 결정한다. 대통령은 국민협의회가 결정한 GBHN에 따라서 임기(5년) 동안 국정을 이끄는 형태였다. 그러므로 대통령은 국민협의회에 대해서 책임을 지게되는 셈이다. 이러한 국가 최고권력 기관인 국민협의회는 국회(DPR)·대법원(Mahkamah Agung)·대통령(행정부) 그리고 여타의 국가기관 보다 상위에 위치하였다.

1999년 10월 국민협의회는 와히드와 메가와티를 각각 정·부통령으로 선출하였다. 이 회기동안 국민협의회는 1945년 헌법이 두 전임 대통령인 수카르노와 수하르토에 의해서 권위주의 정권의 기반으로 악용되었음을 확인하고 개혁(reformasi)차원에서 헌법개정 작업에 착수하였다.

2. 권력구조의 변화

1) 제1차 헌법개정(1999년 10월)

제1차 헌법개정의 핵심 내용은 대통령과 행정부에 과도하게 부여된 권력을 입법부로 이관하는 것이었다. 가장 중요한 내용은 대통령직을 2회에 한해서 중임할 수 있도록 개정한 것이다. 구 헌법 제7조에는 "대통령과 부통령의 임기는 5년이고 임기 후에는 재선될 수 있다."하여 무제한 연임을 가능하도록 규정되어 있었다. 이에 따라 수하르토의 6선 대통령이 가능하였던 것이다.

다음으로, 국회(DPR)와 여타 동급의 정치기구가 대통령을 견제할 수 있는 권한을 강화하였다. 이전에는 대통령이 국회의 동의 하에 법률을 제정할 수 있는 권한을 가지고 있었으나, 개정된 헌법은 국회가 입법초안을 제출하도록 하였다. 구 헌법 제5조는 2개 조항으로, 제 1항은 "대통령은 국회의 동의를 얻어 법률을 제정할 권한을 갖는다."로 되어 있었다.

또한, 대통령은 이전과는 달리 대사를 임명하거나 외국으로부터 대사 또는 외교사절을 접수하는데 국회의 동의를 얻도록 규정하였다. 이를 규정한 구 헌법 13조는 2개항으로 되어 있는데, 제 1항은 "대통령은 외교사절을 임명한다."와 "대통령은 외국의 외교사절을 접수한다."라고만 되어있다.

이제 대통령은 사면권을 행사하기 위해서는 대법원(Mahkamah Agung)의 동의를 구할 의무가 있다(헌법 제14조). 특별한 직위나 훈장을 수여하는 일은 더 이상 대통령의 독자적인 권한으로 결정되지 않으며, 관련 법규에 근거하도록 되었다(헌법 제15조). 모든 법률제정은 국회의 동의를 얻어야만 하기 때문에 입법권이 전적으로 국회에 위임(제20조)된 것이 제 1차 헌법개정의 중요한 성과였다.

2) 제2차 헌법개정(2000년 8월)

제2차 헌법개정을 위한 2000년 8월의 국민협의회는 지방자치의 기본원칙들과 인권에 대한 보편적 선언을 헌법에 반영하였다. 또 1945년 헌법이 인도네시아의 정치체제를 '의회주의적 성격을 띤 대통령제'라는 모호한 해석을 가능하게 하였으나, 제2차 헌법개정을 통하여 인도네시아의 정치체제가 '대통령제'를 기본 골격으로 하고 있음을 분명히 하였다. 입법부의 실질적인 권한도 강화되었는데, 국회의 입법권 강화와 함께 대통령을 포함한 행정부 각료들에 대한 대정부질의권을 갖게 되었다. 또한 정부령도 국가비상사태와 같은 상황에서만 제정이 가능하도록 하였고, 다음 회기에서 반드시 승인을 받도록 규정하였다.

제2차 헌법개정에서 결정된 내용은 다음과 같다.

첫째로, 대통령의 권한을 제한하는 내용으로 대통령이 새로 입법된 법률에 서명하기를 거부할 경우 해당 법률은 30일 이후 자동적으로 효력이 발생(제20조)하며, 국회는 대정부질의권·국정조사 발동권·면책특권 등을 추가로 갖게 되었다(제20조).

두 번째로, 모든 국회의원은 총선거를 통해서만 선출된다는 조항이 특별히 추가되었는데, 이것은 군부(TNI)와 경찰군(Polri)이 더 이상 비선거직으로 국회의원이 될 수 없다는 국회포고령에 따른 결정이다(제 19조). 그러나 위의 포고령은 국민협의회에서 군부와 경찰군에게 배당된 비선거직 의석(38석)이 2009년까지 한시적으로 유지되도록 하였다.

세 번째로, 지방자치와 관련해서 주지사와 시장·군수 등 지방행정 책임자의 선출과 지방정부가 갖게 될 권한은 각 지역의 특성이 고려될 것이라는 점과 지역사회의 관습법(hukumadat)을 존중할 것이라는 점을 명시하였다.

네 번째로, 경찰군(Polri)이 군부(TNI)로부터 분리되었는데, 군부는 국가의 '통일과 평화'를 책임지며 경찰군은 시민사회를 보호하고 봉사하며 '법치질서 확립'의 책임을 맡게 되었다(제30조).

다섯 번째로, 인권의 보호와 증진에 관한 사항이 헌법 제28조에 10개 항목으로 신설되었다.

이와 함께 국민협의회포고령(제2호)으로 대통령과 부통령의 탄핵과 관련한 절차를 확정 하였다. 국민협의회는 특정 사안을 위해서 특별임시총회를 소집하고 대통령에게 국정수행 보고서를 제출하도록 요구할 수 있도록 하였다. 이 보고서가 거부될 경우, 대통령은 재심청구의 기회를 갖게 되며, 수정 보고서가 재차 거부될 경우 국민협의회는 탄핵절차에 들어갈 수 있도록 규정되었다. 또 다른 포고령(제3호)은 법치주의와 '사법부의 독립'을 강화하는 내용을 담고 있다.

3) 제3차 헌법개정(2001년 11월)

2001년 11월의 제3차 헌법개정에서 국민협의회는 빤짜실라 원칙을 근거로 한 헌법 전문(前文)과 통일된 단일국가체제에 대한 원칙을 재확인하고, 대통령제에 대한 기본골격을 세웠다. 헌법재판소(Mahkamah Konstitusi)를 기존의 대법원으로부터 분리하여 신설하기로 합의하였다.

균형과 견제의 원리가 헌법의 기본원리로 수렴되었으며 사법부의 독립이 재확인되었다. 무엇보다도, 대통령을 국민협의회가 선출하는 인도네시아의 독특한 대통령제가 직접선거를 통해서 선출되는 보편적인 대통령제로 바꾼 것이 제3차 헌법개정이 가져온 가장 큰 성과라고 할 수 있다.

이와 관련된 구체적인 내용들은 다음과 같다.

우선, 국민주권을 이제 더 이상 국민협의회가 행사할 수 없으며, 헌법에 따라서 행사되는 것으로 개정되었다. 구 헌법 제 11장 제 2조는 "모든 주권은 국민에게 있고, 국민협의회가 이를 전적으로 행사한다."고 규정하였다.

두 번째로, 대통령과 부통령을 선출하고 탄핵하는 절차를 명확히 하였다. 대통령과 부통령을 단일 팀으로 선출되며, 정당 혹은 정당연합에 의해서 후보로 추대될 수도 있도록 되었다. 그러나 당선을 위해서는 전체 투표의 50퍼센트 이상, 그리고 과반수 이상의 주에서 20퍼센트 이상을 득표해야 함을 명문화하여 구 헌법 제 6조 2항("대통령과 부통령은 국민 협의회에서 다수결로 선출한다.")을 대폭 강화하였다.

대통령과 부통령의 탄핵은 국회(DPR)가 제안하고 국민협의회(MPR)가 결정하도록 헌법을 개정하였다. 탄핵결정을 위한 국민협의회는 3/4 이상의 의원이 출석하고 출석 의원의 2/3 이상 찬성하여 탄핵을 결정하도록 하였다. 대통령이 탄핵될 경우 부통령이 대통령직을 맡게 되며, 두 명의 부통령 후보를 국민협의회에 제청할 수 있도록 구 헌법 제 8조("대통령이 재임 중 사망하거나 사임 또는 그 직무를 수행할 수 없는 경우에는 임기 만료 시까지 부통령이 이를 대행한다.")를 구체적으로 보완하였다.

또한 국가 최고지도자에 관한 두 가지 새로운 조항이 헌법에 반영되었다. 하나는 대통령과 부통령은 그들의 임무를 수행할 수 있도록 정신적으로나 육체적으로 건강해야(rohani dan jasmani)하며(제6조 1항), 또 다른 하나는 대통령은 국회를 연기하거나 해산할 수 없고 내각을 새로이 구성하거나 혹은 대폭적인 개각을 행할 경우도 법률에 따라야 한다(제17조)고 명시한 것이다. 국회의 권한 또한 한층 강화되었는데, 중요한 국제협약은 반드시 국회의 동의를 얻도록 하는 조항(제11조)이 추가되었다.

세 번째로, 2004년 총선거로 새로이 구성될 지역대표의회(DPD: Dewan Perwakilan Daerah)의 의원은 각 주에서 선거를 통해서 선출하도록 명문화하였다. 모든 주에 배정된 지역대표의회 의원 수는 동일하고 국회(DPR)의원 총수의 1/3 이상을 초과할 수 없도록 하였다.[9)]

지역대표의회는 지방자치 · 중앙정부와 지방정부의 관계 · 분주(分州)와 통합에 관한 사항 · 천연자원이나 기타 경제자원의 운영 등에 관련된 법률 제정을 제안하고 논의하며 그 집행과정을 감독하도록 하였다. 또한, 지역대표의회는 예산 관련 법률과 세금징수 · 교육 · 종교와 관련한 법률을 심의하고 그 집행과정을 감독하며, 나아가서 지역대표회의의 권한과 관련해서 필요한 사안들은 국회(DPR)에 건의할 수 있도록 헌법 제 22조의 4항을 신설하였다.

네 번째로, 총선거와 관련하여 국회(DPR)와 지방의회(DPRD: Dewan Perwakilan Rakyat Daerah) 선거는 정책 대결로 정당 간의 우열을 가리는

9) DPD의원은 인도네시아 33개 주에서 인구 규모에 관계없이 6명씩 선출되며(총 198명), DPR의원(500명)과 함께 MPR(총 698명)을 구성한다.

선거나, 지역대표의회(DPD)를 위한 선거는 정당 소속이 아닌 개인자격으로 출마할 수 있도록 규정하였다. 모든 선거는 독립적 지위와 권한을 갖게 될 선거관리위원회(KPU)가 관장(제22조)하도록 하였다.

다섯 번째로, 예산운영과 감사원(BPK: Badan Pemeriksaan Keuangan)에 관한 조항들이 개정되었다. 우선, 예산은 반드시 공개적으로 집행되어야 한다는 원칙(제23조)과 함께, 세금과 기타 의무적으로 징수되는 준 조세가 법률로써 엄격하게 규정되어야 한다고 명시함으로써 기존의 조항을 보다 명확하게 하였다(제23조 1항).

여섯 번째로, '사법부의 독립'과 관련된 조항으로 대법원은 법률에 근거해서 청원을 접수하고 관련된 규정에 의거 심의하는 확고한 권한을 갖게 되었다. 사법위원회는 9명으로 구성되며 대법원·국회·대통령이 각각 3명씩 제청하도록 하고, 의장과 부의장은 구성원들에 의해서 직접 선출하는 방식을 명문화하였다. 또한 사법위원회가 제청한 판사들은 국회의 동의를 거쳐 대통령이 임명하도록 하였다.

헌법재판소는 헌법에 위배되는 법률들을 심사하고, 헌법에 의해서 설치되는 기관들의 권한과 활동범위를 확정하며, 정당을 해체할 수 있으며, 총선거의 결과에 대한 분쟁을 조정하고, 국회가 대통령이나 부통령의 탄핵을 위해서 제기하는 제반 사항을 심사하여 결정하도록 규정하였다.

4) 제4차 헌법개정(2002년 8월)

인도네시아 국민협의회의 2002년 8월 정기회기는 1999년 문민정부가 들어선 후 시작된 헌법개정에 대한 논의를 마무리하고 2004년 총선거를 위한 제도정비에 들어가는 전환점을 마련하였다. 가장 중요한 성과는 제1차 헌법개정 이후 꾸준히 논의되어 온 국민협의회의 권한축소 작업이 마무리되었다는 점이다.

제4차 헌법개정으로 국민협의회는 헌법개정·대통령과 부통령 선서

· 부통령직의 일시적인 공백 혹은 대통령과 부통령직의 동시 공백이 야기될 경우 임시 대통령과 부통령 임명 · 대통령의 탄핵에 대한 헌법재판소의 결정에 따라 필요한 조치를 취하는 권한을 가지게 되었다. 이로 인해서 비록 기존의 일부 권한이 약화되기는 하였으나, 상징적으로 인도네시아의 최고권력기관으로서의 지위는 계속 보유하게 되었다.

그러나 국민협의회의 3대권의 하나였던 국가주요시책을 확정하는 기능은 폐지되었다. 국민협의회는 총선거를 통해서 선출된 국회의원들로 구성된 국회와 신설된 지역대표의회 의원들로 구성된다. 따라서 사회직능그룹의 대표와 군부와 경찰군에게 할당되었던 일체의 비선출 의원직은 폐지된다.

두 번째로, 대통령과 부통령의 국민직선에 관한 조항이다. 인도네시아의 대통령과 부통령은 2004년부터 직접선거를 통해서 선출된다. 따라서 선거절차는 1차 투표에서 전국적으로 50퍼센트 이상 득표하되 모든 주에서 최소한 20퍼센트 이상 득표하여야 당선될 수 있도록 규정하였다. 그러나 해당 후보자가 없을 경우에는 2차 투표를 통해서 가장 많이 득표한 팀을 정 · 부통령으로 선출하도록 하였다. 또한 대통령과 부통령의 탄핵 여부는 헌법재판소가 결정하도록 확정하였다. 그러므로 행정부의 과실을 이유로 한 정치적 탄핵은 불가능하게 되었다.

세 번째는, 선거관리위원회(KPU)를 헌법이 보장하는 독립기관으로 격상시켰다.

네 번째로, 사법부의 독립과 법치주의 원칙이 한층 더 강화되었다. 헌법재판소는 기존의 대법원으로부터 독립되며, 헌법해석 · 제반 법률에 대한 사법적 재고 · 국가기구 간 분쟁해소 · 정당해체와 관련한 사항 · 선거와 관련된 분쟁해결 · 탄핵청구에 대한 결정 등이 주요 권한으로 확정되었다. 행정부의 한 부서로 군림해 온 최고자문위원회(DPA: Dewan Pertimbangan Agung)와 기타 대통령 자문기구들은 모두 폐지되었다.

다섯 번째로는, 중앙은행의 독립성이 법적으로 보장되었다.

여섯 번째로, 헌법개정 절차에 관한 사항으로 국민협의회 구성원 1/3 이상의 찬성으로 헌법개정을 제안할 수 있으며, 구성원의 2/3 이상의 참석과 참석 의원의 과반수 이상의 찬성으로 헌법개정이 가능하도록 하였다. 빤짜실라를 국가 이데올로기로 하는 내용의 헌법 전문과 통일된 단일국가 체제에 대한 원칙은 헌법개정 논의에서 영구적으로 제외하도록 확정하였다.[10]10)

가장 중요한 또 다른 하나는 2002년 제4차 헌법개정에서 인도네시아 군부의 정치적 역할을 폐지한 점이다. 따라서 2004년 선거로 구성될 국민협의회에는 군부나 경찰군으로 배정된 의석이 없으며, 대신 이들은 2004년부터 투표권을 행사할 수 있게 되었다.

2001년의 제3차 개정 때까지만 해도 국민협의회 포고령으로 군부와 경찰군에 배정된 비선출 의석(38석)을 2009년까지 유지하는 것으로 잠정 결정되었으나, 2002년의 제4차 개정에서 군부와 경찰군이 국민협의회에서 유지해 온 정치적 입지(의석)를 폐지하기로 최종 결정하였다. 이는 군부와 경찰군이 2008년까지 잠정적으로 보유하기로 한 '국방·치안과 정치'라는 군부의 이중 기능 중 정치적 기능을 앞당겨 포기하는 대신 투표권과 함께 보다 양호한 조건의 피선거권 확보를 선택한 것이다. 그동안 인도네시아 군부는 국방 임무 이외에 정치참여라는 특권을 누리는 대신 정치적 중립성을 확보한다는 취지에서 선거권(정당 선택)과 피선거권(직접적인 정치참여)을 보유하지 못하였다.

---

10) 이러한 결정의 배경은 1999년 6·7총선거에서 의석을 확보한 총 20개 정당(군부 포함)이 대부분 빤짜실라를 정강으로 내세웠다는 사실이다. 순수하게 이슬람을 정강으로 내세운 정당은 제3당인 통일개발당(PPP)과 제 6당인 이슬람당(PBB), 정의당(PK)과 이슬람연합당(PSII) 등 4개 정당 뿐이다.

IV. 군부지위의 변동

문민정부에 들어선 이후 가장 획기적인 정치 및 정치권의 변동은 군부의 '정치적 기능'을 축소하여 군부가 향유해 온 이중기능(二重機能)을 점진적으로 폐지한 것이다. 이를 위한 첫 번째 조처로 1999년 4월부터 경찰군(Polri)이 통합군(ABRI)에서 분리되어 대통령 직속으로 지휘계통이 변경되고 2000년 7월까지 군부와 경찰군을 완전 분리하였다.[11]

수하르토 통치 하에서 정치권의 중추적 역할을 담당해 온 군부는 조직과 명령 계통에서도 매우 독특한 특징을 가지고 있다. 그 내용은 국방장관과 각 군의 참모총장이 각각 지휘계통상 고의 임무(군정기능)를 수행하며, 각 군의 참모총장은 군부의 최고 책임자로서 군사력 배양과 군사력 투입의 임무(군령기능)를 수행한다는 것이다. 그러므로 각 군의 참모총장은 정부 각료급으로서 대우되며 각의(국무회의)에 참석하고 있다.

광대한 국토와 세계 4위의 인구대국 인도네시아의 독립을 보존하고 국토를 보위하는 군부는 이중기능과 막강한 군부의 위상에도 불구하고 의외로 병력수가 적다. 2002년 기준으로 인도네시아의 총 병력은 482,000명 수준이다. 이중 육군이 235,000명으로 가장 많고,해군과 공군이 각각 43,000명과 21,000명이다. 통합군으로부터 2000년 7월 대통령직할로 기구가 변경된 경찰군은 총 26개 지역 사령부를 두고 있는데 183,000명이다.[12]

인도네시아 군부는 사회직능그룹의 일원으로 출발하였다. 그러므로 이들은 이익집단(interest group)이다. 육해공군과 경찰군은 자신들의 경제

---

11) 이에 따라 1999년 10월 군부의 명칭도 경찰군이 포함되었던 인도네시아통합군(ABRI: Angkatan Bersenjata Republik Indonesia)으로부터 육·해·공군등 3군을 지칭하는 인도네시아국군(TNI: Tentara Nasional Indonesia)으로 변경되었다.

12) 인도네시아 군의 최정예부대는 5,000명 수준의 특전사(Kopassus)와 2개 보병사단(20,000명)으로 구성된 전략사(Kostrad)로 수도 자카르타에 주둔하고 있다. 수하르토 통치기간 중 이들 두 특수부대가 실질적으로 정치적인 역할을 해 왔다.

적 이익을 보존·관리하기 위해서 재단을 가지고 있다. 육군의 까르띠까 에까 빡시(Kartika Eka Paksi), 공군의 아디우빠야(Adi Upaya), 해군의 뷰암짜(Byumyamca), 경찰군의 브라따 박띠(Brata Bhakti)가 그것이다.13)

군부의 이중기능과 수하르토의 장기 군부통치는 군부의 비군사적인 측면을 비대하게 만들었다. 이로서 문민정부는 당연하게 군부에 개혁을 요구하게 된 것이다. 군부는 자체적인 개혁을 추진하여 군부의 정치·사회기능을 축소하였다. 이를 위해서 정치·사회참모장 직제를 삭제하고, 비군사 보직자는 전역 또는 군부 복귀 중 한 가지를 택하도록 요청받았다. 국회(DPR)의 군부대표도 기존의 75명에서 38명으로 축소되었는데, 헌법개정의 논의 과정에서 2009년까지 38명의 비선거직 군부(경찰군 포함)의원을 유지할 것을 잠정 결의하였다가 2004년까지를 시한으로 군부의 정치적 기능을 환원하기로 최종 결정하였다.

군부와 경찰군의 임무도 명백하게 구분하여 군부는 국방에 전념하도록 하였고, 치안질서 유지를 위해서 경찰군을 우선적으로 투입하며 유사시 군부는 제 2선에서 경찰군을 지원하는 것으로 결론지었다.

문민정부 이래 2대 째 민간인 출신 국방장관이 임명되었으며, 2001년 초의 조직개편을 통해서 국방부의 국장급 고위직에 2명의 민간인 인사를 임명하는 등 문민통치를 강화하려는 외형적인 노력을 전개하고 있다.

그러나 국가통합을 최우선 목표로 삼고 있는 인도네시아가 종족분규와 종교분쟁과 분리주의자들의 반정부활동이 지속되고 있는 한 군부의 영향력은 필수적일 수밖에 없을 것이며, 메가와티 대통령도 이를 인식하고 있는 것으로 보인다.14)

---

13) 이들 재단은 휘하에 많은 대기업을 거느리고 있는데, 산림개발분야에서 항공사와 금융업과 호텔업까지 해당분야도 광범위하다. 육군 휘하에는 ICTI산림회사 등 26개사, 공군 휘하에는 할림(Halim)골프장 외 17개사, 해군은 바하리(Bahari)은행계열 포함15개사, 경찰군은 딴사 뜨리스나(PT. Tansa Trisna)사 등 7개사를 거느리고 있다.

14) 양승윤, 위의 책, p. 161.

V. 인도네시아의 민주주의와 정치발전 전망[15)]

1998년 수하르토 치하 32년의 장기독재가 무너진 후 인도네시아의 정치제도는 보다 민주적인 방향으로 변화하고 있음이 분명하다. 개혁(reformasi)은 새로운 정치제도의 핵심용어가 되었다. 정치적 민주화의 진행과 더불어 인도네시아 정치제도의 개혁은 정치기구와 시민사회 양쪽에서 일어나고 있을 뿐만 아니라 양자간의 관계에서도 이루어지고 있다. 국회(DPR)와 지방의회(DPRD) 혹은 중앙정부(pemerintahan pusat)와 지방정부(pemerintah lokal)는 모두 1945년 헌법의 수정과 새로운 지방분권 관련법안 제정을 통해서 개편되고 있다. 헌법 수정안은 대통령의 정치적 권한의 축소와 함께 언론자유, 정당 혹은 기타 정치단체 설립의 자유와 NGO활동의 자유 등 다양한 방식으로 표출되었다. 시민사회와 정치기구간의 관계는 행정부를 규제하는데 있어 보다 많은 자유를 부여함으로써 재정비되고 있다.

그러나 정치적 민주화가 진행됨에 따라 개혁의 방향과 가치에 관한 문제가 이전보다 명확하게 대두되었다. 민주화를 추구한 이래 하비비 잠정정부와 와히드 정권을 거쳐 메가와티 대통령 정부로 전환되는 과정에서 부정적인 효과가 긍정적인 효과보다 더욱 더 공개적으로 명료하게 드러나게 되었다. 대중은 정치적 민주화 과정이 적정선을 지나치게 넘고 있는 것으로 판단되어 인도네시아의 정치적·경제적·사회적 상황을 발전시킨다는 궁극적 목적은 결국 실패하는 것이 아닌가 하는 우려가 대두되고 있다.

문민정부가 들어선 이후 인도네시아의 정치적 민주화에 대한 비판은

인도네시아의 중심도서는 자바(Jawa)이다. 자바는 총 6개의 광역행정구역(州)으로 구성되어 있으며, 문민정부가 들어선 후 신설된 반뗀(Banten)주와 술탄 하멩꾸부워노(Sultan Hamengkubuwono Ⅹ)의 족자카르타(Yogyakarta) 주를 제외한 주요 4개 주는메가와티 대통령 재임 시에도 현역 군부인사가 주정부(주지사)를 장악하였다.

15) 양승윤, 위의 책, pp. 143-146.에서 요약 재정리함

크게 다섯 가지로 요약할 수 있다.[16)]

첫째, 정기기구의 개편은 대통령보다 의회에 보다 많은 힘을 실어주고 있는데, 이는 미국 정치학자들이 '의회정부'이라고 칭하는 선에 이른다. 이러한 정치적 타협의 피할 수 없는 부가적인 영향은 대통령이 공공정책의 시행과정에서 정당의 간섭을 피할 수 없다는 것이다. 최악의 경우에는 이러한 상황이 대통령과 그의 정적 간에 심각한 정치적 갈등을 불러올 수 있는데, 이는 와히드 정부를 마비시킨 경우에서 분명히 드러났다.

둘째, 지방분권화는 수하르토 당시의 비효율적인 중앙집권화를 해결하기 위한 목적으로 시작되었으나, 국토분열이라는 해묵은 난제를 끄집어내는 반대의 결과를 가져왔다. 지방분권화는 지역간·빈부간 격차와 인구 밀집지역과 인구 희소지역 간의 격차를 벌였으며, 또한 지방의회 의원의 부패행위로 인하여 지방정부의 정통성을 훼손시키고 민주주의에 대한 부정적 이미지를 양산하였다. 지방의회에서 정당의 대표들이 예산배분을 정치화하고 예산의 수치를 부적절하게 조작하는 일은 지방의회의 일반적 관행처럼 되었다. 지방정부에서 잘못된 민주화 관행은 국가를 발전시키고 중앙정부의 오류를 시정하는 임무수행을 위한 제도적 기능이 대폭 축소되는 결과를 야기하였다.

셋째, 사회부문에서는 기존 제도의 해체 또는 약화와 더불어 확대된 방만한 자유가 사회적 분열을 초래하였다. 민주주의 체제하에서 정치적 규제가 완화되자 정치참여의 확대를 가져왔고, 이는 인도네시아 시민사회에서 '공동의 만족'을 추구하는 결과를 낳았다. 이에 따라 사회적 행태의 특징인 인맥·규범·신뢰는 구성원들이 공통의 목적을 추구하기 위해서 효과적으로 함께 행동하도록 유도되었다. 이러한 상황은 종족갈등과 종교분쟁으로 이어지고 있다.

---

16) 2002년 2월 필자와 인터뷰를 가졌던 인도네시아 가자마다대학교 (Universitas Gadjah Mada) 정치학과의 이흐라술 아말(Ichlasul Amal)교수의 견해를 보완한 것임.

넷째, 문민정부의 민주화는 또한 시민사회와 정치기구 간의 관계를 근본적으로 변화시켰다. 정당은 사회로부터 정치기구까지 모두의 이해를 표출시키는 가교로서 중요하고 전략적인 역할을 수행해야만 한다. 그러나 정당이 공공의 이익을 대변하고 이해 당사자들간의 분쟁해결을 꾀하는데 실패하자 정치적 유효성이 격감하였다.

다섯째, 전통적인 온정주의 사회는 공생정치(politik aliran)에 다시 불을 붙임으로써 민주화 과정을 약화시키고 있다. 이 경우 정치적 경쟁에서 중요한 것은 생사가 걸린 문제가 되며 협상이 불가능하게 된다. 그러므로 정치적 민주화는 타협과 갈등해소를 위한 공적 영역과 정치적 여유를 생성하는 것과는 거의 관계가 없게 된다. 이러한 모든 과정은 사회분열을 악화시키고 사회와 정부 간 협력의 장(場)을 상실하게 하는데, 이는 민주제도가 그 응집력을 유지하기 위해서 필요로 하는 공통된 정치 무대 혹은 합의의 부족으로 인하여 일어난다.

이와 같은 문제점들은 문민정부로 들어선 이래로 계속해서 확대되거나 악화되고 있다고 보여진다. 메가와티 대통령정부가 출범 당시의 기대치를 현저하게 밑도는 이유도 여기에 있다. 이를 극복하기 위해 다음과 같은 민주적 변화가 요구된다.

첫째, 가치적 측면에서 인도네시아의 민주적 변화는 인도네시아 정치제도 개편을 위한 청사진으로써 합의된 패러다임이 필요하다. 민주주의의 기본가치는 권위주의로부터 시민권을 보호하는 것이다. 그러나 복합적인 다문화사회라는 인도네시아의 현실을 고려할 때 여기에 민주주의의 또 다른 기본적 가치인 정치적 합의·신뢰·타협을 포함하는 것 역시 중요하다. 이러한 이해 없이 단지 개개인의 권리를 추구하는 것은 곧 모두에게 손해를 가져오는 결과가 될 것이다. 그러므로 민주주의 패러다임의 기본가치로서 '시민도덕'이 절실하게 필요하다는 것이다.

둘째, 지방분권화는 수하르토 당시의 비효율적인 중앙집권화를 해결하기 위한 목적으로 시작되었으나, 국토분열이라는 해묵은 난제를 끄집어내는 반대의 결과를 가져왔다. 지방분권화는 지역간·빈부간 격차와 인구 밀집지역과 인구 희소지역 간의 격차를 벌였으며, 또한 지방의회 의원의 부패행위로 인하여 지방정부의 정통성을 훼손시키고 민주주의에 대한 부정적 이미지를 양산하였다. 지방의회에서 정당의 대표들이 예산배분을 정치화하고 예산의 수치를 부적절하게 조작하는 일은 지방의회의 일반적 관행처럼 되었다. 지방정부에서 잘못된 민주화 관행은 국가를 발전시키고 중앙정부의 오류를 시정하는 임무수행을 위한 제도적 기능이 대폭 축소되는 결과를 야기하였다.

셋째, 사회적 측면에서, 민주적 변화는 시민계약이라는 형태로 사회적 공감대를 보다 광범위하게 확대시킬 수 있어야 한다. 이는 국가보다 하위기구에 대한 배타적인 충성심을 민주적인 공적 영역으로 전환시킬 것이다. 시민사회와 정치기구 간의 관계는 시민권의 신장과 더불어 시민도덕의 기본가치를 반영해야만 한다. 민주주의는 '발전적 민주주의'의 구조적 특징을 재생시키기 위한 '불신'(정치적 통제)과 '신뢰'(정치적 합의)의 창조적 혼합체이다.

마지막으로, 가장 어려운 도전적인 문제는 인도네시아에 권위주의가 다시 재현될 것인가 이다. 단기적으로 볼 때 군부는 인도네시아 정치를 장악하려는 무리수를 두지 않을 것이다. 그러나 장기적으로 보면 인도네시아에서 민주주의의 지속 여부는 민간정부가 인도네시아

경제를 조속하게 회복 국면으로 이끌고 국론통합을 유지하는 능력에 달려 있다고 볼 수 있다. 이 과정에서 빤짜실라는 경제회복과 국론통합을 위한 차선책으로 여겨진다.[17)]

17) 문민정부가 들어선 후 초미의 관심은 기업과 노동조합 관계의 재정립이다. 2000년에 확정된 노동조합법도 '빤짜실라 산업관계'를 강조하고 있다. 노동조합법의 제 2장2조의 제 1-2항은 "노동조합은 빤짜실라를 국가 이데올로기로 인정해야하며 이에 반하여 운영될 수 없다."고 규정하고 있다.

VI. 결 론

수하르토 이후 인도네시아는 혼란을 겪고 있다. 시장경제로의 이행과 정치와 사회의 민주화라는 양대 과제는 와히드와 메가와티의 약체 정부에게 벅찬 과제임이 분명하다. 그러나 동티모르가 완전 독립(2002년 5월)한 이후 그 동안 분리독립 또는 분리독립에 준하는 광범위한 자치권을 요구해 온 많은 지역에서 자카르타 정부를 향한 목소리를 자제하고 있는 것으로 보인다. 이는 혼란기를 통해서 인도네시아의 국민과 정치 엘리트들은 인도네시아공화국이 통일된 국가와 통합된 사태를 지향할 수밖에 없다는 '어쩔 수 없는' 국가적 명제를 선택한 것으로 판단된다.

1999년 6 · 7 총선은 총 120개 정당이 참여하여 군부를 포함한 20개 정당이 500석의 국회(DPR)를 구성하였다. 이들 대부분의 정당은 수하르토 권부가 군사문화의 비대화와 이슬람을 견제하기 위해서 왜곡한 빤짜실라(Pancasila) 이데올로기를 수용한 것이다. 나아가서 2002년 8월의 제 4차 헌법개정에서는 최종적으로 빤짜실라를 국가 이데올로기로 하는 내용의 헌법전문과 승인된 단일국가 체제에 대한 원칙을 영구적으로 헌법개정 논의에서 제외하도록 확정하였던 것이다

참고문헌

양승윤, 인도네시아(서울: 한국외대 출판부, 2003)

최난경, "인도네시아의 민주화와 헌법개정." 동아연구(제43집)(서울: 서강대 동아연구소, 2002)

Mahfud Mohamad, Amandemen Konstitusi Menuju Reformasi Tata Negara(Yogyakarta: Universitas Islam Indonesia Press,1999)

Jakarta Post

Kedahulatan Rakyat

Kompas

제5장

말레이시아

☑ 법제사적 관점에서 본 이슬람과 말레이시아 문화적 정체성

☑ 말레이시아의 술탄제와 헌법: 전통성과 현대성의 이분법적 구도에 대한 비판적 고찰

법제사적 관점에서 본 이슬람과 말레이시아 문화적 정체성

소 병 국*

I. 서 론

20세기 후반부터 진행된 세계화·정보화로 인한 유래 없는 변화에 직면해 최근 학계는 21세기에 부상할 세계질서에 비상한 관심을 기울이고 있다. 새로운 세계질서에 대한 다양한 담론들은 크게 두 범주 - 문명 또는 문화들 간의 갈등과 충돌 아니면 이들 간의 적극적인 대화를 통한 복합문명 또는 문화의 출현 - 로 요약, 정리될 수 있다. 미국 하버드대의 정치학자인 헌팅톤(S. Huntington)이 전자의 논쟁을 주도하는 대표적인 학자라면 독일 헷센 평화 및 갈등 연구소의 소장인 뮐러(H. Müller)가 바로 후자의 논쟁을 대표한다고 할 수 있다.

뮐러가 전망한 문명 수렴은 세계화·정보화가 단순히 서구 민주주의와 자본주의 시장경제의 보편화라는 거시적인 정치·경제적 영역 이외에도 「반지의 제왕」과 같이 할리우드 영화의 세계적 흥행 성공 및 햄버거와 같은 패스트푸드 음식의 보편화에서 보듯 일상적인 삶의 영역에서도 국가와 민족 및 문명 간의 장벽을 무너뜨리고 있는 상황을 고려할

* 한국외국어대학교 말레이-인도네시아어과 교수

때 강한 설득력을 지니고 있다. 헌팅톤의 문명 충돌 전망 역시 본래 자의식이 강한 인간은 세계화·정보화로 인한 급속한 동화작용에 대한 반작용으로 정체성 강화를 통해 자기보호 본능을 고양하려는 경향을 나타낸다는 점에서 강한 설득력이 있다. 최근 한국을 위시한 동아시아에서 학계뿐 만 아니라 사회 전반에 걸쳐 유행하고 있는 '동아시아 정체성'을 둘러싼 담론이 바로 그러한 사실을 대변해주고 있다.

세계화·정보화로 인해 부상할 21세기 세계질서에 대한 설득력 있는 전망들 가운데 헌팅톤의 주장에서 파생된 '동아시아 정체성'에 대한 담론들이 동아시아 문명의 미래를 예측할 수 있는 중요한 단서를 제공할 수 있다는 인식이 본 연구의 출발점이다. 최근 한국 사회에서 일고 있는 '동아시아 정체성'에 대한 다양한 담론들 중 본 연구는 학계에서 가장 활기를 띠고 있는 동아시아의 철학, 예술 및 역사해석을 중심으로 한 인문학적 논의에 주목한다. 이것은 서구 발명의 지식과 논리의 틀에 대한 보편성에 의문을 제기함으로써 논의를 시작한다. 이 논의는 서구 중심의 근대적 지식체계의 정당성에 대한 비판을 주요 이슈로 부각시킴으로써 동양에 대한 서구의 몰이해 또는 왜곡을 시정하고 나아가 서양과 동양을 새로운 차원에서 인식하려는 노력의 일환이다.

본 연구는 상기 인문학적인 논의에 입각해 동아시아의 한 주요국가인 말레이시아 법제도의 변천사[1]를 통해 전통문화 특히 이슬람이 현재까지 법제도에서 지속적으로 효용성을 발휘하고 있는 현상을 추적한다. 이로써 본 연구는 일차적으로 서구 중심의 일방적인 근대화가 잉태한 전통성과 현대성의 이분법적 구도의 학문적 실효성에 의문을 제기하고,

1) 오늘날 말레이시아 연방(Federation of Malaysia)은 말레이 반도를 포함하는 서부 말레이시아(West Malaysia)와 사바(Sabah), 사라와크(Sarawak)을 포함하는 동부 말레이시아(East Malaysia)로 구성되어 있다. 이들 지역은 서로 상이한 역사 발전을 거치며 1963년 말레이시아 연방으로 편입되었다. 따라서 말레이시아의 법제사를 통합적으로 추적, 고찰하는 것은 사실상 불가능하다. 본 연구는 연구 범위를 문명 또는 문화사적으로 오늘날 말레이시아 연방의 중심으로 말레이시아의 문화적 정체성을 가장 잘 보여 줄 수 있는 말레이 반도의 법제사로 제한한다.

나아가 동양의 전통에 대한 서구의 몰이해 또는 왜곡을 시정해 동양의 근대성과 정체성의 실체를 올바로 이해하는데 일조하고자 한다.

그렇다면 이 같은 연구를 수행함에 있어 왜 법제사적 시각인가? "한 나라의 법제는 그 나라의 역사를 반영 한다(A country's legal system reflects its history)"라는 말이 있듯이 한 나라의 법제는 그 사회의 전통이나 민족정서를 비롯하여 도덕적 수준, 관습 등을 모두 담고 있는 소위 살아 있는 역사이다. 이 같은 사실을 전제로 본 연구가 법제도의 변천사에 초점을 맞춘 이유는 법제도의 형성 및 발전 그리고 그 과정상에 나타난 전통의 변화와 지속성의 추적을 통해 그 사회의 가치관과 정체성의 본질을 파악할 수 있어 서구 중심의 일방적인 근대화가 잉태한 전통성과 현대성의 이분법적 구도의 허구성을 입증할 수 있는 매우 유용한 역사적 접근방법이기 때문이다.

II. 영국 식민지배 이전 이슬람과 법제도

15세기 말레이 반도에 이슬람이 유입되기 이전 이 지역의 법률적 제반사는 관습법(adat 또는 customary laws)인 아닫 뻐르빠띠(Adat Perpatih)와 아닫 뜨멍궁(Adat Temenggung)의 지배를 받았다. 이 두 법제는 공히 수마뜨라의 미낭까바우(Minangkabau)에서 유래했다고 전해지고 있다. 전자는 모계사회의 전통이 뿌리 깊은 느그리 슴빌란(Negeri Sembilan)과 멀라까(Melaka) 나닝(Naning)의 관습법으로 그 명맥을 유지한 반면, 후자는 말레이 반도에 유입된 이후 힌두교의 영향을 받아 부계사회를 통제하는 관습법으로 변용되어 그 밖의 반도 전역에서 광범위하게 시행되면서 술탄 무함마드 샤(Sultan Muhammad Shah, r. 1424-1444)의 제위 때 제정을 시작해 멀라까 왕국의 전성기인 술탄 무자파르 샤(Sultan Muzaffar Shah, r. 1444-1456)의 제위 중에 완성된 『멀라까 법전』(Undand-Undang Melaka,

Risalat Hukum Kanun 또는 Hukum Kanun Melaka)의 근간이 되었다.[2)]

15세기 말레이 반도에 이슬람의 유입 및 정착은 이 지역의 관습법을 이슬람에 순응시키며 새로운 법제도의 확립으로 이어졌다. 이 같은 과정은 15세기 중엽부터 20세기 초까지 점진적으로 진행되어 영국이 말레이 반도 전역을 식민지화하기 이전에 이슬람법(Islamic Law) 또는 샤리아(Shariah)는 반도의 일반법(general law 또는 the law of the land)으로 확고한 위치를 점했다. 술탄 무함마드 샤의 재임 중에 제정된『멀라까 법전』의 초기 버전(Malacca Laws Proper)은 관습법인 아닫 뜨멍궁이 압도적인 위치를 차지하는 반면, 관습법과 이슬람법을 한 조항에 병기해 이중적인 법제도를 시행했다. 한 예로 불법적인 성관계에 대한 조항을 소개하면 다음과 같다:

> 만약 한 남성이 자유 신분의 한 여성을 붙잡아 강간한 사실이 판사에게알려지면, 판사는 그 남성을 호출해 강간당한 여성과 결혼할 것을 명할 것이다. 만약 그 남성이 그녀와 결혼하기를 거부하면, 그는 관습법에 따라 3 따힐(tahil)과 1 빠하(paha)의 벌금과 함께 그녀에게 결혼선물 비용을 지불해야 한다. 그러나 이슬람법에 따르면 만약 그가 유부남(muhsan)일 경우 그는 군중에게 돌팔매 맞아 죽는 형벌을 받을 것이고, 만약 그가 유부남이 아닐 경우엔 팔십대의 곤장 형에 처해질 것이다.[3)]

또 한 예로 초기의『멀라까 법전』은 정부의 살인(killing of paramour)과

---

2) Hamid Jusoh, The Position of Islamic Law (Kuala Lumpur: Dewan Bahasa dan Pustaka, 1991), pp. 5-6; Ismail Mohd. bin Abu Hassan eds. Introduction to Malaysian Legal History (Petaling Jaya: Ilmiah Publishers, 2004), pp. 8-11; Wan Arfah Hamzah and Ramy Bulan, An Introduction to the Malaysian Legal System (Selangor: Penerbit Fajar Bakti Sdn. Bhd., 2004), pp. 16-19; R. H. Hickling, Malaysian Law: An Introduction to the Concept of Law in Malaysia (Selangor: Pelanduk Publications, 2001), pp. 92-105; Wu Min Aun, The Malaysian Legal System (Petaling Jaya: PEARSON, 2005), pp. 4-9; Abdul Monir bin Yaa, b, An Introduction to Malaysian Law (Bangi: Penerbit Universiti Kebangsaan Malaysia), pp. 48-66.

3) Liaw Yock Fang, Undang-Undang Melaka (The Hague: Martinus Nijhoff), Chapter 12.2.

관련된 조항에도 관습법과 이슬람법을 다음과 같이 병기하고 있다:

> 만약 정부가 어떤 사람의 저택에 침입해 주인과 맞닥트려 결투가 벌어져 양자가 죽었다면 소송이 성립되지 않는다. 이것이 바로 이 나라의 관습법이다. 그러나 이슬람법에 따르면 살인을 저지른 자는 반드시 죽임을 당한다(Chapter 5.3).

이 같은 유사한 예는 절도(Chapter 8.2-3)와 간음(zina)(Chapter 12.2)을 다룬 조항에도 나타나 있다.

총 44개장으로 구성된 『멀라까 법전』의 후기 버전들엔 이슬람법이 차지하는 비중이 점차 두드러진다. 아부 슈자(Abu Shuja)의 At-Taqrib, 이븐 알 까심 알 가지(Ibn al-Qasim al-Ghazzi)의 Fath al-Qarib 그리고 이브라힘 알 바주리(Ibrahim al-Bajuri)의 Hashiya Ala'l Fath Al-Qarib와 같은 당대의 저명한 이슬람법전(Ahmad 1981: 22)에 기초한 결혼과 이혼법(Chapters 25.1-2, 26, 27, 28.1-3), 매매법(Chapter 29-31, 31.2-3, 32.1-5, 33.1-2, 34.1-2), 절차 및 형법(Chapter 35-42)과 관련된 19개장이 그 같은 사실을 잘 대변해 준다.

1511년 멀라까 왕국이 포르투갈에 의해 함락된 이후 말레이 반도의 여러 다른 주에서 멀라까 법전을 표본 삼아 제정된 법전들엔 관습법의 영향력이 현저히 약화된 반면, 이슬람법의 비중이 점차 증가했다. 그 한 예로 술탄 압 알 가푸르 무헤이유딘 샤(Sultan Abd al-Ghafur Muhaiyuddin, r. 1592-1614) 제위 중 『멀라까 법전』에 기초해 제정된 『빠항 법전』(Undang-Undang Pahang)을 들 수 있다. 『빠항 법전』에 실려 있는 이슬람법 조항들의 분류는 다음과 같다: 경제 및 매매 관련법(Chapter 24-39; 41-5); 증거 및 증언 관련법(Chapter 40, 63-5); 형벌과 벌금 관련법(Chapter 46-9, 50-5); 이슬람 의무 관련법(Chapter 58, 60-1).[4]

---

4) Ahmad Mohamed Ibrahim, "Islamic Law in Malaysia", *Journal of Malaysian and Comparative Law* 8 (1&2) (1981): 21-51; Hamid, *The Position of Islamic Law*, pp.

1667년에 역시 『멀라까 법전』을 기초로 제정된 끄다(Kedah)주의 『다또 스리 빠두까 뚜안(Dato Sri Paduka Tuan) 법전』에 이슬람법 관련 조항들에 대해 다음과 같이 기술하고 있다:5)

1. 절도, 강도, 닭싸움, 마약 밀수, 도박, 정령숭배(나무 또는 바위), 음주: 이 모든 행위는 알라(Allah)신에 위배되며, 마을의 원로는 이 같은 행위들을 촌장에게 보고해야 한다. 만약 마을의 원로나 촌장이 그렇게 하지 않으면 처벌 받는다.

2. 촌장은 마을 주민들에게 하루에 다섯 차례 의무적인 기도 그리고 금식, 금요일 집회기도를 준수하도록 명해야 한다. 이 명을 준수하려 하지 않는 자는 목에 멍에가 씌워진 채 사원으로 끌려올 것이다.

3. 토지 소유자는 반드시 종교 세금(zakat)을 지불해야 한다.

끄다주의 법률 고문이었던 깁슨(Gibson)은 새로운 형법을 도입하면서 다음과 같이 언급했다:

> 끄다 법원의 형법은 지금까지 이슬람법, 즉 샤리아였다. 이 법제도는 결코 현대 사회에 맞지 않는다. 따라서 샤리아는 판사의 재량이 허락되는 범위까지 대폭 수정되어야 한다.6)

19세기 동안 끌란딴(Kelantan)주는 이슬람법을 체계적으로 시행했음이 분명하다. 윌리암 로프(William Roff)에 따르면 최소한 1830년에 꼬따바루(Kota Bharu)에 이슬람 율사(mufti)와 판사(hakim)가 거주하면서, 전자는 샤리아 법정에서 판사(kathi)의 도움을 받아 결혼, 이혼, 재산 문제와

6-8.

5) Hamid Jusoh, *The Position of Islamic Law* (Kuala Lumpur: Dewan Bahasa dan Pustaka, 1991), pp. 8-9.

6) Hamid, *The Position of Islamic Law*, p. 9, 재인용.

관련된 송사를 처리 하는 한편, 후자는 이슬람법과 말레이 관습법을 혼용해서 적용하는 형사법정을 관장했다.[7)]

뜨랭가누(Trengganu)주에선 1837년에 즉위한 술탄 우마르(Sultan Umar)의 재위 중에 이슬람법의 영향력이 두드러졌다. 휴 클리포드(Hugh Clifford)에 따르면 술탄 우마르는 샤리아법을 매우 엄격히 시행했다.[8)] 1911년에 공포된 『이까눌물룩 피 알 따딜 알 술룩』(Itqanulmuluk fi al-ta'dil al-Suluk)으로 알려진 뜨랭가누 헌법 제 51장은 뜨랭가누는 이슬람 주(Islamic State)이며, 이슬람은 주의 종교이고, 주의 지배자(Ruler)는 반드시 말레이인으로 무슬림이어야 한다고 명시하고 있다.[9)]

19세기 말에 『멀라까 법전』을 표본 삼아 제정된 조호르(Johor)주의 헌법 역시 지배자의 자격조건과 이슬람의 지위에 대해 1911년 뜨랭가누 헌법과 유사한 내용을 담고 있다. 뿐 만 아니라 20세기 초에 터키와 이집트에서 제정된 법전 - 『마잘라 알 아깜(Majallah al-Akham)』과 『까드리 빠사(Qadri Pasah)』 -을 말레이어로 번역해 각각 『마잘라 아깜 조호르(Majallah Ahkam Johor)』와 『아깜 샤리아 조호르(Ahkam Shariyyah Johor)』란 이름으로 편찬했다.[10)]

이상에서 언급한 예들은 영국 식민지배 전야에 말레이 반도의 일반법은 인도네시아를 포함해 도서 동남아에서 지배적이었던 순니(Sunni) 이슬람의 샤피법학파(Shafi Law School) 전통을 따르는 이슬람법이었음을 대변해 준다. 식민지 관료였던 윌킨슨(R. J. Wilkinson)과 영국 판사였던 브러델(C. J. C. Braddel)의 다음과 같은 기록들은 그 같은 사실을 보다 분

7) William Roff, "The Origin and Early Years of the Majlis Agama", William Roff ed. *Kelantan: Religion, Society and Politics in a Malay State* (Kuala Lumpur: O.U.P., 1974), p. 106.
8) Hugh Clifford, "Expedition: Trengganu and Kelantan", *Journal of Malayan Branch of the Royal Asiatic Society*, 1961: 60-61.
9) Ahmad, "Islamic Law in Malaysia", p. 23; Hamid, *The Position of Islamic Law*, p.10.
10) Ahmad, p. 23; Hamid, pp. 10-11.

명히 해 준다:

> 만약 영국이 말레이 반도에 입성해 이슬람법의 시행에 제동을 걸지 않았다면 그 법이 오늘날 말라야(말레이 반도)의 일반법이 되었을 것이라는 사실에 의심의 여지가 없다.[11]

> 처음 조약을 체결하기 이전에 말레이 반도 주들의 인구 대다수는 말레이 무슬림들이었으며 그 가운데 광산과 산업도시에 중국인들이 섞여 있었다. 당시 말레이인에게 적용할 수 있는 유일한 법은 관습법에 영향을 받아 변형된 이슬람법 뿐 이었다.[12]

III. 영국 식민지배 하 이슬람과 법제도

영국의 말레이 반도에 대한 식민지배는 앤드류 클라크 경(Sir Andrew Clark)이 빼락(Perak)주의 술탄과 1874년에 맺은 빵꼬르 조약(Treaty of Pangkor)과 함께 본격화 되었다. 이 조약의 제6항(Clause VI)은 다음과 같은 사항을 명시하고 있다:

> 술탄은 말레이 종교와 관습에 대한 문제를 제외한 제반사를 그에게 조언 할 주재관(Resident)이라는 영국 관료에게 적절한 거처를 제공한다.[13]

이 같은 조약의 영향력은 비연방 말레이주(Unfederated Malay States)로 편입된 끄다와 뻐르리스(Perlis)주가 1923년과 1930년에 각각 고문관(Advisor)를 받아들이는 조약을 영국 식민 정부와 체결함으로써 말레이

11) R. J. Wilkinson, *Papers on Malay Subjects*, Law Part I, 1922, p. 49.
12) Ahmad, "Islamic Law in Malaysia", p. 24 재인용.
13) W. G. Maxwell and W. S. Gibson, *Treaties and Engagements Affecting the Malay State and Borneo*, London, 1924, p. 28.

반도의 전역으로 확대되었다.14)

영국은 술탄들과 맺은 조약을 바탕으로 그들의 행정권을 대폭 축소시키는 한편 두 가지 방법을 통해 말레이 반도에 영국법(English Law)의 도입을 시도했다. 첫 번째 방법으로 영국 주재관은 술탄에게 많은 법을 제정하도록 조언을 했다. 이 조언에 따라 빼락주가 1884년 7월에 처음으로 인도 형법(Indian Penal Code)에 기초한 해협식민지 형법(Penal Code of Straits Settlements)을 받아들임으로써 영국법의 도입이 시작되었다. 이어 슬랑오르(Selangor)주와 빼락주가 1893년과 1894년에 각각 인도증거법률(Indian Evidence Act)에 기초한 해협식민지 증거 법령(Evidence Ordinance of Straits Settlements)을 받아들였다. 1899년엔 빼락, 슬랑오르, 느그리 슴빌란주가, 1900년엔 빠항주가 인도의 계약조례(Contract Act)에 기초한 법령을 수용했다. 뿐 만 아니라 1900년대 초까지 반도의 여러 주들이 인도의 형사소송법(Criminal Procedure)과 토지법령(Land Enactments)을 받아들였다. 그 결과 영국법의 원칙에 입각한 형법, 증거와 절차법, 계약 및 토지법이 점차 말레이 관습법과 이슬람법을 대신하게 되었다.15)

두 번째는 법원의 결정을 통해 이루어졌다. 영국 관료의 조언에 따라 술탄은 영국 판사가 재판을 주재하는 민사법원(civil courts)을 설립했다. 이 법정에서 판사는 어떤 특정 문제에 적용할 만한 성문화된 법령(written law)이 부재할 경우 영국법을 참고함으로써 자연스럽게 여러 말레이 주에 영국법과 영국의 평등 규정(rules of equity)이 도입되었다. 이로써 영국 식민지배 하에서 많은 법적 문제와 관련해 영국법이 이슬람법을 대신하면서 전자가 말레이 반도의 일반법으로 자리를 굳히는 동안,

---

14) Maxwell, p. 104.

15) Ahmad, "Islamic Law in Malaysia", pp. 24-5; Ahmad Mohamed Ibrahim, *The Administration of Islamic Law in Malaysia* (Kuala Lumpur: IKIM, 2000), p. 20; Hamid, *The Position of Islamic Law*, pp. 14-5.

후자는 무슬림의 결혼과 이혼, 상속과 같은 가족법(family law) 분야와 종교적 의무에 관한 사적인 사안들에 적용하는 개인법(personal law)으로 그 적용범위가 축소되었다.[16)]

이 같은 변화는 1937년과 1951년에 연방 말레이주(Federated Malay States)와 비연방 말레이주에 각각 민법(Civil Law Enactment)과 시행령 [Civil Law(Extension) Ordinance]이 제정, 도입됨에 따라 공식적으로 확정되었다. 이 두 민법령은 빼낭) Ordng), 멀라까를 포함한 말라야 연방(Federation of Malaya: 196 M 이후 말레이시아 연방) 전역에 적용되는 1956년의 민법(Civil Law Act)에 의해 대체되었다. 다시 말해 오늘날 말레이시아 연방 전역의 일반법 또는 보통법(Common Law)으로 영국법의 적용은 1937년의 민법령에 기초한 1956년 민법조례에 그 근거를 두고 있다. 조례 제 3조 1항의 골자를 소개하면 다음과 같다.[17)]

> (a) 서부 말레이시아에서 ... 1956년 4월 7일부로 영국의 보통법과 평등 규칙을 적용한다.
> (b) 사바(Sabah)에서 영국의 보통법과 평등 규칙을 적용한다.
> (c) 사라와크(Sarawak)에서 영국의 보통법과 평등 규칙을 적용한다.

"말레이 종교와 관습에 대한 문제를 제외한"이란 빵꼬르 조약의 규정에도 불구하고 사실상 영국 식민 정부는 말레이 무슬림들의 결혼과 이혼, 상속 그리고 종교적 의무를 관장하는 이슬람법 행정의 제도화를 시도했다. 그 결과 조약 상 술탄의 고유권한인 이 사안들 역시 식민 정부의 간섭으로부터 완전히 자유로울 수 없었다. 영국 식민 정부는 상기 사안들과 관련된 여러 이슬람 법령을 다음과 같이 말레이 반도에 제정,

---

16) Hamid, *The Position of Islamic Law*, p. 15; Wu, *The Malaysian Legal System*, p. 99; Ahmad, *The Administration of Islamic Law in Malaysia*, p. 20.

17) Wan, *An Introduction to the Malaysian Legal System*, p. 112; Ismail, *Introduction to Malaysian History*, pp. 107-108.

도입했다:[18]

빼락: 무슬림 결혼과 이혼 등록 법령(1885);
슬랑오르, 느그리 슴빌란, 빠항: 무슬림 결혼과 이혼 등록 법령(1900);
조호르: 무슬림 결혼 법령(1914); 무슬림 위반 법령(1919);
뻐르리스: 무슬림 결혼과 이혼 등록 법령(1913);
끄다: 샤리아 법정 법령(1934);
뜨랭가누: 무슬림 결혼과 이혼 등록 법령(1922);
끌란딴: 무슬림 결혼과 이혼 법령(1938)

이 같은 법령의 제정은 민사법원이 이슬람법과 관련해 야기된 문제를 주 위원회(State Council)에서 논의 할 수 있는 구실을 제공했다. 뿐 만 아니라 이슬람법과 관련된 문제에 관해 어떤 결정을 내릴 때 연방 말레이주의 판사와 변호사가 아머(Amer)의 Mohammedan Law, 베일리(Baillie)의 Mohammedan Inheritance 등 영국령 인도(British India)에서 출판된 이슬람법 표준 교과서를 참고하는 것을 제한하지 않았다.[19] 이 같은 상황은 영국 판사들 간에서 간혹 논쟁의 대상이 되었다. 조호르주의 법정에서 쏜(J. Thorn)이란 판사는 이슬람법에 관한 인도 표준 교과서에 대해 다음과 같은 견해를 피력했다:

> 무엇이 이 주의 이슬람법인가 하는 의문을 해결하는데 인도의 소송을 참고하는 것은 옳지 않을 수도 있다. 여러 다른 나라에서 각각 공포된 이슬람법은 신봉하는 이슬람 신앙에 따라 상당히 다양하기 때문이다. 따라서 인도의 이슬람법이 반드시 이 주의 사정에 맞는 훌륭한 법이라고 볼 수 없다.[20]

18) Hamid, *The Position of Islamic Law*, p. 18.
19) Abdul, *An Introduction to Malaysian Law*, pp. 188-189; Hickling, *Malaysian Law*, p. 110.
20) Abdul, pp. 189-190.

영국 식민지배 이전 말레이 반도의 전통 사회는 주로 븐다하라(Bndahara)와 같은 고위관료나 뻥훌루(Penghulu 또는 local chief)의 해석에 따라 관습법과 이슬람법을 집행했으며, 현대적 의미의 조직화된 법원이 존재하지 않았다. 영국 식민정부는 샤리아 법원의 제도화를 통해 민사법원의 체제에 통합시키는 법행정 체계를 수립했다.[21] 이러한 정책과 함께 이슬람법의 개인법으로의 전환은 샤리아 법원의 권한을 위축시켰을 뿐 만 아니라 그 법원을 민사법원의 하위 조직으로 전락시켰다. 그 결과 1948년까지 말레이 반도에서 샤리아 법원은 민사법원 체계의 한 부분에 불과했으며, 1948년 말라야 연방의 출범과 함께 법원 법령(Courts Ordinance)을 통해 연방의 사법체계를 수립하는 과정에서 샤리아 법원은 그 체계로부터 완전히 배제되었다.[22] 그 결과 1957년 말라야 연방 헌법은 사법권과 관련해 샤리아 법원에 대해 아무런 언급조차 하지 않았다.[23]

이상에서 고찰한 바와 같이 영국의 식민지배는 이슬람 그 자체에는 별 다른 영향을 미치지 못했으나, 영국법의 도입과 함께 말레이 반도의 법체계를 이원화(dual legal system)시켰을 뿐 만 아니라 이슬람법의 지위와 행정체계 변화에 지대한 영향을 미쳤다.

IV. 독립이후 이슬람과 법제도

1957년 독립과 함께 제정된 말라야 연방 헌법 제 3조 1항은 이슬람

21) R. H. Hickling and Wu Min Aun, *Hickling's Malaysian Public Law* (Petaling Jaya: PEARSON, 2003), pp. 104-5.

22) Ahmad Mohamed Ibrahim, *The Malaysian Legal System* (Kuala Lumpur: Dewan Bahasa dan Pustaka, 1995).

23) Mohammad Hashim Kamali, *Islamic Law in Malaysia: Issues and Developments* (Kuala Lumpur: IlmiahPublishers, 2000), p. 26.

의 지위에 대해 "이슬람은 연방의 종교이나 다른 종교들도 연방 어디서나 평화롭고 조화롭게 활동을 영위할 수 있다"고 명시하고 있다 [Federal Constitution 3(1)]. 이슬람법과 관련해 이 조항은 말레이시아가 이슬람을 국교로 채택하지만 샤리아를 국법으로 하는 이슬람 국가(Islamic State)는 아니라는 해석이 가능하다. 이 같은 해석은 연방 헌법 부칙 제 9항 제 2 목록 - 주 목록 1항이 분명히 입증한다 - 샤리아 법원은 "연방의 자치 구역인 꾸알라 룸뿌르와 라부안(Labuan)을 제외한 [각 주의] 이슬람을 신봉하는 사람들"(persons professing the religion of Islam)에 대해서만 재판권을 가진다. 뿐 만 아니라 이 부칙은 말레이시아 각 주에서 이슬람법은 단지 가족법, 자산, 종교 세입, 예배장소 그리고 샤리아 법원에 관한 문제에 그 적용을 제한할 것을 규정하고 있다 (Federal Constitution, Ninth Schedule, List II - State List). 이 같은 사실은 독립 이후 말레이시아 정부가 이슬람법을 일반법인 영국법과 분리된 개인법으로 간주하는 영국의 정책을 그대로 답습했음을 의미한다.

연방의 각 주에서 민사 법원의 하위 조직으로서 샤리아 법원의 지위 또한 영국 식민지 유산을 그대로 답습해 했다. 그 결과 같은 재판관할 지역에서 샤리아 법원의 결정과 민사 법원의 결정이 상충되면 후자의 결정을 우선시 했다.[24] 또한 이슬람법은 형법의 적용에 있어 그 제한이 두드러졌다. 1965년의 무슬림 법정 조례[Muslim Courts (Criminal Jurisdiction) Act]에 따라 각 주의 샤리아 법원이 형사사범에게 부과할 수 있는 최대 형량은 1000 링깃(Ringgit)의 벌금과 6개월의 징역형이었다.[25]

독립이후 말레이시아에서 일반법인 영국법 그리고 민사 법정과 비교해 볼 때 개인법인 이슬람법과 샤리아 법원의 열등한 지위는 1970년대 초 말레이 반도에 불어 닥친 이슬람부흥운동(Islamic Revivalism)의 기세

---

24) Ahmad Mohamed Ibrahim, *The Administration of Islamic Law in Malaysia*, p. 136.
25) Hickling, *Hickling's Malaysian Public Law*, p. 107.

가 한창이던 1981년에 출범한 마하티르 정부 하에서 서서히 회복되기 시작했다. 말레이시아에서 닥와(Dakwah)라고 불리는 이슬람부흥운동은 1970년대 초 말레이 사회에서 가시화되기 시작해 현재에도 지속적으로 진행되고 있는 이슬람적 가치(Islamic values)의 확산과 이를 통한 사회 전반의 이슬람화(Islamization)를 지향하는 운동이다.[26)]

마하티르 정권 하에서 끌란딴과 뜨랭가누주의 말레이인을 지지기반으로 하는 야당인 빠스(PAS: Parti Islam Se-Malaysia) 또는 범말레이시아 이슬람당이 이슬람부흥운동에 편승해 말레이 사회에 정치적 영향력의 확대를 꾀했다. 이 같은 빠스의 정치적 행보에 마하티르가 이끄는 말레이계 여당인 암노(UMNO: United Malays National Organization) 또는 연합 말레이 민족기구가 적극적으로 대응하면서 두 정당 간에 독실성 논쟁(holier than thou)이 야기되었다.[27)] 이 논쟁은 결국 지난 30여년 동안 마하티르 정부 주도로 말레이시아 사회의 이슬람화를 가속시키며 이슬람 법제도의 체계화 및 강화를 포함해 사회 전반에 많은 변화를 초래했다.

법제도와 관련해 가장 눈에 띄는 변화로 이슬람 형법과 관련된 법안의 수정 및 제정을 들 수 있다. 1965년의 무슬림 법정 조례가 1984년에 다음과 같이 수정됨에 따라 형법과 관련해 샤리아 법원의 권한이 강화되었다:

> [샤리아 법원은] 3년의 기간을 초과하는 징역형 또는 5천 링깃을 초과하는 벌금형 또는 6대를 초과하는 태형에 해당하는 범법에 대해 재판권을 제한한다[Muslim Courts (Criminal Jurisdiction) (Amendment) Act 1984, Act A612).

---

26) Hussin Mutalib, *Islam in Malaysia: From Revivalism to Islamic State?* (Singapore: Singapore University Press, 1993), p. ix.

27) K. S. Nathan and Mohammad Hashim Kamali eds., *Islam in Southeast Asia: Political, Social and Strategic Challenges for the 21st Century* (Singapore: Institute of Southeast Asian Stutues, 2005), pp. 122-3; Zainah Anwar, *Islamic Revivalism in Malaysia: Dakwah among the Students* (Selangor: Pelanduk Publications, 1987), pp. 85-95.

1990년에 빠스가 끌란딴 주의 정권을 장악한 뒤 1993년 11월에 빠스 정부는 후 법안(Hudud Bill)이라고 알려진 끌란딴 샤리아 형법안 [Kelantan Shari'a Criminal Code (II) Bill]을 통과 시켰다. 이 법안은 끌란딴 주의 모든 주민에게 종교와 관계없이 형사 사범에 대해 이슬람 형법인 후 을 적용하는 것을 골자로 하고 있다. 이 법안은 말레이시아 전국적으로 큰 관심을 끌며 많은 논쟁을 불러일으켰다. 하지만 이 법안은 1984년 수정된 무슬림 법정 조례가 규정한 샤리아 법원의 재판 권한을 넘어선다는 이유로 여전히 연방 정부의 승인을 얻지 못하고 있다.[28)]

1999년에 빠스가 뜨랭가누 주의 정권을 장악한 후 빠스 정부는 여러 이슬람 법령을 제정, 공포했다. 그 첫 번째 조치로 2000년 1월 1일부로 뜨랭가누의 모든 호텔에서 술 판매를 금지시켰다. 같은 해 3월엔 여성들을 위한 복장에 관한 법률(dress code)을 공포하고, 슈퍼마켓에 여성을 위한 계산대를 분리설치 하도록 명령했다. 더욱이 빠스 정부는 2001년 8월 1일에 다음과 같은 6개의 샤리아 법령을 통과시켰다 - 샤리아 형사소송 법령(Shariah Criminal Procedure Enactment), 샤리아 법원 증거 법령(Shariah Court Evidence Enactment), 샤리아 형사범 법령(Shriah Criminal Offence Enactment), 이슬람 종교사 행정 법령(Islamic Religious Affairs Administration Enactment), 샤리아 법원 법령(Shriah Court Enactment), 샤리아 법원 부정 절차 법령(Shriah Court Mal-procedure Enactment). 2002년 7월에 뜨랭가누주의 빠스 정부 또한 끌란딴 정부에 이어 샤리아 형법안을 도입하면서, 주 의회 의장인 압둘 하디 아왕(Abdul Hadi Awang)은 “이 법령이 지금은 단지 무슬림들에게만 적용되지만 때가 되면 주의 모든 비 무슬림들에게도 확대 적용될 것이라고 선언했다”.[29)]

---

28) Mohammad Hashim Kamali, *Islamic Law in Malaysia: Issues and Developments* (Kuala Lumpur: Ilmiah Publishers, 2000), pp. 128-58.

29) K. S. Nathan and Mohammad Hashim Kamali eds., *Islam in Southeast Asia:*

또 하나의 획기적인 변화는 1988년 연방헌법 제 121조 수정법안을 통해 일어났다. 전술한 바와 같이 1957년 말라야 연방 헌법은 샤리아 법원에 대한 아무런 언급도 없이 모든 사법권을 연방 법에 의거 설립된 대법원, 고등법원 및 그 하급법원에 부여했다. 그 결과 샤리아 법원의 열등한 지위는 독립이후에도 지속되었다. 1988년 수정법안은 "고등법원(High Courts)은 샤리아 법원의 사법권 내의 어떤 문제에 대해서도 사법권을 갖지 않는다"고 새롭게 규정함으로써 독립이후 처음으로 민사법원과 독립적으로 샤리아 법원의 사법권을 인정했다.[30)]

샤리아 법원이 독립적인 사법권을 확보함에 따라 이슬람법 행정체계와 관련해 여러 변화가 일어났다. 샤리아 법원을 무슬림 종교 위원회(Council of Muslim Religion)로부터 분리하는 조치가 취해졌다. 이로써 대부분의 주에서 샤리아 법원은 독립 건물과 함께 전문적인 사법관료, 직원 및 적절한 시설들을 확보하고 있다. 뿐 만 아니라 공공 서비스 부서(Public Service Department)의 도움으로 국제 이슬람 대학교(International Islamic University)에 1년 기간 전문 학위 과정과 여러 대학교 2년 기간 대학원 과정을 설치해 샤리아 법원에 종사할 전문적인 사법 관료 함양성에 힘쓰고 있다.[31)] 이 밖에도 샤리아 법원이 민사법원의 체계와 유사하게 세 단계, 즉 샤리아 하급 법원(Shariah Subordinate Court), 샤리아 고등법원(Shariah High Court), 샤리아 상고 법원(Shariah Court of Appeal)을 설치함으로써 법원행정 체계의 현대화를 이뤘다. 또한 샤리아 법원에서 판결한 각종 판례들을 법학전문 학술지 - Jurnal Hukum(Law Journal)과 The Malaysian Law Journal -에 정기적으로 출판한다.[32)]

Political, Social and Strategic for the 21st Century (Singapore: Institute of Southeast Asian Studies), pp. 165-166.

30) Mohammad Hashim Kamali, *Islamic Law in Malaysia: Issues and Developments*, pp. 26-27; Hamid, *The Position of Islamic Law*, p. 55; Ahmad, *The Administration of Islamic Law in Malaysia*, p. 137.

31) Ahmad Mohamed Ibrahim, *The Administration of Islamic Law in Malaysia*, pp. 136-137.

오늘날 말레이시아 이슬람법의 핵심인 가족법의 행정은 이슬람법과 관련된 제반 권한이 전적으로 각 주의 술탄에게 주어져 있기 때문에 각 주마다 그 내용 및 절차가 각양각색이다. 이 같은 상황은 한 예로 무슬림들이 다른 주로 이주를 하더라도 결혼, 이혼, 상속 등 사적인 문제를 해결하기 위해선 반드시 그들이 결혼을 등록한 주의 샤리아 법원을 방문해야하는 번거로움을 야기한다. 따라서 각 주의 이슬람법의 내용과 관련 제반 행정절차를 통일하려는 시도가 있었다. 이를 위해 한 위원회가 설립되었고 고 뚠꾸 자이드(the late Tunku Zaid)가 위원장으로 임명되었다. 이 위원회는 이슬람법과 그 행정절차의 통일을 위한 법안을 술탄들이 주재하는 통치자 회의(Conference of Rulers)와 이슬람 종교사 국가 위원회(National Council of Islamic Religious Affairs)에 제출해 승인을 받았다. 이어 그 법률안이 각 주 의회에 상정되었다. 그러나 이 법안이 끌란딴, 끄다, 멀라까주에서 대폭 수정됨에 따라 위원회의 희망은 관철되지 못했다. 그러나 그 이슬람 가족법 모델은 1984년에 이슬람 가족법 조례(Islamic Family Law Act)로 제정되어 1987년 4월 29일부터 법률적 효력을 발휘하게 되었다. 그 조례는 무슬림의 최소 결혼 연령, 혼인에 대한 양가 및 왈리(wali)의 동의, 일부다처(polygamy)의 통제, 결혼 등록 등과 같은 혼인사와 관련된 내용을 담고 있다.[33] 이 밖에도 무슬림이 자신의 주에서 범행을 저지른 뒤 다른 주에 머물면 전자의 법원이 그 범법자를 소환해 재판할 권한이 없다. 이 같은 문제를 해결하기 위해 뻬낭을 비롯해 멀라까, 뻬락, 끌란딴, 조호르, 뜨랭가누주는 상호 간에 범법자 인도 조약을 체결했다.[34] 정부 주도로 말레이시아 사회에 이슬람적 가치를 확산하기 위한 일환으로 마하티르 정부는 출범 직후인 1981

---

32) Wu Min Aun, *The Malaysian Legal System*, pp. 184-185; Ahmad Mohamed Ibrahim, *The Administration of Islamic Law in Malaysia*, pp. 140-141.

33) Ahmad Mohamed Ibrahim, *The Administration of Islamic Law in Malaysia*, p. 138.

34) Hamid, *The Position of Islamic Law*, p. 54.

년 3월에 "이슬람적 가치에 합치되는 국가 발전 프로그램"(national development programmes conformed to Islamic values)의 구현을 책임 질 이슬람 자문 기관(ICB: Islamic Consultative Body)의 설립을 천명했다. 이 같은 프로젝트를 구체적으로 실행하기 위해 마하티르는 1982년에 당시 닥와 운동의 대표적인 단체인 아빔(ABIM: Angkatan Belia Islam Malaysia) 또는 말레이시아 이슬람 청년 운동의 의장인 안와르 이브라힘(Anwar Ibrahim)을 정부에 영입했다. 이로써 말레이시아의 기관(institution)에 여러 변화의 바람이 불었다.35)

그 중 가장 괄목할 만한 변화 중 하나가 은행, 보험 등 금융기관에서 일어났다. 마하티르 정부는 1983년에 은행 이자를 하람(haram), 즉 이슬람이 금지하는 불로소득(riba)으로 간주하는 이슬람법에 따라 운영되는 말레이시아 이슬람 은행(BIMB: Bank Islam Malaysia Berhad)을 설립했다. 1993년엔 일반 상업은행에 무슬림들을 위한 "무이자 창구"(interest-free counters)의 설치를 허용했다. 1997년에 말레이시아 중앙 은행(Central Bank of Malaysia)은 이슬람 은행과 보험(Takaful)을 위한 국가 샤리아 자문 위원회(National Shariah Advisory Council)을 설립했다. 이후 1999년에 또 하나의 이슬람 은행인 말레이시아 무아말 은행(Bank Muamalat Malaysia Berhad)이 전국적으로 40개의 지점과 함께 문을 열었다. 1984년에 마하티르 정부는 보험 조례(Takaful Act)에 입각해 BIMB 부설기관으로 말레이시아 보험(Takaful Malayisa)을 설립한 뒤 1999년에 두 번째 보험회사인 국가 보험(Takaful National Berhad)을 설립했다. Takaful Malaysia는 2002년 7월 31일에 꾸알라 룸뿌르 주식시장에 상장되었다.36)

---

35) Nathan, *Islam in Southeast Asia*, pp. 85-88.
36) Nathan, pp. 88-91.

V. 결 론

15세기 멀라까 왕국으로 이슬람의 유입은 말레이시아 역사에 있어 실로 분수령이라 할 수 있다. 무엇보다도 전통시기 말레이 반도에 뿌리 내린 뒤 오늘 날 까지 간단없는 발전을 거듭해온 말레이 반도의 핵심적인 두 문명 또는 문화 요소인 술탄제(Sultanate)와 법제도가 바로 이슬람을 근간으로 확립되었기 때문이다.

19세기 후반 영국 식민지배 이전에 관습법의 영향으로 변용된 이슬람법, 즉 샤리아는 말레이 반도의 일반법으로 확고한 자리를 잡았다. 그러나 영국 식민지배 하에서 영국법의 도입은 샤리아를 무슬림에게 만 적용하는 개인법으로 위축시켰을 뿐 만 아니라 오늘날 말레이시아의 이원적인 법제도의 단초를 제공했다.

1957년 말라야 연방의 출범과 함께 신생 정부는 바로 그 같은 영국 식민지배 유산을 그대로 답습했다. 그 결과 독립이후에도 이슬람법과 종교법원은 계속해서 영국법과 민사법정보다 열등한 지위에 있었다. 이 같은 상황은 1981년 마하티르 정부의 출범과 함께 점차 변화를 보이기 시작했다. 1970년대 초부터 말레이 사회에 불어 닥친 이슬람 부흥운동에 대한 적극적인 대응으로 정부 주도 하에 사회 전반에 이슬람적 가치의 확산은 지난 30여 년 동안 이슬람 법제도에도 커다란 영향을 미쳤다. 특히 이 시기에 이슬람 법제도가 보다 체계화 되면서 말레이 반도에서 샤리아와 샤리아 법원의 지위가 점차 강화되는 현상이 목도되었다.

결론적으로 말레이시아의 법제사적인 시각으로 볼 때 전통은 결코 정체된 과거의 낡은 유물이 아니라 시대와 환경에 따라 혁신을 거치며 한 사회 또는 국가의 고유한 정체성의 형성 및 발전에 결정적인 영향을 미치는 문화적 동인임이 명약관화하다. 특히 중동지역을 중심으로 한 이슬람 세계에서 현재까지 지속, 강화되고 있는 이슬람 부흥운동이 반서구화 또는 반현대화의 반향으로 이슬람 원리주의로의 회귀를 그 핵심

가치로 하고 있는 한 말레이시아의 문화 또는 문명은 세계화·정보화로 인해 서구 문화와 동질화되기 보다는 헌팅톤의 전망처럼 이슬람을 바탕으로 그 정체성을 가일층 강화할 것으로 보인다. 고로 서구 중심의 일방적인 근대화가 잉태한 전통성과 현대성의 이분법적 구도는 지속적으로 도전을 받을 것이다.

참고문헌

김기봉. 2006. 『역사를 통한 동아시아 공동체 만들기』 서울: 푸른역사.

소병국. 2003. "식민지시기 말레이 술탄의 위상과 역할". 『동남아시아연구』 13권 2호.

______. "말레이시아의 술탄제와 헌법: 전통성과 현대성의 이분법적 구도에 대한 비판적 고찰". 『동남아연구』 14권 1호.

소병국·조흥국. 2004. 『불교 군주와 술탄: 태국과 말레이시아 왕권의 역사』 서울: 도서출판 오름.

동아시아공동체연구회. 2008. 『동아시아 공동체와 한국의 미래: 동북아를 넘어 동아시아로』 서울: 이매진.

Abdul Monir b. Yaacob. 1989. An Introduction to Malaysian Law. Bangi: Penerbit Universiti Kebangsaan Malaysia.

Ahmad Mohamed Ibrahim. 2000. The Administration of Islamic Law in Malaysia. Kuala Lumpur: IKIM.

______. 1994. "The Introduction of Islamic Values in the Malaysian Legal System". Jurnal IKIM 2 (1): 27-45.

______. 1981. "Islamic Law in Malaysia". Journal of Malaysian and Comparative Law 8 (1&2): 21-51.

______. 1993. "The Future of the Shariah and the Shariah Courts in Malaysia". Journal of Malaysian and Comparative Law 20: 41-57.

______. 1985. "Towards an Islamic Law for Muslims in Malaysia." Journal of Malaysian and Comparative Law 12: 37-52.

______. 1992. "Islamic Law in Malaysia since 1972". Faculty of Law, niversity of Malaya ed. Developments in Malaysian Law.

Petaling Jaya: Pelanduk Publications. pp. 295-343.

______. 1995. The Malaysian Legal System. Kuala Lumpur: Dewan Bahasa dan Pustaka.

______. 1979. "The Position of Islam in the Constitution of Malaysia". Tun Mohamed Suffian, H. P. Lee and F. A. Trindade eds. The Constitution of Malaysia: Its Development, 1957-1977. Kuala Lumpur: Oxford University Press.

Asia Source. 2004. "Islamic Family Law and Justice for Muslim Women".Kuala Lumpur: Asian Social Issues Program.

Azmi Abdul Khalid. 1987. "Role of the Monarch: Influences upon the Development of Parliamentary Government". Reflections on the Malaysian Constitution, Penang: Aliran Keedaran Negara. pp. 44-53.

Chandra Muzaffar. 1979. Protector? Peneng: Aliran.

Clifford, Hugh. 1961. "Expedition: Trengganu and Kelantan". Journal of Malayan Branch of the Royal Asiatic Society (hereafter JMBRAS). Vol. XXXIV, Pt. 1.

Das, Cyrus V. 1994. "Democracy and the Role of the Sultanate System in Malaysia: The Role of the Monarchy." Journal of Malaysian and Comparative Law 21 (1&2): 97-115.

Federal Constitution. 2000. Kuala Lumpur: International Law Book Servises.

Fernando, Joseph M. 2006. "The Position of Islam in the Constitution of Malaysia". Journal of Southeast Asian Studies 37 (2): 249-266.

Hamid Jusoh. 1991. The Position of Islamic Law. Kuala Lumpur: Dewan Bahasa dan Pustaka.

Harding, Andrew. J. 1991. "Islam and Public Law in Malaysia: Some Reflections in the Aftermath of Susie Teoh's Case". Malaysian Law Journal [1991] 1: xci-xcvi.

______. 1996. Law, Government and the Constitution in Malaysia. London: Kluwer Law International.

______. 1989. "The Malaysian Judiciary Crisis of 1988". Commonwealth Judicial Journal, 8, 1: 3-9.

______. 1990. "The 1988 Constitutional Crisis in Malaysia". International and Comparative Law Quarterly: 57-81.

Hickling, R. H. 1987. "The Historical Background to the Malaysian Constitutionound to the Malaysian Constitutionound to .he Malayssian Consstitutionound to .h21-29.

______. 2001. Malaysian Law: An Introduction to the Concept of Law in Malaysia. Selangor: Pelanduk Publications.

Hickling, R. H. and Wu Min Aun. 2003. Hickling's Malaysian Public Law. Petaling Jaya: PEARSON.

Hooker, M. B. 1984. Islamic Law in South-East Asia. Singapore: Oxford University Press.

Hussin Mutalib. 1993. Islam in Malaysia: From Revivalism to Islamic State? Singapore: Singapore University Press.

Ismail Mohd bin Abu Hassan. eds. 2004. Introduction to Malaysian Legal History. Petaling Jaya: Ilmiah Publishers.

Kershaw, Roger. 2001. Monarchy in South-East Asia: The Faces of Tradition in Transition. London: Routledge.

Kessler, Clive S. 1992. "Archaism and Modernity: Contemporary Malay Political Culture". Joel S. Kahn, Francis Loh Kok Wah eds. Fragmented Vision: Culture and Politics in Contemporary

Malaysia. Honolulu: University of Hawaii Press. pp. 133-157.

Khasnor Johan. 1999. "The Undang-Undang Melaka: Reflections on Malay Society in Fifteenth-Century Malacca". JMBRAS Vol. LXXII, part 2: 131-150.

Lee, H. P. 1995. Constitutional Conflicts in Contemporary Malaysia. Kuala Lumpur: Oxford University Press.

______. 1984. "The Malasyian Constitutional Crisis: King, Rulers and Royal Assent". Lawasia, 3, 1: 22-44.

Liaw Yock Fang. 1976. Undang-Undang Melaka, The Hague: Martinus Nijhoff.

Lowe, Vincent. 1982. "Symbolic Communication in Malaysian Politics: The Case of the Sultanate". Southeast Asian Journal of Social Science, 10, 2: 71-89.

Maxwell W. G. and W. S. Gibson. 1924. Treaties and Engagements Affecting the Malay State and Borneo. London.

Milner, A. C. 1985. "Islam and Malay Kingship". Ahmad Ubrahim, Sharon Siddique and Yasmin Hussain eds. Readings on Islam in Southeast Asia. Singapore: ISEAS. pp. 25-35.

Mohamed Nawab Mohamed Osman. 2008. "Towards a History of Malaysian Ulama". Southeast Asia Research, Vol. 16, No. 1: 117-140.

Mohammad Hashim Kamali. 2000. Islamic Law in Malaysia: Issues and Developments. Kuala Lumpur: Ilmiah Publishers.

Mohammed Imam. 1994. "Making Laws Islamic in Malaysia: A Constitutional Perspective". Current Law Journal [1994] 3: vii-xxix.

Muhammad Kamil Awang. 1998. The Sultan and the Constitution.

Kuala Lumpur: Dewan Bahasa dan Pustaka.

Nathan, K. S. and Mohammad Hashim Kamali eds. 2005. Islam in Southeast Asia. Singapore: Institute of Southeast Asian Studies.

Nik Noriani Nik Badlishah ed. 2003. Islamic Family Law and Justice for Muslim Women. Kuala Lumpur: Sisters in Islam.

Norani Othman, Mavis C. Puthucheary & Clive S. Kessler eds. 2008. Sharing the Nation: Faith, Difference, Power and the State 50 Years after Merdeka. Petaling Jaya: SIRD.

Pettersson, Maria. 2002. "Whose Islam is the Right Islam?: A Study of the Debate about How Islamisation is Affecting Muslim Women in the Multicultural Society Malaysia with Focus on the Muslim Family Law". MA Thesis, Department of Political Science, University of Lund.

Rawlings, H. F. 1986. "The Malaysian Constitutional Crisis of 1983". International and Comparative Law Quarterly, 35: 237-254.

Roff, William R. 1974. "The Origin and Early Years of the Majlis Agama". William Roff ed. Kelantan : Religion, Society and Politics in a Malay State. Kuala Lumpur: O.U.P.

Sharifah Suhanah Syed Ahmad. 2007. Malaysian Legal System. Kuala Lumpur: Lexis Nexis.

Smith, Simon C. 1995. British Relations with the Malay Rulers from Decentralization to Malayan Independence, 1930-1957, Kuala Lumpur: Oxford University Press.

Soh, Byungkuk. 2002. "The Invention of Tradition: The Royal Power of Contemporary Malaysia in a Historical Perspective". Southeast Asia Review, 12, 2: 169-206.

Stockwell, A. J. 1988. "Princes and Politicians: The Constitutional Crisis in Malaysia, 1983-4". D. A. Low ed. Constitutional Heads and Political Crises: Commonwealth Episodes, 1945-85. pp. 182-197.

Trindade, F. A. 1979. "The Constitutional Position of the Yang di-Pertuan Agong". Tun Mohamed Suffian, H. P. Lee and F. A. Trindade eds. The Constitution of Malaysia: Its Development, 1957-1977. Kuala Lumpur: Oxford University Press. pp. 102-122.

Tun Haji Mohd. Salleh bin Abas. 1985. "Traditional Elements of the Malaysian Constitution". F. A. Trindade and H. P. Lee eds. The Constitution of Malaysia: Further Perspectives and Development. Petaling Jaya: Penerbit Fajar Bakti. pp. 1-17.

Tun Mohamed Suffian. 1987. "Role of Moanrchy". Reflections on the Malaysian Constitution. Penang: Aliran Kesedaran Negara. pp. 30-43.

______. 1976. An Introduction to the Constitution of Malaya. Kuala Lumpur: Government Printer.

Tunku Abdul Rahman. 1977. Looking Back: Monday Musings and Memoirs. Kuala Lumpur: Pustaka Antara.

Wan Arfah Hamzah and Ramy Bulan. 2004. An Introduction to the Malaysian Legal System. Selangor: Penerbit Fajar Bakti Sdn. Bhd.

Wilkinson R. J. 1922. Papers on Malay Subjects, Law Part I.

Wu Min Aun. 2005. The Malaysian Legal System. Petaling Jaya: PEARSON.

Y. A. M. Raja Tun Azlan Shah. 1982. "The Role of Constitutional Rulers: A Malaysian Perspective for the Laity." Journal of

Malaysian and Comparative Law 9: 1-18.

______. 1985. "The Role of Constitutional Rulers in Malaysia". F. A. Trindade and H. P. Lee eds. The Constitution of Malaysia: Further Perspectives and Developments. Petaling Jaya: Penerbit Fajar Bakti. pp. 76-91.

Zainah Anwar. 1987. Islamic Revivalism in Malaysia: Dakwah among the Students. Selangor: Pelanduk Publications.

ABSTRACT

Islam and Malaysian Cultural Identity in Perspective of Legal History

Soh, Byung-Kuk
(Hankuk University of Foreign Studies, Dept. of Malay-Indonesian)

This work is to trace the efficacy of Islam in Malaysian legal system in perspective of legal history. In particular, it attempts to debunk the dichotomy of tradition and modernity that is a broadly envisioned assumption.

For the aim, in the first place, this study examines Islamic influence on Malay legal system before British colonial rule. On the eve of the colonial rule, Islamic law became a general law in Malay Peninsula.

Secondly, it surveys the introduction of British Common Law and its impact on Malay Islamic law under the colonial rule. During the period, Islamic law turned into a personal law, while British Common Law became a general law in the Peninsula.

Finally, this paper examines Islam and Malay legal system after independence in 1957, focusing on the impact of Islamic revivalism on the legal system. Based upon these examinations, this study makes a conclusion that tradition is a resource now capable of being consciously used to fashion and legitimate a form of life rather than the residue of the past.

말레이시아의 술탄제와 헌법:

전통성과 현대성의 이분법적 구도에 대한 비판적 고찰*

소 병 국**

I. 서 론

한 문화와 다른 문화와의 만남은 대화이다. 그것은 필연적으로 타문화에 대한 이해를 요구한다. 여기에서 가장 중요하게 고려해야 할 사항 중 하나는 대화의 방식이다. 근대 서구와 비서구 문명의 만남은 에드워드 사이드(Edward Said)가 『오리엔탈리즘』(Orientalism)에서 폭로한 바와 같이 권력의지가 작용된 일방적인 대화였다. 따라서 근대 동서 간에 전개된 문화적 대화는 생산적인 주고받음이기보다는 오해와 편견으로 점철된 왜곡된 것이었다. 그대화의 제목은 근대화라고 명명되었다. 근대화의 출발은 서구인한편 이 현상은 분명 전 세계가 공유하는 역사적 과정이기도 했다. 이러한 근대화 과정 속에서 전 세계 대부분의 사람들이 함께 겪는 삶의 경험양식이 있다. 그 경험의 실체가 바로 근대성(modernity)인 것이다. 근대성의 기저에는 동서양을 막론하고 모두가 동의하고 공유할만한 보편성의 이념이 내재되어 있다. 과학과 합리적 이성, 인간해방과 시민사회, 시장경제의 형성과 산업화, 국민국가의 성립 등을

* 이 연구는 2004학년도 한국외국어대학교 교내 학술연구비의 지원에 의하여 이루어진 것이다.
** 한국외국어대학교 말레이·인도네시아어과 교수

통해 보다 나은 세계를 건설하려는 근대화의 기획이 바로 그것이다.

그러나 문제는 근대의 보편성이 서구문화의 특수성을 보편화한 것이라는 사실이다. 서구는 근대성을 선취했다는 이유로 식민 지배를 통해 비 서구를 동질화하는 역사를 감행했다. 그것은 서구의 근대문명을 보편적 가치로 수용할 것을 강요하는 한편 서구와 비서구간의 본질적인 차이를 강조하는 것이었다. 이 같은 서구의 문화적 제국주의는 자신을 문화의 중심으로 나머지를 주변으로 설정하여 중심-주변 또는 서구-비서구의 대립구도를 고착시키는 결과를 초래했다. 이러한 맥락에서 오늘날 당연시되고 있는 서양과 동양의 구분은 19세기에 동질적인 성격을 띤 서구와 그렇지 못한 비서구를 나누는데서 비롯된바 '서구 아님'이 동양의 성격과 위치를 결정했다는 주장에 주목할 필요가 있다. 이는 서구-비서구가 곧 근대 비근대 - , 중심-주변, 선진-후진이라는 이분법적 구도로 고착되었음을 의미하는 것이다.

이 같은 이분법적 구도 속에서 근대화를 통해 서구적 근대성 이전 인류의 보편적 가치로 자리 잡는 반면 비서구의 고유한 전통과 개성은 미개나 정체, 즉 근대화되지 않은 과거의 낡은 유물로 간주되었다. 그 결과 전통성과 근대성의 이분법적 구도(tradition vs. modernity)가 파생되었다. 본 연구는 전통성과 근대성의 이분법적구도가 동양의 문화적 정체성(cultural identity)을 심각하게 왜곡해 왔다는 근본적인 문제제기와 함께 말레이시아의 술탄제를 통해 전통문화가 현대 법제도에서 지속적으로 효용성을 발휘하고 있는 현상과 원인을 분석한다. 이를 바탕으로 본 연구는 전통은 결코 정체된 과거의 낡은 유물이 아니라 시대와 환경에 따라 혁신(invention of tradition)을 거치며 한 사회 또는 국가의 고유한 정체성의 형성 및 발전에 결정적인 영향을 미치는 문화적 동인임을 규명한다. 이로써 본 연구는 일차적으로 서구 중심의 일방적인 근대화가 잉태한 전통성과 근대성의 이분법적 구도의 실효성에 의문을 제기하고 나아가 동양의 전통에 대한 서구의 몰이해 또는 왜곡을 시정해 동양의 근대성과 정체성의 실체를 이해하는데 일조 하고자 한다.

II. 독립전야 술탄제에 대한 논쟁

술탄제에 대한 논쟁은 전쟁 직후 중앙집권적인 단일 행정체제의 설립을 목적으로 영국이 그 제도의 폐지를 포함한 말라야 연합안(Malayan Union scheme)을 도입하면서 시작되었다. 그러나 말레이인의 대 말라야 연합 투쟁 과정에서 술탄의 전통적인 권한과 역할은 말레이 민족의식의 구심점이란 현대적인 위상이 가미되면서 강한 생존력을 발휘했다(소병국 2003: 129-138). 그러나 1948년 2월 말라야 연방(Federation of Malaya)의 출범과 함께 시작된 통일말레이민족기구 또는 암노(UMNO: United Malays National Organization)의 헌법적인 절차를 통한 독립투쟁(constitutional struggle) 과정에서 술탄의 전통적인 권한과 역할에 대한 논쟁은 새로운 국면을 맞이했다. 이 과정에서 주목할 만한 점은 1948년 이전에 그 논쟁이 주로 영국 식민정부에 의해 촉발된 반면 이후 새롭게 점화된 논쟁은 암노를 중심으로 한 말레이 사회 내에서 비롯되었다는 사실이다.

1949년 5월 28일과 29일 빼르리스 주의 아라우에서 개최된 제11차 암노 총회에서 다또 온 빈 자파르(Dato Onn bin Jaafar; 이후 다또 온)는 "술탄에게 그들의 옥좌를 되돌려 준 세력은 바로 암노이며, 이 당의 중요 목적 중 하나는 독립적인 단일 통치권의 말라야를 위해 투쟁하는 것이다"라고 선언했다(CO 825/74/3, June 1949). 술탄들은 다또 온의 그 같은 선언을 자신들의 전통적인 권한과 역할에 대한 직접적인 도전으로 받아들였다. 이때부터 1951년 6월 다또 온이 암노의 의장직을 사임할 때까지 자신의 주에서 전통적인 권한과 역할을 사수하려는 술탄과 지역 분권적인 술탄제의 통폐합을 통해 독립과 함께 단일 통치권의 중앙 집권적인 정부의 수립을 지향하는 다또 온 간에 치열한 정치적 공방이 전개되었다.

다또 온의 도전해 직면해 술탄들은 6월 14일 먼뜨리 버사르(Mentri Besar 또는 Chief Minister)들을 배제한 채 비밀리에 회합을 가졌다. 이 회합에서 술탄들은 최근 개최한 술탄회의(Conference of Rulers)에서 다또 온이 자신의 정치적 입지를 위해 큰 관심을 보이고 있는 말레이인을 위한 부고등 판무관(Deputy High Commissioner)직의 신설에 대한 그들의 요청을 철회할 것과 술탄회의에서 먼뜨리 버사르의 역할 축소 및 먼뜨리 버사르는 술탄의 요청이 있을 때만 그에게 조언하도록 하는 등의 결의를 했다(*Malay Mail,* 1949/6/22). 다음날 개최된 공식 회의에서 술탄들은 설사 그 직책이 신설되더라도 다또 온의 임명을 지지하지 않기로 결의했다 이에 . 맞서 다또 온은 그 다음날 이어진 회의에 참석하지 않은 채 조호르 주의 먼뜨리 버사르직을 사임하겠다는 의사를 밝혔다(CO 537/4790, June 17, 1949). 비밀리에 자신들의 권한 축소를 의도한 술탄들의 결의에 분개한 다른 먼뜨리 버사르들도 다또 온의 사임 행보에 동조의사를 피력하며 술탄들을 압박했다(*Malay Mail*, 1949/6/21).

이처럼 시작된 술탄들과 다또 온 간의 정치적 알력은 끄다 주의술탄 바드리샤(Badlishah)가 암노의 불법화와 그 정당의 지지자들을 관직에서 해고하는 방법으로 자신의 주에서 암노의 영향력을 약화시키겠다는 의사를 공개적으로 드러내자 더욱 고조되었다(CO537/4790, August 3, 1949). 이에 대한 대응으로 다또 온은 1949년 8월 말 끄다 주의 버터워스에서 열린 제 12차 암노 총회에서 "봉건적인 지배를 종식시키고 입헌정부로 그 지배를 대신할 수단과 방법을 찾아야 한다"고 보다 직설적인 표현으로 술탄 바드리샤를 공격했다. 이때 그동안 침묵으로 일관하던 조호르 주의 술탄이브라힘(Ibrahim)이 술탄 바드리샤에게 다또 온의 태도에 대해 깊은 유감을 표명하는 서신을 보냈다(CO 537/4790, September 27, 1949). 더욱이 술탄 이브라힘은 다또 온이 먼뜨리 버사르직을 맡고 있는 한 조호르 주 밖에서 정치활동에 참여하지 말아야 한다고 주장하면서 다또 온의 사임을 결정적으로 자극했다. 결국 다또 온은 이브라힘의 주장에 대한 반발로 10월 2일 조호르 주의 먼뜨리 버사르직을 사임했다(CO 537/4790, October 2, 1949).

다또 온의 사임으로 다른 주의 먼뜨리 버사르의 행보에 관심이 집중되었다. 그러나 몇 개월 동안 술탄들과 다또 온 간의 정치적공방과 그의 사임을 지켜보면서 다른 먼뜨리 버사르들은 그의 행보가 지나치게 성급했다는 견해를 피력했다(CO 537/4790, October 26, 1949). 더욱이 11월 29일 꾸알라 룸뿌르에서 열린 먼뜨리 버사르 회의에서 그들은 다또 온이 술탄과의 알력을 말레이 사회 전체에 공론화 하려 했다는 비난을 통해 말레이인의 분열을 경계하며 다또 온의 정치적 행보에 동참하기를 꺼렸다(CO 537/4741, December 2, 1949). 술탄들과의 적대적인 관계에 더해 다또 온에 대한 먼뜨리 버사르들의 지지 철회는 향후 그의 정치적 행보에 결정적인 영향을 미쳤다. 1948년 말라야 연방의 도입과 함께 영국 식민지 정부가 독립을 위한 전제 조건으로 내세운 다민족 사회의 통합을 말레이인의 전통적인 권리의 포기라는 급진적인 방법을 통해 추진하던 다또 온은 말레이 사회에서 잃은 지지기반을 비 말레이 사회로부터 만회해 연방의 명실상부한 정치 지도자로서 자신의 위상을 고수하려했다. 이를 위해 다또 온은 암노를 비 말레이인에게 개방함으로써 다민족당(non-communal party)으로의 전환을 꾀했다. 이 행보 역시 암노의 당원들로부터 거센 반발에 부딪치자 그들을 협박하기 위한 정치적인 술책으로 다또 온은 1950년 6월에 암노의 의장직을 사임했다. 그의 갑작스런 사임으로 전후 최고의 말레이 지도자를 잃고 당황하던 당원들의 권유로 몇 개월 뒤 다또 온은 의장직에 재추대되었다.

그러나 다민족 사회의 통합을 위해 말레이 사회의 정서에 반하는 그의 급진적인 정치적 행보가 술탄은 물론 먼뜨리 버사르들과 대다수의 다른 당원들의 지속적인 반대에 직면하자 결국 1951년 6월에 비 말레이 사회의 지지를 기대하며 다민족당인 말라야 독립당(IMP: Independence of Malaya Party)의 창당을 위해암노 의장직을 재차 사임했다(CO 1022/182, October 1951). 다또 온의 사임으로 1951년 8월에 뚠꾸 압둘 라흐만(Tunku Abdul Rahman)이 암노의 의장직에 올랐다. 그러나 새 의장과 그의 이복형제인 끄다 주의 술탄 바드리샤와의 구원으로 암노와 술탄들은 계속해서 불편한 관계를 유지했다(CO 537/7297, August 29, 1951). 그러는 동안 1953년 5월 초에 식민지 정부가 연방의회(Federal Legislative Council)의 선거를 검토하면서부터 가속화된 헌법적인 절차를 통한 독립과정 속에서 암노의 지도부는 술탄들과의 관계 개선을 고려하지 않을 수 없었다. 같은 해 7월에 술탄회의의 동의에 따라 연방선거위원회(Federal Elections Committee)가 구성되었다. 이 위원회에서 연방의회 구성원의 선출 비율을 놓고 1952년 꾸알라 룸뿌르의 시의회 선거의 승리를 위해 결성된 암노와 말라야 중국인 협회(MCA: Malayan Chinese Association)의 연립정당인 동맹당(Alliance)과 다또 온의 IMP 간에 치열한 의견 대립이 전개되었다. IMP의 대표들은 소수 선출(elected minority)안을 선호한 반면 동맹당의 대표들은 최소한 5분의 3을 선출하는 다수 선출(elected majority)안을 주장했다. 위원회의 투표결과 술탄들의 지지에 힘입어 IMP가 내세운 소수 선출 안이 채택되었다(CO 1022/86, December 8, 1953). 처음부터 의회에 대한 자신들의 영향력을 감소시킬 다수 선출안에 부정적인 입장이었던 술탄들은 고등 판무관(High Commissioner)과 결국 연방의회 구성원 중 6분의 1 만을 선출하는데 합의했다. 뚠꾸 압둘 라흐만을 위시한 동맹당의 대표들은 "소수의 선출 의원으로는 어떤 정당도 다수당이 될 수 없을 뿐 만 아니라 국민들은 그러한 선거에 참여할 가치를 느끼지 못할 것"이라고 주장하며 그 결정에 반대했다(CO 1030/310, May 20, 1954). 이처럼 동맹당과 IMP 간에 독립을 향한 정국의 주도권 싸움이치열한 가운데 수세에 몰린 동맹당은 술탄들의 지지가 절실함을 느꼈다. 그들의 지지를 얻기 위해 동맹당은 술탄들에게 협박과 설득을 병행하는 작전을 폈다. 전자와 관련해 동맹당은 연방의회 구성원에 대한 결정은 국민에게 그에 대해 의견을 개진할 충분한 기회를 주지 않고 식민지 정부와 술탄들이 밀실에서 행한 일방적인 합의라는 주장을 펴며 1945년 말라야 연합의 도입을 위해 맥마이클이 술탄들과 맺은 협약을 상기 시켰다(CO 1030/309, April 2, 1954).

다른 한편 어떤 경우에든 술탄들과의 첨예한 대립을 피하며 그들로부터 연방의회 구성원에 대한 동맹당의 입장을 지원 받기 위해 뚠꾸 압둘 라흐만은 1954년 7월에 동맹당의 다른 지도자들과 함께 각각의 술탄을 방문해 충성을 표하며 긴밀한 협조를 요청했다(Tunku 1977: 27). 암노를 중심으로 한 동맹당이 술탄들에게 우호적인 태도를 보이자 그들은 자신들의 미래를 위해 영국 또는 암노 어떤 편에 의존할 것인가를 놓고 논쟁을 벌였다(CO 1030/65, August 7, 1954).년 월 일에 1954 8 22 조호르 바루에서 열린 술탄회의에서 조호르의 술탄 이브라힘은 지난 7월에 동맹당의 예방을 거부한 빼락 주의 술탄을 비난하며 암노에 강한 우호적인 입장을 표명했다. 빠항, 뻐르리스, 뜨렝가누 주의 술탄들이 그의 입장에 동조한 반면 다른 술탄들은 불분명한 입장을 보였다. 특히 끄다 주의 술탄은 그 회의에 참석도 하지 않은 채 아무런 반응을 보이지 않았다(CO 1030/244, August, 1954). 이처럼 술탄들은 그들의 권한과 역할을 보존 할 수 있는 최상의 선택과 관련해 합의를 도출하지 못했다. 술탄들의 지지를 얻기 위해 노력하는 한편 뚠꾸 압둘 라흐만은 그들이 자신들의 권한과 역할의 보호를 위해 영국에게 그들의 운명을 맡기며 헌법적인 독립투쟁과정을 방해할 가능성을 배제하지 않았다(Tunku 1977: 18). 따라서 별도의 전략적 차원에서 동맹당의 지도부는 식민지 정부에게 연방의회의 구성원에 관한 자신들의 입장이 관철되지 않으면 연방정부에 참여하고 있는 당원들을 철수시키겠다는 강력한 의사를 피력했다. 결국 식민지 정부가 9명의 지명의원을 임명하기 전에 다수당의 당수와 협의하겠다고 뚠꾸 압둘 라흐만을 설득함에 따라 그 구성원을 둘러싼 문제가 일단락 되었다(CO1030/311, July 3, 1954).

한편 이 시기에 독립 말라야의 헌법을 제정할 제헌위원회의 임명에 대한 문제를 놓고 술탄들과 동맹당이 또 하나의 대립을 보였다. 동맹당의 지도부는 만약 제헌위원회가 전적으로 말라야 내의 위원들로 구성되면 연방선거위원회에서처럼 그들의 의견이 채택되지 않을 것을 의식해 그 위원 전원을 말라야 밖의 인물로 임명할것을 주장했다(CO 1030/244, July 1954). 그러나 술탄들은 동맹당의 의견을 받아들일 경우 헌법제정과정에서 자신들이 직접적으로 향력을 행사할 수 없다는 점을 우려해 예상대로 그 당의 의견에 반대했다(CO 1030/311, June 25 1954). 그럼에도 불구하고 1954년 10월 술탄회의에서 암노를 지지하는 술탄들과 먼뜨리 버사르들은 제헌위원회의 임명을 위한 동맹당의 요청에 대한 심의를 이듬해 중순으로 예정되어있는 연방의회선거이후까지 미루지 않을 것을 설득하는데 성공했다(CO 1030/65, October 21, 1954). 이후 1955년 7월에 치러진 연방의회 선거가 말라야 인도 의회(MIC: Malayan Indian Congress)가 가담한 동맹당(UMNO-MCA-MIC)의 압승으로 끝나고 독립을 향한 헌법적인 절차가 막바지에 이르자 이번엔 역으로 대부분의 술탄들이 자신들의 미래를 위해 암노와의 긴밀한 관계를 원하게 되었다.

1954년 8월에 개최된 술탄회의에서 암노에 강한 우호적인 입장을 표명했던 조호르 주의 술탄 이브라힘은 암노가 독립의 한 필수적인 조건으로 영국 고문관(Adviser)의 철수를 요구하자 본래의 입장을 바꿨다(CO 1030/410, undated). 그는 암노를 위시한 동맹당이 말라야가 아직 스스로를 방어할 수 능력을 갖추고 있지 못한 상황에서 너무 성급한 독립협상을 진행하고 있다고 비난하면서 자신의 주에서 고문관의 철수를 반대했다(CO 1030/374, September 19, 1955). 이처럼 술탄 이브라힘의 갑작스런 태도 변화는 그가 연방의회 선거에서 압승의 여세를 몰아 동맹당이 예상보다 독립협상을 신속하게 진행하자 자신의 미래에 불안을 느껴 계속해서 영국에게 의존하려한 것으로 풀이할 수 있다. 술탄 이브라힘의 태도와는 달리 다른 술탄들은 자신들의 미래를 위해 더 이상 영국의 보호에 의존 할 수 없다는 판단과 함께 그들은 동맹당의 독립 노력에 적극적인 협조의사를 보였다. 그 결과 1955년 9월 29일 개최된 런던 회의(London Conference)에서 술탄의 대표들은 "자신들의 주에서 입헌군주로서 권한과 역할의 보장"을 위한 조항을 헌법에 명시하는 조건으로 동맹당의 요청대로 제헌위원 전원을 말라야 밖의 인물로 임명할 것에 동의했다(CO 1030/132, July 19, 1956). 그 결과 1956년 6월에 제헌위원회인 리드 위원회(Reid Commission)가 구성됨으로써 조만 간 말라야의 독립은 기정사실이 되었다.

리드 위원회가 술탄들의 요구대로 자신들의 주에서 입헌군주로서 권한과 역할을 보장하는 헌법조항을 조문하는 동안 연방정부와 각주의 술탄과의 관계를 조율할 새로운 정치적 기제의 필요성이 제기되었다. 이를 위해 리드 위원회는 연방정부에서 각주의 술탄을 대표할 뿐만 아니라 국가의 통합을 상징하는 국가의 최고 수반으로 양 디빠르뚜안 아공(Yang di-Pertuan Agong) 또는 술탄 아공(Sultan Agong)이란 말라야(말레이시아) 고유의 선출직 국왕제도를 신설했다(Stockwell 1988: 183; Smith 1995: 191). 이상에서 고찰한 바와 같이 1948년 말라야 연방의 도입과 함께 말레이 사회에서 비롯된 술탄제에 대한 논쟁은 1950년대 초부터 헌법적인 절차를 통한 독립협상이 급진전을 보이면서 암노와 술탄 간에 상호 이익을 위해선 양자간 긴밀한 협조가 불가피 하다는 인식을 바탕으로 전개되었다. 그 결과 전자는 독립협상의 주역으로 독립이후 말레이시아 최고의 정치세력으로 입지를 확보한 반면, 후자는 국가 또는 주의 수반, 이슬람의 수장 및 다민족 국가에서 말레이인의 전통적인 특별한 권리와 이익을 보호하는 최후의 보루로서 다양한 실질적, 상징적 권한을 지닌 입헌군주로 안착했다. 암노의 정치인과 술탄간의 알력의 와중에서 영국은 독립이후 말레이시아와의 지속적인 우호관계와 상호 이익을 고려해 가급적 중립적인 입장을 견지하려 노력했다(Smith 1995: 167-191).

III. 헌법에 명시된 술탄(아공)의 권한과 역할

1957년 8월 31일 독립과 함께 입헌군주제로 전환되었음에도 불구하고 일반적인 경우와는 달리 말레이시아의 술탄은 결코 상징적인 존재로 머물지 않았다. 오히려 머르데까 헌법(Merdeka Constitution)은 술탄 아공과 술탄에게 초헌법적인 지위와 함께 각각 연방정부와 주 정부 차원의 정치, 사회적인 문제에 막강한 영향력을 행사할 수 있는 다양한 권한을 부여함으로써 그들의 새로운 권한과 역할을 보장하고 있다. 술탄 아공에게 부여된 연방정부 차원의 주요 권한은 다음과 같다(Stockwell 1988: 183-184)

1. 수상 임명권
2. 의회해산 요청에 대한 동의(consent) 유보권
3. 술탄회의 소집권
4. 공공 서비스(public service)와 관련된 위원회 설립권
5. 비상사태 선포권
6. 연방의회를 통과한 법률에 대한 승인권(assent)

수상 임명권에 대해 연방헌법 43조 2항은 "술탄 아공은 그의 판단에 하원(Dewan Rakyat)의 다수 구성원의 신뢰를 수행할 것으로 사료되는 사람을 선택해야 한다"고 명시하고 있다. 술탄 아공의 이 권한은 독립이후 최근까지의 헌정철자에서 보듯 선거결과 어떤 한 당이 분명한 다수 의석을 차지하고 그 당내에서 차기 수상 후보에 대한 분명한 공감대가 형성될 경우엔 형식적인 권한에 지나지 않는다. 그러나 어떠한 당도 의회에서 다수 의석을 확보하지 못할 경우, 다수당이 연합세력으로 구성되어 그 세력들 간에 차기 수상 후보에 대한 이견이 존재할 경우 또는 다수당이 차기 수상 후보를 결정하지 못해 그에 대한 논의가 필요할 경우 등의 예외적인 상황에선 술탄 아공이 차기 수상을 단순히 임명하는

차원을 넘어 선택하는데 상당한 영향력을 행사할 수 있는 실질적인 권한이다. 의회해산 요청에 대한 동의 유보권은 어떤 특정 세력이 의회해산을 통해 국가의 헌정질서를 파괴할 수 있는 소지를 사전에 차단하는 한편 국가의 안위를 위해 의회해산이 불가피한 경우 그 초헌법적인 조치의 정당화를 위해 술탄 아공에게 부여된 권한이다. 이처럼 상기한 첫 번째 두 권한은 민주적인 헌정절차가 술탄 아공의 개입과 도움이 필요한 경우 그에게 주어진 실질적인 권한이라 할 수 있다.

술탄 아공은 자신은 물론 각주의 술탄의 요청에 따라 술탄회의를 소집 주재하는 권한을 갖고 있다. 특히 헌법에 명시된 술탄의 권리, 특권, 지위, 명예 및 품위가 도전을 받고 있다고 판단 될 경우엔 언제나 술탄 아공은 술탄회의를 소집해 그 사안에 대해 독자적인 논의를 할 수 있다. 그 범주 밖의 정치적인 사안을 논의하기 위해 소집된 회의에선 반드시 수상과 먼뜨리 버사르들의 조언을 받도록 되어있다. 그러나 술탄 아공과 술탄들은 그들의 조언을 반드시 이행해야 할 의무가 없다. 더욱이 연방헌법 제 38조 4항은 상기 술탄의 권한과 역할에 "직접적으로 영향을 미칠 어떠한 법률도 술탄회의의 동의 없이 통과되지 않을 것"을 명시하고 있다. 즉 술탄 아공은 술탄회의 소집을 통해 연방정부가 내린 결정이 헌법에 명시된 술탄의 권한과 역할을 침해하는 것으로 판단될 경우 그 결정으로부터 술탄들을 보호할 뿐 만 아니라 필요성이 제기될 경우 이민정책을 포함한 다른 주요 정치적인 현안들도 독자적으로 논의할 수 있는 권한을 갖고 있다(Rawlings 1986: 242).

술탄 아공은 법률, 철도, 경찰, 군, 교육 등 공공 서비스 분야의 채용, 승진 및 전반적인 서비스 조건의 향상을 책임질 위원회를 설립할 수 있는 권한을 갖고 있다. 해당 부처의 장관이 위원장을 맡는 경찰과 군 위원회를 제외하고 다른 위원회에는 정치인의 임명을 가급적 배제하고 있다. 위원 선정 시 술탄 아공은 수상의 조언을 받도록 되어있으나 다른 채널을 통해서도 조언을 얻을 수 있기 때문에 반드시 그 조언에 따라

위원을 임명할 의무가 없다. 이는 위원 임명 시 수상은 여러 조언의 채널 중 하나임을 의미한다. 또한 일단 임명된 위원은 사법적인 절차를 통하지 않고는 해임할 수 없다. 만약 의회가 어떤 위원을 해임하려할 경우 자칫 그 시도가 술탄 아공의 권한에 대한 도전으로 비춰질 수 있기 때문에 확실한 해임사유가 없는 한 선불리 문제를 제기하기가 어렵다. 이처럼 술탄 아공은 다양한 위원회의 설립을 통해 비정치적인 사회 유력 인사들과의 독자적인 결속을 바탕으로 정치권의 수상과 측근 정치인 집단과 대비되는 세력을 확보할 수 있다(Lowe 1982: 78).

이 밖에도 술탄 아공은 비상사태를 선포할 수 있는 권한을 갖고있다. 연방헌법 제 150조 1항은 "만약 양 디뻐르뚜안 아공이 연방의 안보, 경제적인 생활 또는 공공 질서에 중대한 위기가 존재하거나 그로 인해 어떤 다른 분야가 위협을 받는다고 판단할 경우 비상사태를 선포할 수 있다"고 명시하고 있다. 이때 술탄 아공은 헌법에는 명시되어 있지 않지만 수상을 포함한 내각의 조언을 받는 것이 관행이다. 독립이후 최근까지 다음 네 차례의 위기 시 비상사태가 선포되었다(Lowe 1982: 81).

1. 1963년 12월에 시작된 인도네시아 대결국면(Indonesian confrontation)의 위기
2. 1967년 사라와의 먼뜨리 버사르인 스테판 깔롱 닝깐(Stephen Kalong Ningkan)이 동맹당의 사임명령에 불복해 주지사(Governor)에 의해 해임되자 법적 소송을 통해 승소하면서발생한 정치적 위기
3. 1969년 5월에 발생한 인종 분규로 인한 위기
4. 1978년 끌란딴의 먼뜨리 버사르가 주 의회의 불신임 투표의 가결에 불복해 사임을 거부하면서 발생한 끌란딴 주 정부의 위기

이 상의 네 차례의 비상사태는 예외 없이 술탄 아공이 내각의 조언을 받아들여 선포했다. 전례로 보아 술탄 아공의 비상사태 선포권은 내각

이 조언할 경우 마땅히 그에 따라야 하는 형식적인 권한으로 보인다. 그러나 수상을 포함한 내각의 정치인들이 정치적인 위기라고 판단해 비상사태의 선포를 고려할 경우에 그들에게 무엇보다도 중요한 사안은 그에 대한 적법성이다. 바로 그 적법성을 술탄 아공에게 의존할 수밖에 없는 한 그의 비상사태 선포권은 분명 말레이시아의 입헌군주제도를 강화하는 역할을 한다고 볼 수 있다. 끝으로 술탄 아공은 연방의회를 통과한 법률에 대한 최종 승인권을 갖는다. 연방헌법 제 66조 1항은 입법절차가 양원을 통과한 법률안이 술탄 아공의 승인을 받음으로써 종료되도록 명시하고 있다. 또한 연방헌법 제 38조 4항은 술탄의 권한과 역할을 침해하는 어떠한 법률도 술탄회의의 동의 없이 통과되지 않을 것을 명시하고 있다. 상기 두 조항은 양원을 통과한 법률안이 술탄회의의 동의를 얻어 술탄 아공이 최종적으로 승인해야 만 법률로서 효력을 발생함을 의미한다. 뿐 만 아니라 38조 4항과 관련해 술탄회의가 그 판단을 독자적으로 할 수 있다. 더욱이 만약 술탄 아공이 38조 4항에 의거해 양원을 통과한 법률안을 승인하지 않을 경우 그에

대한 적절한 사유와 함께 의회로 반려해야 하는 기한을 명시하고 있지 않다. 따라서 술탄 아공의 법률 승인권은 경우에 따라 의회의 가장 중요한 기능 중 하나인 입법권의 마비를 초래할 수 있는 강력한 권한이다.

이상에서 논한 바와 같이 연방정부 차원의 실질적인 권한은 물론 국가의 수반으로서 연방헌법이 술탄 아공에게 부여한 다양한 상징적인 권한 또한 다민족 국가인 말레이시아에서 "국가의 말레이적 가치"를 강화하며 여러 면에서 간접적으로 무시할 수 없는 영향력을 발휘한다. 그 첫 번째로 헌법에 명시된 술탄 아공의 의전적인 기능을 들 수 있다. 정부 차원의 주요 의전 행사를 주관할 때 술탄 아공은 고대 말레이 왕실의 장엄한 의식 절차를 재현한다. 예를 들어 의회의 개원식 때 수상을 포함한 정부의 주요 지도자들이 술탄 아공에게 복종을 표하는 (menghadap) 장면을 전국에 텔레비전으로 생중계 함으로써 과거 멀라카

왕국의 영광을 재현을 통해 말레이적 특징을 강조한다. 같은 목적으로 정부 주요 관직을 임명할 때 역시 성대한 의전 절차와 함께 임명장으로 고대 왕권을 표시하는 수랏 따우리아(surat tauliah)를 사용한다 (Lowe 1982: 76-77; Chandra 1979: 108).

술탄 아공은 국가 유공자에게 말레이 왕국에서 유래한 다또(Dato), 딴스리(Tan Seri), 뚠(Tun) 등의 타이틀을 수여함으로써 그들에게 국왕의 권위를 전수한다. 그 타이틀의 수혜자, 특히 정치인에게 그 명예는 정치적인 영역은 물론 사회적인 영역에서도 넓은 운신 폭을 제공한다. 따라서 그 타이틀의 수여는 사회 전체에 말레이적 가치의 확산은 물론 수혜자들의 지지를 바탕으로 입헌군주제의 위상을 강화하는 역할을 한다 (Chandra 1979: 108). 뿐만 아니라 술탄 아공의 그 같은 권한은 비말레이인을 말레이인의 의전생활에 동참하도록 권장해 국민통합에도 기여한다. 술탄 아공의 사면권 또한 비 말레이인에게 그와 유사한 기능을 한다(Lowe1982: 77).

그 이외에도 술탄 아공은 재임 시 전국 각주를 순회할 때 방문한 주에 반드시 국왕을 상징하는 깃발 게양식을 거행한다(Lowe 1982: 77). 이 의식을 통해 술탄 아공은 그가 국가의 최고의 수반임을 알리며 각주의 지역분권의식의 희석을 통해 국가 통합에 기여한다. 또한 국가 주요 행사 때 술탄 아공의 참석과 의전활동은 정부에 정통성을 부여할 뿐 만 아니라 비 말레이인 야당 세력이 말레이적 가치를 묵시적으로 받아들여 암노를 중심으로 한 정부 주도의 헌정 절차를 쉽사리 방해하지 못하도록 하는 역할을 한다. 연방정부 차원에서 헌법이 명시하고 있는 말레이시아의 왕권은 사실상 잠재적인 성격이 강한 권한이다. 따라서 제한된 임기의 선출직으로서 평상시 술탄 아공의 권한과 역할은 내각의 조언을 이행하는 의무에서 자유롭지 못할 뿐 만 아니라 국가의 수반으로서 다양하게 요구되는 의식과 의전행사에 보다 많은 노력을 기울이는 일반적인 입헌군주와 큰 차이가 없어 보인다(Tan Sri 1976: 22).

반면 헌법적인 권한이외에도 종신 임기의 경외적인 세습직에 바탕을 둔 주 정부 차원의 왕권은 연방정부 차원의 그것과는 대조적으로 유사시에 힘을 발휘하는 잠재적인 권한을 넘어선다. 각주의 술탄은 무엇보다도 종신임기를 바탕으로 주 전체의 관료들과 두터운 교분을 맺고 있다. 뿐 만 아니라 술탄은 두 개의 분리된 술탄제 하부조직인 이슬람 관료 및 업무체제와 술탄궁의 관료체제를 독자적으로 관장한다. 특히 말레이 전통사회의 정점으로서 그 위상과 권한을 바탕으로 술탄은 주 정부의 정치적 실권자인 먼뜨리 버사르에게 강력한 적 또는 후원자로 그의 입지에 막강한 영향력을 행사할 수 있다(Lowe 1982: 84). 주 헌법은 모든 행정권을 먼뜨리 버사르에게 부여하고 있다. 그러나 모든 행정사의 집행은 술탄의 이름으로 합법화된다. 이 과정에서 이론적으로 술탄은 먼뜨리 버사르의 조언을 의무적으로 따르도록 되어있다. 그러나 실제로 정책결정 과정에서 먼뜨리 버사르에게 영향력을 행사하는 방법 이외에 다른 공식적인 채널을 갖고 있지 못한 술탄이 먼뜨리 버사르를 조언하는 경우가 흔하다. 주 정부에서 이 같은 술탄과 먼뜨리 버사르 간의 탈 헌법적인 관계는 항시 양자간에 긴장을 촉발할 소지를 내포할 뿐만 아니라 나아가 술탄과 수상과의 관계에도 연쇄적인 영향을 미친다(Lowe 1982: 84-85).

주 정부차원에서 술탄과 먼뜨리 버사르 각자에게 주어진 헌법적인 역할은 여러 영역에서 그들에게 상호 긴밀한 협조를 요구한다. 먼뜨리 버사르는 거의 모든 정치적인 과정에서 술탄의 동의, 승인 또는 묵과를 필요로 한다. 또한 그가 술탄에 의해 임명된 뒤 먼뜨리 버사르는 주 정부 내각(Exco: State Executive Committee)에 임명하기를 원하는 인물들의 명단을 술탄에게 제출한다. 이처럼 주 정부 각료의 임명권 이외에도 술탄은 독자적으로 그들을 해임 할 수 있는 권한을 갖고 있다. 만약 먼뜨리 버사르가 그 각료를 해임할 경우엔 술탄의 동의를 받아야 한다. 주 정부 각료는 주 의회에서 자신의 집단을 대표하는 인물로서 먼뜨리 버사르에 대한 각료의 지지도가 곧 주 의회와 여러 선거에서 그의 지지도와 직결된다. 이러한 역학관계 속에서 먼뜨리 버사르가 주 의회 및 각종 선거에서 다수의 지지를 확보하기 위해선 술탄과의 긴밀한 협력이 불가피하다(Lowe 1982: 85).

주 정부차원의 모든 토지와 관련된 문제는 주 술탄의회(Ruler-in-Council)에서 결정한다. 개발을 위한 토지의 중요성 및 토지의 정치적인 동원 효과를 감안할 때 술탄은 그 권한을 이용해 개발유형과 동원효과의 정도를 조절하며 비공식적으로 주의 정치, 경제분야에 상당한 영향력을 행사할 수 있다(FEER, 1983/6/30). 술탄은 또한 그의 가문과 관습 및 종교적인 문제에 대한 독점적인 정책 결정권을 갖고 있다. 술탄은 여러 위원회를 통해 그 문제들에 관한 정책을 결정한다. 그 중 계승위원회(Council of Succession)가 상기 문제와 관련해 중추적인 역할을 담당한다. 왕가 혈통의 순수성을 보존하기 위해 술탄의 근친은 결혼하기 전에 계승위원회의 허락을 받아야 한다. 또한 계승위원회는 왕위 계승을 둘러싼 분쟁을 조정함으로써 군주제의 안정에 기여한다. 그밖에 계승위원회는 왕가의 근친이 현실 정치에 참여하기 위해선 사전에 술탄의 동의를 받아야 하는 등의 규정을 통해 정치적으로 불리한 간섭으로부터 왕가를 보호하는 역할을 한다(Lowe 1982: 86).

연방정부 차원의 술탄 아공처럼 주 정부 차원에서 술탄 역시 상징적인 역할을 통해 간접적으로 여러 분야에 영향력을 행사한다. 예를 들어 술탄은 먼뜨리 버사르가 주재하는 주 의회의 새로운 회기의 개원, 각종 예산 회기 등 주요 행사에 참석해 그 행사에 합법성을 부여하는 역할을 하는 반면 참석을 거부해 먼뜨리 버사르와 각료들의 정치적 입지를 약화시킬 수도 있다. 또한 주의 유공자에게 다뚝(Datuk)이란 명예 타이틀의 수여를 통해 말레이적 가치와 자신의 위상을 제고한다. 뿐 만 아니라 술탄은 사면권을 갖고 있다. 이 권한을 행사하기 위해선 주 사면위원회의 조언을 받도록 되어있으나 그 조언을 따르는 것은 의무사항이 아니다(Lowe 1982: 86-87). 1957년 머르데까 헌법이 연방정부와 주 정부 차원에서 명시하고 있는 말레이시아 왕권의 초헌법적인 위상은 전후 탈식민지화 과정에서 말레이인의 전통적인 특권과 이익을 수호하는 최후의 보루로서의 효용성을 입증한 술탄제와 이를 바탕으로 말레이인의 정치적 헤게모니를 영속적으로 유지, 강화하려는 암노의 정치 엘리트 간의 타협의 산물이다. 따라서 독립이후 1970년대 말까지 1963년 말레이시아 연방의 결성과정에서 발생한 인도네시아의 대결국면, 1965년 싱가포르의 연방 탈퇴, 1969년의 인종집단 간 유혈사태의 와중에서 비말레이인의 도전으로부터 말레이 사회의 특권을 보호하려는 목적으로 "인종간 정치"(inter-racial politics)가 정치적인 장을 지배하는 동안 말레이시아의 왕권은 지속적으로 강화되는 현상을 보였다. 특히 1969년 유혈사태의 한 결과로 술탄의 권한과 역할을 공개적으로 논하는 것을 금지시킨 1971년에 수정된 소요법률(Sedition Act)의 발효로 말레이시아 왕권의 초헌법적인 위상이 절정에 달했다. 이를 바탕으로 1970년대 말 빠항, 조호르 및 뻬락 주에서 술탄과 먼뜨리 버사르 간에 빚어진 권력투쟁에서 술탄이 일방적으로 승리를 거둠으로써 그들의 건재한 위상과 역할을 재 확인시켜 주었다(FEER, June 30 1983). 그 위상과 역할은 1981년 마하띠르가 수상으로 취임하기 이전까지 아무런 도전을 받지 않았다.

IV. 헌법위기: 술탄(아공)의 권한에 대한 도전

1. 1983년 헌법위기

1983년 10월 마하띠르 정부는 의회를 통과한 두 개의 연방헌법 수정안을 술탄 아공에게 제출했다. 그러나 술탄 아공이 그 수정안에 대한 승인을 거부한 결과 정부와 군주간에 치열한 힘 겨루기가 전개되면서 말레이시아 헌정사에 큰 파장을 몰고 온 소위 "헌법위기"(constitutional crisis)가 촉발되었다. 마하띠르 정부가 술탄 아공에게 승인을 얻기 위해 제출한 연방헌법 수정안의 골자는 다음과 같다:

> 법안은 양 디빠르뚜안 아공의 승인을 받아 법이 된다.(연방헌법 제 66조 5항)
>
> (수정안)
> 법안은 양 디빠르뚜안 아공의 승인을 받아 법이 된다. 만약어떤 이유로 간에 양 디빠르뚜안 아공에게 제출된 법안이 **15일 이내에 승인을 받지 못할 경우 그 법안은 그의 승인을 받은 것으로 간주해**(필자 강조) 법이 된다(Lee 1984: 23). 만약 **양 디빠르뚜안 아공**(필자 강조)이 연방의 안보, 경제적인 생활 또는 공공 질서에 중대한 위기가 존재하거나 그로 인해 어떤 다른 분야가 위협을 받는다고 판단할 경우 비상사태를 선포할 수 있으며 그로써 비상사태는 효력을 발생한다.(연방헌법 제 150조 1항)
>
> (수정안)
> 만약 수상(필자 강조)이 연방의 안보, 경제적인 생활 또는 공공 질서에 중대한 위기가 존재하거나 그로 인해 어떤 다른 분야가 위협을 받는다고 판단할 경우 양 디빠르뚜안 아공은 **수상의 조언에 따라 비상사태를 선포하며**(필자 강조) 그로써 비상사태는 효력을 발생한다(Lee 1995: 35).

그렇다면 마하띠르 정부가 상기 수정안을 제출한 이유가 무엇일까? 어떠한 공식적인 이유도 발표되지 않았지만 여러 정황으로 보아 그 이유는 당시 술탄 아공의 임기가 1984년 4월에 만료됨에 따라 새로운 술탄 아공을 선출하는 문제와 직접적으로 관련되어 있음이 분명하다. 헌법학자 딴 치 쿤(Tan Chee Koon)은 한 사설("Without Fear or Favour")을 통해 그 이유와 관련해 다음과 같이 언급하고 있다.

> (1984년) 4월에 현 술탄 아공의 임기가 만료됨에 따라 새로운

> 국왕을 선출할 것이다. 새로운 술탄 아공의 가장 유력한 후보는 빼락과 조호르의 술탄이다. 그들 둘은 모두 강한 성품의 소유자로 정부에 반기를 들 가능성이 높다. 이 같은 예상을 전제로 정부는 술탄 아공의 권한 축소에 착수했다(*The Star*, 1984/1/4).

연방정부의 헌법 수정안이 새로운 술탄 아공으로 유력시되는 두 술탄의 성향에 대한 우려에서 비롯된 만큼 이 시점에서 그들에 대한 우려의 근거를 검토하는 것이 필요하다. 독립이후 몇몇 주에서 술탄과 먼뜨리 버사르 간에 여러 차례 정치적 마찰이 빚어졌다. 그 중 특히 빼락의 술탄 이드리스(Idris)는 먼뜨리 버사르들과의 잦은 마찰 전역으로 유명했다. 이드리스는 까마루딘 맛 이사(Kamaruddin Mat Isa)와 마찰을 빚은 뒤 그의 후임자인 딴 스리 가잘리 자위(Tan Sri Ghazali Jawi)와 더욱 심각한 불화를 겪었다. 술탄은 그의 해임을 여러 차례 시도한 뒤 뜻을 이루지 못하자 그가 참석하는 모든 의전 행사에 동참을 거부했다. 둘간의 관계가 더욱 악화되자 술탄은 시위의 한 수단으로 턱수염을 기르기 시작하면서 가잘리가 먼뜨리 버사르직을 사임할 때까지 면도를 하지 않겠다고 협박을 가했다. 결국 가잘리가 사임하자 술탄은 후임자로 그가 선호하는 완 모하메드(Wan Mohamed)를 임명했다(Lee 1984: 25; FEER, 1983/6/30). 조호르의 술탄 마흐무드 이스깐다르(Mahmud Iskandar) 역시 이드리스 술탄과 유사한 전역을 갖고 있었다. 마흐무드는 14년 간 먼뜨리 버사르직을 수행해온 오스만 사 (Othman Saat)과의 불화 끝에 자신을 위해 그에게 집무실 건물을 비우도록 명령했다. 결국 오스만은 건물을 비웠으나 선거가 임박함에 따라 집무실로 복귀했다. 그러자 연방정부는 그가 너무 오랜 기간 먼뜨리 버사르직에 있었다는 이유를 들어 선거에 그를 공천하지 않음으로써 마흐무드 와의 불화를 매듭지었다(Lee 1984: 26; FEER, 1983/6/30).

이 밖에도 연방정부의 우려는 그 두 술탄이 차기 술탄 아공 및 부술탄 아공으로 선출될 수밖에 없는 상황에서 비롯되었다. 연방헌법 제

32조 2항은 술탄 아공의 선출에 대해 다음과 같이 명시하고 있다.

> 술탄은 만약 그가 미성년자이거나 또는 옥인의 관리자(Keeper of the Rulers'Seal)에게 선출될 의사가 없다고 통보했거나, 술탄회의의 비밀투표로 그가 심신의 장애 또는 다른 사유로 양 디빠르뚜안 아공직을 수행하기에 부적합하다고 결의한 경우가 아니면 그는 (술탄회의에서) 양 디빠르뚜안 아공으로 선출될 자격이 있다. 양 디빠르뚜안 아공의 선출은 선출목록(election list)이 정한 우선순위에 따른다. 우선순위는 술탄에 즉위한 시점에 바탕을 두며 1957년의 선출 목록은 조호르, 빠항, 느그리 슴빌란, 슬랑오르, 끄다, 빠르리스, 끌란딴, 뜨랭가누, 뻬락 주 순으로 우선순위를 정하고 있다. 만약 최 우선순위 및 상기 다른 기준에 의거해 선출될 자격을 갖춘 술탄이 차기 양 디빠르뚜안 아공직을 고사했을 경우 바로 다음으로 선출목록에 올라있는 주의 술탄에게 그 기회가 주어진다. 매 선출 뒤 (5년 단위) 바로 전임자의 주는 선출목록의 맨 뒤에 위치하며 이미 양 디빠르뚜안 아공으로 선출된 술탄의 주는 최우선 순위에서 제외된다. 주의 술탄이 바뀔 때마다 그주는 선출목록의 맨 뒤에 위치한다.

상기 조항에 입각해 1984년의 선거목록에 뻬락에 이어 조호르 주가 우선순위를 차지하고 있었다. 따라서 그 두 주의 술탄 모두가 양 디빠르뚜안 아공직을 고사하지 않는 한 그들은 술탄 아공과 부 술탄 아공으로 선출되는 것이 자명했으며 또한 그 둘 모두 아공직에 강한 집착을 보이면서 마하띠르 정부의 우려를 더욱 자극했다. 1983년 10월 12일, 13일 이틀에 걸쳐 사바 주의 꼬따 끼나발루에서 심장마비로 투병 중인 술탄 아공이 불참한 가운데 개최된 128차 술탄회의에서 술탄들은 연방정부가 술탄 아공의 승인을 위해 제출한 수정안이 연방헌법 제 38조 4항 - "술탄의 권한과 역할에 직접적으로 영향을 미칠 어떠한 법률도 술탄회의의 동의 없이 통과되지 않을 것" -에 위배된다고 주장하며 술탄 아공에게 그 수정안의 승인을 거부할 것을 강력하게 제안했고 그는 결국 그들의 결의를 받아들였다(Rawlings 1986: 249; Stockwell 1988: 188).

술탄 아공의 승인거부에 직면해 마하띠르 내각이 적절한 대응책을 서두르는 동안 말레이 사회에 분열의 조짐을 보이기 시작했다. 문화, 청소년 및 스포츠부 장관으로 암노의 청년운동을 이끌고 있던 안와르 이브라힘(Anwar Ibrahim)은 술탄들과 관계없이 즉각적으로 그 수정안의 개짓팅(gazetting)을 통해 법률적인 효력을 부여할 것을 제안했다. 다른 암노의 주요 지도자인 슬랑오르 주의 다뚝 하룬 이드리스(Datuk Harun Idris)와 끌란딴 주의 뜽꾸 라자레이 함자(Tengku Razaleigh Hamza)는 술탄들의 편에 섰다. 뜬꾸 압둘 라흐만 전 수상은 정부에게 수정안의 처리를 연기할 것을 권유했다. 말레이 유권자를 대상으로 암노와 라이벌 관계에 있는 빠스(PAS: Parti Islam Se-Malaysia)도 분쟁에 편승해 술탄의 편을 들었다(Stockwell 1988: 189). 마히띠르 내각과 술탄들 간의 힘 겨루기에 신문, 방송 등 대중매체가 동원되면서 정치인들의 분열은 곧 말레이 사회 전체로 비화되었다. 1983년 11월 4일 안와르 이브라힘에 의해 조직된 1500명의 청년 지도자들이 개혁을 외치며 시위를 벌였다. 이에 맞서 술탄도 자신의 주에서 여러 대중 회합을 가졌다. 뻐르리스 주의 술탄은 수백명의 지지자들과 함께 다과회를 열어 술탄들의 확고한 입장을 재 천명했다. 뻬락 주에서도 650명이 꾸알라 룸뿌르의 스테이션 호텔에서 저녁 식사를 하며 술탄들의 결의를 지지했다. 술탄들의 이 시위는 11월 20일 슬랑오르 주의 샤 알람에서 열린 회의에서 그 절정을 보였다. 정부와 비교해 대중 매체에 접근이 용이하지 않은 술탄들은 샤 알람의 행사를 방영하는 텔레비전 방송을 통해 전통적인 전투복과 군복을 입은 그들의 결의에 찬 모습을 포함해 수 천명의 군중이 꼬따 바루 공항에서 샤 알람으로 떠나는 끌란딴의 술탄을 배웅하는 장면을 방영하며 그들의 기세를 과시했다. 뿐 만 아니라 술탄들은 재정안(money bill)과 선거구의 재조정 등 1984년 총선을 위해 마련된 다른 중요한 수정안에 대한 승인 연장을 시사하며 마하띠르를 압박했다(Rawlings 1986: 250; Stockwell 1988: 189-190). 술탄들의 강한 저항과 암노의 분열로 마하띠르 수상은 수세에 몰렸다. 더욱이 헌법위기가 꾸알라 룸뿌르의 주식시장에 악재로 작용하면서 만약 주식의 하락을 계속 방치하면 말레이 사회의 분열이 말fp이시아 사회 전체로 비화될 가능성이 예고되었다. 그럼에도 불구하고 마하띠르 수상은 역공을 준비하며 모든 경찰의 휴가 취소 명령을 내렸다. 11월 26일 자신의 출신 주인 끄다의 알로르 스따에서 마하띠르 수상은 대중 연설을 통해 술탄은 수상과 내각의 조언에 충실한 입헌군주여야 한다는 주장을 내세우며 강력한 개혁의지를 표출했다. 이어 암노 지구당 차원의 단합대회를 통해 술탄들에게 지속적으로 압력을 가했다. 압력이 점차 거세지자 술탄들은 만약 극단적인 경우에 마하띠르 수상이 수정안의 개짓팅을 통해서라도 그 위기를 돌파하려는 상황에서 무한정 입법과정을 차단할 수 없었다. 수상 역시 그 방법을 통해 술탄들에게 굴욕감을 주어 말레이 사회의 분노를 자극하기를 원치 않았다. 결국 양자는 타협방안을 모색하기 시작했다(Stockwell 1988: 190-91; Rawlings 1986: 250-251).

1983년 12월 15일 투병 중인 술탄 아공을 대신해 부 술탄 아공(Timbalan Yang di-Pertuan Agong)이 새해 의회의 특별회기 때 수정안 원안을 수정하는 조건으로 그 안에 서명을 했다. 그 결과 탄생한 1984년 헌법 수정안의 내용은 아래와 같다.

> 양 디빠르뚜안 아공의 승인을 위해 제출된 법안은 제출된 뒤 30일 이내에 그의 승인을 받는다. 하지만 (중략) 그가 제출된 법안에 동의하지 않을 경우 30일 이내에 반대 사유와 함께 그 법안을 해당 의회에 반려한다. 만약 그가 30일이 경과될 때까지 그에게 제출된 법안에 아무런 의사를 표하지 않으면 그가 법안에 동의한 것과 마찬가지로 그 기간이 만료되는 시점에 법으로서의 효력을 발생한다.(연방헌법 제 66조 4B항)

이에 상응하는 주 헌법과 관련해 수상은 각주의 술탄으로부터 주 의회가 그의 승인을 위해 제출된 법안에 비합리적으로 승인을 유보하지 않는다는 "구두 확약"(verbal assurance)을 받았다(Lee 1984: 33). 비상사태 선포에 관한 수정안은 수상에게 "전적으로 받아들일 수 없는"(wholly unjustifiable) 결정권을 허락할 수 있다는 우려의 목소리에 밀려 술탄 아공이 일방적으로 비상사태를 선포하지 않는다는 구두 확약과 함께 원래의 법안으로 환원되었다(Lee1984: 34-35).

그렇다면 1983년 헌법위기의 결과 과연 누가 승자인가? 1984년 헌법 수정안으로 인해 연방정부 차원에서 법안 거부권(veto power)을 상실함으로써 술탄은 권한의 일부를 상실했다. 뿐 만 아니라 헌법위기를 거치면서 술탄은 그의 권한과 역할에 대한 공개적인 토론이 더 이상 금기사항으로 간주되지 않는 상처를 입었다. 그러나 술탄 아공이 독립이후 단 한번도 연방법안에 대한 승인을 거부해본 적이 없는 가운데 그 승인권은 사실상 형식적인 또는 기껏해야 잠재적인 권한으로 인식되었다. 헌법위기는 술탄 아공에게 최장 60일 동안 입법과정을 지연시킬 수 있는 전례 없는 실질적인 권한을 부여함으로써 이제 그는 그 권한을 통해 입법과정에 직간접적으로 영향을 미칠 수 있는 입지를 확보했다. 또한 단지 구두확약과 함께 비상사태 선포와 관련된 수정안의 철회와 주 정부의 법안에 대한 승인권의 유지는 술탄들의 초헌법적인 위상을 재 확인시켜 주었다. 마하띠르 정부와 술탄 양자간에 득실이 분명한 가운데 누구도 일방적인 승리를 거두지 못했다. 하지만 종합적으로 볼 때 1983년의 헌법위기는 말레이 사회에서 술탄의 위상과 역할의 효용성을 다시 한번 입증해준 사건임에 틀림없다.

2. 1992년 헌법위기

1992년 또 한차례의 헌법위기는 조호르의 술탄 마흐무드 이스깐 다르가 술탄 아부 바까르 대학(Maktab Sultan Abu Bakar)의 하키 코치인 더글라스 고메즈(Douglas Gomez)를 구타한 사건에서 비롯되었다. 이 사건은 조호르 한 하키팀의 일원인 술탄의 아들 뚠꾸 마지드(Tunku Majid)가 한 삐락팀과의 경기에서 패하자 그 팀의 골키퍼를 구타한 사건과 연계되어 일어났다. 이 사건으로 뚠꾸 마지드는 말레이시아 하키연맹으로부터 5년 간의 출장정지라는 중징계를 받았다. 그가 징계를 받은 직후 조호르의 많은 하키팀들이 갑자기 말레이시아 하키연맹이 주관하는 다양한 대회에 참가를 거부했다. 이때 고메즈는 그의 대학의 하키팀은 "외압에 의해 대회에 나갈 수 없음"을 신문을 통해 밝히며 조호르 하키협회의 임원들에게 사퇴를 요구했다(New Sunday Times, 1992/11/29). 그러자 11월 30일 고메즈는 술탄의 호출을 받은 뒤 조호르의 한 신문사에 다음과 같은 글을 남겼다.

> 조호르 바루의 술탄 아부 바까르 대학의 하키 코치인 본인 더글라스 고메즈는 며칠 전 자신이 신문에 밝혔던 내용은 왜곡 보도된 것으로 사실이 아니다(*New Straits Times*, 1992/12/1).

그 다음날 고메즈는 얼굴에 난 상처를 치료하기 위해 병원을 찾았고 이어 조호르의 술탄이 자신을 술탄궁에서 구타했다고 경찰에게 보고했다 그 직후 정치인들이 이 사건을 거론하기 시작하면서 소위 "고메즈 사건"은 말레이시아에서 또 한번의 헌법위기로 발전되었다.

12월 10일 연방의회의 하원은 다음과 같은 결의를 만장일치로 통과시키며 연방헌법의 수정을 강력히 시사했다.

> 오늘 하원은 비통함을 느끼며 1992년 11월 30일 조호르의 술탄에 의해 그의 궁에서 구타를 당한 말레이시아의 한 시민 더글라스 고메즈와 관련된 사건을 진지하게 검토하기 위해 모였다. 하원은 그 사건을 입헌군주제도와 의회민주주의 체제를 바탕으로 하는 연방헌법에 배치되는 사건으로 결정한다. 하원은 유사한 사건이 재발되지 않도록 모든 필요한 조치를 취할 것을 결의한다 (New Straits Times, 1992/12/11).

이 결의 직후 연방 대법원은 경찰에게 조호르 술탄의 아들 뚠꾸 마지드의 기소와 술탄의 구타혐의를 조사하도록 명령했다(New Straits Times, 1993/1/27). 이어 정부는 술탄의 민형사상 소추 면제권을 박탈하기 위해 신속한 행보를 시작했다. 암노 최고 위원회는 긴급회의를 열어 정부에게 연방헌법을 수정할 필요성을 제안했다. 국민전선(National Front)의 최고위원회는 곧 긴급회의에서 그 제안을 채택했다. 이 회의를 주재한 뒤 마하띠르 수상은 연방헌법의 수정을 위해 한 달간 하원의 특별회기를 소집할 것을 발표했다. 1993년 1월 6일 연방 내각은 제안된 헌법수정안의 초안을 만장일치로 통과시켰다. 1월 9일 그 법안의 초안이 술탄들에게 제출된 뒤 1월 17일에 술259탄과 정부의 대표가 비공식회의를 개최했다. 이 회의에서 양측은 그 초안의 몇 부분을 수정하기로 합의했다. 연방정부가 마련한 2차 수정안의 내용은 다음과 같다.

> 연방의 최고 수반인 양 디뻐르뚜안 아공은 연방의 모든 사람보다 지위에서 우선하며 어떤 법정에서도 법적인 절차를 받지 않는다. (연방헌법 제 32조 1항)
>
> (수정안)
> 연방의 최고 수반인 양 디뻐르뚜안 아공은 연방의 모든 사람보다 지위에서 우선하며 **민형사상 그의 범행을 재판할 특별법정을 제외하고** (필자 강조) 어떤 법정에서도 법적인 절차를 받지 않는다.
>
> 어떤 법정도 주의 술탄을 그의 개인적인 행위로 법적인 절차를 받도록 할 수 없다. (헌법 제 181조 2항)
>
> (수정안)
> 특별법정을 제외하고 어떤 법정도 주의 술탄을 그의 개인적인 행위로 법적인 절차를 받도록 할 수 없다.

1월 18일에 개최된 술탄회의에서 상기 수정안에 대한 자신들의 입장을 정리하기 위해 술탄들은 11시간의 긴 회의를 개최한 끝에 특별법정이 자신들을 위해 가장 적절한 장이 아니라는 견해를 밝혔다. 또한 그들은 기소되기 전에 술탄으로의 기능 박탈과 관련해 적절한 국가기관에 의견을 개진할 자문위원회(Advisory Council)의 설치를 제안했다. 또한 적절한 국가기관과 자문위원회의 설치를 위해 더 많은 논의와 협의가 필요하다는 주장을 폈다(New Straits Times, 1993/1/19).

그러자 마하띠르 수상은 술탄들의 지속적인 협의 요청에 맞서 그들의 사생활 , 공금횡령, 각종 이권개입 등의 비리를 언론에 흘리며 법률절차를 서둘렀다. 2차 수정안은 아무런 어려움 없이 술탄회의 다음날인 1월 19일에 하원을 그 다음날 상원(Dewan Negara)을 통과했다. 이제 술탄들의 민형사상 소추 면제권을 박탈하기 위해 술탄 아공의 승인절차만 남아있었다. 술탄 아공은 술탄회의에서 합의를 도출한 몇 가지 수정제의와 함께 자신에게 제출된 안을 하원으로 반려했다. 결국 그 법안은 다시 수정을 거친 뒤 1993년 3월 9일 하원을 통과함으로써 법적인 효력을 갖게되었다(New Straits Times, 1993/3/10). 1993년의 헌법수정안은 술탄회의에서 합의된 수정제의를 다음과 같은 조항을 통해 반영했다.

> 만약 양 디뻐르뚜안 아공이 특별법정에 기소될 경우 그의 모든 기능은 정지된다. 이 규정은 주의 술탄에게도 마찬가지로 적용된다. (연방헌법 제 33조 A/ 33조 1A)
>
> 양 디뻐르뚜안 아공과 술탄에 대한 어떠한 법적 행위도 대법관의 승인 없이 진행되지 않는다. 이 법안이 법적인 효력을 발생하기 이전에 술탄이 행한 개인적인 행위는 그 법의 저촉을 받지않는다. (연방헌법 제 183조)

이처럼 고메즈 사건으로 인해 촉발된 1992년의 헌법위기에서 조호르의 술탄은 연방헌법 제 183조에 의해 법적인 심판을 받는 최초의 군주라는 불명예는 피했으나 술탄 모두는 1983년과는 달리 마하띠르 수상에 의해 일방적으로 독립이후 그들이 누려오던 중요한 권한 하나를 박탈당하는 수모를 겪었다. 1992년 헌법위기가 1983년과는 대조적으로 술탄들이 수세에 몰린 가운데 마하띠르 수상의 일방적인 승리로 끝난 이유는 무엇일까?

연방정부는 1983년과 달리 술탄들과의 일전을 위해 잘 준비가 되어 있었다 . 1983년 헌법위기에게 자신의 뜻을 마음껏 관철하지 못한 마하띠르 수상은 1984년부터 정적 제거 작업에 착수했다. 1984년 중엽 술탄의 편에 섰던 주요 인물 중 다뚝 하룬 이드리스는 정계를 떠났다. 딴 스리 가잘리 샤피(Tan Sri Ghazali Shafie)는 각료직을 사임했다. 꾸 라자레이 함자는 암노 부의장 경선에서 낙선했다. 반면 마하띠르의 개혁을 지지했던 "막강한 7인"(magnificent seven)이라 불리는 아딥 아담(Adib Adam), 안와르 이브라힘, 압둘라 아흐맛 바다위(Abdullah Ahmad Badawi), 라이스 야띰(Rais Yatim), 라피다 이지즈(Rafidah Aziz), 사누시 주니드(Sanusi Junid) 및 샤리르 사마드(Sharir Samad) (FEER1983/12/22)는 입각에 성공했다. 그 후 1987년에 암노의 의장 및 부의장 경선을 둘러싸고 벌어진 "Team A"(Mahathir - Abdul Gafar Baba)와 "Team B"(Tengku Razaleigh Hamza - Musa Hitam) 간의 치열한 권력투쟁에서 승리한 뒤 마하띠르 수상은 꾸 라자레이 함자 등 잔여 정적을 당으로부터 완전히 축출했다. 그밖에도 마하띠르 수상은 1984년 3월 인쇄 및 출판 조례(Printing and Publications Act)의 발효를 시작으로 언론을 장악하기 시작했다(The Times, 1984/3/29). 이상의 결과로 마하띠르 수상은 1990년대 초 독립이후 가장 강력한 "패권주의적" 수상으로의 입지를 확고하게 굳혔다. 이처럼 변화된 상황 하에서 술탄들이 마하띠르 수상의 도전에 직면해 반대세력을 동원하는 것은 사실상 불가능해 보였다. 그렇다면 마하띠르 수상이 두 차례에 걸쳐 다민족 국가인 말레이시아에서 말레이인의 전통적인 특권과 이익을 보호하는 최후의 보루로서 초헌법적인 위상을 유지하고 있는 술탄들의 권한과 역할을 약화시키거나 박탈한 근본적인 이유는 무엇일까?

부분적으로 그 이유는 마하띠르 수상의 출신배경과 관련이 있다. 초대 평민출신의 수상으로서 마하띠르는 그 이전의 수상들과 비교해 술탄에 대한 존경도가 낮았다. 따라서 그는 다른 어떤 수상보다도 술탄은 수상과 내각의 조언에 충실한 입헌군주라는 기본 원칙에 강한 집착을 보였다. 그러나 보다 근본적인 이유는 1971년부터 실시된 신경제정책(NEP: New Economic Policy)과 그로 인한 말레이 중산층의 형성과 밀접한 관계가 있다. 이 사회계층의 등장과 함께 말레이시아의 정치적 흐름은 인종간 정치에서 "인종내 정치"(intra-racial politics)로 전환되기 시작했다. 이때부터 말레이 사회는 경제적 혜택의 정도에 따라 분열의 양상을 보이기 시작했다. 신경제정책의 최대의 수혜자인 말레이 중산층은 그들의 정치적인 입지와 경제적인 부를 위해 독립이후 전통사회의 술탄들을 대신해 말레이 사회의 "새로운 후원자"(new patron)로 떠오른 암노에 전적으로 의존했다. 반면 경제발전의 분배에서 소외된 말레이 계층은 여전히 술탄들을 그들의 보호자로 믿고 있었다. 1983년 헌법위기 때 술탄들이 낙후된 북동부 주에서 지지를 받은 반면 마하띠르 수상은 신경제정책의 혜택으로 경제발전을 이룬 서부의 주에서 지지를 확보한 점이 그 사실을 잘 대변한다 (Rawlings 1986: 254). 암노와 정치적으로 유대가 깊은 그들이 경제활동에 적극적으로 참여하면서 술탄들과 비즈니스의 장에서 경쟁관계가 되었다. 그들은 주의 토지개발 및 다른 각종 사업의 이권을 둘러싸고 술탄과 잦은 마찰을 빚으면서 불만이 고조되자 술탄의 초헌법적인 위상을 압도할 수 있는 강력한 중앙정부를 원하게 되었다. 이와 관련해 찬드라 무자파르(Chandra Muzaffar)는 다음과 같이 언급하고 있다.

> 말레이 중산층은 지난 15년 동안 급속히 팽창했다. 증대된 정

치, 경제력을 바탕으로 그들은 더 이상 말레이 사회의 상징적인 보호자인 술탄에게 의존하지 않는다. 바로 정치적인 힘이 자신들의 경제적인 부를 보장한다고 확신하는 그들은 상징적인 보호자로서 술탄의 역할에 회의적이다. 만약 군주제가 그들의 정치적, 경제적 야망에 장애가 된다면 그들은 당연히 술탄의 권한과 역할을 약화시키데 주저하지 않을 가능성이 높다(Lee 1995: 98 재인용).

이상의 근거를 토대로 두 차례의 헌법위기는 초대 평민수상으로서 자신의 확고한 정치적인 입지를 위해 말레이 중산층의 지지기반이 필요한 마하띠르가 강한 정부를 원하는 그들의 요구를 실천하는 과정에서 빚어진 사건인 한편 말레이시아 헌법에서 작동하고 있는 유서 깊은 전통적 제도인 술탄제의 효용성에 대한 뚜렷한 반증이란 점에 의심의 여지가 없다.

V. 결 론

1948년 연방정부의 출범과 함께 헌법적인 절차를 통한 독립투쟁이 본격화되면서 암노를 중심으로 말레이 사회에서 술탄제에 대한 미래가 중요한 관심사로 떠올랐다. 1951년까지 암노의 의장으로 재임한 다또 온은 술탄제의 통폐합과 함께 단일 통치권의 중앙집권적인 정부를 지향하며 자신들의 주에서 전통적인 권한과 위상을 사수하려는 술탄들과 심각한 마찰을 빚었다. 결국 그 논쟁에서 아무런 결과를 얻지 못하고 다또 온이 암노를 떠나자 뚠꾸 압둘 라흐만이 새로운 의장으로 취임했다. 그 후 1953년부터 독립절차가 보다 구체화되면서 뚠꾸 압둘 라흐만은 가능한 한 빠른 시일 내에 독립을 획득하기 위해선 자신들의 미래를 영국에게 의존하며 조기 독립에 회의적인 술탄들과 긴밀한 협조가 필요함을 느꼈다. 그러나 말라야 연합 투쟁을 통해 다민족 사회에서 말레이

민족주의의 보루로 거듭난 술탄들은 그 효용성을 바탕으로 자신들의 확실한 미래를 보장받기 위해 뚠꾸 압둘 라흐만에게 협력보다는 견제의 입장을 고수했다. 그러나 1955년 암노를 중심으로 한 동맹당이 연방의회선거에서 압승을 거두면서 독립이 임박해지자 술탄들은 자신들의 미래를 암노에게 의존할 수밖에 없었다. 이때부터 술탄들의 적극적인 협조로 동맹당은 결국 1957년에 독립을 획득했다. 이 과정에서 암노는 독립 말라야(말레이시아)를 이끌어갈 최고의 정치세력으로의 입지를 확보한 반면 술탄들은 말레이인의 전통적인 특권과 이익을 보호하는 최후의 보루로서 그와 관련된 다양한 실질적인 권한이 부여된 입헌군주로 전환되었다.

독립이후 입헌군주임에도 불구하고 말레이시아의 헌법에 명시된 술탄 아공과 술탄의 권한과 역할은 사실상 전례를 찾아볼 수가 없다. 연방 정부 차원에서 선출직의 술탄 아공에게 부여된 초헌법적인 여러 권한과 역할은 평상시 잠재적인 것으로 볼 수 있다. 그러나 주 정부 차원에서 종신임기의 술탄은 실질적, 형식적 차원을 넘어 자신에게 부여된 권한과 역할을 바탕으로 무시할 수 없는 정치, 사회적 영향력을 행사할 수 있다. 더욱이 독립이후 1970년대말까지 말레이인의 전통적인 특권과 이익에 대한 비 말레이인의 지속적인 도전으로 "인종간 정치"가 정치적 흐름을 지배하는 동안 술탄들의 권한과 역할은 더욱 강화되는 현상을 경험했다. 그러나 1981년에 마하띠르가 수상에 오르 뒤 1971년부터 실시된 신경제정책의 결과로 말레이 중간계층이 형성되면서 술탄제의 효용성에 대한 회의론이 제기되었다. 그 시기를 기점으로 인종간 정치의 장이 "인종내 정치" 장으로 전환되면서 경제발전의 혜택을 둘러싸고 말레이 사회 계층간에 분열의 조짐이 보였다. 특히 신경제정책의 최대 수혜자인 말레이 중산층이 암노의 가장 확고한 지지기반으로 부상하면서 그들은 술탄들과 경제적인 이권을 둘러싸고 잦은 마찰을 빚었다. 암노에게 전적으로 의존하는 그들에게 술탄들은 이제 더 이상 말레이 사회의 전통적인 특권과 이익을 보호하는 존재라기보다는 오히려 그들의 정치, 경제적 야망에 걸림돌이었다. 술탄들에 대한 그들의 회의와 불만은 결국 1983년과 1992년 두 차례에 걸친 헌법위기로 발전했으며 이 과정에서 술탄들은 자신들의 권한과 역할의 일부를 상실했다. 그러한 반면 두 차례의 헌법위기는 현대 말레이시아 헌법에 있어 전통, 특히 술탄제가 차지하는 비중의 정도를 역설적으로 보여준 사건임에 틀림없다. 그렇다면 1980년대 초부터 다민족 사회에서 말레이인의 전통적인 특권과 이익의 보호자라는 효용성에 회의론이 제기되면서 두차례에 걸쳐 심각한 시련을 겪은 말레이시아 왕권의 미래는 어떠할 것인가?

다민족 국가인 말레이시아의 안녕과 번영은 무엇보다도 토착세력으로서, 다수 민족으로서 또한 정치적인 실세로서 말레이 사회의 안정과 단합에 달려있다. 암노가 내부적인 분열에 의해 흔들리지 않는 한 계속해서 말레이 사회의 안정과 단합의 구심점으로서 기능을 할 것이다. 그 가정 하에선 술탄제가 지속적인 효용성을 발휘할 수 있는 정치, 사회적 공간이 넓지 않다. 그러나 1987년(Team A-Team B 사건)과 1997년(안와르 이브라힘 사건) 두 차례의 정치변동에서 보듯 그 가정을 전적으로 확신할 수 없음이 분명하다. 더욱이 말레이 사회의 분열은 암노 내부의 정치적 분열에서만 비롯되지 않는다. 신경제정책 이후 암노가 주로 말레이 중산층의 이익을 대변하는 동안 경제발전에서 소외된 빈민층은 주로 빠스의 지지세력으로 전환되었다. 이러한 정치, 경제적 말레이 사회의 계층간의 분열은 이슬람부흥운동의 영향을 받아 더욱심화되고 있는 양상을 보이고 있다.

이 같은 정치, 경제적 불안 요인이 잠복해 있는 가운데 유사시에 말레이 사회의 안정과 단합을 위한 남은 마지막 안전핀은 역시 술탄제일 수밖에 없다. 사실상 술탄은 이슬람의 수장으로 이슬람 부흥운동을 통제해 말레이 사회의 분열을 막을 수 있는 유일한 대안일 뿐 만 아니라 다민족 사회의 구성원 모두가 인종집단 간의 이질감을 극복하고 진정한 국민통합을 이루기 전까지 말레이 사회, 나아가 말레이시아 사회 전체의 안정과 단합을 위한 최후의 보루이다. 그러나 그러한 국민통합의 달성이 가까운 장래엔 불가능해 보이는 한 말레이시아의 술탄제는 지속적으로 그 효용성을 유지하며 서구 중심의 일방적인 근대화가 잉태한 전통성과 근대성의 이분법적 구도에 대한 실효성에 강한 의문을 제기할 것이다.

참고문헌

소병국 . 2003. “식민지시기 말레이 술탄의 위상과 역할.” 『동남아시아연구』 13권 2호: 113-149.

Ahmad Ibrahim. 1979. “The Position of Islam in the Constitution of Malaysia.” in Tun Mohamed Suffian, H. P. Lee and F. A. Trindade eds. *The Constitution of Malaysia: Its Development*, 1957-1977. Kuala Lumpur: Oxford University Press: 41-68.

Azmi Abdul Khalid. 1987. “Role of the Monarch: Influences upon the Development of Parliamentary Government.” in *Reflections on the Malaysian Constitution*. Penang: Aliran Keedaran Negara: 44-53.

Chandra Muzaffar. 1979. Protector?. Peneng: Aliran. Departmental Note on the British Advisers in the Federation of Malaya, undated, CO 1030/410.

Extract from *Pan-Malayan Review*, No. 22, October 26, 1949, CO 537/4790.

Extract from *Pan-Malayan Review*, October 1951, CO 1022/182.

Far Eastern Economic Review (FEER) (June 30, 1983/December 22, 1983).

Harding, Andrew J. 1989. “The Malaysian Judiciary Crisis of 1988.” *Commonwealth Judicial Journal*, 8, 1: 3-9.

_______. 1990. “The 1988 Constitutional Crisis in Malaysia.” *International and Comparative Law Quarterly*: 57-81.

Hickling, R. H. 1987. “The Historical Background to the Malaysian Constitution.” in *Reflections on the Malaysian Constitution.*

Penang: Aliran KesedaranNegara: 21-29.

_______. 2001. *Malaysian Law: An Introduction to the Concept of Law in Malaysia*. Selangor: Pelanduk Publications.

Kershaw, Roger. 2001. *Monarchy in South-East Asia: The Faces of Tradition in Transition*. London: Routledge.

Kessler, Clive S. 1992. "Archaism and Modernity: Contemporary Malay Political Culture." in Joel S. Kahn, Francis Loh Kok Wah eds. *Fragmented Vision: Culture and Politics in Contemporary Malaysia. Honolulu*: University of Hawaii Press: 133-157.

Lee, H. P. 1995. Constitutional Conflicts in Contemporary Malaysia. Kuala Lumpur: Oxford University Press.

_______. 1984. "The Malasyian Constitutional Crisis: King, Rulers and Royal Assent." *Lawasia*, 3, 1: 22-44.

Letter from E. Melville to MacGillivray, July 19, 1956, CO 1030/132.

Letter from Gurney to Higham, August 29, 1951, CO 537/7297.

Letter from Gurney to Paskin, December 2, 1949, CO 537/4741.

Letter from MacGillivray to Martin, June 25, 1954, CO 1030/311.

Letter from Onn to the Sultan of Johore, October 2, 1949, CO 537/4790.

Letter from Sultan of Johore to the Sultan of Kedah, September 27, 1949, CO 537/4790.

Lowe, Vincent. 1982. "Symbolic Communication in Malaysian Politics: The Case of the Sultanate." *Southeast Asian Journal of Social Science*, 10, 2: 71-89. Malay Mail (June 21, 22 1949).

Minute by Morris, August 3, 1949, CO 537/4790.

Monthly Political Report for July 1954, CO 1030/244.

Monthly Political Report for August 1954, CO 1030/244.

New Straits Times (December 1, 11 1992/January 19, 27 1993/March

10 1993).

New Sunday Times (November 29, 1992).

Political Report No. 8 for June 1949, CO 825/74/3.

Rawlings, H. F. 1986. "The Malaysian Constitutional Crisis of 1983." *International and Comparative Law Quarterly*, 35: 237-254.

Smith, Simon C. 1995. *British Relations with the Malay Rulers from Decentralization to Malayan Independence*, 1930-1957. Kuala Lumpur: Oxford University Press.

Soh, Byungkuk. 2002. "The Invention of Tradition: The Royal Power of Contemporary Malaysia in a Historical Perspective." *Southeast Asia Review*, 12, 2: 169-206.

Stockwell, A. J. 1988. "Princes and Politicians: The Constitutional Crisis in Malaysia, 1983-4." in D. A. Low ed. Constitutional Heads and Political Crises: *Commonwealth Episodes*, 1945-85: 182-197.

Telegram from David Watherston to MacGillivray, No. 625, August 7, 1954, CO 1030/65.

Telegram from Gurney to the Secretary of State, No. 715, June 17, 1949, CO 537/4790.

Telegram from MacGillivray to the Secretary of State, No. 523, July 3, 1954, CO 1030/311.

Telegram from MacGillivray to the Secretary of State, No. 741, October 21, 1954, CO 1030/65.

Telegram from MacGillivray to the Secretary of State, No. 565, September 19, 1955, CO 1030/374.

Telegram from the Secretary of State to Templer, No. 390, May 20, 1954, CO 1030/310.

Telegram from Templer to the Secretary of State, No. 2018/53, December, 8 1953, CO 1022/86.

Telegram from Templer to the Secretary of State, No. 255, April 2, 1954, CO 1030/309.

The Star (January 4, 1984).

The Times (March 29, 1984).

Trindade, F. A. 1979. "The Constitutional Position of the Yang di-Pertuan Agong." in Tun Mohamed Suffian, H. P. Lee and F. A. Trindade eds. *The Constitution of Malaysia: Its Development, 1957-1977*. Kuala Lumpur: Oxford University Press: 102-122.

Tun Haji Mohd. Salleh bin Abas. 1985. "Traditional Elements of the Malaysian Constitution." in F. A. Trindade and H. P. Lee eds. *The Constitution of Malaysia: Further Perspectives and Development*. Petaling Jaya: Penerbit Fajar Bakti: 1-17.

Tun Mohamed Suffian. 1987. "Role of Moanrchy." in *Reflections on the Malaysian Constitution*. Penang: Aliran Kesedaran Negara: 30-43.

_______. 1976. *An Introduction to the Constitution of Malaya*.

Kuala Lumpur: Government Printer, 2nd edition.

Tunku Abdul Rahman. 1977. *Looking Back: Monday Musings and Memoirs*. Kuala Lumpur: Pustaka Antara.

Y. A. M. Raja Azlan Shah. 1985. "The Role of Constitutional Rulers in Malaysia." in F. A. Trindade and H. P. Lee eds. *The Constitution of Malaysia: Further erspectives and Developments*. Petaling Jaya: Penerbit Fajar Bakti: 76-91.

ABSTRACT

Sultanate and Constitution in Malaysia: A Critical Study of the Dichotomy of Tradition and Modernity

Soh, Byungkuk
(Hankuk University of Foreign Studies, Dept. of Malay-Indonesian)

This study is an attempt to debunk the dichotomy of tradition and modernity which is a widely shared assumption. For the aim, in the first place, this study introduces arguments on the sultanate that were raised by Malay political leaders in the eve of independence. Secondly, it analyzes the royal power reflected in Malaysian constitution.

Finally, this study focuses on the whole processes of the constitutional crises in 1983 and 1992 in detail. Based upon the examinations, this study makes a conclusion that tradition is a resource now capable of being consciously used to fashion and legitimate a form of life rather than the residue of the past.

제6장
태국

☑ 태국에서의 회복적사법

태국에서의 회복적사법

이 훈 동*

I. 서 론

회복적 사법이란 범죄에 대한 대응의 중심에 범죄 피해자를 고려에 넣는 사고를 기초로 피해자·가해자의 조정 등 다양한 화해방식을 총칭한다고 하겠다.[1] 회복적 사법은 ① 범죄에 대한 피해자 중심의 대응에 있어서 ② 범죄에 의해 가장 직접적 영향을 받은 피해자, 범죄자 및 그들의 가족, 지역사회의 대표가 ③ 범죄에 의해 야기된 해에 대한 대응에 직접적으로 관여할 수 있는 기회를 제공하는 것이라고 할 수 있다.[2]

이는 범죄자가 피해자 및 지역사회에 대해서 3자간의 대화 과정을 통해서 범죄자는 자신의 범죄행위에 의해 발생한 「해」에 대해서 직접적 책임을 부담하고, 그 책임을 이행함으로써 피해자의 감정 및 물질적 손실을 가능한 범위에서 회복하고, 범죄자에 적성개발의 기회를 부여함

* 한국외국어대학교 법학전문대학원 교수.

1) restorative justice 를 종래 필자는 수복적사법으로 번역하였으나(졸고, 「피해자 관계적 형벌론과 수복적사법의 가능성」, 비교법학연구, 2005, 제5집, 193면 이하) 이 논문에서는 회복적사법으로 번역한다.

2) Sinkinson & Broderick, “A Case Study of Restorative Justice: The Vermont Restorative Probation Program”, in Walgrave(ed), Restorative Justice for Juvenile, 1998, pp. 301-315.

으로써 또한 실제 지역사회의 생활에 다시 접하는 기회를 부여하여 지역사회의 재구축에 의한 사회의 안전을 강화하는 것을 목적으로 한다고 하겠다.

회복적 사법의 개념은 오늘날 국제적으로 널리 인지되었고 이는 제10회 국제연합범죄방지·범죄자처우회의(2000년)의 취지를 계승한 Wien 선언 제27항 및 제28항에서 잘 나타나고 있다. 즉 제27항에서는 「우리는 적절한 경우에 국가, 지역, 그리고 국제적인 범죄 피해자를 지원하는 행동계획, 즉 조정 및 회복적사법을 위한 조직 등을 도입할 것을 결의한다. 우리는 2002년을 가맹국이 피해자에 관련된 실무를 중시하여 보다 더 피해자 서비스 및 피해자의 제 권리의 의의를 주지하는 홍보를 행하고, 증인보호정책의 개발과 실시에 더하여, 피해자기금의 창설을 고려한다고 하는 목표를 달성하는 해로 한다」고 하고, 제28항에서는 「우리는 피해자, 범죄자, 지역사회 및 기타 모든 관계자의 권리, 필요성, 이익을 존중하는 회복적 사법에 기한 정책, 절차로서 프로그램을 개발할 것을 권장 한다」고 선언하였다. 이러한 Wien 선언에 이어서 2002년에 「형사분야에서의 회복적사법 프로그램의 활용에 관한 기본원칙」이 국제연합의 경제사회이사회에서 채택되었고 2005년 제11회 국제연합범죄방지·범죄자처우회의의 총괄이라고 할 수 있는 방콕선언에서 보다 강화된 권고가 행해지게 되었다.

회복적 사법에 대한 세계적 경향과 관련하여 주로 미국이나 유럽 및 뉴질랜드의 예가 고찰의 대상이 되어 왔다.[3] 그러나 태국은 아시아에서 유일의, 국책으로서, 회복적사법의 실천을 그 정책 중에 다양한 형태로 채용하는 국가이다. 태국의 형사사법제도는 영미형과 대륙형의 절충형이므로 우리나라의 형사제도와 유사성이 있다고 하겠다. 따라서 태국의 회복적사법제도에 대한 고찰을 통해서 우리나라에서의 회복적사

3) 졸고, 상게논문 198면 이하 참조.

법제도의 활용가능성등을 검토해 볼 필요성이 크다고 하겠다. 이하에서는 회복적사법의 이론적 기초에 대해서 살펴보고 태국이 회복적사법을 도입하게 된 배경, 회복적사법의 특징, 실천분야, 제도적 전망 등을 개관하고 우리나라에서의 회복적사법의 활용가능성 등을 논하고자 한다.

II. 회복적사법의 이론적 기초

1.형법의 임무와 법적 평화의 회복

전체법질서의 임무는 법적평화의 유지에 있고 법위반이 있으면 법적평화의 회복을 하는데 있다. 형법은 전체 법체계 가운데서도 그 특수한 형법적 대응에 의해서 그 특별한 형법적 목적을 추구함으로써 범죄자에 대해서나 법공동체의 구성원에 대해서나 법의 확증을 증명하지 않으면 안 된다. 법적평화란 사려 깊게, 법적으로 지향하는 법공동체의 구성원이 법규범위반에 대해 저항함으로써 법의 확증을 통해서 얻어지는 진정화 상태를 의미한다. 이러한 의미에서 사회윤리적판단인 법적평화의 회복은 전형법체계, 즉 형법, 형사소송법 및 행형법을 관통하는 범죄에 대한 국가의 대응을 위한 지도형상인 것이다.

형벌은 이러한 임무를 위해서 적용되다. 그러나 전형법체계를 특정지우는 것은 범죄와 형사절차에 있어서 형벌이라는 특정한 법적효과 만에 있는 것은 아니다. 중요한 것은 법의 확증이어서 이를 위한 형법효과는 다양하게 존재할 수 있는 것이다. 따라서 범죄법(Kriminalrecht)으로서 형법(Stafrecht)은 다양한 법적형태를 정하고 그에 의해서 가벌적 행위에 대처 할 것이 필요하다.

형벌이외의 법적효과가 경우에 따라서는 형벌의 직접적 목적을 뛰어넘는 기능을 수행할 수 있으며 법적평화의 회복에도 기여할 수 있는 경우도 있을 것이다.

형벌은 책임을 전제로 한다. 객관화된 사회 윤리적 책임개념은 범죄에 대한 국가의 대응에도 큰 의의를 갖는다. 형법의 책임은 개인의 도의적 비난만을 포함하는 것은 아니므로 반드시 개인적 응보에 의한 책임조정이라는 것을 의미하지는 않는다. 행위의 비난(불법)과 행위자의 비난(책임)은 과거·현재 관계적이므로 형벌의 제1차적 정당화는 예방에서가 아니라 비난 그 자체 안에 있다. 형벌에 의해서 한편으로는 행위자가 개인심리학적인 내적 규범결합을 결여하고 있는 점을 공적으로 명확히 하고 그 결함을 비난함과 더불어, 다른 한편으로는 침해된 법규범의 일반적 타당성을 회복하여 일반인들의 법의 존립, 확충에의 신뢰를 보호하고 행위규범의 생명력을 내용적으로 유지해야한다. 이러한 의미에서 형벌의 본래 의미는 주관적, 객관적인 사회적 가치결합의 회복에 있고 책임조정에 있다.

형벌은 적극적 일반예방 및 적극적 특별예방과도 결부한다. 과거의 범죄행위에 대한 비난에 의해서 사회적 가치의식이 강화되고 장래 범죄를 예방하는 작용을 가진다. 또한 잠재적 범죄자는 형법적으로 보호된 가치를 존중하게 되어 법에 충실한 시민으로서의 동기를 불러일으키게 된다. 행위자는 내적가치결합을 강화함으로써 재사회화된다. 책임은 행위자관계적으로 과거·현재를 보고, 형벌의 적극적 일반예방은 행위·사회관계적으로 미래를 본다.

형벌의 의미는 사회적 가치의 보호·회복에 있기 때문에 그 주요한 목적은 적극적 일반예방과 적극적 특별예방, 즉 일반인들과 행위자를 법규범에로의 통합하는 통합예방(Integrationsprävention)인 것이다. 형벌의 의미와 목적은 일체를 이룬다. 형벌은 해악(고통)부과 그 자체를 목적으로 하는 것은 아니다. 형벌은 책임형이기도 하고 적극적 예방형이기도 하므로 일괄하여 사회통합형(Sozialintegrationsstrafe)이라고 칭할 수 있다.

적극적 일반예방은 이러한 관점에서 범죄피해자의 지위를 정면에서 고려할 수 있다. 행위자는 범죄피해자와의 커뮤니티에 의해 피해자의 고통, 고뇌를 실감하고 사회적 학습의 일보를 걷게 된다. 법적으로 승인된 가치결합, 그리고 이것을 파괴하는 것이 구체적 대인관계를 통해서 명백히 된다. 행위자는 이러한 인식을 통해서 피해자와 사과할 기회를 갖게 되고 이로써 행위자와 사회의 화해가 이루어지게 되고 결국 사화적 진정화로 이행될 수 이을 곳이다.

이상에서 검토한 바와 같이 형법의 임무가 법적 평화의 회복에 있다고 할 때 그것은 구체적인 피해자, 커뮤니티 그리고 가해자라고 하는 3자의 만족을 포함하는 것이라고 해도 좋을 것이다. 따라서 이들 3자의 만족이 없다면 법적평화의 회복은 달성되지 못한다고 하겠다. 다만, 형법이 법익보호를 임무로 하고 형사사법이 법익보호에 한정하여 수행되는 것인 이상 피해자의 만족은 그 틀 내에서만 충족 가능한 것이 될 것이다. 따라서 문제는 이 틀 내에서 피해자와 형벌의 관계를 어떻게 정립할 것인가 하는 데에 있다고 하겠다.

2. 피해자관계적 형벌론의 모색

피해자가 가해자에 대하여 공적인 반작용에 적용하는 것에 합리적이고 합법적인 근거가 있다는 논거를 제시하고 있는 Günter에 의하면 공적인 반작용을 정당화하는 요소는 피해자를 만족시킬 필요성이 있고 이는 가해자가 그 범죄행위에 의해서 인간으로서의 피해자를 무력화시켰으므로 법적 인격으로서의 피해자의 자존심을 회복시킬 수 있는 반작용이 필요하다는 데에 있다고 한다.[4)]

Günther는 가해자와 피해자의 관계에 있어 중요한 것은 규범위반의 언명과 규범위반의 부정뿐만 아니라 피해자에 대한 경시, 모욕, 치욕

---

4) Günther, Die symbolischexpressive Bedeutung der Strafe-Eine neue Straftheorie jenseits von Vergeltung und Prävention, 1977, S.lff.

등이므로 이것들을 형벌을 통해 피해자가 만족하게 할 필요가 있다고 하나 이러한 피해자의 만족요구는 공 형벌권의 역사적 전개과정에서 형벌의 내용에서 배제되고 법익침해를 초과하는 피해자 침해라는 점, 따라서 구성요건해당행위 면에서, 결과적 측면에서도 어떠한 역할도 할 수 없게 되었다고 한다.[5)]

이는 피해자의 만족 등의 제 이익은 공공의 이익의 한계 내에서 그것과 조화를 이루는 한도로 고려되지 않으면 아니 된다는 의미이며 피해자 관계적 형벌론은 결국 공공의 이익의 범위 내에서 실현되는 형벌에 모순 되지 않는 한도 내에서 피해자의 이익을 고려하고 모순 되는 경우에는 피해자 이익을 고려하지 않는다고 하는 말하자면 피해자이익이 형벌실현을 위해 이용되는 결과가 되고 피해자의 도구화라는 사태에 이루지 않을 수 없다는 우려가 있을 수 있다.

이점에 대해 Günther는 피해자의 만족요구는 국가 및 국가의 자기보존 이익과는 모순되지만 「공공」과는 모순되지 않는다고 하는 주목할 만한 주장을 하고 있다. 즉, 피해자의 자기 존중 등의 상실, 법적인격으로서의 자기인지의 상실에 의해서 피해자 자신만이 피해를 받는 것이 아니라 피해자와 커뮤니케이트하는 시민사회도 또한 피해를 받는다는 것이다.[6)] Günther에 의하면 피해자는 법적인격으로서 자기존중을 회복할 필요가 있고 이러한 요청은 공공의 이익과도 관련이 있는 것이 된다. 피해자의 문제를 공공의 차원에서 문제로 삼는 것이 중요한 것이지 가해자를 처벌하는 것이 중요한 것은 아니라고 하는 귀결에 이르는 것이다.

Günther에 의하면 법적인격으로서 자기존중을 회복하기 위해서는 첫째, 책임 있는 가해자에 대해서 범죄를 공적인 동시에 개인적으로 귀책 시키는 데 있고 둘째로, 피해자가 공공 및 가해자에 대해서 자기체

5) Günther, a. a. O., S.2ff.
6) Günther, a. a. O., S.15.

험을 이야기하는 것이 가능한 절차를 설정하는데 있다고 한다.7) 현행 형사사법시스템에서 상술한 첫째의 경우는 존재하지만 둘째의 경우는 존재하지 않는다. 형사사법시스템은 둘째의 경우 즉 피해자가 자기의 체험과 그에 수반하는 다양한 정신적, 물리적 고통을 이야기할 수 있는 장을 제공하고 있지 않으므로 그와 같은 포럼을 제공할 것이 필요하다고 하겠다.

이와 같이 Günther의「상징표현적」형벌론은 회복적사법과 사상에 하나의 근거를 제시하고 있는 이론이라고 할 수 있는 Braithwaite의「재통합적 수치부여」이론과 유사하므로 이하에서 그 이론을 검토해보고자 한다.

「재통합적 수치부여」이론은 가해자에「수치심(shame)」을 갖게 하는 것에 의해 범죄행위를 비난하고 범죄자를 사회에 재복귀 시키고자 하는 방안이다. Braithwaite에 의하면「수치심 부여」에는 커뮤니티로부터 배제함으로써 가해자를 멸시하는 수치부여와 다시 커뮤니티에 영입하기 위하여 행위를 부인하는 재통합적 수치부여의 두 가지가 있는데 후자의「재통합적 수치 부여」가 범죄대처에 효과적이라고 한다. 즉「『재통합적 수치 부여』는 가해자에 대한 존경을 유지하는 범위 내에서 비난을 전달하는 것이다. 즉, 가해자는 악행을 저지른 선인으로 취급된다. 낙인의 부여는 존경을 수반하지 않는 수치심 부여이다. 가해자는 악인으로써 취급된다. 낙인의 부여는 용서를 인정하지 않는 것이고 가해자는 영원이 낙인 속에서 방치되는 것이다. 바꿔 말하면 범죄를 중대히 받아드리면서 반면에 용서와 존경을 함께 하는 사회는 범죄율을 저하시킬 수 있게 되는 것이다. 그러나 범죄자의 지위를 떨어뜨려 수치심을 갖게 하는 사회는 범죄율을 높이게 되는 것이다.」8) 라고 한다.

7) Günther, a. a. O., S.16.

8) Braithwaite, Shame and criminal justice, Canadian Journal of Criminology, July 2000, p.282.

위에서 보는 바와 같이 Braithwaite의 견해의 출발점은「낙인적 수치 부여」와「재통합적 수치 부여」의 두 가지 관점의 대비이다. 만약 전자를 형벌의 의미. 효과로서 위치 부여를 하고 있다면 그것을 되돌려 후자의 방향으로 향하게 하는 방책도 구해지지 않으면 안 된다. 회복적 사법이 그 방책이라는 것이다. Braithwaite는「『재통합적 수치 부여』이론은 회복적 사법프로세스가 범죄를 감소시키는 점에 대해서 형사재판보다도 한결 더 효과적이라는 점을 예언한다. 왜냐하면 사람이 아닌, 문제를 중심에 두고 있으므로 당사자가 존경하지 않는 사람(예컨대, 법과, 경찰)에 의한 직접적인 고발이 회피되기 때문이다. 동시에 피해자나 그 지원자, 가해자의 가족이 범죄의 결과로 감정적인 면이나 물질적인 면에서 입은 귀결에 대해서 서로 대화하는 경우, 수치를 회피하는 것은 곤란하다. 이 귀결에 대해서의 논의에 의해서 회복적사법 내에 수치가 짜 넣어지는 것이다. 그리고 많게는 우리들을 도와주는 사람들의 존재와 지원에 의해 재통합적요소가 의식(儀式)중에 짜 넣어지는 것이다.

이 이론이 옳다면 범죄의 귀결 및 그에 대처하는 것을 논의하는 것과 같은 단순한 프로세스는 의도적인 수치부여보다도 효과적이 될 것이다. 사실 "수치를 안다" 는 것이 낙인부여로서 이해된다면 범죄를 보다 악화시키는 것이 될 것이다. 수치심 부여의 목적은 사죄와 회복에 의해서 가해자 자신에 대해서 수치를 인정하게 하는데 있다. 즉 이는 Retzinger/Scheff(1996)에 의하면 수치를 회피하는 요컨대, 다양하고 불건전한 방식으로 표면아래 수치를 방치하는 것보다는 좋은 것이다.[9]」

이상과 같이 Braithwaite의「재통합적 수치 부여」이론은 형사사법으로부터 회복적사법에로 패러다임 적 전환을 지향하는 유력한 이론적 기초를 제공하는 것으로 보아도 좋을 것 같다. 또한 현행 형사소송법, 형사시스템을 전제로 하는 경우에도 이 이론은 중요한 시사점을 제공하

9) Braithwaite, op. cit., p. 294.

는 것이라고 할 수 있다. 형벌에 부착된 「낙인적 수치심부여」라고 하는 측면을 불식시키고 Braithwaite의 「재통합적 수치 부여」라고 하는 기능을 형벌 혹은 형법에 부여한다고 하는 방향성은 고려할 만한 하다고 할 것이다.

이상에서 Günther와 Braithwaite의 견해를 살펴보았는데 Günther의 견해는 「재통합적 수치 부여」이론을 형벌론에 적용한 것으로 평가할 수가 있다. 형벌의 부과만이 결정적인 것이 아니라 누가 올바른 행위를 하고 누가 올바르지 못한 행위를 했는가, 누가 책임을 느껴야 하고 누가 책임을 느끼지 않아도 좋은가 라는 점이 중요한 것이라는 점이다. 이점은 피해자관계적 형벌론이 가야 할 방향을 제시한 것으로 이해할 수 있다. 즉 가해자의 행위에 대해서 불법과 책임이라고 하는 형법상의 평가요소를 귀속시킬 것인가 여부가 피해자관계적 형벌론에서도 중요한 요소가 된다는 것이다. 그리고 이점은 회복적사법의 구상에 있어서도 동일하다고 할 것이다.

다만, 문제는 이와 같이 불법과 책임을 행위자의 행위에 귀속시킬 수 있는가 여부가 중요하다면 이를 수행하는 시스템이 반드시 현행 형사사법시스템 이외에는 불가능하다는 결론에 이를 필요성은 없다는 점이다. 이에 대해서 하나의 답을 제시해 줄 수 있는 것이 회복적사법 이론과 실천이 될 수 있는지가 문제될 것이다. 회복적사법 이론을 소개할 때 이와 같이 형사사법시스템 이외의 분쟁처리로 이해할 수 있지만 그 사상적 배경에는 포스트모더니즘의 사고가 깔려 있다는 점도 무시할 수 없다고 하겠다. 왜냐하면 회복적사법은 형법에서 인간을 합리적이고 이성적인 존재로 보는 계몽주의적 인간관 그 자체에 문제를 제기하고 있기 때문이다.

3. 회복적사법의 장점 및 문제점

1) 회복적사법의 장점

회복적사법의 도입시 장점과 문제점에 대해서는 이에 충분한 검토를 해 온 미국에서의 논의를 중심으로 검토하고자 한다.

미국에서의 회복적사법제도의 특징은 가해자가 범죄를 통해 지역사회 내의 주민들의 인간관계를 붕괴시킨다는 점에 초점을 맞추고 지역사회 내의 인간관계 혹은 사회적 관계를 회복하는 방법으로 형사법에 대한 비공식적인 접근책을 강구한다는 점에 있다. 이러한 의미에서 회복적사법은 지역사회와의 결부강화와 범죄피해자에 대한 개인적 회복기회의 제공을 기대하고 가해자를 수치심부여와 재통합의 양면의 과정을 통해서 책임을 지게 하는 시도라고 할 수 있다.[10)] 회복적사법은 종종 응보적사법과 대비된다. 응보적사법의 체계 내에서는, 제재는 가해자에게 고통을 줄 목적으로 과해지는 것이지만 그 고통은 가해자가 행한 범죄에 의해서 피해자나 지역사회에 가해진 고통과 균형을 이룬 것이어야 한다.

그러나 회복적사법의 체계 내에서는, 형벌의 목적은 오직 회복의 목적, 즉 피해의 회복과 관계의 회복 및 재건이라는 목적으로 대체되는 것이다. 또한 회복적사법의 목적은 프로그램과 실천을 통해서 이루어지는데 이러한 프로그램과 실천은 단지 가해자에게만 초점을 두는 것이 아니라 가해자, 피해자 그리고 지역사회라는 다양한 형사사법시스템의 관계당사자의 요구를 충족시키는 것을 기도하는데 있다고 한다.[11)]

오늘날 회복적사법은 단지 이론 만에 그치지 않고 형사사법정책에도 영향을 끼쳐 예컨대, 1997년 Maryland주 소년법원법의 개정법은 소년

10) Braithwaite, Crime, Shame and Reintegration, 1989, p.1.

11) Maloney & Umbriet. “Managing Change: Toward a Balanced and Restorative Justice Model”, Perspectives, Vol. 19. No. 2. 1995. pp.43-46.

사법에서 회복적사법의 요소가 삽입하게 되었다. 즉, 소년사법시스템의 관계당사자로 가해자뿐만 아니라 가해자에 의해 상처를 받은 피해자나 지역사회를 포함시키고 있는 것이다. 또한 Vermont주 교정국은 두 가지 교정서비스노선을 설정 시도하고 있는데 위험관리 서비스노선은 집중적인 처우와 감시를 위법성이 높은 중범죄자에게 제공할 것이 예정되어 있고 회복적서비스노선은 위험성이 낮은 비폭력적 범죄자에게 피해자와 지역 사회에 대해서 배상할 것이 예정되고 있다. 회복적 프로베이션위원회는 회복적 서비스노선에서 지역사회의 구성원을 사법절차에 적극적으로 개입시키는 한 방법으로 설정된 것인데 이 위원회는 가해자 각각의 지역사회에서 선출된 5인의 시민지원자로 구성되고 그들은 회복적 합의에 도달하기 위해서 가해자와 면회할 책임이 있고 그 회복적 합의는 가해자에게 ①범죄피해를 원상회복시키는 일, ②지역사회에 대해서 배상하는 일, ③범죄의 영향에 대해서 학습하는 일, ④재범을 회피하는 방법을 학습하는 일 등을 내용으로 요구하는 것이다.[12)]

Maryland주의 소년법원법의 개정법과 Vermnont주의 회복적 서비스위원회의 두개의 예는 회복적사법운동의 전형적 예가 되고 있으며 1995년말 까지 24개주가 회복적사법의 개념을 반영한 소년관계제법과 절차를 이미 채용하였거나 혹은 검토 중에 있는 상황이다. 또한 피해자의 욕구, 이에는 피해자에 대한 고지, 피해변상 그리고 피해자 · 가해자 조정(VOM)프로그램 등이 포함되지만 이들을 취급하는 프로그램이 급증하고 있는 것도 사실이다. VOM프로그램은 훈련된 조정인의 출석 하에 가해자와 피해자가 나와서 피해자변상의 지불에 합의하거나 혹은 그 범죄가 가져온 피해의 회복에 대해서 어떠한 방법으로 서로 합의를 보기를 결정한 것인가를 유도해 내는 것이다.[13)] 이 프로그램은 좁은 범위

12) Sinkinson & Broderik, op. cit., pp.301-315.

13) Umbreit, "Victim Empowerment Through Mediation: The Impact of Victim Offender Mediation in Four Cites," Perspectives, Special Issue, 1994, pp.25-30.

내에서 이지만 회복적사법의 일반원칙을 반영한 것이며, 이 원칙이란 가해자에게 피해자에 대한 피해를 회복하는 것에 책임을 지도록 하여 그 피해가 가장 회복될 수 있는 방법에 관해서 피해자의 입장을 존중한다는데 있다.

회복적사법은 국가중심의 범죄에 대한 정의에서 벗어나 피해자와 지역사회가 입은 손해를 설명하는 정의로 이행하는 것이다. 따라서 구금형을 통해서 가해자를 비난하고 벌하는 것보다도 오히려 그것은 교섭 조정, 피해자에의 권한 부여, 그리고 배상을 통해서 피해자 및 지역사회가 받는 피해회복 등에 초점을 맞추는 것이다. 그 이상적 형식에 있어서 회복적사법은 가해자에게 그가 저지른 범죄에 대해서 책임을 부담하게 할 필요성과 그가 속한 지역사회에서의 받아들임과 재통합필요성과의 균형을 이루는 것에 의해서 그 의의를 찾을 수 있을 것이다. 그것은 정의(正義)의 중점을 가해자지향의 penal harm에서 지역사회지향의 분쟁처리에로 확대하여 가해자, 피해자 그리고 지역사회라는 3자의 고통을 해소하여 범죄가 감소한 시기에 正義가 달성되었다고 판단하는 것이다.

2) 회복적사법의 문제점

회복적사법에 대해서 미국에서는 시각의 차이에도 불구하고 진보적 범죄학자이거나 보수적 범죄학자이거나 대부분 지지를 보내고 있지만 일부 의문점도 제기되고 있다. 특히 미국에서는 「회복적사법의 강경책화 문제」로서 논의되고 있다. 회복적사법이 가해자에게 잠재적 이익 즉 피해자와 화해할 기회, 보다 광대한 판결 그리고 사회에서의 재통합 기회를 포함하는 여러 개의 이익을 제공할 것으로 기대할 수는 있다. 그러나 이러한 목표를 달성할 수 없을 지도 모르고 오히려 형사제재의 범위를 확대시켜 가해자에 대한 강경수단으로 봉사하는 것은 아닌가라는 비판도 제기되고 있는 것이다.

첫째, 회복적사법 시스템은 보다 형식적인 당사자의 소송구조에서 가해자에게 부여된 적법절차의 보장과 절차상의 보호를 흠결할 수 있다는 문제가 제기되고 있다. 회법적사법 프로그램 그 자체는 다양하지만 변호인은 원만하게 진행되는 조정절차를 싫어 할 수 있기 때문이다. 또한 회복적사법 시스템의 비공식성은 경우에 따라서 보다 관대한 증거법칙을 적용하는 요인이 되며 협의회에서 제시된 정보는 만일 가해자가 조정과정에서 피해자와 동의에 도달할 수 없었던 경우는 공식적인 사실심리에서 사용될 수 있다는 문제점이 제기될 수 있다. 이는 결국 가해자가 당사자주의 소송을 통해 받을 형벌보다 엄한 형벌을 받는 결과로 될 수 있다는 것이다.14)

둘째, 가해자와 관계회복을 거부하는 경우 과해질지도 모르는 보다 엄한 형벌의 위협으로 조정절차에의 참가가 사실상 강요될지도 모른다는 점이다. 어느 일정한 법역에서는 검사와 법관은 가해자가 VOM협의회에의 참가를 거절할 것을 그들이 기소하거나 판결을 내릴 때 고려할 수 있게 되므로 강요의 문제가 일어나게 되어 통상은 공식적인 형사사법절차를 통해서 국가의 통제에 복종하지 않을 수 있는 자들이 회복적사법 프로그램에 강제적으로 참가하게 될 경우에 사태는 오히려 악화될지도 모른다는 지적이다.15)

셋째로, 회복적사법은 잠재적으로 사회 통제망을 확대할 수 있다는 점은 문제점으로 지적할 수 있다. 제재에 관해서 지역사회가 갖는 영향력의 증대는 회복적사법을 경미한 범죄를 행한 자나 재범의 위험이 낮은 자에게까지 적용하는 방향으로 나아갈 우려가 있다.

넷째, 가해자는 보다 중대한 수준의 감독에 종속하게 될 수 있다는 지적이다, 만일 회복적사법 시스템을 시행하더라도 하등 광범위한 변화

14) Brown, “The Use of Mediation to Resolve Criminal Cases: A Procedual Critique”, Emory Law Journal, Vol.43, 1994, pp.1247-1309.

15) Ibid.

가 일어나지 않았다고 한다면 회복적사법에 의한 제재는 가해자가 받아들이지 않으면 안 되는 감시적 요건만을 증가시킨 것이 될 것이라고 한다. 실제로 Vermont주의 회복적 프로베이션 프로그램에 참가한 가해자를 대상으로 한 조사에 의하면 가해자는 그 프로그램이 보통의 프로베이션보다도 훨씬 요구가 엄격한 것으로 이해하고 있다고 한다.[16)]

다섯째로, 가해자는 그들이 직면하는 프로베이션의 조건이 회복적사법 프로그램을 통해서 증가함으로써 이러한 조건들의 준수위반으로 구금의 가능성이 보다 높아졌다는 지적이다. 회복적사법 프로그램을 성공시키기 위한 보다 높은 수준의 준수조건은 대량위반을 가져오고 이에 대한 엄중한 대응은 프로베이션의 취소와 구금형의 부가로 나타난다고 한다. 따라서 회복적사법 프로그램은 지역사회 내에서의 사회통제를 증가시킬 뿐만 아니라 보다 많은 가해자가 회복적사법 시스템내에서 과해지는 부가적인 제재의 대응에 실패하기 때문에 교도소로 이송되는 결과로 될 가능성이 높다고 한다.[17)]

끝으로, 회복적사법은 개혁 그 자체가 가해자를 사회 내에 재통합할 수 있는 정책이나 프로그램에 실패한 경우에는 형벌의 적용을 증가시킬 수 있다는 지적이다. 「주홍글씨」와 같은 세간의 수치심을 갖게 하는 활동의 실시가 지역사회의 수용이나 지원이라고 하는 재통합의 요소를 강조하지 못하고 나쁘게 해석될 가능성이 높다는 점이다.[18)]

이상과 같은 회복적사법의 강경화로 경향은 분명히 현재의 실무에 있어서의 회복적 능력에 대해서 상당한 의문을 갖게 한다는 점은 부인

---

16) Bazemore & Umbreit, "Rethinking the Sanctioning Function in Juvenile Court: Retributive or Resorative Responses to Youth Crime", Crime and Delinquency, Vol.41, 1995, pp.296-316.

17) Braithwaite & Mugford, "Conditions of Successful Reintegration Ceremonies: Dealing with Juvenile Offenders", Britisch Journal of Criminology, Vol.2034, 1994, pp.139-171.

18) Lawrence, "Reexaming community Correction Models", Crime and Delinquency, Vol. 37, 1991, pp.449-464.

할 수 없는 듯하다.

위에서 밝힌 회복적사법에 대한 비판에도 불구하고 현재 각국에서 다양한 형태로 회복적사법 프로그램이 실시되고 있다. 현재 회복적사법 프로그램은 피해자에게 금전상의 손상을 상환한다는 일반적 개념해석을 훨씬 뛰어넘는 확대실시 되고 있다고 생각한다. 이하에서는 태국을 중심으로 살펴보고자 한다.

III. 태국에서의 회복적사법의 도입배경 및 특징

1. 도입배경

크게 나누어 4개의 필요성에서 도입배경을 찾을 수 있다.[19] 첫째는, 현행형사사법제도가 갖고 있는 문제 해결의 필요성이다. 구체적으로는 현행형사사법제도 아래서 약물범죄에 대한 엄벌화 정책이 교도소의 과잉 수용문제를 야기했고 대량의 미해결 사건의 적체에 수반한 재판의 지연을 야기하였는데 이에 대한 지연의 완화 필요성이다. 이를 위해 회복적사법의 사고를 기초로 한 diversion 제도, 기타 구금형에 대신할 대체조치의 도입이 필요하게 되었다. 이 문제는 동시에 형사화해·조정 등 신속한 분쟁해결과 informal한 절차의 도입 등 형사사법제도의 운영에 관한 비용삭감의 요청으로도 나타났다.

둘째는, 지역공동체의 형사사법과정에 의한 적극적 참가와 관여의 촉진 필요성이다. 회복적사법은 범죄에 의해 영향을 받은 자에 의한 피해자 중심의 자주적 분쟁해결 및 범죄에 의해 발생한 「해(harm)」의 회복을 주요한 목적으로 한다. 해결에 관여하는 주체는 지역공동체가 중

19) 이에 대해서는 ,Kittipong, “Restorative Justice: Thai Experience”, Resource Material Series No.63, UNAFEI, 2004, pp.78-86.

요한 핵심의 하나로서 포함되고, 그것은 동시에 범죄예방과 범죄자의 갱생을 수행하는 지역공동체의 역할을 재확인하여 태국의 전통적인 지역공동체사법의 재생에 빛을 던져 주는 것이기도 하다.[20)]

셋째는, 범죄피해자의 권리에 대한 관심이 높아진 데 따른 것이다. 1997년의 민주적 헌법에는 피해자의 보호에 직접적으로 관계되는 규정이 제53조, 제245조등 2개 조항이 있고, 피해자 중심의 제도를 추구하는 회복적사법과 궤를 같이 하는 것으로 되었다. 태국 헌법 제53조 제1항은 DV(Domestic Violence)방지와 영아 및 청소년등의 보호, 제245조는 증인보호 및 국가에 의한 범죄피해보상을 규정하고 있다.

넷째는, 1997년 이래 형사사법제도 개혁의 구체화에 의해 회복적사법을 포함한 새로운 시책의 도입이 용이하게 되었다는 점이다. 예컨대, 2002년 10월에는 법무부 내에 형사사법관계의 정책입안 및 예산배분을 담당하는 형사사법업무국(Office of Justice Affairs)가 신설되었고 수상을 장으로 하는 전국사법행정위원회(the National Committee on Justice Administration)의 창설이 예정되었던 것 등을 들 수 있겠다.

2. 제도적 특징

태국의 회복적사법제도의 가장 큰 특징은 정부주도로 도입이 진행되었다고 하는 점이다. 그 결과 정부주도아래 전술한 문제 등을 해결하기 위한 실천적 목표가 설정되었고 기존 형사사법제도의 존속을 전제로 그 불충분한 점을 보완하기 위해 회복적사법이 역할을 수행하여야 한다는 현실적인 노선을 선택한 것이다.[21)]

두 번째 특징으로는, 범죄에 의해 영향을 받은 자에 의한 자주적인

20) Angkana, “Restorative Justice in Thailand” Individual presentation paper for the 123rd International Senior Seminar, UNAFEI, 2003, p.1.

21) Kittipong, op. cit.

분쟁해결에 그치지 않고 보다 넓은 관점에서 형사사법운영에 관한 지역공동체참가의 촉진이 강조되었다는 점이다. 이를 위해 1890년대 이후 국왕 라마5세에 의해 영국법과 불란서 법을 모델로 한 근대적·집권적 경찰·사법제도의 도입에 의해 사라진 형사사법운영에 관한 지역공동체의 참가를, 전통적인 태국문화에 근착시킨 community justice network의 형태로의 회복적 사법의 모습으로 재생시키려고 하고 있다. 또한 지역공동체의 번영과 사회자원 network를 통해 범죄예방, 범죄자처우, 피해자에 대한 지원, 경미한 범죄에 관한 화해·알선기능의 재활성화 등이 주요과제로 되고 있다. 그 결과 종래 지역에서의 범죄를 포함한 분쟁해결에 중요한 기능을 해 온 지역공동체의 역할이 중시되고 지역공동체와 그 구성원간에 강한 결집에 착안한 대처가 이루어지고 있다. 후술하는 가족 및 지역공동체집단(FCGC)의 도입은 바로 이점을 구체화한 것이다.

태국은 상술한 바와 같이 정부주도로 회복적사법제도의 도입이 이루어졌지만 제도를 국민 일반에 깊숙이 침투시킬 취지에서 2002년에는 중요 정치가, 형사사법실무가, 학자 및 사회에 영향력 있는 황실 관계자를 총리관저에 초대하여 회복적 사법제도의 도입에 관한 세미나를 TV로 전국에 생중계하였음은 물론 회복적사법이라는 용어를 사용하지 않고 태국의 문화적 전통을 고려하여 「사회적 조화를 도모하기 위한 사법(Justice for Social Harmony, 태국어로 Yutihum Samarn Chan)」으로 회복적 사법을 태국적으로 표현한 것은 이후 회복적 사법제도가 태국에서 성공적으로 뿌리를 내리게 된 것에 기반을 제공한 것은 아닌가 생각된다.22)

22) Wanchai, "Restorative Justice: Family and Community Group Conferencing(FCGC) in Thailand", the Eleventh United Nations Congress on Crime Prevention and Criminal Justice, Bangkok, 18-25th April 2005.

IV. 태국에서의 회복적사법의 시행 내용

태국에서의 회복적사법의 시행 내용에 대해서 개략적으로 형사화해 프로그램, 소년사법분야에서의 프로그램 및 가정폭력(Domestic Violence, DV) 문제 등과 관련된 프로그램 등을 소개하고자 한다.

1. 형사화해 프로그램

1) 통상의 형사법원에서의 형사화해 프로그램

통상 형사법원에서의 형사화해 프로그램은 2001년부터 전국 형사법원에서 순차적으로 시행되었다. 형사화해의 적용요건은 형법범의 경우에 공공의 이익에 반하는 범죄가 아니어야 하고, 또한 형법전과 특별법상 합의가능범죄(compoundable offence)로 규정된 범죄를 대상으로 한다. 즉, 중대하지 않는 범죄에 한하는 것이라고 할 수 있다. 절차적으로는, 피해자에 의한 사인소추에 의해 개시된 사건이거나 혹은 검사에 의해 기소된 합의 가능한 범죄일 것이 필요하다.

구체적인 절차는 우선 사건이 법원에 접수되면 공판개시전의 화해 session(mediation session)중에 법원은 범죄의 종류 및 사안의 내용으로부터 판단하여 화해가 가능한 사안의 경우에는 화해담당법관(mediating judge)이 당사자에게 형사화해를 권고하게 된다. 당사자가 희망하면 중재역으로서 교육을 받은 자원조정자(volunteer mediator)에게 맡기는 것도 가능하나, 민사사건과는 달리 형사사건에는 당사자의 비밀보호의 요청이 강한 경우가 많기 때문에 대부분의 경우에 화해담당법관이 중재역으로 선택된다. 이 단계에서 당사자가 합의에 도달하면 사건은 종결된다.

공판단계에서도 판결의 선고가 날 때까지는 형사화해 프로그램을 개시하는 것이 가능하다. 그 경우에 공판담당법관에 대신하여 화해담당법관이 절차를 담당하고 공판절차는 형사화해절차가 완료할 때까지 일시 정지된다. 공판단계에서 사안의 내용을 판단하여 공판담당법관이 당사자에게 형사화해를 권하는 경우도 적지 않다. 태국 최대 형사전문법원인 방콕 형사법원에서 형사화해에 부쳐진 사건의 약 3분의1이 화해성립에 의해 종결된 것을 보더라도 형사화해 프로그램이 활발하게 실시되고 있음을 알 수 있다.[23)]

2) 지역공동체에서의 형사조정, 화해절차

태국에서는 근대화 이전부터 각 지역의 지리적, 민족적, 문화적 특성에 근거한 지역사회에서의 분쟁해결제도가 존재하였다. 1914년 지방자치법 및 1979년 촌락공동체방위 및 개발을 위한 volunteer법은 분쟁해결제도(Alternative Dispute Resolution, ADR)의 한 형태로서 모든 민사분쟁 및 형법전상 합의 가능한 범죄에 관하여는 촌락공동체 화해위원회(village mediation committee, VMC)에 의하여 재판제도 외에서 당사자의 자주적인 해결을 인정해 왔다.

형사화해절차는 분쟁당사자의 자발적 의사 및 그 동의에 근거하여 촌장에게 사건을 신청하는 것에 의해 개시된다. 촌장은 그 사건이 전술한 VMC에 의해 해결할 수 있는 사안인지 여부에 대해 심사한 후 VMC에 사건을 회부한다. VMC는 관계자를 소환하여 조사할 수 있고 또한 각 사건마다 그 해결에 상응하여 임명한 최소 2인 이상의 자(촌민 또는 외부자를 포함하는 경우가 있다)와 함께 사건해결을 도모한다. 절차실시 장소는 촌사무소 또는 VMC지정장소이다. 복잡한 사안의 경우에 VMC는 법률적 조언을 구하기 위해 지구행정(부)장관, 경찰관 또는 검사를 절차에 참여하게 할 수 있다. 절차의 결과는 문서로 보존한다. 화해가 이뤄지지 않은 경우에 VMC는 사건을 지구행정장관에게 회부하

23) 染田 惠, 「タイの修復的司法」, 罪と罰116号, 2003, pp.30-39.

고 화해가 이루어진 경우에는 화해조서를 작성하여 당사자의 서명아래 서로 교부하고 사본을 촌사무소에 보관한다. 화해가 불성립한 경우에 당사자는 사건을 지구행정장관에 신고하든가 통상의 형사절차에 회부하는 것이 가능하다.

이 제도의 충실한 운영을 위해서 법무부보호국(Department of Probation, Ministry of Justice) 및 검찰청이 촌장에 대하여 연수를 행하지만 불충분한 측면도 있게 된다.

2. 소년사법분야에서의 회복적사법 프로그램

1) 법적근거와 내용

뉴질랜드에서의 가족집단협의회(Family Group Conferencing, FGC)를 태국의 사회적·문화적 상황에 기초하여 수정을 가하여 만든 것이 가족 및 지역공동체집단협의회(Family and Community Group Conferencing, FCGC)의 형태이다.

가족 및 지역공동체집단협의회(FCGC)제도의 법적 특징은 청소년 관찰·보호센터 소장이 수용소년에 대해 검사에 대한 불기소 신청제도를 활용하는 데에 있다. 태국은 체포된 소년은 24시간 이내에 경찰로부터 청소년 관찰·보호센터에 송치된다. 이 절차에 따라 송치된 청소년에 대해 센터소장의 불기소신청권한이 인정된다. 이는 청소년·가정법원 및 절차법(the Juvenile and Family Court and Procedure Act) 제63조에 근거한 것이다. 종래 이 규정에 근거한 센터소장의 재량권은 거의 행사되지 않았으나 FCGC의 도입으로 회복적 사법의 구체화의 일환으로서 그 재활성화가 도모되고 있다. 이 경우 형식적으로는 센터소장이 불기소신청을 행하지만 실질적으로는 FCGC에 의한 집단적 의사결정(the collective decision in the conference)으로써 불기소신청이라고 하는 결론을 표명하는

데 불과하다.

FCGC의 참가요건은 ① 소년이 범한 죄가 5년이하의 구금형을 법정형으로 하는 범죄에 해당할 것 ② 소년범죄자는 자기가 범한 죄를 인정하고 또한 범조에 의해 생긴 해를 회복시킬 의사를 가질 것 ③ 피해자가 사건을 FCGC에 의해 처리할 것에 동의 할 것 ④ 초범자이되 경미한 범죄는 초범자가 아니더라도 관계없다는 것 등이다.

FCGC에 참가할 수 있는 자는 피해자 및 가해자와 그 가족·친족, 지역공동체의 대표자, 기타 소년 및 FCGC절차에 유익하다고 할 수 있는 자 등이다. 후자의 예로서는 임상심리사, 사회복지사, 청소년 관찰·보호센터 소장, 경찰수사관, 검사 등이다.

2) FCGC의 범죄예방기능

FCGC의 새로운 전개에 의해 이를 보다 적극적으로 범죄예방수단으로 활용하는 움직임이 나타나고 있다. 이러한 동향은 법무부 청소년관찰·보호국, 교육부 및 공공복지 및 인간안전부(Ministry of Public Welfare and Human Security)가 협력하여 학교 및 촌락공동체에 있어서 FCGC를 활용한 분쟁해결을 행하여 경미한 분쟁을 조기에 해결할 것을 도모함으로써 그와 같은 경미한 사건이 형사서법제도의 대상으로 되는 것을 예방하고 있다. 일부 학교에서는 청소년관찰·보호센터소장의 협력을 얻어 학교 내 학생간의 분쟁해결에 FCGC를 활용하고 있다. 이와 같은 분쟁(비행)에 대해 회복적사법을 통해 원만한 해결과 비행등에 의해 생긴「해」의 회복을 꾀하는 것에 의해 보다 중대한 범죄발생을 방지하는 것이 이 제도의 이점이 된다고 할 수 있다. 현재 태국에서는 회복적사법을 꾀하고 있는 FCGC를 통해서 태국의 형사사법, 교육 및 복지 등 관계기관이 일체가 되어 지속성 있는 회복적사법실무 도입의 성공을 꾀하고 있다.

3. 가정폭력문제와 회복적사법의 대응

태국에서는 가정폭력(DV) 문제에 대하여 현행 형사사법제도가 충분히 대응하지 못하고 있다는 인식아래 태국 형사법연구소와 여성권리옹호 단체에 의해 회복적사법의 관점을 기초로 둔 DV가해자에 대한 조건부기소유예제도의 도입이 제안되었지만 큰 영향은 미치지 못했다. 그러나 이후 대대적인 홍보 및 세미나 등의 개최를 행했고 2005년에는 검찰청과 법무부보호국, 수도경찰국 및 방콕시가 협의하여 회복적사법을 활용한 DV 대책시행 제도를 방콕시내의 30개소의 경찰서에서 실시하였다. 이 제도를 매스컴에서는 「부갱생 크리닝(husband rehabilitation clinic)」이라고 명명하였다.[24] 이 제도는 법률적으로 경찰단계에서의 DV 가해자처우를 위한 diversion program의 일종으로 위치지울 수 있다.

제도의 개요는 다음과 같다. 경찰에서 DV사건을 수리하고 또한 이하의 요건을 충족하는 경우, 통상의 형사사법절차에 송치하지 않고 보호관찰관에게 회부한다. 첫째, 피해자가 동의할 것, 둘째, 가해자가 후회의 정을 보이고 또한 필요한 경우 DV가해자처우 프로그램에 참가하기를 희망할 것, 셋째, 사건의 내용이 diversion에 적합하다고 판단될 것 등이다. 보호관찰관은 당해사건의 개요 및 사건을 파악한 후 관계자를 불러 가족집단협의회(FGC)를 주재한다. 여기에는 피해자, 가해자가 적절하다고 판단되는 경우에는 쌍방의 친족이나 지역공동체에서 존경받는 자가 초청되어 가해자에 대한 처우방법, 당사자간 개인적 문제해결책이 검토된다. 이러한 절차를 통해 보호관찰관은 이른바 교정상태에 있는 부부를 위해 조정적인 해결책을 모색한다. 그 결과 통상 다음과

24) Kittipong, "Restorative Justice in Thailand", 22 April 2005, in the Workshop 2: Enhancing Criminal Justice Reform, including Restorative Justice, the Eleventh United Nations Congress on Crime Prevention and Criminal Justice, Bangkok, 18-25th April 2005, pp.80-84.

같은 사항의 일부 또는 전부를 DV가해자에게 부과한다. 첫째, 적절한 처우 프로그램에 참가하는 것 둘째, 특정된 시간, 보호관찰관에 대해 일정한 사항을 정기적으로 보호하는 것 셋째, 필요하다고 생각되는 피해변상 또는 사회봉사를 행사는 것 등이다. 보호관찰관이 이러한 준수사항이 지켜지고 있음을 경찰에 보고하면 경찰은 수사를 종결시킨다. 반면에 보호관찰관으로부터 준수불이행이 보고 되면, 경찰은 기소를 통한 통상의 형사사법제도에 기한 사건처리를 재개하는 것이 된다.[25)]

4. 보호관찰에서의 회복적사법의 활용

법무부보호국은 2004년 6월부터 보호관찰에 대해 회복적사법을 활용하기 시작했다. 구체적으로는 첫째, 피해자와 가해자 사이에 판결전 조사 보고서의 작성단계에서 회복적사법 절차를 이용하도록 한 것, 둘째, 가석방자에 대해서는 가석방자, 피해자, 그들의 친족 및 지역공동체의 대표가 함께 모여 회복적사법 절차를 행하도록 하는 것 등의 내용이 포함되어 있다.

회복적사법 절차에 있어서 보호관찰관은 피해자·가해자 조정 등 다양한 형태의 회복적 사법절차를 진행할 수 있는 기량을 갖출 것이 요구된다. 보호관찰관은 전술한 DV프로그램, 후술하는 검찰단계에서의 회복적 사법실무의 성부를 좌우하는 중요한 지위를 점하고 있다고 할 수 있다.

5. 성인범죄자에 대한 검찰단계에서의 diversion

2002년부터 도입된 약물남용자에 대한 검찰단계에서의 diversion

---

25) Kittipong(2003), op. cit.

제도의 성공을 계기로 성인범죄자에 대한 검찰단계에서의 새로운 diversion제도가 2004년에 법안으로 국회에 제출되었다. 골자는 5년 이하의 구금형에 처해지는 범죄에 대해서 검사는 기소의 최종결정을 보류하고 기소재량권을 행사하여 사건을 회복적사법절차에 위임하는 것을 내용으로 한다. 이러한 diversion 프로그램의 대상으로 되는 것은 범죄자 자신이 죄를 인정할 것, 또한 범죄피해를 배상할 의사를 가질 것, 피해자는 회복적 사법절차에 들어가는 것을 동의할 것 등이 필요하다. 실제 회복적 사법절차는 보호관찰관이 주재할 것이 예정되어 있다.

6. 태국에서의 회복적사법의 과제와 전망

태국에서의 정부주도의 회복적사법의 도입은 다양한 면에서의 구체적 실천이 이루어지고 있지만 문제점도 나타날 수 있다. 예컨대 첫째, 회복적사법의 도입에 수반한 현행제도의 급격한 변경에 대해서 보수적 형사사법 관료의 부적응이 나타날 수 있고, 둘째, 회복적사법의 통일적인 정의나 명확한 형태의 결여로 인하여 형사사법관계자의 이해촉진에 관계가 있을 수 있으며, 셋째, 회복적사법의 사고에 기초한 diversion 프로그램의 도입이 실시 또는 준비되고 있으나 형사사법관계자가 그 프로그램 자체에 대한 경험이 부족하다는 점 등이다.

그러나 이러한 문제점들은 각종 제도들이 구체적으로 실천되어 가면서 체계화되고 형사사법관계자등의 경험이 축적되어 가면서 해소될 것으로 생각한다. 또한 이러한 문제점들은 미디어를 통한 캠페인, 회복적사법에 관한 전국적 규모의 세미나 개최, 각종 채널을 통한 교육 등의 계몽활동을 지속시킬 때 그 해결을 앞당길 것으로 보인다.

V. 한국에서의 회복적사법 활용가능성

1. 현행법상의 피해자보호와 회복적사법

우리나라는 현행헌법 제30조에 범죄피해자에 대한 국가의 구조의무를 명시하고 2005년 범죄피해자보호법을 제정함으로써 범죄피해자에 대한 국가차원의 보호·지원체계를 구축하고 있으며, 가정폭력범죄의처벌등에 관한 특례법에서는 피해자의 의사를 존중하여 가해자에 대한 보호처분 부과여부를 결정하도록 하였다. 이밖에도 소송촉진 등에 관한 특례법을 2005년 일부 개정하여 형사절차에서 피해자에 대하여 물적 피해와 치료비 손해에 더하여 위자료에 대해서도 배상을 명할 수 있도록 하였으며 형사절차상의 제1심법원 또는 항소심법원에 대하여 형사피고 사건의 피고인과 피해자 사이에 당해 형사사건으로 인한 피해에 관하여 민사상 합의가 성립한 때에는 그 합의내용을 공판조서에 기재해 줄 것을 신청할 수 있도록 함으로써 피해자 구제를 위해서 진일보한 입법태도가 나타나고 있다.

2. 한국에서의 회복적사법 활용가능성

경찰 및 검찰단계에서는 기존의 diversion에 의해 해결하는 것이 타당하다고 생각하며 이 단계에서 적극적인 회복적사법절차에 의한 분쟁해결은 사회적·경제적 지위가 상이할 수 있는 당사자에 의해 형사문제에 대한 결과가 좌우될 수 있고 결과의 공평성을 담보할 수 없을 가능성이 구조적으로 내재하고 있다고 할 수 있으므로 헌법이 보장하는 공평한 재판을 받을 권리보장과 저촉가능성이 크다고 하겠다. 따라서 태국의 경우와 달리 재판단계 이후에서 제도의 도입을 고려하는 것이 타당하다고 생각한다.

재판단계에서 피해자·가해자 조정이 성립하면 친고죄에 있어서는 고소의 취소가 이루어져 공소기각의 판결사유가 되고 비친고죄의 경우에는 양형의 자료가 될 수 있다. 다만, 소송촉진등에관한 특례법상에 상술한 바와 같이 제1심법원 또는 항소심법원에 대해서 형사피고인과 피해자 사이에 형사사건으로 피해에 관하여 민사상 합의가 성립하면 역시 양형의 자료로 될 수 있음은 분명하다. 이는 어디까지나 민사화해에 불과한 것이므로 회복적사법제도를 도입하여 친고죄와 반의사불벌죄에 해당하는 범죄의 경우에 한정하여 형사절차상 화해제도를 입법적으로 고려해 보는 것도 생각해볼 수 있겠다.

또한 소년비행과 회복적사법제도와 관련하여 논의해 볼 때 재판단계에서의 제도 채용을 적극적으로 검토 해 볼 수 있다. 비행소년이 회복적사법의 실천으로서 피해자와 대화할 기회를 공식적으로 갖고 그의 사회적·정신적 미성숙으로 인해 알지 못했던 피해자나 그의 가족에 준 고통, 자기 가족이나 주위의 사람들이 받은 고통, 자기의 인생에 끼친 악영향 등에 대해 정확한 인식을 촉진하여 회복의 책임을 받아들이게 하여야 한다. 소년법 개정법률안 제25조의 2(화해권고)에서 소년부 판사는 소년에 대해 피해변상 등 피해자와의 화해를 권고할 수 있고 소년이 피해자와 화해하였을 경우에 보호처분 결정시 이를 참작할 수 있도록 규정하고 있다.

이 밖에도 교정 단계에 있어서도 수형자를 대상으로 피해자의 고통에 직면하므로써 범죄의 중대성이나 죄책의 인식을 통해 사회복귀의 제1보를 딛을 수 있으리라 판단된다. 범죄피해자와 그 가족과의 관계가 회복된 경우에 가석방 등의 결정시 참작사유로 될 수 있을 것이다.

VI. 결 론

이제까지 태국에서의 회복적사법의 현황을 살펴보았다. 활발하게 회복적사법을 도입하고 있는 세계적 흐름속에서 태국은 아시아에서는 유일하게 정부 주도아래 회복적사법에 대한 제도적 접근이 본격적으로 이루어지고 있는 국가라고 할 수 있다. 태국은 단순히 피해자·가해자의 직접적 대화를 통해 범죄에서 생긴 「해」를 회복하는데 그치지 않고 현행 형사사법제도의 미비점을 보완하는 새로운 제도의 창설 혹은 도입을 광범위하게 포함하는 개념으로서 사용되고 있다고 하겠다. 따라서 피해자구제에 그치지 않고 형사사법 개혁의 일환으로 회복적사법을 지향하여 과잉수용, 미해결사건 감소 대책으로서 기소전 diversion, 전통적인 community 사법의 재생 등이 강조되고 있다. 다만, 태국의 전통적인 community 사법의 재생을 강조할 경우에 근대화이전(pre-modern)부터 존재해온 인권침해의 위험성 내지는 공정한 판결을 확립하는데 어려움이 있을 수 있으므로 현대에 있어서 회복적사법에 기한 community 사법의 재생은 전통적인 제도가 갖는 문제점을 극복하여 구축되지 않으면 안될 것이다. 이제까지 고찰한 태국의 회복적사법의 시행은 향후 우리가 시행할 회복적사법의 방향에 많은 시사점을 주리라고 생각한다.

ABSTRACT

Restorative Justice in Thailand

Lee, Hoon-Dong
(Hankuk University of Foreign Studies, Law School)

This article focuses on the theoretical background of restorative justice and the restorative justice, characteristics, areas of practice and prospect in Thailand.

The purpose of restorative justice is to solve the problems which the system of criminal law internally carries. It is necessary that a severe punishment of drug crime should be alleviated in the present system. This strict system results in the problem of overcrowded inmate in prison, and delay of trial in many unsolved cases. It is necessary that they have active participation and relative urging of criminal law procedures in community group.

This shows the role of community group where they perform crime prevention and offenders' rehabilitation. Such tradition cannot be found in Korea. It provides a basement in the legal restoration in traditional community group of Thailand. This is because it is highly interested in the rights of criminal victims. Since 1997, it has become simple that a new system including the restorative justice is introduced with respect to substantial reformation of criminal law system.

The restorative justice is introduced and performed by the initiative of government. In addition to independent settlement of the conflict between injurer and injured, the participation of community group is emphasized Active and continuous public information and seminar are given by the initiative of government.

The crime of reconciliation program of criminal case in an ordinary courtroom is treated as the compoundable offence in the code of criminal law. Autonomous settlement of the person concerned is attained by intervention of the Village Mediation Committee (VMC).

Due to the hasty enforcement, we point out the difficulty for the adaptation of conservative criminal law relationship, lack of comprehension with respect to the restorative justice, and lack of experience with respect to the restorative justice. However, they are solved in relation to realization and formulation of various substantial legal system. So far, we have examined the actual state of restorative justice in Thailand. This expects to shed light on the direction of restorative justice which will be executed in Korea.

제7장
필리핀

- ☑ 필리핀 민법상 원인론

필리핀 민법상 원인론

박 희 호*

I. 서 론

계약 내지 채무에 있어서 원인론은 현재 우리 민법학에 있어서 아직 본격적인 연구가 되어 있지 않은 분야이다[1]. 그 원인은 채무의 원인에 대하여 민법의 제정 전에 이미 깊이 있는 논의가 이루어졌고, 이러한 논의의 결과를 바탕으로 민법전이 만들어진 독일민법학의 영향이 크다고 할 것이다[2]. 독일의 경우 민법전이 만들어 지기 이전에 이미 이에 관하여 치열한 논쟁이 있었고 그 논쟁의 결과가 독일 민법의 각 제도와 규정에 흡수된 관계로 최소한 외형적으로는 원인론이 민법학의 해석에 있어서 큰 역할을 하지 못하고 있는 것처럼 보이기 때문이다. 그러나 원인론은 우리가 대륙으로부터 받아들인 각 제도의 취지와 그 형성과정을 설명하는 데에 매우 유용한 도구라고 할 것이다[3]. 따라서 채무의 원

---

* 한국외국어대학교 법학전문대학원 부교수

1) 원인론에 대한 논문으로는 김욱곤, "불란서민법에 있어서의 원인론", 성균관법학 제8권(1997), 137면 이하; 정태윤, "프랑스와 독일민법에서의 원인론에 관한 연구", 민사법학 제42호(2008), 623 이하; 여하윤, "프랑스 채권법 개정시안에서의 채무의 목적, 원인(cause) 및 형식", 민사법학, 제45-2호(2009.6), 47면 이하 등이 있다.

2) 원인론에 대한 소수의 논의도 그나마 프랑스민법과 관련하여 이루어질 뿐이고 독일민법과 관련하여서는 거의 이루어지지 않고 있다는 점이 이를 반증한다고 할 것이다.

인에 대한 이해는 우리 민법이 갖고 있는 많은 제도에 대한 새로운 접근이나 논의의 단초를 제공할 수 있고, 이러한 측면에서 우리 민법학의 발전에 중요한 역할을 할 것이라고 생각한다.

본고는 이러한 문제의식에서 원인론에 대한 필리핀민법의 규정 및 논의에 대한 연구를 목적으로 한다. 우리 민법학에 있어서 원인론에 대한 연구는 프랑스민법의 꼬즈(cause)에 대한 규정을 바탕으로 이루어져 왔다. 그러나 프랑스의 꼬즈 이론은 단순히 프랑스의 민법에 대한 자체 내의 연구뿐만 아니라 독일 민법의 해석학[4]에도 영향을 미치고 있고, 필리핀의 원인론과도 매우 유사하다[5]는 측면에서 필리핀의 원인론에도 간접적으로나마 영향을 끼쳤을 것이라고 추측된다. 따라서 프랑스 민법상 원인론이 꼬즈의 의미에 대한 연구와 체계적인 제도적 기능을 이해하는 데에 있어서는 가장 중요한 연구의 대상이라고 할 것이다. 그러나 필리핀은 주지하다시피 스페인의 식민지로서 대륙법계의 법률체계를 받아들인 후 미국의 식민지시대를 거치면서 미국법의 영향을 받은 혼합법계의 국가[6]이다. 따라서 필리핀의 민법학에 있어서는 자연스럽게 대륙법계의 원인론과 영미법계의 약인이론(consideration)이 교차하게 되었고, 두 제도에 대한 제도상의 비교를 수반하게 된다. 이러한 점에서 필리핀의 민법은 단순히 원인에 대한 연구만을 발전시켜온 프랑스의 경우

3) 이러한 지적은 이미, 정태윤, 전게논문 623면 이하 참조.

4) Flume, Allgemeiner Teil des Bürgerlichen Rechts, II. Band, 3. Aufl.(1979)(이하 Flume, Rechtsgeschäft로 인용) 169면 참조.

5) 원인론의 내용이 프랑스 민법의 원인론과 거의 다르지 않고, 필리핀의 원인론에서 사용하는 용어도 영어라고 볼 수 없고 오히려 프랑스의 단어, 예를 들어 급부를 의미하는 prestation이나 원인의 하자인 lesion 등이 프랑스어임에도 불구하고 영어식으로 그대로 사용되고 있는 점에서 이러한 유사점을 찾을 수 있다. 필리핀의 구민법인 스페인민법(Código civil)이 프랑스민법의 영향을 받아 제정되었다고 하는 점으로부터 프랑스 원인론과 필리핀 원인론의 유사점을 설명될 수 있을 것이다. 스페인민법의 제정 및 간략한 구조 등에 관하여는 Peuster, Código civil=Das spannische Zivilgesetzbuch: spanisch-deutsche Textausgabe, 2. Aufl.(1979), Einleitung(S. XXXI ff.) 참조.

6) 이에 관하여는 박희호, "혼합법계로서의 필리핀 법체계에 대한 소고", 비교사법 제15권 2호(2008.6), 51면 이하 참고.

보다 원인(cause)의 개념에 대한 보다 명확한 이해를 가져올 수 있도록 하는 장점을 갖게 한다. 약인제도와 비교를 통하여 원인의 의미가 보다 명료하게 될 것이기 때문이다.

나아가 원인론이 로마-게르만법적인 측면과 앵글로-아메리칸의 두 법계에서도 여전히 유효한 것으로 남을 수 있는지, 남아 있게 된다면 어떠한 형태를 띠게 될 것인지도 우리의 관심을 자극한다. 이는 유럽의 법률통합과정을 모델로 한 아시아의 법률통합노력과 관련하여 매우 중요한 기초적 자료가 될 것이라고 생각한다.

마지막으로 원인론은 단순히 프랑스민법에만 특유한 것이 아니라는 측면이 강조되어야 할 것이다[7]. 만약 채무의 원인에 관한 연구가 사적 자치의 원칙상 더 이상 무의미한 제도라고 한다면 이는 역사적인 것으로 현실법제에서 사라졌을 것이지만 이러한 원인론이 프랑스는 물론 이탈리아, 필리핀, 그리고 유사한 형태의 영미법상의 약인법리로 여전히 논의되고 있다. 이는 현실법제에서도 원인론이 그 유용성을 유지하고 있음을 반증한다[8]. 이 논문은 이러한 관심 내지는 필요성을 염두에 두고 필리핀의 민법규정, 최고법원의 판례 내지 학설을 중심으로 원인론을 고찰해 보기로 한다. 부가하여 결론부분에서는 원인론을 통하여 우리 민법학이 되돌아 보아야 할 규정이나 제도상의 약점들을 간략하게나마 지적해 본다.

7) Flume, Rechtsgeschäft, 169면 주) 21은 이탈리아에서도 원인론에 대한 논의가 광범위하게 있음을 전하고 있다.

8) 김욱곤, 전게논문, 166면 이하는 이러한 측면에서 프랑스민법상의 원인론이 우리 민법의 해석에 도움을 줄 수 있음을 보여주고 있다.

II. 필리핀 민법상 채무의 원인에 관한 규정

1. 원인의 개념

필리핀 민법전은 제1318조에서 "다음의 요소가 없는 경우 계약은 존재하지 않는다: (1) 계약 당사자의 합의, (2) 계약의 주제를 이루는 특정 대상, (3) 발생할 채무의 원인"라고 하여 계약의 필수요건(Essential Requisites of Contracts)으로 합의(consent), 대상(object)과 함께 채무의 원인(Cause of the obligation which is established)을 들고 있다. 따라서 계약이 존재하기 위하여는 원인이 있어야 한다. 그러나 필리핀민법전은 원인의 개념이나 그 본질에 대하여는 아무런 언급도 하지 않는다. 여기서 일부 학설은 원인을 "당사자가 채무를 부담하는 이유"[9]라고 하고 다른 견해는 "채무자가 약속 혹은 승낙에 대하여 책임을 지는 근본적, 필수적인 이유"[10]라고 정의한다. 전자의 견해는 계약의 성립 혹은 유효요건으로서의 원인을 강조한 개념인 반면 후자는 소송을 통한 강제가능성, 즉 계약의 구속력 내지 책임을 강조한 개념으로 이해된다. 다른 견해는 원인을 "계약당사자가 계약을 체결할 당시에 예견하는 필수적(essential) 혹은 보다 근접한 목표(more proximate purpose)"로 본다[11]. 이 견해는 계약의 구성요소가 되지 못하는 동기와 구별되는 개념으로서의 원인을 설명하는 것이다. 즉 원인은 즉각적이며 직접적인 이유인 반면 동기는 다소 동떨어진 간접적인 원인으로 이해한다[12].

---

9) Edgardo L. Paras, Civil Code of the Philippines Annotated, 16. Ed.(2008), Vol. IV, (이하에서는 Paras로 인용) Art. 1350, p. 660.

10) Melquiades J. Gamboa, An Introduction to the Philippine Law, 7. Ed.(1969)(이하 Gamboa로 인용), p. 135.

11) Sta. Maria, Obligations and Contracts(이하 Maria로 인용), 7. Ed.(2003), p. 363; Hector S. De Leon/Hector M. De Leon, JR., Comments and Cases on Obligations and Contracts, 4. Ed.(2003) (이하 Leon, Comments 로 인용), p. 633; Republic vs. Cloribel, 36 SCRA 534.

그러나 이러한 원인에 대한 몇 가지의 정의는 원인의 한 특성을 강조한 것으로 서로 대립하는 개념정의라기 보다는 보완적인 측면에서 이해되어야 한다. 이를 종합하여 보면 원인은 '당사자의 채무부담원인으로서 구속력 있는 채무의 필수적 구성요건'이라고 정의할 수 있을 것이다.

2. 다른 개념과의 구별

원인의 개념은 이와 유사한 다른 개념과의 구별을 통하여 보다 명확하여 질 것이다. 원인과 구별하여야 할 개념으로 영미법상의 consideration, 목적(object), 동기(motive)가 있다.

1) 영미법상의 consideration과 대륙법계의 cause

미국법의 영향을 받아 필리핀은 영미법상의 consideration 개념도 인정하고 있다. 학자에 따라서는 영미법상의 consideration과 cause를 동일한 것으로 이해하기도 한다[13]. 그리고 실무에서는 두 개념이 통상 동일한 것으로 다루어진다고 한다[14]. 그러나 엄밀한 의미에서 consideration과 cause는 구별된다고 보는 것이 일반적이다.

필리핀민법학은[15] 자신들이 계수한 consideration의 개념에 대하여 "일방 당사자에게 발생한 특정의 권리나 이익, 수익, 혜택이거나 또는 타방당사자에게 주어지거나 감당해야 할 인내, 손해, 혹은 손실" 을 말

12) Leon, Comments, p. 638.

13) 예를 들어 Hector S. De Leon, The Law on Obligations and Contracts, Revised Ed.(2008)(이하 Leon, Obligations으로 인용), p. 349는 Cause를 영미보통법상 consideration의 민법전 상의 용어(the Civil Code term for consideration in Anglo-American or common law)라고 보고 있다.

14) Santos v. Reyes, 10 Phil. 125(1908); Republic vs. Cloribel, 36 SCRA 534.

15) 예를 들어 Gamboa, p. 236은 "The accepted concept of consideration is that it is either some right, interest, profit, or benefit accruing to the one party, or some forbearance, cetriment, or loss suffered or undertaken by the other party"라고 한다.

한다고 정의한다. 이 개념은 1875년의 Currie v. Misa사안에서 당시 영국 재무법원(Exchequer Chamber)의 J. Lush에 의하여 내려진 것과 동일한 정의로16), 영미법상의 consideration이 이익의 제공(writ of debt)이나 손해의 발생(writ of assumpsit)17)을 근거로 하여야 비로소 소송이 가능하다는 내용을 계수한 것으로 이해된다. 즉 소송을 통한 채무의 실현가능성을 인정하기 위하여는 계약상의 대가성(quid pro quo)이 있어야 함을 의미한다. 그런데 이러한 대가적 요소는 주관적인 경향의 영국보다 객관적 성향의 미국의 consideration에서 보다 강조되는 것으로18) 미국의 식민지생활을 경험하며 그 영향 아래에 있었던 필리핀의 입장에서 보면 당연한 것으로 여겨진다.

이에 반하여 cause는 이러한 대가적인 요소가 없는 경우에도 계약의 성립요건으로서 인정된다. 필리핀민법 제1350조는 "각 계약당사자에게 있어서 원인은 유상계약(onerous contract)의 경우에는 물건이나 서비스 공급에 대한 계약상대방의 급부(prestation) 또는 약속(promise)이다; 대가계약(remuneratory contract)에 있어서는 대가적 서비스나 이익이다; 순수한 시혜계약(contract of pure beneficience)의 경우에는 시혜자의 단순한 시혜의사이다"라고 규정한다. 이에 따를 경우 매매계약과 같은 유상계약에서의 원인은 상대방의 반대급부나 그에 대한 약속이다. 즉 매매계약에서 물건을 매도하는 자의 계약상 원인은 대금이나 대금지급의 약속이 된다. 이미 서비스나 이익을 제공받은 경우 수익자가 그에 대하여 보상을 하여야 하는 대가계약에서는 보상의무 있는 자의 채무부담원인은 제공받은 서비스나 이익이다. 끝으로 대가적 요소가 전혀 없는 순수한 시혜계약의 경우에도 시혜자의 시혜의사가 원인을 이룬다.

---

16) Dieter Henrich, Einführung in das englische Privatrecht, 2. Aufl. (1993), S. 40.

17) 이 두 소송의 의미에 대하여는 가정준, "영미법상의 consideration법리", 비교법학연구(한국비교법학회) 제2집(2003.9), 5면 이하 참조.

18) 이러한 미국 consideration 법리의 객관적 경향에 대하여는 가정준, 전게논문, 9면 이하 참조.

여기서 필리핀민법이 계수한 consideration과 cause는 명백한 차이를 보인다. 먼저 미국법상의 consideration법리에서 소위 Past Consideration(사후적 약인)은 통상 유효한 consideration으로 취급받지 못한다. 예를 들어 교통사고를 당한 무의식의 피해자를 의사가 자신의 병원에서 치료하였는데 환자가 의식을 회복하여 치료비의 지급을 약속한 경우 이것이 긴급구조에 해당하지 않는 한 환자의 치료비지급약속은 past consideration으로 구속력을 갖지 못한다[19]. 그러나 이러한 경우에 필리핀 민법에 따르면 치료비의 지급을 약속한 환자의 행위는 구속력을 인정받는다. 필리핀민법 제1350조 제2문에 따라 환자가 의사와 체결한 대가계약은 과거의 의료서비스를 정당한 "원인(cause)"으로 한 유효한 계약이기 때문이다[20]. 나아가 consideration에서는 증여와 같은 편무계약의 경우에는 원칙적으로 consideration이 존재하지 않는 것으로 보아 계약의 강제력을 부정한다. 이에 반하여 필리핀 민법 제1350조 제3문은 순수한 시혜계약의 경우에도 시혜자의 시혜의사가 있는 한 유효한 "원인(cause)"이 있는 것으로 보아 그 구속력을 인정한다. 이러한 측면에서 "원인론(the doctrine of causa)이 consideration법리보다 넓은 의미를 갖는다"[21]고 평가된다.

2) 목적(object or subject matter)과 원인(cause)

목적(object or subject matter)에 대하여 필리핀민법은 정의 규정을 두고 있지 않다. 다만 제1347조는 "거래의 대상이 되지 않는 물건이 아니라면, 장래물(future things)을 포함한 모든 물건이 계약의 목적(object)이 될 수 있다. 양도할 수 있는 모든 권리도 계약의 목적이 된다. 법률에 의하여 명시적으로 허용되는 경우 이외에는 장래의 상속권(future inheritanc

19) 이에 대하여는 가정준, 전게논문 14면.
20) Leon, Comments, p. 634.
21) Gamboa, p. 236.

e)[22]에 대한 계약을 체결 할 수 없다. 법률이나 도덕, 선량한 풍속(good customs), 공공질서, 혹은 공공정책에 반하지 않는 모든 서비스도 계약의 목적이 될 수 있다"고 규정한다. 여기서 구체적인 목적이 무엇을 의미하는지에 대하여 학설은 흔히 cause와 대동소이한 것으로 이해한다. 예를 들어 A가 콘서트에서 노래하기로 하고 그 대가로 B로부터 자동차를 받기로 하였다면 가수 A에게 있어서 목적은 콘서트에서 노래하는 것이고 원인은 자동차가 된다. 이에 반해 B의 목적은 A가 노래하는 것이다. 이러한 측면에서 보면 목적(object)과 원인(cause)은 동일한 내용을 갖되 다만 관점의 차이만 있게 된다. 쌍무계약의 경우에 일방당사자가 부담하는 채무의 목적은 상대방의 원인이고 동일하게 그 반대도 성립한다는 것이다[23]. 그러나 일부 견해는 목적과 원인을 다른 차원에서 이해한다. 동일한 사안의 경우를 보면 A의 원인은 자동차의 인도(delivery of the car)이고 B의 원인은 A가 노래하는 것(A's singing)이 된다. 매매계약의 예를 들어 A가 B에게 시계를 5000페소에 팔기로 한 경우, A에게 있어서의 원인은 5000페소인 반면 B에게 있어서의 원인은 시계가 된다. 이에 반하여 계약의 목적을 목적물과 같은 것으로 이해하는 듯한 견해[24]도 있다. 이 견해는 상기 시계매매계약의 사안에서 계약의 목적은 A와 B에게 모두 시계라고 설명한다. 이에 반해 A의 원인은 대금 5000페소이고 B의 원인은 시계의 인도로 본다[25]. 이러한 두 견해의

---

22) 장래의 상속권이란 계약을 체결할 당시에는 아직 확정되지 않은, 그러나 장래에 발생할 것으로 예견되는 권리나 재산을 의미하는 것(Blas vs. Santos, 1 SCRA 899)으로 우리나라의 '잠재적 상속권'이라는 개념에 대응할 것이다. 필리핀대법원은 이미 피상속인이 사망한 경우에 상속인이 아직 인도되지 않은 물건을 타인에게 매도한 계약을 유효한 것으로 본다. 왜냐하면 피상속인의 사망과 함께 상속재산은 상속인에게 자동으로(automatically) 이전하기 때문이다(Osorio v. Inchausti Steamship Co., 41 Phil. 513). 이에 반하여 장래의 피상속인인 아직 살아 있는 경우에는 잠재적 상속인 자신의 재산에 대한 매매계약을 체결할 수 없다. 이 경우는 순수한 장래의 상속권(future inheritance)이기 때문에 제1347조 제2문에 의하여 무효이다(Tordilla v. Tordilla, 60Phil 162).

23) Paras Art.1350, p. 662; Leon, Obligations, p. 349.

24) Tolentino, Civil Code, 1973, p. 501.

25) Ibid.

대립에도 불구하고 필리핀민법학에서는 계약의 목적을 기본적으로 목적물이나 서비스 그 자체와 같은 계약의 대상으로 이해하는 듯하다.

3) 동기(motive)와 원인(cause)

필리핀민법은 계약 당사자의 동기와 원인이 다른 것임을 명시하고 있다. 즉 제1351조는 "당사자의 계약체결에 대한 특별한 동기(motive)는 계약의 원인과 다르다"고 선언하고 있다. 이 규정은 동기와 consideration에 관한 미국의 태도를 그대로 계수한 것이다[26]. 다만 이 규정은 동기와 원인이 다르다는 점을 명시할 뿐 무엇이 동기인지에 대하여는 언급하고 있지 않다. 학설은 동기에 대하여 "계약을 체결하는 계약당사자의 순전히 개인적이고 사적인 이유"[27](purely personal or private reason which a party has in entering into a contract)라고 정의한다. 그러면서 원인과의 차이를 몇 가지로 정리한다. "(1) 원인은 즉각적이거나(immediate) 직접적(direct)인 이유이고 반면에 동기는 멀거나(remote) 간접적인(indirect) 이유이다. (2) 원인은 항상 타방 계약당사자에게 인식되어 있지만, 동기는 타방당사자가 모를 수 있다. (3) 원인은 계약의 필수적인 요소이지만 동기는 그렇지 않다. (4) 원인의 불법성은 계약의 효력에 영향을 주지만 동기의 불법성은 계약을 무효로 하지 않는다"[28] 필리핀 최고법원도 "동기는 타방당사자에게 영향을 미치지 않으며 다른 consideration의 존재에도 장애가 되지 않는 계약당사자의 특별한 이유인 반면 원인은 계약을 위한 필수적인 이유이다"[29]라고 하여 학설과 입장을 같이 한다. 결국 필리핀에서의 동기는 원인과 달리 법률관계에 전혀 영향을 미치지 않는 계약당사자의 지극히 주관적인 유인을 의미하

26) Report of the Code Commission, p. 137.
27) Leon, Comments, p. 638.
28) Ibid.
29) Republic vs. Cloribel, 36 SCRA 534.

게 된다.

3. 원인과 계약의 효력

1) 원인의 부재 및 불법적 원인

필리핀민법 제1352조는 “원인이 없거나 불법의 원인을 포함하는 계약은 어떠한 효력도 발생하지 않는다. 법률이나 도덕, 선량한 풍속, 공공질서 혹은 공공정책에 반하는 경우 그 원인은 불법이다.”라고 규정한다. 원인의 부존재나 그로 인한 무효의 구체적 의미에 대하여 제9장(Chapter 9) 제1409조는 절대적 무효를 규정한다. 즉 제1409조는 원인과 관련하여 “다음의 경우 계약은 존재하지 아니하고 처음부터 효력이 없다(inexistent and void from the beginning)”고 한 후 “(1) 계약의 원인이나 대상 또는 목적이 법이나 도덕, 선량한 풍속, 공공질서 혹은 공공정책에 반하는 경우; (3) 계약의 원인이나 대상이 거래 당시에 존재하지 않는 경우”라고 규정하고 있다. 따라서 원인이 부존재하거나 불법적인 경우에는 처음부터(ab initio) 계약이 존재하지 않아 효력이 없게 된다. 나아가 제1410조는 계약의 부존재의 항변이나 소송은 시효에 걸리지 않는 것으로 규정하고 있다. 이 규정에 의할 경우 원인의 하자로 인한 계약부존재는 어느 누구든 어느 누구에 대하여든, 언제나 주장할 수 있게 된다[30].

(1) 부재의 판단

계약상 원인의 존재여부와 관련하여 필리핀 최고법원에 의하여 1977년에 다루어진 Carantes v. Court of Appeals사안은 개인적으로 평가해보면 대륙법과 영미법계의 원인론에 대한 혼합법적인 단면을 잘

---

30) Leon, Comments p. 830.

보여주는 판결이라고 생각한다.

이 사안에서 Mateo Carantes는 1913년 아내와 6명의 자녀를 상속인으로 남기고 사망한다. 이때 그의 아들 중에 한 명인 Maximo Carantes가 1939년 상속재산관리인이 되어 부동산에 관한 재산을 상속인들에게 분배하게 된다. 그런데 이 과정에서 나머지 형제들과 죽은 누이의 조카들은 자신이 분배받을 모든 재산을 "상속재산의 양도(Assignment of Right to Inheritance)"라는 제목의 서류를 통하여 Maximo Carantes에게 1페소(약 90원)에 양도하는 계약을 체결한다. 그 서류에는 피상속인인 Mateo Carantes가 살아 생전에 "자신의 부동산을 Maximo Carantes의 것으로 한다"는 얘기를 늘 하였다는 것이 명시되어 있었다. 그 후 1958년 Maximo Carantes의 형제 및 조카들이 계약이 무효임을 들어 재산의 반환을 구한다. 먼저 항소심(Court of Appeals)은 원고의 주장을 인용하여 문제의 양도계약은 처음부터 무효라고 판결한다. 1페소라는 돈에 부동산에 관한 상속권을 양도한다는 것은 양심에 비추어 황당한 것(shocking to the conscience)이므로 1페소의 consideration이라는 것은 실제로 consideration이 없는 것으로 보아야 한다는 것이다. 더욱이 필리핀민법 제1410조에 따르면 원인의 부존재로 인한 항변이나 소송은 시효에 걸리지 않으므로 피고의 주장은 상당한 기간의 경과에도 불구하고 인용되어야 했다. 그러나 필리핀최고법원은 항소법원을 파기한다. 먼저 서류에 나타난 1페소의 대가는 적은 금액이기는 하지만 상속권양도의 consideration으로 볼 수 있다는 것이다. 그런데 필리핀최고법원이 법률적으로 보다 중요하게 여긴 것(of great legal import)은 "피상속인이 생전에 그 양도계약에 서명한 상속인들에게 모든 재산이 오직 Maximo Carantes에게 가야 한다"고 얘기하였다는 것이 명시된 점이다. 상속재산에 관한 양도계약의 당사자는 이를 인정하는 차원에서 Maximo Carantes에게 부동산을 1페소에 양도하는 계약을 체결하게 되었다는 판단이다. 이 피상속인의 이러한 의사의 인정이 바로 consideration이 된다는 것이다.

이 판결에서는 우선 필리핀민법상의 명시적인 원인(cause)이라는 개념에도 불구하고 필리핀최고법원이 원인과 동시에 영미법상의 consideration 법리도 인용하고 있다는 점을 알 수 있다. 또 하나는 consideration에 대하여 매우 엄격한 해석을 한다는 점이다. 그런데 개인적으로 관심이 가는 것은 비록 최고법원이 판시에서 consideration이라는 용어를 사용하고 있지만 cause라는 대륙법적 요인에 의하여 이미 consideration의 법리가 대체된 것은 아닌가 하는 점이다. 왜냐하면 consideration을 언급하면서도 법률적으로 보다 중요한 점이라는 표현과 함께 실제로는 cause의 특성, 즉 객관적인 반대급부에 초점을 둔 consideration이 아니라 계약당사자의 의사에 기반을 둔 계약체결의 원인에 초점을 맞추기 때문이다. 이러한 설명이 가능한 것은 다른 사안에서 1페소와 같은 황당한 대가만으로는 consideration이 되지 못한다고 판결한 경우가 많기 때문이다. 예를 들어 죽음에 임박한 자가 18헥타르를 초과하는 토지를 단 700페소에 자신의 하인(houseboy)에게 파는 계약을 체결하는 경우, 이는 양심에 황당한 것으로 무효라는 입장을 취한다[31]. 이 사안에서 필리핀 최고법원은 부가적으로 매도증서상의 매도인의 자발적인 무인(拇印)도 인정할 수 없다는 입장을 취한다. Ong v. Ong GR 67888, Oct.8, 1985 사안에서 필리핀 최고법원은 앵글로 색슨계의 consideration의 법리가 필리핀 민법에서는 계약의 효력에 크게 영향을 미치지 않는다는 듯한 설명을 한다. 즉, "앵글로색슨계의 실무에서는 consideration이 실제로 1페소보다 많음에도 불구하고(외형상) 1페소의 consideration으로 양도하는 경우가 드물지 않다. 따라서 1페소의 consideration은 의심스러울 수 있다. 즉 이것만으로는 매수인이 선의(in good faith)로 적절한 가치의 대가를 지불하는 것이 아니라고 추론할 수도 없고 그러한 추

31) Javier v. Vda. de Cruz, 80 SCRA 343.

론이 가능하다고 하여도 곧 그 계약이 처음부터 무효라고 할 수도 없다. 악의(bad faith)와 대가의 부적절함이 양도계약을 존재하지 않는 것으로 만들지는 못한다. 계약의 유효성을 위한 원인은 양도인의 시혜의사로 충분하기 때문이다."라고 하였다.

(2) 원인의 불법성

필리핀민법 제1351조에 따르면 계약체결의 동기는 계약의 원인과 구별된다. 그러나 원인의 불법과 관련하여서는 동기가 원인으로 간주되어 계약의 효력에 영향을 주는 경우가 있다. 학설과 판례는 특별한 상황에서 "동기가 계약상 원인을 사전에 결정하는 경우"(when motive predetermines the cause of the contract)라는 표현을 통하여 동기를 계약의 효력에 영향을 미치는 원인으로 인정한다. 이러한 경우는 동기가 계약의 조건이 되는 경우나 계약에 있어서의 동기가 다른 사람을 해치는 기망적 목적으로 이루어진 경우이다. 학설은 전자의 예로 증여계약에 조건을 부가하는 경우를 후자의 예로 채무자가 채권자를 속이기 위하여 자신의 재산을 제3자에게 파는 경우를 든다[32]. 필리핀최고법원[33]도 동일한 입장이다.

먼저 E. Razon vs. Philippine Ports Authority사안은 현재는 퇴임한 마르코스 대통령시절에 대통령의 인척인 Alfredo "Bejo" Romualdez가 당시 반부패법(Anti-Graft and Corrupt Practices Act, R. A. No. 3019)에 위반하여 필리핀항만청의 경영을 자신의 실질적 통제력 아래에 있는 E. Razon社에 맡기도록 1980년 계약을 성사시킨 사건과 관련된다. 그런데 필리핀항만청이 E. Razon社와 계약을 체결하기 이전에 이

32) Maria, p. 365; Leon, Comments, p. 639; E. Razon vs. Philippine Ports Authority, 151 SCRA 233.

33) E. Razon vs. Philippine Ports Authority, 151 SCRA 233; Liguez vs. Court of Appeals, 102 Phil. 577.

회사의 원래의 소유자였던 Enrique Razon는 필리핀항만청에 대한 경영계약을 갱신할 시점에서 그 갱신계약을 성사시킬 목적으로 당시 마르코스대통령의 인척인 Alfredo "Bejo" Romualdez에게 E. Razon社의 주식 60%를 양도하는 계약을 체결하게 된다. 대통령의 인척이 실질적인 지배를 하는 회사라면 정부와의 계약의 성사는 용이하였기 때문이다. 그런데 당시 이러한 부조리를 방지하기 위하여 이미 반부패법이 제정되어 대통령의 친인척이 정부와의 거래나 사업에서 직접 혹은 간접적으로 개입하는 것을 금지하고 있었다. 즉 법률의 금지로 인하여 이 계약은 무효였던 것이다. 그럼에도 여전히 E. Razon社는 필리핀해운항만청의 경영을 담당하고 있었는데, 마르코스대통령이 실각을 하게 되자 E. Razon社는 무효인 계약으로 인하여 경영에서 손을 떼게 된다. 문제는 그 이전에 Alfredo "Bejo" Romualdez에게 E. Razon社 의 주식 60%를 양도한 것이 효력을 갖느냐이다. 필리핀최고법원은 다음과 같이 판단하고 있다.

"실제로 청구인인 E Razon社의 60%의 주식을 Alfredo "Bejo" Romualdez를 대변하는 사람들에게 양도한 것은 효력이 없다(null and void). 여기서의 무효는 그러나 흠결있는 합의(vitiated consent)나 금전적 consideration의 절대적 부재(absolute want)에 기인한 것이 아니라 법률을 위반하여 정부와 계약을 체결하려고 하는 불법한 원인(unlawful cause)이 있기 때문이다. 일반원칙상 계약의 원인이 당사자의 동기와 혼동되어서는 안되는 것이지만 이 사안은 그 원칙의 적절한 예외로, "동기가 계약의 목적을 사전에 결정하는 경우" 동기가 원인으로 간주되는 때에 해당한다. Romualdez의 입장에서 보면, 그의 동기는 법률에 의하여 금지되고 있는 정부와 계약을 체결할 수 있도록 하는 것이었고, 청원자인 Razon의 입장에서 보아도 경영계약을 갱신하기 위함이다. 만약 경영계약을 갱신하는데에 Romualdez가 매우 유리하게 작용할 것이라는 확신이 없었다면 Enrique Razon은 그에게 문제의 주식을 양도하지 않았을 것은 논쟁의 여지가 거의 없다"[34)]

Liguez vs. Court of Appeals사안에서는 유부남인 Lopez는 처녀인 Liguez와 동거하기 위하여 아내 Maria Ngo와 공유하는 토지를 증여한다. 당시 Liguez의 부모가 이 토지를 주지 않으면 자기 딸과의 동거를 허락할 수 없다고 하였기 때문이다. 그 후 Lopez와 Liguez는 함께 생활하게 되었는데 Lopez가 1943년 친일 게릴라에게 살해당한다. Lopez의 아내와 자녀는 증여계약이 무효임을 주장한다. 그러나 Liguez측은 당시의 필리핀구민법 제1274조(현재의 제1350조)에서 동기는 시혜의사가 될 수 없으므로 동기가 법률에 반할 뿐이지 증여계약 자체는 전혀 하자가 없다고 주장한다. 여기서 필리핀 최고법원은 "동기가 계약의 원인을 사전에 결정하는 경우, 그 동기는 원인으로 간주된다. B가 A와의 동거를 거절할 것이고 알았더라면 A는 B에게 문제의 토지를 양도하지 않았을 것이다. 여기서 동거는 증여의 묵시적 조건(implied condition)이 되고 그 조건이 불법이라면 증여자체에 영향을 준다"[35)]라고 보았다. 즉 증여계약이 조건의 불법에 의하여 효력을 갖지 못한다고 본 것이다. 이 판결에서 필리핀 최고법원은 당시 스페인 최고법원도 February 4, 1941, and December 4, 1946의 판결에서 동일한 입장이라고 강조하여, 이 척도가 스페인 최고법원에 기인함을 보여준다.

그러나 필리핀최고법원의 판결내용에도 불구하고 "동기가 계약의 원인을 사전에 결정하는 경우"가 구체적으로 어느 때에 인정되는 지에 대하여는 명확하지 않아 보인다. 모든 동기는 기본적으로 계약의 원인, 즉 계약을 체결하려는 자가 계약을 체결하도록 하는 원인을 제공하기 때문이다. E. Razon vs. Philippine Ports Authority사안에서 위법한 경영계약을 체결하기 위하여 주식을 양도하였는데 위법한 경영계약의 체결이라고 하는 것은 결혼을 축하하기 위하여서나 단순히 자식의 장래

34) E. Razon vs. Philippines Ports Authority, 151 SCRA 233.

35) Liguez vs. Court of Appeals, 102 Phil. 577.

를 위하여 양도하는 경우와 마찬가지로 통상의 동기에 불과하다. 결혼이나 자식의 장래는 단지 불법적이지 않은 반면 경영계약의 체결은 불법적이라는 점에만 차이를 보인다. Liguez vs. Court of Appeals사안에서도 Liguez의 부모들이 주장하는 바와 같이 실제로 Lopez의 동거의사는 동기에 불과하다. 그럼에도 이 동기가 어떻게 묵시적 조건이 되었는지는 잘 설명이 되지 않는다. E. Razon vs. Philippine Ports Authority의 경우와 같이 그 동기가 불법이라는 점만 다를 뿐이다. 따라서 "동기가 계약의 원인을 사전에 결정하는 경우"라는 추상적인 척도는 동기를 원인으로 보는 경우에 대한 충분한 설명이 되지 못한다. 오히려 프랑스의 경우와 같이 불법성에 대한 판단에 있어서는 동기를 원인과 동일시하는 것이 일관성이 있어 보인다. 즉 프랑스 원인론에 있어서는 이원론적인 입장에서 꼬즈의 존재여부가 문제되는 경우와 그 적법성이 문제되는 경우로 나누고[36], 적법성 여부를 심사할 때는 계약의 보다 구체적, 개별적 목적(le but concret et paticulier)을 의미하는 동기가 원인이 되는 것으로 이해한다[37]. 물론 이렇게 됨으로써 윤리 내지 도덕적 판단이 법률적 판단에 작용하게 되는데, 형사법적 판단의 경우와 달리 계약의 효력과 관련된 경우를 사회의 기본적인 윤리나 도덕규범에 비추어 보아야 한다는 점은 오히려 타당한 것으로 여겨진다. 계약의 유효요건으로 원인의 구비를 요구하는 프랑스 민법이 제1131조에서 "원인이 법률에 의하여 금지되거나 선량한 풍속 혹은 공공의 질서에 위배될 때에는 불법이다"라고 명시하고 있고, 학설[38]이 이 규정을 해석하면서 원인론이 계약에 도덕 내지는 윤리를 받아들이는 통로로 이해하고 있는데, 이러한 방법론은 타당하다고 생각한다.

---

36) 이에 대한 자세한 내용은 정태윤, 전게논문, 674면 이하 참조.
37) 정태윤, 전게논문, 678면 이하; 김욱곤, 전게논문 159면.
38) 이에 대하여는 김욱곤, 전게논문, 159면 이하 참조.

(3) 입증책임

필리핀민법 제1354조는 "계약상 그 원인이 언급되지 않는 경우에도 채무자의 입증이 없는 한 원인은 적법하게 존재하는 것으로 추정된다"고 규정한다. 이 규정은 우선 원인이 반드시 계약에 언급될 필요가 없음을 선언한다. 이는 사기법(Statute of Frauds)과 같이 특정한 합의의 경우 반드시 서식을 요구한다고 하더라도 마찬가지이다. 왜냐하면 이 조항에 의하여 서식에 원인이 명시적으로 언급되지 않더라도 있는 것으로 추정되기 때문이다[39]. 이 조항은 또한 계약의 원인이 적법하게 존재하는 것으로 추정하기 때문에 이에 대한 입증책임은 원인의 부존재와 불법성을 주장하는 자에게 있음을 선언한다. 예를 들어 A가 불법도박에서 돈을 잃고 B에게 채무를 부담한다고 약속한 경우, 채무부담과 관련한 서류에 불법도박으로 인한 채무부담의 원인이 명시되지 않은 한, 불법적 원인으로 인한 채무의 부존재를 스스로 입증하지 못하는 한 그 채무는 유효하게 된다.

2) 허위의 원인(false cause)

필리핀민법 제1353조는 "계약상 허위의 원인(false cause)이 있는 경우에, 다른 적법한 원인이 실재하지 않음이 증명되지 않는 한 그 계약은 효력을 발휘하지 못한다"고 규정하고 있다. 예를 들어 매매계약을 체결하면서 물건에 대한 대금으로 500페소를 주기로 하였는데, 실제로 계약체결자의 내부의사에 따라 대금이 전혀 지급되지 않은 경우 그 계약은 무효이다. 그러나 허위의 원인이 있는데 그와 다른 실제의 원인이 인정되는 경우에는 실제의 원인으로 인하여 계약은 무효가 되지 않는다. 1000페소에 펜을 구입하기로 계약하였는데 실제로 매도인이 500페소밖에 받지 않았다면 그 계약은 500페소의 원인이 있으므로 효력을

---

39) Paras, Art. 1355, p. 672.

갖는 것이다. 다만 실무에서는 이 조항을 허위의 원인으로 계약이 곧 무효가 아니라 상대적으로 취소가능한 것으로 이해한다. 왜냐하면 허위의 원인이 있는 경우 무효를 주장하는 자는 허위의 원인과 실재의 다른 원인이 존재하지 않는다는 점을 증명하여 계약의 효력을 소멸시켜야 하기 때문이다[40].

3) 원인의 흠(lesion)이나 부적합(inadequacy)

필리핀민법 제1355조는 "법률에 다른 정함이 없는 경우, 원인의 흠이나 부적합은 기망(fraud), 착오(mistake) 혹은 부당한 영향(undue influence)이 없는 한 계약의 효력을 소멸시키지 않는다"고 규정하고 있다. 여기서 원인의 흠(lesion)이란 가격이 정당하지 못하거나 부적절하여 발생하는 손해를 의미한다[41]. 즉 매매와 같은 대가적 계약(commutative contract)에서 일방에 의하여 제공된 것의 가치에 미치지 못하는 대가가 있는 경우 발생하는 손실을 의미한다. 따라서 필리핀민법 제1355조는 그러한 완전한 등가의 대가가 아닌 경우이더라도 그것이 기망이나 착오 혹은 다른 사람의 부당한 영향력에 의하여 발생한 것이 아닌 한 계약의 효력에는 영향을 미치지 않게 된다. 예를 들어 120만페소의 물건을 60만페소나 그보다 적은 금액에 매매하는 계약을 체결한다고 하여도 원칙적으로 효력이 있게 되는 것이다. 이러한 원칙에 대하여 필리핀 최고법원[42]은 그 취지를 다음과 같이 설명하고 있다.

"모든 사람은 정상적이고 분별력이 있으며 실질적으로 같은 동기에 의하여 움직이는 것으로 추정된다. 성년이고 분별력이 있는 자는 스스로를 돌보아야 한다. 일상의 용무와 관련한 다른 사람과의 관계에서는

---

40) Conception v. Sta. Ana, 87 Phil, 787.
41) Leon, Comments, p. 656.
42) Ereñeta vs. Bezore, 54 SCRA 13.

지혜와 기지, 지력, 훈련, 능력 그리고 판단력이 조우하고 충돌하며 경쟁을 벌여 때로는 모든 사람에게 이익과 유리함을 제공하기도 하고 몇몇 다른 이들에게 손실과 해로움만을 주기도 한다. 이러한 경쟁에서 사람들은 자신의 능력과 재능, 훈련, 기지, 감각, 판단에 의존하여야 한다.

누군가 다른 사람에게 손해를 보았다고 하는 사실은 그 자체로 불만의 원인을 제공하지 못한다. 다른 사람이 나보다 능력이 있고 더 훈련을 받았다고 혹은 더 나은 판단력을 가졌다고 불평할 수는 없다. 두 사람이 공정한 전장에서 만났을 때 열등한 사람은 전투가 자신에게 불리하다고 투덜댈 수 없다. 법률은 그가 단순히 열등하다는 이유로 보호를 하지 않으며, 상대방이 우월하기 때문에 우월한 자보다 더 보호하지 않는다. 법률은 오히려 두 사람에게 동일한 보호를 베푼다. . . . . .(중략)

법원은 개인의 모든 단계의 삶에 동행하며 그가 불리한 교환을 하지 못하게 하고, 그를 현명하지 못한 투자로부터 보호하거나 편파적인 계약에서 구하며, 어리석은 행동을 취소하여 주지 않는다. 법원은 스스로를 모든 개인의 후견인으로 만들 수 없다. 법원은 한 사람이 다른 사람에게 패배하거나 굴복해서 개입하는 것이 아니라 그가 불법적으로 패배하거나 굴복하기 때문에 개입하는 것이다"

결국 상황에 따른 자율적 활동을 인정하되 그로 인한 손해는 스스로 감수하여야 한다는 입장에서 필리핀민법 제1355조를 이해하고 있는 것이다.

그럼에도 제1355조는 두 가지의 예외를 인정한다. 하나는 기망(fraud), 착오(mistake) 혹은 부당한 영향(undue influence)이 개입하여 원인에 흠이 발생하는 경우이다. 다른 하나는 법률에 특별한 규정이 있는 경우이다. 후자와 관련하여 필리핀민법 제1381조 제1항은 취소할 수 있는 경우로 "후견인이 자신의 피후견인의 물건에 대한 계약을 체결하면서 피후견인으로 하여금 그 물건의 가치에 대한 1/4이상의 대가적 손해를 입게 하는 경우"를 든다. 동조 제2항에서는 대리에 의한 계약의 경우 본인에게 1항과 같은 손해를 입게 하는 경우를 들고 있다. 필리핀민법 제1098조도 공동상속인의 재산분할에 있어서 자신의 법정상속분의 1/4이상으로 손해를 끼친 경우에는 재산분할을 취소할 수 있도록 하였다.

III. 우리 민법학에의 시사점

필리핀의 원인론에 관한 간략한 소개임에도 불구하고 이러한 필리핀의 입법태도는 우리의 계약법과 관련하여 시사하는 바가 매우 많아 보인다. 먼저는 원인론이 우리 민법과 전혀 무관한 것인가에 대한 의구심과 둘째는 원인론 혹은 이와 유사한 이론적인 체계가 우리 민법의 연구에 풍성한 단초를 제공하여 줄 것이라는 기대이다. 개개의 구체적인 제도와 관련한 상세한 내용에 대하여 앞으로 순차적으로 연구되어야 할 것이지만 우리도 원인론에 관하여 관심을 가질 필요성은 있다고 보인다. 그 이유를 몇 가지만 들어보면 다음과 같다.

1. 원인에 관한 민법의 직접적 규정

우리 민법이 원인론과 전혀 무관한 것인가에 대하여 이는 우선 부정되어야 한다. 왜냐하면 우리 민법상의 제도를 검토하여 보면 원인에 대한 명시적 규정을 두고 있기 때문이다. 바로 부당이득법이다. 먼저 민법 제741조는 "법률상 원인없이 타인의 재산 또는 노무로 인하여 이익을 얻고 이로 인하여 타인에게 손해를 가한 자는 그 이익을 반환하여야 한다"고 규정하고 있다. 여기서 법률상 "원인"이 없을 것을 부당이득반환의 요건으로 하고 있다. 또한 제746조도 "불법의 원인으로 인하여 재산을 급여하거나 노무를 제공한 때에는 그 이익의 반환을 청구하지 못한다. 그러나 불법원인이 수익자에게만 있는 때에는 그러하지 아니하다"고 하여 "원인"의 불법으로 인한 부당이득반환청구권의 상실을 규정한다. 그럼에도 우리 민법학은 법률상 원인이라는 것에 대한 직접적인 연구 없이 부당이득반환의 요건을 독일민법의 입장에서 통일적 설명이 타당한가 혹은 유형론적 설명이 타당한가 만을 다툴 뿐이다. 그러나 우리 민법과 달리 독일 민법 제812조는 원인 없음을 부당이득반환청구권의 요건으로 하는 것이 아니라 기본적으로 법률적 근거(rechtlicher Grund)가 없음을 그 요건으로 한다. 기본적으로 '법률적 근거'라는 객관적인 척도를 기준으로 부당이득을 판단한다는 점이다. 이에 반하여 우리 민법은 '원인'이라는 주관적인 척도를 부당이득반환청구권의 요건으로 보고 있다. 즉 독일민법과 우리 민법은 부당이득과 관련하여 기본적인 접근방식이 다르다. 그럼에도 독일의 이론을 그대로 받아 들이려고 하는 것은 법률상 원인이라고 하는 민법의 법문을 너무 경시하였기 때문이다. 최근에 독일에서 '법률적 근거'에 대하여 주관설이 유력하게 대두되어[43] 종래의 원인론의 측면에서 이 요건에 접근하려는 시도가 많아지고 있음은 시사하는 바가 크다[44]. 원인론에 대한 연구가 심도있게 시도되어야 할 것이다[45].

2. 유인행위

원인론이 필요하다고 여기는 또 하나의 이유로 채권행위와 물권행위

43) Wieling, Bereicherungsrecht, 1993, S. 21ff.; Weitnauer, "Die Leistung", FS. Caemmerer, 1978, 255-293; Schnauder, "Der kausale Schuldvertrag im System der Güterbewegung", JZ 2002, 1080-1089; Ehmann, "Zur Causa-Lehre", JZ 2003, 702-714 usw.

44) 이에 대한 보다 자세한 연구는 지면 관계상 다른 곳에서 다루기로 한다.

45) 연구의 대상으로 Windscheid, Die Lehre des Römischen Rechts von der Voraussetzung, 1850; Lenel, Die Lehre von der Voraussetzung, AcP 74, S. 226 ff.; ders Nochmals die Lehre von der Voraussetzung, AcP 79, S. 81ff. 등을 들 수 있다.

를 유인적 관계로 파악하는 우리 민법학의 태도를 들 수 있다. 원인론의 역사적 발전을 보면 독일에서는 원인의 객관적 특성화를 바탕으로 거래의 안전을 중시하는 무인론에 기초하여 거래관계를 설명하고 있다. 원인적 채권행위와 물권행위를 엄격하게 구분하여 채권행위가 무효가 되더라도 원칙적으로 물권행위의 효력에는 전혀 영향을 미치지 않도록 하고 다만 부당이득반환청구에 의하여 불합리를 시정하는 태도를 취하고 있다. 고대 로마법적 사고를 다른 나라의 민법학보다 더 많이 간직하고 있는 경우라고 생각한다. 그러나 우리 민법은 프랑스 민법과 유사하게 유인론에 입각하여 원인행위로서의 채권행위가 효력을 갖지 못하면 물권행위로 효력을 상실하도록 하고 있다. 이는 원인으로서의 채권행위를 물권행위의 효력요건으로 설정하고 있는 것으로 채권행위가 존재하고 그 효력이 있는 경우에만 물권행위의 효력을 인정한다는 점에서 원인론을 무시하고 지나칠 수 없도록 한다.

3. 반사회적 법률행위

민법 제103조는 "선량한 풍속 기타 사회질서에 위반한 사항을 내용으로 하는 법률행위는 무효로 한다"고 규정하는데 선량한 풍속 기타 사회질서는 엄격한 법률적 금지규범이라기 보다는 도덕적, 윤리적 개념이라고 보아야 할 것이다. 그런데 이러한 윤리적, 도덕적 개념이 법률적인 판단의 척도로 작용하게 되는 근거에 대하여 아무런 설명이 없다. 즉 왜 계약 혹은 법률행위의 유효성에 대한 판단에 대하여서는 다른 경우와 달리 윤리적인 판단이 개입되어야 하는지에 대한 명확한 설명이 없었다. 이러한 점은 프랑스나 필리핀의 경우와 같이 우리민법도 계약의 효력과 관련하여 윤리적 판단의 척도로 작용하는 원인론을 통하여 윤리적 판단의 개입가능성을 설명할 수 있다고 본다. 즉 원인론이 윤리적 요소가 법률적 판단의 척도가 될 수 있도록 하는 가교 역할을 할 수 있다는 것이다. 이는 동기에 대한 판단에 대하여도 마찬가지이다. 법률행위의 경우 그 성립요건으로 의사표시가 요구되고 그러한 의사표시의 내용에는 의사표시가 있게 된 동기는 해당하지 않는다. 그럼에도 반사회적 법률행위를 판단하는 경우에는 그 동기도 판단의 대상이 된다. 이러한 점은 원인론의 사회보호적 기능에 비추어야 비로소 타당한 설명이 가능해 보인다. 불법원인급여에 있어서의 부당이득반환청구권 상실의 척도로서도 동일하게 적용된다고 생각된다. 불법원인급여에 있어서 법률적인 측면에서 적법한 경우이더라도 개인의 주관적인 불법성이나 비난가능성에 비추어 불법원인급여를 판단하여야 하는 경우가 많다[46].

4. 착오론

우리 민법 제109조 제1항은 "의사표시는 법률행위의 내용의 중요부분에 착오가 있는 때에는 취소할 수 있다. 그러나 그 착오가 표의자의 중대한 과실로 인한 때에는 취소하지 못한다"고 규정하고 있다. 여기서 법률행위의 내용의 중요부분은 무엇을 의미하는지에 관하여 원인론은 우리의 이론에 도움을 줄 것으로 생각한다. 먼저 법률행위의 내용의 중요부분에 해당하지 않는 동기를 원인과의 구별에 의하여 배제할 수 있다. 판례는 동기가 표시되었느냐의 여부에 의하여 취소여부가 결정될 수 있다고 하나 원인과 구별되는 지극히 개인적인 동기는 표시의 여부와 상관없이 법률행위 취소의 대상이 될 수 없다. 이는 법률행위의 내용에 해당하지 않기 때문이다. 예를 들어 내가 결혼할 목적으로 신부와 함께 혼수품을 사는 경우 그러한 사실을 매장의 주인이 알았다고 하더라도 차후에 결혼이 이루어지지 않은 것을 들어 혼수품매매계약의 효력

46) 대표적으로 이중양도의 사안에서 매도인의 배임행위에 적극적으로 가담하여 성사된 매매계약의 효력상실과 그로 인한 부당이득반환청구권의 상실을 들 수 있다.

을 다툴 수는 없다. 결혼하기 위하여 혼수품을 사는 것은 지극히 개인적인 동기에 불과하기 때문이다. 그러나 법률행위의 유효요건인 원인의 경우에는 비록 법률행위의 목적이 되지 못한다고 하더라도 그 표시여부에 의하여 취소여부가 결정될 수 있다. 예를 들어 법률행위의 목적물에 대한 성질이나 상대방의 착오가 동기가 아닌 원인 혹은 전제가 될 수 있다. 이러한 경우에는 상대방이 그 사실에 대하여 알았느냐가 계약체결의 결정적 원인이 될 수 있고, 이로 인하여 그에 대한 인식 혹은 고지가 법률행위의 효력에 영향을 미칠 수 있다. 창원시가 일부 지역의 부지조성사업을 시행하면서 모든 토지가 개발제한구역에 포함되는 것이 아니라 일부 잔여지는 소유자의 매수청구가 있어야 협의매수할 수 있다는 사실을 알리지 않아 원고들은 모든 토지가 협의매수에 응하지 않으면 수용될 것이라고 잘못 판단하여 그에 응해 계약을 체결하게 된다. 이 사안에서 대법원[47]은 잔여지에 대한 취소를 인정하는데, 이는 동기의 착오도 목적물의 착오도 아니다. 오히려 목적물의 성질에 관한 착오로 법률행위의 내용의 착오로 보아야 할 것이다. 그러나 이에 대하여 종래의 우리 민법상 착오론 내지 형식적인 법률행위의 성립요건(essentialia negotii)만으로는 해결하기 어려운 분야로 개인의 계약체결에 대한 원인 혹은 기타 요소의 개입이 필요한 분야라고 생각한다[48].

5. 계약의 유형화 및 무상계약의 특별취급

우리 민법은 14종의 전형계약을 규정하고 있는데 이러한 계약의 유형화는 기본적으로 필리핀 민법 제1350조의 원인에 따른 구별에 기초

47) 대판 1993.8.13, 93다5871.

48) 이 점에 대하여는 차후에 자세히 다루겠지만 사견으로 보아 독일의 민법학은 원인론을 버리는 대신에 전제론(Voraussetzung), 행위기초론(Geschäftsgrundlage)을 만들어 내게 된 것으로 보인다.

하고 있다[49]. 즉 원인론에 대한 근원적 접근을 가능하게 하고 나아가 비전형계약에 대한 재고의 기회를 제공한다. 나아가 우리 민법이 규정하는 무상계약, 즉 증여계약(제555조), 무이자소비대차(제601조), 사용대차(제612조) 등에 있어서의 계약해제권을 법리적으로 설명할 수 있게 한다. 단순히 계약은 지켜야 한다(pacta sunt servanda)는 점에서 보면 이러한 규정은 계약의 구속력을 부인하는 사적자치의 원칙에 모순되는 규정으로 볼 수 있지만 원인론의 입장에서는 계약의 원인에 대한 보다 진지한 고려를 베풀도록 한다는 점에서 적절한 규정이 된다.

IV. 결 론

우리 민법의 경우에 원인론 혹은 약인론에 대한 보다 심층적인 연구가 이루어지지 못하는 것은 독일 민법학의 영향이 크기 때문이다. 예를 들어 Zweigert/Kötz는 Lorenzen교수의 논문[50]을 인용하면서 다음과 같이 쓰고 있다.

"이와 관련하여 독일법권에서는 채권법적 계약의 원인에 대하여 어떠한 물음도 하지 않는다. 비록 쌍무계약에서 반대급부에 대한 기대가 이행을 약속하는 본래의 원인이라고 많은 채권법교과서들이 주장하고 있다. 그러나 이러한 기술은 단순히 보통법학시절의 문헌들을 현재로 옮겨 놓은 것에 불과하다. 실제에 있어서 쌍무계약의 특색은 모든 약속이 반대약속을 이유로 이루어진다는 점에 있다. 따라서 약속의 진지함을 보여주는 징표로서의 원인개념은 불필요하다."[51]

---

49) 가정준, 전게논문 17면.

50) Lorenzen, "Causa and Consideration in the Law of Contracts, Yale L. J. 28(1919).

51) Zweigert/Kötz, Einführung in die Rechtsvergleichung, Band II: Institutionen, 1984,

이러한 Zweigert/Kötz의 주장에 따르면 계약이란 청약으로서의 약속(Versprechen)이 이루어지는 것은 승낙으로서의 반대약속(Gegenversprechen)에 대한 기대 때문이라는 것이다. 그러나 이는 청약은 승낙을 기대하기 때문이고 승낙은 청약이 있기 때문에 유효하다는 주장에 불과하다. 이는 단지 의사의 합치를 설명할 수 있을 뿐이지 계약의 유효성을 온전하게 설명하지 못한다. 예를 들어 의사의 합치가 있음에도 불구하고 법률상의 구속력을 갖지 못하는 호의관계를 온전히 설명하지 못한다. 주지하다시피 독일의 통설은 법적 구속의사를 호의관계 판단의 척도로 들고 있지만 법적 구속의사는 하나의 허구에 불과하다. 또한 이러한 원인개념의 부정은 계약의 구속력을 인정하기 위하여 증여계약의 경우 공정증서를 작성하도록 하는 독일민법 제518조도 설명하지 못한다. 이 주장에 따를 경우 공정증서의 작성이 없다고 하더라도 청약과 승낙이 있으면 의사의 합치가 있으므로 그 구속력을 인정하는 것이 논리적일 것이다. 그럼에도 독일민법이 굳이 공정증서를 요구하는 것은 증여계약을 체결하는 증여자의 진지한 의도, 즉 시혜의사를 진지하게 표명할 것을 표현한 것이라고 볼 수 있을 것이다. 또한 이 주장은 이러한 원인개념의 부인에도 불구하고 이들은 부당이득 반환청구권과 관련하여서는 - 비록 큰 의미를 갖지 못한다고 하지만 - 원인의 필요성을 인정한다. 즉 출연행위(Zuwendungsgeschäfte)가 있는 경우 그 출연의 원인이 존재하지 않는 경우 반환의무를 인정하고 있다. 그러면서 원인은 보유권한(Behaltens-Titel)을 의미하는 것인데 원인이 없으면 보유권한이 없으므로 반환을 하여야 한다는 것이다[52]. 우선 이러한 설명은 정당한 소유권을 취득하였음에도 왜 소유권자가 자신의 의사에 반하여 그 물건이나 이익을 반환하여야 하는지 온전히 설명하지 못한다. 즉 물권행위는

S. 93.

52) A.a.O, S. 94.

유효하기 때문에 물건에 대한 정당한 소유권을 취득한 것으로 법률이 인정함에도 다시 이를 법률이 반환하도록 명령한다는 것은 지극히 기교적이며 솔직하지 못한 설명으로 보인다. 오히려 채권행위가 무효이기 때문에 물권행위에도 불구하고 원인의 부재로 인하여 소유권이 없고 그 때문에 반환하여야 한다는 설명이 논리적이다. 나아가 이러한 설명은 우리 민법상 부당이득반환청구에 적절한 설명이 되지 않는다. 우리는 보유권한 뿐만 아니라 물권행위로 인한 소유권이전 자체도 무효가 되기 때문에 단순히 보유권한을 위한 원인으로는 부당이득반환청구권을 설명하지 못하기 때문이다.

그렇다고 하여 여기서 원인론이 우리 민법에 반드시 필요한 제도라고 단정할 수는 없을 것이다. 필자는 이에 대한 연구가 새로이 시도되어야 한다고 생각할 뿐이다. 특히 민법의 개정작업이 시작된 현재 상황에서 이러한 시도는 우리 민법이 가지고 있는 다양한 제도들을 다시 한 번 검토해 보고 우리 민법의 정체성을 찾아 볼 수 있는 좋은 기회가 되리라고 생각한다.

참고문헌

가정준, “영미법상의 consideration법리”, 비교법학연구(한국비교법학회) 제2집(2003.9), 1면 이하

김욱곤, “불란서민법에 있어서의 원인론”, 성균관법학 제8권(1997), 137면 이하

박희호, “혼합법계로서의 필리핀 법체계에 대한 소고”, 비교사법 제15권 2호(2008.6), 51면 이하

여하윤, “프랑스 채권법 개정시안에서의 채무의 목적, 원인(cause) 및 형식”, 민사법학, 제45-2호(2009.6), 47면 이하

정태윤, “프랑스와 독일민법에서의 원인론에 관한 연구”, 민사법학 제42호(2008), 623 이하

Flume, Allgemeiner Teil des Bürgerlichen Rechts, II. Band, 3. Aufl.(1979)

Melquiades J. Gamboa, An Introduction to the Philippine Law, 7. ed.(1969)

Dieter Henrich, Einführung in das englische Privatrecht, 2. Aufl. (1993)

Ehmann, “Zur Causa-Lehre”, JZ 2003, 702-714

Lenel, Die Lehre von der Voraussetzung, AcP 74, S. 226 ff. Nochmals die Lehre von der Voraussetzung, AcP 79, S. 81ff.

Hector S. De Leon, The Law on Obligations and Contracts, Revised ed.(2008)

Hector S. De Leon/Hector M. De Leon, JR., Comments and Cases on Obligations and Contracts, 4. ed.(2003)

Lorenzen, “Causa and Consideration in the Law of Contracts”, Yale L. J. 28(1919)

Sta. Maria, Obligations and Contracts, 7. ed.(2003)
Edgardo L. Paras, Civil Code of the Philippines Annotated, 16. ed.(2008), Vol. IV
Peuster, Código civil=Das spannische Zivilgesetzbu ch: spanisch-deutsche Textausgabe, 2. Aufl.(1979)
Schnauder, "Der kausale Schuldvertrag im System der Güterbewegung", JZ 2002, 1080-1089
Weitnauer, "Die Leistung", FS. Caemmerer, 1978, 255-293
Wieling, Bereicherungsrecht, 1993
Windscheid, Die Lehre des Römischen Rechts von der Voraussetzung, 1850
Zweigert/Kötz, Einführung in die Rechtsvergleichung, Band II: Institutionen, 1984

ABSTRACT

Cause in the Civil Code of the Philippines

PAK, Hee-Ho
(Hankuk University of Foreign Studies, Law School)

The Civil Code of the Philippines provides that cause of the obligation is the essential requisite of contracts(Art. 1318). Any contract can't validly exist unless there is no cause of the obligation. Although the civil law causa and the common law consideration are often used interchangeably, they are not exactly identical. The accepted concept of consideration is that it either some right, interest, profit, or benefit accruing to the one party, or some forbearance, detriment, or loss suffered or undertaken by the other party. It ist said to have the element of quid pro quo, but causa is not necessarily quid pro quo. For cause includes every valuable consideration of the common law but there are causes which would not fall under consideration. The cause of a contract must not be confused with the motives of the parties in entering into it. Motive is the purely personal or private reason. With one's motives the law cannot deal, while with the cause the law is always concerned.

The causa must not be contrary to law, morals, good customs, public order, or public policy. A contract based upon an unlawful causa is void ab initio. The statement of a false cause in a contract may render it void, if it cannot be proved that it was founded upon another cause which is true and lawful. If no cause is stated in the contract, it is presumed that it exists and is lawful, unless the debtor proves the contrary. Except in cases specified by law a contract may not be invalidated on the ground that the cause is inadequate or there is lesion, i.e., prejudice, unless there has been fraud, mistake, or undue influence.

동아시아지역법 아시아지역법총서 01

초판 인쇄 2014년 12월 9일
초판 발행 2014년 12월 15일

지 은 이 계경문, 김동훈, 김봉철, 류창호, 박희호,
소병국, 송정남, 양승윤, 이준표, 이훈동
저작권자 한국외국어대학교 법학연구소
발 행 인 김인철
발 행 처 한국외국어대학교 지식출판원
130-791 서울특별시 동대문구 이문로 107
전화 02)2173-2495~7
팩스 02)2173-3363
홈페이지 http://press.hufs.ac.kr
전자우편 press@hufs.ac.kr
출판등록 제6-6호(1969. 4. 30)
편집 · 디자인 (주)이환디앤비 02)2254-4301
인쇄 · 제본 네오프린텍(주) 02)718-3111

ISBN 978-89-7464-948-7 94360 정가 20,000원
ISBN 978-89-7464-947-0 (세트)

*잘못된 책은 교환하여 드립니다.

불법복사는 지적재산을 훔치는 범죄행위입니다.
저작권법 제136조(권리의 침해죄)에 따라 위반자는 5년 이하의 징역 또는 5천만 원 이하의 벌금에 처하거나 이를 병과할 수 있습니다.

HUINE은 한국외국어대학교 지식출판원의 어학 및 사회과학도서 Sub Brand이다. 한국외대의 영문명인 HUFS, 현명한 국제전문가 양성의 (International+Intelligent)의 의미를 담고 있으며, 휴인(携引)의 뜻인 '이끌다, 끌고 나가다'라는 의미처럼 출판계를 이끄는 리더로서, 혁신의 이미지를 담고 있다.